Hans Dollinger (Hrsg.)

Hexen, Mönche, Rittertum

Hans Dollinger (Hrsg.)

Hexen, Mönche, Rittertum

Das große Buch vom Mittelalter

Mit Beiträgen von Gisela Dix, Cornelia Herbers,
Dirk Salamon und Holger Vornholt

Wichtiger Hinweis: Jahreszahlen in Klammern beziehen sich auf die Lebensdaten der vorstehenden Person, wenn sie mit dem Wort „bis" getrennt sind, und auf die Regierungs- bzw. Amtszeit von Monarchen und Amtsträgern, wenn sie mit Bindestrich getrennt sind.

Hans Dollinger (Hrsg.)

Hexen, Mönche, Rittertum. Das große Buch vom Mittelalter

© 2009 Tandem Verlag GmbH

7Hill ist ein Imprint der Tandem Verlag GmbH

Alle Rechte vorbehalten

Konzept und Redaktion: Holger Vornholt, Köln

Texte: Gisela Dix, Cornelia Herbers, Dirk Salamon, Holger Vornholt

Produktion: Produktionsbüro Holger Vornholt, Köln

Einbandgestaltung: Bille Fuchs, Köln; agilmedien, Köln

Einbandabbildung: picture-alliance/akg-images/Erich Lessing

Die Abbildung thematisiert die Überführung der Gebeine Friedrichs I., „des Katholischen", Herzog von Österreich (1194–1198) aus dem Hause der Babenberger, aus dem Heiligen Land nach Österreich im Jahre 1198. Es handelt sich um einen Ausschnitt aus dem Stammbaum der Babenberger im niederösterreichischen Stift Kloster- neuburg, entstanden um 1489.

Layout: haimel satz & mehr, Wesseling

Satz: Noch & Noch, Balve

Gesamtherstellung: Tandem Verlag GmbH, Königswinter

Printed in Slovakia

ISBN 978-3-8331-8043-9

10 9 8 7 6 5 4 3 2 1

Inhaltsverzeichnis

ittelalter ist „in"

Ein Rückblick aus dem 21. Jahrhundert auf 1000 Jahre Mittelalter

von Hans Dollinger

„Erfunden" haben das Mittelalter einige Vertreter des deutschen Humanismus im 15. Jahrhundert, allen voran Johannes Reuchlin (1455 bis 1522) und Erasmus von Rotterdam (1466 bis 1536). Sie entdeckten im Zeitalter der Renaissance wieder das geistige Gut der Antike und hielten die seit dem Ende der Antike bis zu ihrer Zeit verflossenen Jahrhunderte für einen „dunklen Irrweg" der Menschheitsgeschichte, der sich gegen das kommende Licht der Aufklärung abhob. Entsprechend wurde von der Aufklärung das Mittelalter negativ bewertet und der Begriff vom „finsteren Mittelalter" geprägt.

Weder Antike noch Neuzeit

Für die ersten Jahrhunderte des Mittelalters trifft diese vernichtende Einschätzung zweifellos zu. Ein Historiker unserer Zeit, Georg Scheibelreiter, nannte diese Epoche des massiven geistigen und politischen Rückschritts „die barbarische Gesellschaft". Und dennoch begann gerade in diesem „dunklen" Zeitalter eine kulturelle Wiederbelebung unter der Führung der Karolinger mit dem Ziel der Neuordnung der Wissenschaften, einer systematischen Gestaltung der Bildung zunächst an Schulen, später an ersten Universitäten. Das Mittelalter war eben nicht mehr Antike und noch nicht Neuzeit. Und es war weit mehr als nur die Zeit zwischen Antike und Neuzeit, zwischen 500 und 1500 – an Personen festgemacht mit Konstantin dem Großen, dem ersten christlichen Cäsaren unter den letzten römischen Kaisern, und Martin Luther, dem Spalter der bis dahin alleinigen römisch-katholischen Kirche.

Das Mittelalter war auch „keine statische Zeit, in der sich nichts veränderte". Zentrale Begriffe wie Kirche, Könige und Kaiser „mochten gleich bleiben", doch unter ihrer Oberfläche „war alles im Wandel". Deshalb fasziniert uns noch heute das Mittelalter, ist das Interesse an dieser Epoche ungebrochen.

Kein Grund zur Überheblichkeit

Wir haben jetzt, nach weiteren fünfhundert Jahren „Fortschritt", keinen Grund, auf die Zeit des Mittelalters mit Überheblichkeit oder gar Verachtung zurückzuschauen. Es steht uns viel besser an, darüber zu staunen, wie sich das damals werdende Europa von

KARL DER GROSSE (747 BIS 814), KÖNIG DER FRANKEN (768–814) UND RÖMISCHER KAISER (AB 800), ÜBERWACHT PERSÖNLICH DEN BAU DES AACHENER MÜNSTERS. IM HINTERGRUND VERBANNT KARL DER GROSSE SEINEN SOHN PIPPIN DEN BUCKLIGEN IM JAHRE 791. DIE FRANZÖSISCHE BUCHMALEREI STAMMT AUS DEM 15. JAHRHUNDERT UND BEFINDET SICH IN „LES GRANDES CHRONIQUES DES ROIS DE FRANCE".

Friedrich I.

den aufeinander folgenden Schlägen und Heimsuchungen durch Goten, Hunnen, Wandalen, Muslime („Muselmanen“), Magyaren (Ungarn) und Normannen immer wieder erholte und nebenbei noch so viel vom geistigen Erbe aus der Antike herüberzuretten vermochte. Bewunderung verdienen auch die Bemühungen einiger mittelalterlicher Fürsten, in Zeiten des absoluten Chaos ihren Herrschaftsgebieten und deren Bevölkerung eine Ordnung aufzuzwingen, ohne die Unwissenheit, Aberglaube, politische Zerrissenheit, wirtschaftliche und kulturelle Armut nicht überwunden worden wären – wenngleich auch diese Ordnung gewaltsam errichtet wurde und alle später postulierten Menschenrechte noch mit Füßen trat.

Der Kampf gegen die Natur

Im Mittelalter haben aber auch zur selben Zeit, als sich Fürsten und Herren ständig bekriegten, die Bauern Europas einen wenig beachteten Kampf erfolgreich bestanden, nämlich den des Menschen mit der Natur. Gegen das Meer wurden Dämme und Deiche errichtet, Tausende von Morgen Land wurden der See abgerungen, aus Urwäldern wurden Ackerland und Siedlungen aufgebaut und so die Grundlagen für die spätere Geschichte Europas geschaffen.

Ein „gottberauschtes Zeitalter“

Dies alles geschah vor dem Hintergrund eines „gottberauschten Zeitalters“, in dem der Mensch sich in die Hand eines übermächtigen Gottes ergab. Denn das Christentum hat von Anfang an seine Macht darauf begründet, dem mittelalterlichen Menschen in erster Linie den Glauben und nicht das Wissen zu vermitteln. Der mittelalterliche Mensch setzte sein Vertrauen auf Gott und die Kirche, so wie wir heute vorrangig unser Vertrauen auf die Wissenschaft und den Staat setzen.

Die Kirche, Garant der Kontinuität

Die Kulturen der Antike, das Pharaonenreich, das klassische Griechenland und das römische Imperium gingen unter. Nicht so das mittel-

alterliche Europa. Woher nahmen die Menschen im Mittelalter ihre Kraft zum Überleben? Stand dahinter die Kirche mit ihrem Begriff der menschlichen „Würde“ und der Freiheit, sich für Gott zu entscheiden, wenn auch in dem von ihr gesetzten Rahmen? Dem Heidentum begegnete sie mit dem Satz: „Außerhalb der Kirche gibt es kein Heil.“ Und dies bezog sich keineswegs nur auf das Jenseits, denn alle „Ketzer“ verloren in der Welt des Mittelalters das Recht auf Leben und Eigentum. Solche Maßnahmen und Direktiven des Klerus trugen zweifellos zur Abwehr eines drohenden Kollapses der mittelalterlichen Gesellschaft bei.

Hinzu kam noch zur Kontrolle der Sittlichkeit bei der mittelalterlichen Christenheit durch den Klerus, also durch Männer, die durch ihr Mönchtum von der Sexualität ausgeschlossen waren. Nach dem Apostel Paulus war ja der Mensch durch den Sündenfall für immer „unrein“ geworden und damit ewig zur Erbsünde verurteilt. Franz von Assisi (1181 bis 1226) forderte: „Der Geist des Herrn jedoch will, dass das Fleisch abgetötet und verachtet, gering geschätzt und schimpflich behandelt werde.“ Für diese Verbiegung der menschlichen Triebnatur, die Sigmund Freud dann als den Punkt in der Entwicklung des Menschen erkannt hat, an dem für diesen „die Scham und die Angst erwachten“, mussten vor allem die Frauen leiden. Sie waren im Mittelalter nicht „rechtsfähig“, was dann Tür und Tor für Hexenwahn und die Verfolgung durch die Inquisition öffnete.

Die kulturelle Kraft des Mittelalters

Für den Konstanzer Historiker Arno Borst war „das Mittelalter eine Epoche inquisitorischen Fragens und imperatorischen Behauptens, nicht geduldigen Zuhörens und Abwägens. Ungewohnte Erscheinungen und Äußerungen schienen nichts Geringeres als das Weltende heraufzubeschwören.“ Der mittelalterliche Mensch glaubte inbrünstig, ihm sei die Wahrheit offenbart worden. Und doch wandte er sich mit einer unbekümmerten Kraft, gespeist aus seiner Wahrheitssuche, der Erschaffung von Schönem zu. Trotz aller Armut, aller Seuchen, Hungersnöte und allen Kriegsunheils fanden die Menschen Muße und Kreativität, tausenderlei Gegenstände schön zu gestalten, von den Anfangsbuchstaben ihrer Handschriften bis zu den Kathedralen. Demütig vor einer Notre-Dame stehend, vergessen wir heute den Aberglauben und den Schmutz, das Gezänk und die Kriege und die monströsen Verbrechen des Zeitalters des Glaubens im Mittelalter. Will Durant schrieb in seiner „Kulturgeschichte der Menschheit": „Wiederum erfüllen uns die Geduld, der Geschmack und die Hingabefähigkeit unserer mittelalterlichen Vorfahren mit Staunen, und wir danken einer Million vergessener Menschen, dass sie das Blut der Geschichte mit dem Sakrament der Kunst gesühnt haben." Die Faszination, die das Mittelalter auf uns Zeitgenossen des 21. Jahrhunderts ausübt, sieht der französische Historiker Jacques Dalarun darin, dass „das Mittelalter das Geheimnis unserer verlorenen innersten Identität verbirgt; gerade deshalb spiegelt es unsere Träume."

Gefragt nach den zahlreichen Exponaten aus dem Mittelalter in der am 2. Juni 2006 in Berlin eröffneten Groß-Ausstellung „Deutsche Geschichte in Bildern und Zeugnissen", erklärte der Direktor des Deutschen Historischen Museums, Hans Ottomeyer, in einem Spiegel-Interview (Nr. 21 vom 22. Mai 2006): „Wir bemerken immer wieder, dass die Jugendlichen – neben Asterix und Obelix – mit dem Rittertum am meisten anfangen können, um Geschichte zu erörtern. Nicht zuletzt wegen der Mythen und Abenteuer, die diese Epoche umranken."

Nicht einfach nur „Mittel-Alter"

Das Mittelalter war eben nicht nur einfach ein „Mittel-Alter" zwischen zwei Kulturen. Es spannt, wie unsere opulente, von qualifizierten Geschichtswissenschaftlern und Mediävisten erarbeitete Bild-Text-Dokumentation zeigt, einen großen Bogen vom letzten Jahrhundert der klassischen Kultur und Zivilisation bis hin zu der Aufspaltung dieser einheitlichen Kultur im Zeitalter der Renaissance im Süden und der Reformation im Norden.

Und wir fragen uns mit Recht, war das Mittelalter mit dem Beginn der Aufklärung und der Neuzeit wirklich zu Ende? Frankreichs großer Mediävist, Jacques Le Goff, sprach sich in seinen Büchern für ein „langes Mittelalter" aus, „das der historischen Realität besser gerecht wird". Eingedenk des 20. Jahrhunderts – von Historikern als „Jahrhundert der Barbarei" charakterisiert – und angesichts der weltweiten Bedrohung durch einen menschenverachtenden Terrorismus sowie religiös motivierte Verbrechen gegen die Menschlichkeit, die an eine neue Qualität des „finsteren Mittelalters" denken lassen, ist man versucht, die Frage nach dem Ende des Mittelalters und nach der Willkürlichkeit, die unseren modernen Epochenabgrenzungen anhaftet, immer wieder neu zu stellen.

Jedenfalls ist aber eines absolut sicher: Mittelalter ist „in!" Es ist eine eigentümliche Sehnsucht nach der Zeit der Kaiser, Könige, Ritter und Narren in unserer Gegenwart zu beobachten.

München, im Juli 2006

Gegenüberliegende Seite:
Ölgemälde mit der Darstellung des Kaisers Friedrich I. Barbarossa (1152–1190) von Karl Friedrich Lessing (1808 bis 1880), um 1840. Friedrich I. Barbarossa wurde um 1122 in Waiblingen geboren. Er ist auf dem 3. Kreuzzug am 10. Juni 1190 im kleinasiatischen Fluss Saleph ertrunken.

Der spanische Grossinquisitor Thomas de Torquemada erwirkt von den katholischen Königen Ferdinand und Isabella am 31. März 1492 die Erlaubnis zur Vertreibung der Juden aus Spanien. Die nachcolorierte Lithographie stammt von Theodor Hosemann (1807 bis 1875) und ist 1860 entstanden.

EUROPA IM FRÜHEN MITTEL-ALTER

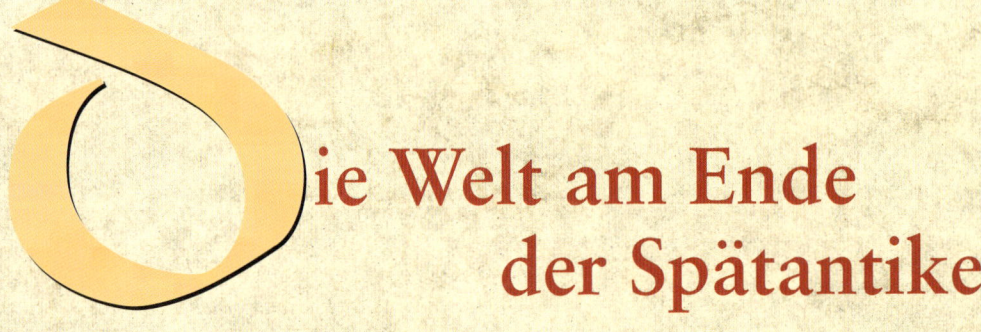

ie Welt am Ende der Spätantike

Europa im Jahre 500: Genau 24 Jahre war es her, dass in Rom der letzte weströmische Kaiser Romulus Augustulus von den germanischen Söldnern des Odoaker abgesetzt worden war. Dass er denselben Namen trug wie der legendäre römische Stadtgründer, war wohl eine Ironie des Schicksals. Fast ein Vierteljahrhundert existierte das Römische Imperium nun nicht mehr, genauer gesagt, das Weströmische Reich, denn in Konstantinopel, also im Oströmischen Reich, ging zunächst alles noch seinen normalen Gang.

VORIGE DOPPELSEITE UND LINKS:
DARSTELLUNG DER KRÖNUNG KARLS
DES GROSSEN, KÖNIG DER FRANKEN
SEIT 768, DURCH PAPST LEO III. ZUM
RÖMISCHEN KAISER AM 25. DEZEMBER
800 IN ROM. DER KUPFERSTICH VON
MATTHÄUS MERIAN D. Ä. (1593 BIS
1650) STAMMT AUS DEM JAHRE 1630
UND WURDE NACHTRÄGLICH KOLORIERT.

Europa am Boden

In den ehemaligen europäischen Provinzen des Römischen Reiches herrschte tiefste Verwirrung und Ratlosigkeit. Die Römer selbst hatten sich zurückgezogen und die Provinzen verlassen; Verwaltung, Wirtschaft und öffentliches Leben brachen unter der Wucht der germanischen Völkerwanderung zusammen. Die neuen Herren, germanische Könige, die oft genug nicht mehr als „Warlords" waren, sprachen eine andere Sprache und hatten eine andere Religion. Sie waren zwar auch Christen, hingen aber der arianischen Glaubensrichtung an, die in Jesus Christus mehr den Menschen und das Werkzeug Gottes sahen als einen Teil von Gott selbst. Den katholischen Gedanken an die göttliche Dreieinigkeit lehnten sie ab. Ihre Herrschaft währte immer nur kurz, dann wurden die germanischen Königreiche auf ehemals römischem Boden meist schon wieder von neuen germanischen Königreichen zerstört und abgelöst. Für die sesshafte, römisch überformte Bevölkerung wurde der schlimmste Albtraum wahr: Alles zerfiel, Städte wurden zerstört und aufgegeben; sie gerieten ebenso wie zahlreiche kulturelle Errungenschaften und Werte für Jahrhunderte in Vergessenheit. Die Literatur der Römer und Griechen verschwand – nur über den Umweg des Islam wurden später zahlreiche antike Schriften gerettet. Die Bevölkerung schrumpfte dramatisch, ein befriedigendes Wirtschaften war kaum noch möglich. Die Felder verkamen,

Nahrung wurde knapp. Die alte Ordnung war zerbrochen, das spätantike Europa versank in Verzweiflung und Chaos.

Das Verdienst der Franken

Erst mit der Kaiserkrönung Karls des Großen im Jahre 800 fand die Entwicklung ihr Ende, die mit dem Sturz des letzten weströmischen Kaisers und dem Untergang des Römischen Reiches begonnen und das damalige Europa in eine tiefe kulturelle und moralische Entwurzelung geführt hatte. Es ist einzig dem Volk der Franken – zunächst unter ihren merowingischen und dann unter ihren karolingischen Königen – zu danken, dass die großen Errungenschaften der römischen Spätantike, insbesondere die römische Ausprägung des Christentums, die Wirren und das Chaos der Völkerwanderung überdauerten. Das Reich der Franken war das einzige dauerhafte Germanenreich. Mit der Kaiserkrönung Karls trugen die Franken den Gedanken des römischen Kaisertums im Westen Europas fort. All dies gelang auf der Grundlage einer anderen Vorstellung eines Reiches, als sie die anderen Germanenstämme hatten. Die Franken arbeiteten zielstrebig auf eine Verschmelzung der germanischen mit der römischen Bevölkerung in ihrem Reich hin. Sie selbst waren relativ schnell zum katholischen Glauben übergetreten und hatten damit den Konflikt mit der romanisierten, katholischen Bevölkerung entschärft. Die Verbindung von germanischen Rechtsvorstellungen und römischer sowie christlicher Tradition durch die Franken war somit eine der Keimzellen der europäischen Kultur im Mittelalter.

Ausbreitung und Aufstieg des Christentums

FRÜHES CHRISTENTUM: DAS MOSAIK IN DER APSIS DER KIRCHE SANTA PUDENZIANA IN ROM ZEIGT CHRISTUS LEHREND IM KREIS DER APOSTEL. HINTER PETRUS UND PAULUS (VORNE) BRINGEN ZWEI FRAUENGESTALTEN ALS REPRÄSENTANTINNEN DER KIRCHE AUS DEM JUDEN- UND AUS DEM HEIDENTUM GOLDENE KRÄNZE DAR. DAS EDELSTEINVERZIERTE KREUZ VON GOLGATA IST UMGEBEN VON VIER AUF VISIONEN BEI EZECHIEL UND IN DER APOKALYPSE ZURÜCKGEHENDE GEFLÜGELTE WESEN.

Die Römer kannten und verehrten in den 1200 Jahren ihrer Reichsgeschichte viele verschiedene Götter. Zusätzlich zu ihren eigenen Göttern kamen aus den unterworfenen Gebieten fremde und neue Gottheiten und Kulte ins Reich, so die ägyptische Göttin Isis, der semitische Gott Baal oder der persische Gott Mithras. Sie alle wurden in geheimen „Mysterienkulten" bald auch von vielen Römern verehrt. Der römische Staat war sehr tolerant, es gab kaum Verbote dieser neuen Kulte.

Judenchristen und Heidenchristen

Andererseits versuchten die Römer auch nicht, den unterworfenen Völkern ihre Götter und ihren Glauben aufzuzwingen. Die römische Religion war allerdings im Gegensatz zum Christentum radikal diesseitig, auf das Leben bezogen. Ein Gott, der sich den Menschen offenbarte, war ihnen fremd. Dieser Gegensatz musste zwangsläufig zu Spannungen zwischen Römern und Christen führen. Die Anfänge des Christentums fielen in eine Zeit der politischer Instabilität und des sozialen Elends. Viele sahen in dem von den Christen prophezeiten kommenden König, der als zukünftiger Heiland die Welt retten sollte, eine Hoffnung für ihr bescheidenes Dasein und erwarteten, dass er die verhassten Römer aus dem Land treiben würde.

Bereits 50 Tage nach der Auferstehung gründete sich in Jerusalem die christliche Urgemeinde. Sie bestand aus Juden, die glaubten, dass Jesus der in der jüdischen Religion angekündigte Messias war. Um nicht aufzufallen und Verfolgung und Strafe zu erleiden, behielten diese „Judenchristen" ihre jüdischen Bräuche nach außen hin bei. Die zweite Gruppe der Urgemeinde stellten die „Heidenchristen", die aus nichtjüdischen Religionen heraus zum Christentum bekehrt worden waren.

Der Beginn der Missionierung

Im Jahre 48 trafen sich in Jerusalem die überlebenden der zwölf noch von Jesus selbst ausgewählten Apostel mit dem zum christlichen Missionar bekehrten Paulus, um über die weitere Verbreitung des christlichen Glaubens zu beraten. Das Ergebnis: Petrus und die restlichen Aposteln übernahmen nun die weitere Bekehrung der Juden, während Paulus sich um die Missionierung der Heiden kümmern sollte, was ihn in der Folgezeit zu langen Reisen durch das gesamte Römische Reich veranlasste. Um auch Nichtjuden die neue Lehre nahezubringen, wurde diese zunächst radikal entschärft, beispielsweise wurden das Beschneidungsgebot und die strengen mosaischen Gesetze aufgehoben.

Die an polytheistische Religionen gewöhnten Einwohner des römischen Reichs waren zunächst nicht alle unbedingt begeistert von der neuen Lehre. So verstanden sie zunächst nicht, warum der christliche Messias keine anderen Götter neben sich duldete. Zudem fehlte dem Zimmermann und Handwerkersohn Jesus ein wenig der Glanz, die Aura des Göttlichen. An die Stelle der jüdischen Bezeichnungen für den Messias traten nun zur Erklärung die Begriffe „Herr" und „Gottessohn", die beide den göttlichen Charakter des Menschen Jesus betonten.

Der größte Teil der frühen Christen stammte aus den unteren Gesellschaftsschichten: Handwerker, Sklaven, Kleinhändler und Frauen. Im Christentum hatten sie erstmals die Möglichkeit, gleichberechtigt am Aufbau der Gemeinde mitzuwirken, was ihnen bis dahin nicht gestattet war. Herkunft und Geschlecht spielten für die frühen Christen anfangs noch keine Rolle. Im 1. und 2. Jahrhundert waren bereits große Teile von Palästina, Syrien, Kleinasien und Griechenland christianisiert. Im Laufe der nächsten beiden Jahrhunderte

EINE FRANZISKANER-STICKEREI AUF EINER STOLA ZEIGT DEN HEILIGEN PETRUS UND DEN HEILIGEN PAULUS, DIE WICHTIGSTEN MISSIONARE IN DER FRÜHZEIT DES CHRISTENTUMS.

breitete sich der christliche Glaube nach Italien, Gallien, Germanien, Hispanien, Nordafrika, Zypern und Kreta aus.

Widerstände und Christenverfolgung

Das Christentum hatte von Beginn an eine starke soziale Komponente. Bald entstand die Armenfürsorge, reichere Mitglieder des Christentums wurden dazu angehalten, Almosen an die Armen zu verteilen. Dadurch blieb vielen Christen die drohende Verelendung erspart. Paulus sagte einmal: „Jeder bleibe in dem Stand, in den er berufen worden ist." Jeder Reiche sollte reich bleiben, ohne das Elend der Armen zu ignorieren. Dennoch ging die Missionierung der wohlhabenden Stände sehr zäh vonstatten, da viele hier in den religiös geforderten Armutsgeboten eine Bedrohung ihres eigenen Status sahen.

Der Apostel Paulus schrieb in einem Brief an seine Gemeinde, dass der römische Staat,

CHRISTENVERFOLGUNG:
DAS ÖLGEMÄLDE „DIE MARTER
DER ZEHNTAUSEND CHRISTEN AM
BERGE ARARAT" VON VITTORE
CARPACCIO (UM 1455 BIS 1526)
VON 1512 THEMATISIERT DIE
CHRISTENVERFOLGUNG UNTER
DEN RÖMISCHEN KAISERN HADRIAN
(117–138) UND ANTONINUS PIUS
(138–161). HEUTE IST DAS GEMÄLDE
IN VENEDIG IN DER GALLERIA
DELL'ACCADEMIA ZU BESICHTIGEN.

dem man Gehorsam schulde, von Gott gegeben sei, obgleich das frühe Christentum oftmals Verfolgungen seitens der Bevölkerung und der römischen Herrscher ausgesetzt war. Die Gründe für die Schwierigkeiten zwischen Römern und Christen lagen im Anspruch des Christentums auf einen einzigen Gott, der viele Nichtchristen gegen sie aufbrachte. Besonderes Missfallen erregte auch der christliche Kult. Über ihn gingen schon sehr bald die merkwürdigsten Gerüchte um, die bei der nichtchristlichen Bevölkerung Angst und Entsetzen schürte. Der Unwille der Bevölkerung entzündete sich vor allem daran, dass die Christen sich von allen öffentlichen Angelegenheiten zurückzogen, bei denen offiziell geopfert wurde, etwa bei Theaterspielen und Gerichtsverhandlungen. Da sie sich an verborgenen Plätzen trafen, gab es Gerüchte, dass sie Ritualmorde vollführten, Magie betrieben und Menschenopfer brächten.

Während des gesamten 2. Jahrhunderts war die von Kaiser Trajan (98–117) entwi-

ckelte Auffassung vorherrschend, dass bereits die Zugehörigkeit zum Christentum ein Straftatbestand sei. So konnte jeder Christ hingerichtet werden, wenn er sich nur zu seinem Glauben bekannte. Behauptete der Beschuldigte zu seinem Schutze aber, er sei kein Christ, musste er das Opfer für die römischen Götter vollziehen. Im Allgemeinen blieben die Christen in dieser Zeit trotz der bedrückenden Rechtslage weitgehend unbehelligt. Nur wenn sie ordentlich – also nicht anonym – angezeigt wurden und ihr Christentum zugaben, konnten sie bestraft werden. Allerdings war es verboten, ihnen hinterherzuspionieren. So breitete sich das Christentum schließlich sehr schnell über das gesamte Römische Reich aus. Die auch als Patriarchate bezeichneten Zentren waren Jerusalem, Antiochia, Alexandria und Rom.

Der Durchbruch des Christentums

Im 3. Jahrhundert wurde die Lage des Römischen Reiches durch die ständigen germanischen und parthischen Angriffe auf seine Nord- und Ostgrenzen immer bedrohlicher. Um das Volk in diesen schweren Zeiten zusammenzuschweißen, verlangte die Obrigkeit die gemeinsame öffentliche Anbetung der Staatsgötter und vor allem auch der Kaiser, die sich selbst immer öfter als Götter bezeichneten. Weil die Christen sich aber weigerten, kam es ab 250 zu großen, staatlich organisierten Christenverfolgungen. Diese führten weniger zu den in späteren Jahrhunderten stilisierten Hinrichtungen von Märtyrern, als vielmehr bei zahlreichen Christen zu einer Abkehr von ihrem Glauben. Aber diese Phase war nur ein Zwischenspiel: Nach zehn Jahren der Verfolgung wurde der christliche Glaube dann wieder erlaubt. Das Christentum breitete sich weiter aus, und Rom erlangte als Zentrum der Christenheit zum ersten Mal eine herausragende Bedeutung. Die Christen bekleideten nun viele Staatsämter und bildeten schon bald eine bedeutende Bevölkerungsschicht.

Mit Kaiser Diokletian (284–305) kam am Ende des 3. Jahrhunderts ein fanatischer Christenhasser an die Macht, und um 300 begann die größte staatliche Christenverfolgung der römischen Geschichte. Die Christen verloren alle Ämter und ihren Besitz und wurden mit dem Tode bedroht, wenn sie sich nicht zu den römischen Staatsgöttern bekennen würden. Erst im Jahre 311 erließ Kaiser Galerius (305–311) dann kurz vor seinem Tod im gleichen Jahr für den Ostteil des Reiches ein „Toleranzedikt", nach dem hier das Christentum wieder zugelassen wurde.

Bald darauf kam der endgültige Durchbruch des Christentums: Im Kampf um die kaiserliche Macht hatte Konstantin I. (306–337) im Jahre 312 eine Vision und ließ das christliche Kreuzsymbol auf seine Fahnen malen. Nach dem Sieg über seinen Widersacher Maxentius an der Milvischen Brücke in Rom war Konstantin dem Christentum sehr zugetan. Im Mailänder Toleranzedikt von 313 erhielten die Christen völlige Religionsfreiheit, der Staat gab das zuvor beschlagnahmte Eigentum der Kirchen wieder zurück. Außerdem gab es nun keine Staatsgötter

mehr. Das Christentum stand damit endlich gleichberechtigt neben allen anderen Religionen. Dies war der Beginn einer Entwicklung, die am Ende zu einer untrennbaren Verknüpfung von Staat und Kirche führen sollte. Auf dem Sterbebett ließ sich Konstantin – mittlerweile „der Große" – im Jahre 337 sogar christlich taufen.

Unter Kaiser Theodosius dem Großen (379–395) wurde das Christentum schließlich zur offiziellen römischen Staatsreligion. Im Jahre 391 verbot er alle anderen Kulte. Die Teilung des Reiches unter seinen Söhnen im Jahre 395 bedeutete gleichzeitig auch die Spaltung der christlichen Kirche, die mit Rom und Konstantinopel nun zwei rivalisierende „Hauptstädte" hatte. Diese Spaltung konnte nie wieder überwunden werden. Aus der Ostkirche, die das Griechische als Amtssprache annahm, wurde die griechisch-orthodoxe Kirche. Die römische Westkirche war durch die Spaltung des Reiches plötzlich von der Bevormundung durch den Kaiser befreit. Der Bischof von Rom wurde zum Papst, zum Oberhaupt der sich bald entwickelnden römisch-katholischen Kirche.

IM BÜRGERKRIEG UM DIE MACHT IM RÖMISCHEN REICH SIEGTE KAISER KONSTANTIN I. AM 28. OKTOBER 312 ÜBER DEN GEGENKAISER MAXENTIUS. IN DER BERÜHMTEN SCHLACHT AN DER MILVISCHEN BRÜCKE BEKRÄFTIGTE ER SO UNTER DEM KREUZSYMBOL AUF SEINEN FAHNEN SEINEN ALLEINIGEN MACHTANSPRUCH. IM JAHRE DARAUF ERHIELTEN DIE CHRISTEN IM MAILÄNDER TOLERANZEDIKT DIE VÖLLIGE RELIGIONSFREIHEIT. AQUARELL VON PETER CONNOLLY.

Völkersturm – Die große germanische Völkerwanderung

Bis zum Ende der Antike bildete das Römische Reich die Klammer, die einen Großteil Europas, den Nahen Osten sowie Nordafrika zusammenhielt und aus dem Mittelmeerraum eine kulturelle Einheit zu formen versuchte. Die Römer hatten seit der Herrschaft des Kaisers Augustus (23 v. Chr. – 14 n. Chr.) weite Teile des europäischen und des afrikanischen Kontinents erobert und beherrschten bald das gesamte Gebiet, in dem Klima und Geographie eine Bewirtschaftung des Bodens und den Menschen das Leben ermöglichten.

DIESER HOLZSCHNITT VON 1486 ZEIGT DIE EROBERUNG DER STADT ROM DURCH DIE WESTGOTEN UNTER KÖNIG ALARICH IM JAHRE 410. AUF DEM AUSSCHNITT SIND KÖNIG ALARICH SELBST SOWIE SEINE RANGHÖCHSTEN KÄMPFER ZU SEHEN. DER DRUCK BEFINDET SICH IN DEM WERK „DE CIVITATE DEI" IN DER BIBLIOTHÈQUE NATIONALE DE FRANCE IN PARIS.

Die Ursachen der Völkerwanderung

Das römische Imperium war von der Sahara im Süden begrenzt, im Norwesten bildete die Nordsee eine natürliche Grenze, im Westen der Atlantik. Am nördlichen und nordöstlichen Rand des römischen Reiches waren es der Rhein und die Donau und vor allem die Völker, die jenseits dieser Ströme lebten, die eine weitere Expansion Roms verhinderten. Völkerwanderungen waren in der Antike gar nicht so selten, bereits die alten orientalischen Hochkulturen waren mehrmals dem Ansturm asiatischer Steppenvölker wie beispielsweise der Skythen ausgesetzt. Und auch in der römischen Geschichte gibt es Beispiele: So hätte die Wanderung der Kimbern und Teutonen bereits im 2. vorchristlichen Jahrhundert der jungen Römischen Republik beinahe den Garaus gemacht.

Die große Völkerwanderung, die letztlich zum Zerfall des Römischen Reiches führte und die ersten Germanenreiche entstehen ließ, hatte verschiedene Ursachen: Klimaveränderungen, Bevölkerungswachstum und die dadurch ausgelöste Landnot waren Gründe für das Aufbrechen der in der Mongolei beheimateten Hunnen nach Westen und in der Folge der Ostgoten nach Italien. Auch Abenteuerlust und Eroberungsgedanken hatten dazu geführt, dass sich die Völker neue Gebiete erschließen wollten und deshalb aus ihren angestammten Siedlungsräumen aufbrachen.

Die große Völkerwanderung war dann eine Art Kettenreaktion: Den Lebensraum, den ein verdrängtes Volk vorher besiedelt hatte, nahm nun ein anderes, meist militärisch überlegenes ein. Das verdrängte Volk suchte sich nun einen neuen Lebensraum und verdrängte dabei wiederum weitere Völker. Nachdem die Hunnen also das Reich der Ostgoten zerschlagen hatten, mussten sich die unterlegenen Goten auf die Suche nach einer Heimat machen, in der sie ohne Bedrohung leben konnten. Die dadurch ausgelösten Wanderungsprozesse führten langfristig zum Verschwinden des Weströmischen Reiches und dessen Ablösung durch meist sehr kurzlebige Germanenreiche, die Mitteleuropa einnahmen und östlich der Elbe Platz machten für eine wachsende Anzahl slawischer Völker. Unsichere Lebensumstände, lokale Kriege, Machtkämpfe in den Regionen und die Verdrängung einzelner Stämme durch einfallende Völker führten im 5. Jahrhundert dazu, dass sich Angeln und Jüten von Dänemark sowie Sachsen von Norddeutschland aus auf den Weg nach Britannien machten und die bereits von den Römern verlassene Provinz besetzten. So wurden die Grundlagen für die dauerhafte Besiedlung Britanniens durch das Volk der „Angelsachsen" geschaffen. Aber nicht nur auf den Britischen Inseln, in ganz Europa kamen die Völker nun im großen Stil in Bewegung.

Rom und die Germanen

Das Bevölkerungswachstum, die Suche nach neuen Lebensräumen und die Gegenwehr gegen Rom führten ab dem 2. Jahrhundert zu einem ständig wachsenden Druck auf das Römische Reich. Fast an allen Nord- und Ostgrenzen sah sich Rom den Angriffen der verschiedenen Germanenstämme ausgesetzt, die weiter nach Westen oder Süden vordringen wollten. Die Grenzsicherung wurde immer schwieriger. Oft waren es gleich mehrere germanische Völker, die das Reich in

kurzen Abständen angriffen. Die Römer konnten ihren oberrheinischen Limes, eine noch heute in Teilen erhaltene Linie von Befestigungsanlagen, gegen diesen Ansturm schließlich nicht mehr halten. Gleiches geschah an der Donau, wo die Goten Besitzansprüche anmeldeten. Eine Folge dieser Wanderungsbewegungen für das Machtgefüge in Europa war auch der schleichende Zerfall des Römischen Reiches. Die Strategie der Römer im 4. Jahrhundert, die germanischen Stämme als Verbündete einzusetzen, als „Föderaten", die die Grenze verteidigen sollten, war endgültig gescheitert, als sich aus den germanischen Ansiedlungen auf römischem Boden allmählich kleine „Staaten im Staate" entwickelten. Der Druck der Völker auf das römische Imperium kam nun nicht mehr nur von außen, sondern aufgrund des Strebens der „Föderaten" nach Selbstständigkeit zunehmend auch von innen.

VÖLKERWANDERUNG: PAPST LEO I., DER GROSSE (440–461), TRITT IM JAHRE 452 DEM HUNNENKÖNIG ATTILA ENTGEGEN, DER MIT SEINEN HEERSCHAREN VOR DEN TOREN ROMS STEHT. DER AUS ETRUSKISCHEM GESCHLECHT STAMMENDE PAPST WIRD BEGLEITET VON PETRUS UND PAULUS. DAS ÖLGEMÄLDE VON LUCA GIORDANO (1634 BIS 1705) STAMMT AUS DEM JAHRE 1682 UND WIRD HEUTE IM MUSEO DUCA DI MARTINI IN NEAPEL AUFBEWAHRT.

Hunnen, Goten und Wandalen

Der große „Völkersturm" der Spätantike warf seine Schatten bereits mit den ersten Wanderungen der Goten in der ersten Hälfte des 3. Jahrhunderts voraus. Sie brachen aus ihrem angestammten Lebensraum an der Donau auf und drangen über den Balkan und Griechenland bis nach Kleinasien vor. Die Suche nach neuen Lebensräumen mündete nach vielen Kämpfen mit den Römern im Jahre 332 in einen Friedensvertrag. Für 35 Jahre wurden die neuen Beziehungen festgeschrieben, die Goten übernahmen die christliche Religion und stellten dem Imperium sogar Soldaten.

Mitte des 4. Jahrhunderts jedoch verließen große Scharen von Hunnen ihre Siedlungsräume in der westlichen Mongolei und zogen durch die sibirischen Steppen nach Westen. Die Gründe für diese Wanderung sind heute nicht mehr restlos zu klären. Wahrscheinlich wurden sie selbst durch Not und Angriffe der

Chinesen aus ihrer Heimat vertrieben. Im Jahre 375 erreichten sie das Reich der Ostgoten, des östlichsten germanischen Stammes, der an den Nordküsten des Schwarzen Meeres siedelte. Bald kam es zum Krieg, in dem die gepanzerten hunnischen Krieger auf ihren Pferden mit dem Einsatz wirkungsvoller Pfeilbögen überlegen waren. Nach schweren Kämpfen zerstörten die Hunnen das Ostgotenreich. Damit lösten sie letztlich die riesige und chaotische Flucht- und Wanderungsbewegung der europäischen Völker aus, die die gesamte Ordnung Europas in zwei Jahrhunderten völlig veränderte.

Während sich ein Teil der Ostgoten den Hunnen unterwarf und mit ihnen gemeinsam nach Westen zog, flüchtete der Rest in das Römische Reich und siedelte sich innerhalb der Reichsgrenzen an. Die Römer sahen das zunächst gerne, da die kampferfahrenen Ostgoten ihnen bei der Verteidigung der Donaugrenze helfen konnten. Im Jahre 376 griffen die Hunnen das Reich der Westgoten im heutigen Rumänien an und zerstörten es. Diesmal gab es bereits große Probleme bei der Aufnahme der zu den Römern flüchtenden Westgoten, zumal diese sich bereits ein Jahr später mit den Hunnen gegen die Römer verbündeten. Nach einem Friedensvertrag siedelten sich schließlich auch die Westgoten an der Donaugrenze an. Im Jahre 408 aber verlangte der westgotische König Alarich (395–410) die offizielle Anerkennung seines Königtums vom weströmischen Kaiser und ließ seine Streitmacht als Druckmittel vor den Toren Roms aufmarschieren. Nach hinhaltenden und letztlich erfolglosen Verhandlungen griffen die Goten Rom im Jahre 410 erfolgreich an. Nach dem Sieg über die Römer wagte Alarich im selben Jahr noch einen Feldzug nach Afrika, der allerdings scheiterte. Auf dem Rückmarsch starb König Alarich. Seine Nachfolger schlossen 418 einen Vertrag mit den Römern, der den Goten die Ansiedlung in Südfrankreich erlaubte. Hier errichteten sie das Westgotische Reich, das bald

DIESE HISTORISCHE LANDKARTE EUROPAS WURDE IM 17. JAHRHUNDERT ANGEFERTIGT. DER KOLORIERTE KUPFERSTICH ZEIGT DIE POLITISCHE GLIEDERUNG DES RÖMISCHES REICHES IM JAHRE 400 NACH DER TEILUNG IN DAS WESTRÖMISCHE UND DAS OSTRÖMISCHE REICH, ALSO ZU BEGINN DER VÖLKERWANDERUNG.

neben Südfrankreich auch ganz Spanien umfasste.

Die Wandalen waren ein germanisches Volk aus dem östlichen Mitteleuropa. Auf der Flucht vor den Hunnen zogen die Wandalen um 400 quer durch Europa und erreichten schließlich die spanische Südküste, von wo aus sie nach Afrika übersetzten. Nach langen Kämpfen eroberten sie das gesamte westliche Nordafrika und errichteten hier ein Königreich, das als erstes aller germanischen Königreiche auf römischem Boden von Rom offiziell anerkannt wurde. Im Jahre 455 setzten die Wandalen über das Mittelmeer über und eroberten und plünderten Rom auf eine Weise, die ihren Namen bis heute zum Synonym für blinde Zerstörungswut werden ließ.

Währenddessen waren die Hunnen unter ihrem König Attila (434–453) nach Westen vorgedrungen. Dabei vernichteten sie 436 das mittelrheinische Burgunderreich um Worms unter König Gunther (Nibelungensage). Die Burgunder siedelten daraufhin in das Gebiet an den Flüssen Rhône und Saône um, das heute noch als Burgund bekannt ist, und errichteten hier ein neues Königreich. Besiegt wurden die Hunnen am Ende von einer Allianz aus verschiedenen Völkern unter dem Oberbefehl des ostgotischen Königs Theoderich (471–526). Sie wandten sich daraufhin zunächst nach Norditalien, wo sie einige Zeit lang noch plündernd umherzogen, bis sie sich schließlich wieder in ihre Residenz im heutigen Rumänien zurückzogen. Nach einer weiteren Niederlage kurz nach dem Tode Attilas war nach fast 80 Jahren hunnischer Raubzüge die Hunnengefahr in Europa beseitigt.

Kampf um Rom – Die Ostgoten

In Italien stand das Ende des Römischen Reiches bevor, als 476 der germanische Heerführer Odoaker (433–493) gegen den weströmischen Heermeister Orestes und seinen Sohn, Kaiser Romulus Augustulus (476 ab-

gesetzt) meuterte. Odoaker machte sich selbst zum König seiner germanischen Söldner, die sich aber benahmen, als seien sie Föderaten des Römischen Reiches. Wirtschaft und Verwaltung blieben römisch. Von Osten allerdings zog Gefahr für seine Herrschaft herauf: Die Ostgoten machten den erst 18jährigen Theoderich, der zehn Jahre zuvor als Geisel in Konstantinopel gelebt hatte, zum König. Zu seinem Stamm

DIE WANDALEN IN ROM: KOLORIERTER HOLZSTICH DER EROBERUNG DER STADT ROM DURCH DIE WANDALEN UNTER IHREM KÖNIG GEISERICH AM 2. JUNI 455. ES FOLGTE EINE VIERZEHNTÄGIGE PLÜNDERUNG DER STADT, DEREN AUSMASS DEN BEGRIFF VOM „WANDALISMUS" MASSGEBLICH GEPRÄGT HAT. DER HOLZSTICH STAMMT VON HEINRICH LEUTEMANN (1824 BIS 1904) UND IST 1865 ENTSTANDEN.

Von 1827 stammt diese Darstellung des grossen Ostgotenkönigs Theoderich I. (um 453 bis 526). In der deutschen Heldensage ist Theoderich als Dietrich von Bern bekannt. Theoderichs prachtvolles Grab in Ravenna ist bis heute eine eindrucksvolle Erinnerung an sein zwar kurzlebiges, aber sehr machtvolles Reich.

Gegenüberliegende Seite: Die Westgoten errichteten 415–711 ein mächtiges Reich auf der Iberischen Halbinsel. Diese Buchmalerei von 976 aus dem Kloster San Martín de Albelda (Rioja) befindet sich im Codex Conciliorum Albeldensis und zeigt die Könige Chindaswind (642–653), Rekkeswind (653–672) und Egica (687–702) sowie den Schreiber Vigilianus mit seinen Mitarbeitern.

zurückgekehrt, der an der mittleren Donau lebte, schickte er sich an, in das Byzantinische Reich einzufallen, wurde aber zunächst als Heermeister nach Italien „weggelobt". Die Ostgoten zogen also nach Westen und eroberten nach zweijähriger Belagerung die Stadt Ravenna. Odoaker war geschlagen und soll sogar von Theoderich, der sich zum König erklärte, eigenhändig erschlagen worden sein. Die Ostgoten beanspruchten zwei Drittel des Grundbesitzes und die Vormachtstellung in ihrem Reich. Unter ihrem König leisteten sie Militärdienst, beriefen sich zugleich auf den kaiserlichen Verwaltungsauftrag aus Byzanz. So betrieben die Römer weiterhin Verwaltung, Wirtschaft und Rechtswesen.

Der Konflikt zwischen Römern und Ostgoten spitzte sich zu, als Theoderich den römischen Staatsmann und Philosophen Boethius um 524 hinrichten ließ. Der Hintergrund waren Glaubensfragen, denn die Römer und die Ostgoten hingen verschiedenen christlichen Glaubensrichtungen an. Während die römisch-katholischen Römer an die Wesenseinheit von Gott und Jesus Christus glaubten, sahen die dem Arianismus anhängenden Germanen in Jesus nur ein Werkzeug Gottes, aber nicht Gott selbst.

Ungefähr zur gleichen Zeit kam in Konstantinopel mit Justinan I. (527–565) ein Kaiser auf den Thron, der fest entschlossen war, die gotische Herrschaft in Italien zu beenden und das Weströmische Reich wiederherzustellen.

Die Verträge, die Theoderich mit anderen germanischen Königen geschlossen hatte, um seine Herrschaft nach außen zu sichern, erwiesen sich bald als zu schwach. Der fränkische Merowingerkönig Chlodwig I. (482–511) beispielsweise war sehr an einer Schwächung der Goten interessiert und dachte gar nicht daran, eine Vorherrschaft Theoderichs anzuerkennen. Mit dem Tode Theoderichs im Jahre 526 stand die von ihm verfolgte Politik vor dem Zusammenbruch. Sein unmündiger Enkel konnte Theoderichs Erbe nicht retten. Kaiser Justinian I. ließ seine Feldherren Belisar und Narses 535–553 in einem langen wechselhaften Feldzug Italien erobern. Der ostgotische König Totila (541–552) konnte noch einmal die Herrschaft in Italien – bis auf Ravenna – zurückgewinnen. Doch nach seinem Tod ging das Reich der Ostgoten endgültig unter. Dennoch blieb es in der Erinnerung der Völker als das glanzvollste der Germanenreiche noch lange bestehen. Besonders ist es verbunden mit dem außerordentlichen Ruhm Theoderichs „des Großen", in der deutschen Heldensage als Dietrich von Bern bekannt. Sein prachtvolles Grab in Ravenna ist heute noch eine sichtbare Erinnerung an sein machtvolles Reich.

Der Zusammenbruch der antiken Welt

Fast 200 Jahre dauerte der „Völkersturm" in Europa. In diesen Wanderungsbewegungen wurde das bereits kränkelnde Römische Weltreich wie zwischen Mühlsteinen zermahlen. Doch gingen die römische Kultur und das Christentum keineswegs unter. Beide wurden von dem zum römisch-katholischen Christentum übergetretenen germanischen Stamm der Franken zum großen Teil übernommen. Neue Reiche entstanden, wie etwa das Oströmische Reich und das Reich der Franken, die nun für Jahrhunderte die Geschicke Europas wesentlich mitbestimmen sollten. Gerade das Zeitalter der Germanischen Völkerwanderung verdeutlicht, dass der Übergang vom Altertum zum Mittelalter nicht als plötzlicher Bruch gesehen werden darf, sondern als fließender Übergang, der zwar viel Neues brachte, aber auch viel Altes beibehielt, was zum Teil bis heute noch fortwirkt.

Der Aufstieg des Islam

Die Religion des Islam entstand als letzte der großen Weltreligionen an der Wende zwischen Spätantike und Mittelalter. Islam bedeutet übersetzt „Unterwerfung" und meint damit die Unterwerfung unter den Willen Gottes. Wie Judentum und Christentum ist auch der Islam monotheistisch, erkennt also nur einen Gott an. Auch hat der Islam – wie die beiden anderen großen monotheistischen Religionen – ein Buch göttlicher Offenbarungen hervorgebracht, den Koran.

DIE MINIATUR AUS DEM TOPKAPI-MUSEUM IN ISTANBUL ZEIGT DEN PROPHETEN MOHAMMED VOR DER KAABA IN MEKKA. ER LEGT DEN HADSCHAR (SCHWARZEN STEIN) IN EINEN TEPPICH, DAMIT ER IN DEN ÖSTLICHEN TEIL DER KAABA GEBRACHT WERDEN KANN. MOHAMMED, DER STIFTER DES ISLAM, WURDE UM 570 ALS ABUL KASIM MUHAMMAD IBN ABD ALLAH IN MEKKA GEBOREN UND IST AM 8. JUNI 632 IN MEDINA GESTORBEN.

Mohammed und der Islam

Von seinem arabischen Ursprungsland breitete sich der Islam in einem beispiellosen Siegeszug über weite Teile Asiens, Nordafrikas und auch Europas aus. Der islamische Kulturraum bewahrte dabei viele kulturelle und geistige Errungenschaften der antiken Welt, die im christlichen Europa untergegangen und vergessen worden sind. Wissenschaft und Kunst standen in hoher Blüte: Die Schriften großer antiker Philosophen kennen wir heute oft nur deshalb, weil sie durch ihre Übersetzung in die arabische Sprache davor bewahrt wurden, unwiederbringlich verloren zu gehen.

Der Religionsstifter Mohammed wurde um das Jahr 570 in der Stadt Mekka geboren, einem bedeutenden Handelszentrum. Er war nicht wohlhabend, gehörte aber der führenden Sippe des arabischen Stammes der Haschimiden an. Mohammed wurde Händler und lernte auf seinen Reisen die Religionen der Umgebung kennen. Die meisten arabischen Stämme hingen damals Religionen an, in denen mehrere Götter verehrt wurden, aber auch der Einfluss des jüdischen und christlichen Glaubens war stark. Mit 25 Jahren heiratete Mohammed die Inhaberin des Handelsgeschäfts, bei dem er arbeitete, die Witwe Chadidscha. Damit erlangte er großen Wohlstand. Mit Chadidscha hatte er eine Tochter namens Fatima. Im Alter von etwa 40 Jahren verdichteten sich die visionären Offenbarungen, die Mohammed erhielt. Bald fühlte er sich zum von Gott gesandten

Propheten berufen. Auf der Grundlage der Aufzeichnungen seiner Offenbarungen, des Korans, stiftete Mohammed dann um 610 die Religion des Islam.

In Mekka fand er zunächst allerdings nur wenige Anhänger. Die Stadt war bereits seit langer Zeit ein religiöses Zentrum mit einem wichtigen arabischen Heiligtum, der Kaaba. Mohammeds Anhänger wurden hier als Unruhestifter verfolgt. Neben einigen ärmeren Bürgern schlossen sich ihm nur Abu Bekr, Omar und sein Schwiegersohn Ali an. Nach dem Tod seiner Frau entschloss Mohammed sich, mit seinen Anhängern aus Mekka zu fliehen. Im Juni 622 wanderte die religiöse Gruppe in die Gegend um die Stadt Medina aus. Dort konnte Mohammed die Rolle eines Vermittlers zwischen den hier lebenden, heillos untereinander zerstrittenen Stämmen erlangen. Mohammeds Gefährten und seine in Medina neu gewonnenen Anhänger bildeten bald eine Gemeinschaft, die unter Mohammeds Führung begann, den Islam in Arabien durchzusetzen. Die Auswanderung Mohammeds aus Mekka nach Medina, die „Hedschras", markiert den Beginn der islamischen Zeitrechnung. Sie beginnt am 15. Juni 622.

In zahlreichen kriegerischen Konflikten konnten sich Mohammeds Anhänger schließlich durchsetzen und die arabischen Stämme beinahe der gesamten arabischen Halbinsel im neuen Glauben hinter sich vereinen. Die Araber vertrieben die Juden und drehten die Gebetsrichtung, die sich bisher nach Jerusalem orientiert hatte, nach Mekka um. Im Jahre 630 zog Mohammed friedlich in Mekka ein und starb dort zwei Jahre später. Mohammed verstand sich als letzter Prophet des einen Gottes in einer Reihe von Vorgängern, die bei Adam begann und zu denen er auch Jesus zählte. So verstand er die Welt als Offenbarung des einen Gottes, den die Menschen bisher nicht verstanden hatten. Mit dem Islam war für ihn die Geschichte dieser Irrtümer zum Abschluss gekommen.

Die ersten Kalifen

Mohammed hatte keine Regelungen für seine Nachfolge getroffen, und so kam es bald zum Streit. Von einer kleinen Gruppe wurde Abu Bekr, der Vater von Mohammeds Lieblingsfrau Aischa und enge Mitarbeiter Mohammeds, zu dessen Nachfolger (Kalif) bestimmt. Bis zu seinem Tod 634 ordnete er gemeinsam mit Omar die Herrschaft, unterwarf abgefallene arabische Stämme und ließ erste erfolgreiche Vorstöße nach Syrien und Persien unternehmen. Sein Nachfolger Omar I. (634–644) machte durch zahlreiche Eroberungen

DER FELSENDOM AUF DEM TEMPELBERG (BERG MORIAH) IN JERUSALEM IST DIE ÄLTESTE ERHALTENE ISLAMISCHE MOSCHEE, ZUGLEICH ÄLTESTES ZEUGNIS ISLAMISCHER ARCHITEKTUR DER WELT SOWIE EIN HERVORRAGENDES BEISPIEL DES OMAIJADENSTILS DER ISLAMISCHEN KUNST. ER WURDE UNTER DEM KALIFEN ABD AL-MALIK AUF DEM TEMPELBERG ZWISCHEN 687 UND 691 MIT HILFE BYZANTINISCHER HANDWERKER ERRICHTET UND IST DAS WAHRZEICHEN VON JERUSALEM ALS DER DRITTEN HEILIGEN STÄTTE DES ISLAM NACH MEKKA UND MEDINA.

BLICK IN DIE KATHEDRALE LA MEZQUITA IN DER ANDALUSISCHEN STADT CÓRDOBA. DA DIE SPANIER NACH DEM ABZUG DER MAUREN (BIS 1492) NICHT ÜBER GENÜGEND MITTEL VERFÜGTEN, UM DIE MOSCHEE IN CÓRDOBA ABZUREISSEN, WURDE DIESE ALS KATHOLISCHES GOTTESHAUS GEWEIHT UND SO DER NACHWELT ERHALTEN. IN EINEM TEIL DER MEZQUITA WURDE SPÄTER EINE KATHEDRALE ERRICHTET, DEREN WUCHTIGE SCHWERE EINEN BEEINDRUCKENDEN KONTRAST ZUR LEICHTEN, FAST SCHWEBEND ANMUTENDEN BAUWEISE DER MAUREN BILDET.

aus dem arabischen Staat ein islamisches Weltreich. Der „Beherrscher der Gläubigen" war der eigentliche Schöpfer des islamischen Staatswesens. Obwohl von einem Sklaven erdolcht, gilt er als die glanzvollste Gestalt in der Frühzeit des Islam und wird von der Überlieferung gern idealisiert.

Die Spaltung des Islam

Im Jahre 656 wurde von der Bevölkerung der Hauptstadt Medina der Schwiegersohn Mohammeds, Ali (656–661), zum Kalifen ausgerufen. Bisher hatte vor allem Mohammeds Witwe verhindert, dass er die Nachfolge Mohammeds antreten konnte, da man ihn des Mordes an seinem Vorgänger beschuldigte. Der syrische Statthalter Muawija, der zu den Omaijaden gehörte, ließ sich in Damaskus zum Gegen-Kalifen erheben. Nach vierjährigem Bürgerkrieg und der Ermordung Alis wurde Muawija (661–680) Alleinherrscher. Doch die Partei Alis, die „Schia" (arab.: „Schiat Ali"), blieb in der Opposition. Ihre Angehörigen werden als Schiiten bezeichnet. Sie verehren bis heute Ali als einzigen legitimen Nachfolger Mohammeds unter den Kalifen.

Der Ausgriff nach Europa

Muawija machte Damaskus zur Hauptstadt des islamischen Reiches. Damaskus, erst vor kurzem erobert, war noch von christlichen Einflüssen geprägt und relativ frei von Anhängern Alis. Muawijas Herrschaft mischte arabische Wurzeln mit den vorgefundenen Kulturen der eroberten Länder. In Baustil und Kunst wurden nicht-arabische Stilrichtungen übernommen. Die Dynastie, die Muawija gründete, indem er das Kalifat erblich machte, war zwar noch arabisch, auch die Führungsschicht des Staates wurde von Arabern gebildet, aber arabisch im eigentlichen Sinne war der islamische Weltstaat, über den Muawija regierte, nicht mehr. Der Glanz und der Prunk, mit dem sich die Omaijaden in Damaskus umgaben, rief allerdings Kritik hervor. Sie regierten wie byzantinische Herrscher ohne Volksnähe. Bis heute legen die Bauwerke der Omaijaden in Damaskus Zeugnis von der kulturellen Blüte dieser Zeit ab. Alis Sohn Hussain sammelte die Unzufriedenen um sich und zog gegen die Omaijaden ins Feld. In der Schlacht von Kerbela (10. Oktober 680) kam Hussain ums Leben und wurde in Nadschaf beigesetzt. Der Tag der Schlacht ist bis heute der Passionstag der Schiiten, Kerbela ein Wallfahrtsort im heutigen Irak. Die Omaijaden hatten sich zwar durchgesetzt, aber die Spaltung des Islam vertiefte sich.

Auch in den folgenden Jahren setzte der Islam seine Eroberungen fort: Im Jahre 711 setzte der Feldherr Tarik über die Meerenge zwischen Mittelmeer und Atlantik von Afrika nach Spanien, zum Fels Jabal Tarik (Gibraltar) über. Tarik besiegte die Westgoten, die Iberische Halbinsel wurde Teil des islamischen Weltreichs der Omaijaden. Eine weitere Ausbreitung in Westeuropa wurde 732 verhindert, als die Franken bei Tours und Poitiers ein Berberheer besiegten. Im Inneren Asiens hingegen drangen die islamischen Heere immer weiter vor.

Der Untergang der Omaijaden

Die Dynastie der Omaijaden-Kalifen ging unter, als die gesellschaftlichen und wirtschaftlichen Probleme überhand nahmen, die durch die enorme Ausweitung des Reiches entstanden waren. Die Unzufriedenheit nutzte Abul Abbas, ein Angehöriger der Sippe der Haschimiden, um sich zum Kalifen ausrufen zu lassen. Der letzte Kalif der Omaijaden wurde 750 in einer Schlacht geschlagen und floh nach Ägypten, wo er umkam. Abul Abbas ließ anlässlich eines Gastmahles alle überlebenden Omaijaden umbringen. Lediglich Abd ar-Rahman konnte entkommen und ging nach Spanien. Er wurde Herrscher des Emirats von Córdoba, wo die Omaijaden noch einige Jahrhunderte regierten. Die Omaijaden-Herrschaft in Spanien war eine Zeit kultureller Blüte, deren architektonische Zeugnisse bis heute in Spanien erhalten sind.

Der Kalif Abul Abbas (749–754) erreichte mit seinem Mord an der Sippe der Omaijaden allerdings keine Einheit im Reich: Die einzelnen Teile fielen immer mehr auseinander. Dabei spielten nicht nur theologische Streitigkeiten eine Rolle. Der islamische Macht-

bereich hatte sich sehr schnell ausgedehnt und umfasste viele verschiedene Völker mit unterschiedlichsten Traditionen. In vielen Teilen dieses Herrschaftsbereiches gab es auch Vorbehalte gegen die führende Rolle der Araber. Auch aus diesem Grund setzte sich beispielsweise in Persien das oppositionelle Schiitentum durch.

Den Höhe- und Wendepunkt in der Entwicklung des arabischen Reiches markiert die Herrschaft des Kalifen Harun al-Raschid (786–809), der bis heute in den Erzählungen „Tausend und eine Nacht" weiterlebt. Er verkörperte in seiner Person den ganzen Glanz und Ruhm des Kalifats von Bagdad. Obwohl Harun al-Raschid zahlreiche siegreiche Kriege führte – vor allem gegen das Byzantinische Reich –, konnte er den beginnenden Zerfall des islamischen Weltreiches nicht mehr aufhalten.

BLICK IN DEN LÖWENHOF MIT BRUNNEN IN DER ALHAMBRA. DIE FESTUNG OBERHALB DER STADT GRANADA WURDE IM 13. UND 14. JAHRHUNDERT VON DEN MAURISCHEN NASRIDENHERRSCHERN ERRICHTET UND GILT ALS EINES DER BEDEUTENDSTEN DENKMÄLER DES ISLAMISCHEN PROFANBAUS.

Byzanz – „Rom des Ostens"

Das zunächst Oströmische Reich und spätere Byzantinische Kaiserreich ist in der Geschichtsschreibung lange Zeit eher negativ beurteilt worden. Mit dem Begriff „Byzantinismus" verband man jahrhundertelang vor allem Intrigen, Verschwörungen, feige Palastmorde, sagenhaften Reichtum, strenge und undurchsichtige Rituale und totale Unterwerfung unter Herrscher, die sich wie Götter verehren ließen.

Byzanz und Europa

Inzwischen wird allgemein anerkannt, dass das Byzantinische Reich als wichtiges Bindeglied zwischen Antike und Mittelalter durch das gesamte Mittelalter hindurch antike Traditionen aufrechterhielt und damit letztlich die Antike direkt mit der Neuzeit verbindet. Zudem verdankte Europa dem Byzantinischen Reich einen jahrhundertelangen Schutz gegen Einfälle von Germanen, Hunnen, Slawen und Arabern – ein Verdienst, der den Byzantinern von den Europäern in den Kreuzzügen durch wiederholte Plünderungen und Zerstückelung mehr als schlecht gedankt wurde.

Doch Byzanz erwarb sich noch mehr Verdienste um die europäische Kultur: Hier wurde das antike römische Recht, das noch heute die Grundlage der europäischen Rechtsordnung bildet, geordnet und neu aufgezeichnet. Die byzantinische Baukunst beeinflusste die mittelalterliche Architektur ganz Europas sowie des islamischen Machtbereichs. Schließlich missionierte Byzanz die slawischen Völker, die sich unter seinem missionarischen Einfluss dem orthodoxen Christentum zuwandten. Viele Jahrhunderte lang bestimmten die christlichen Konzile im Byzantinischen Reich den christlichen Glauben und gaben ihm Formen, die bis heute gültig sind. Erst im Jahre 1054 kam es zum großen Bruch zwischen der römischen und der byzantinischen Kirche, zum Schisma, das bis heute nicht mehr überwunden werden konnte.

Die Entstehung des Byzantinischen Reiches

Im Römischen Weltreich war im Laufe der Zeit der dicht besiedelte und wirtschaftlich produktivere östliche Teil immer wichtiger geworden. Allerdings war der Osten des Reiches auch stärker von Feinden bedroht. An der unteren Donau im Balkanraum drohten Einfälle der Germanen, und im Osten war das Reich der Sassaniden in Persien ein starker und gefährlicher Feind des Römischen Reiches. Solche Gefahren erforderten in der Regel die Anwesenheit des obersten Kriegsherrn, des Kaisers. Daher wählte Kaiser Konstantin der Große (306–337) mit Byzanz eine Hauptstadt im östlichen Teil des Reiches. Er ließ die Stadt neu erbauen und so vergrößern, dass sie wie Rom sieben Hügel umfasste und mit einer Mauer gegen Angriffe von der Landseite gesichert war. Innerhalb von nur fünf Jahren ließ er einen Kaiserpalast, ein Senatsgebäude, Bäder, Wasserleitungen, Kirchen und ein Forum errichten. Offiziell wurde Byzanz nun „Neu-Rom" getauft, aber zu Ehren des ersten dort residierenden Kaisers setzte sich der Name Konstantinopel durch. Unter diesem Namen wurde es Zentrum des Römischen Reiches und der römischen und byzantinischen Kultur.

Justinian I. – Der „Kaiser ohne Schlaf"

Die Reichsteilung von 395 in ein Weströmisches und ein Oströmisches Reich war endgültig. Während das Oströmische Reich im 4. Jahrhundert trotz äußerer Bedrohung einer neuen Blüte entgegenstrebte, wurde das mittlerweile poröse Weströmische Reich in den Wanderungsbewegungen der germanischen Welt wie zwischen Mühlsteinen zerrieben. Der letzte Kaiser im Westen, Romulus Augustulus, wurde 476 durch den germanischen Feldherrn Odoaker abgesetzt, das Weströmische Reich war damit aufgelöst. Welche

Ironie, dass der letzte Kaiser ausgerechnet den Namen des legendären Stadtgründers trug!

Während Italien und der westliche Mittelmeerraum im Chaos versanken, wählte man im Osten im Jahre 527 Justinian I. (bis 565) zum Kaiser, der als außergewöhnlich gebildet galt, obwohl er eigentlich nur ein Bauernsohn aus Makedonien war. Verheiratet war er mit

DER RÖMISCHE KAISER KONSTANTIN I., DER GROSSE (UM 280 BIS 337), MACHT SICH MIT SEINER MUTTER HELENA AUF DEN WEG NACH JERUSALEM, UM DORT DAS HEILIGE KREUZ ZU FINDEN, AN DEM JESUS CHRISTUS GEKREUZIGT WURDE. DER FRANZÖSISCHE HOLZSCHNITT VON 1500 VERDEUTLICHT EINMAL MEHR DEN RELIQUIEN- UND MYTHENGLAUBEN AUCH DES SPÄTEN MITTELALTERS.

Theodora, einer Schauspielerin mit unge-klärter Herkunft, die zwar lange Jahre nicht den Titel einer Kaiserin erwarb, die aber letzt-lich maßgeblich mitregierte. Justinian und Theodora schufen mit ihrer Politik gemein-sam die Grundlagen, ohne die jede weitere Entwicklung des Byzantinischen Reiches nicht zu verstehen ist.

Die Kriege zur Wieder-herstellung des Reiches

Justinian, der selber nie Soldat gewesen war, hatte sich vorgenommen, das Römische Reich als Ganzes wiederherzustellen. Zu diesem Zweck sandte er den Feldherrn Belisar nach Nordafrika, wo dieser in einem kurzen Feldzug 533/534 das Wandalenreich zer-schlug und damit Nordafrika zu einer byzan-tinischen Provinz machte. Der letzte Wanda-lenkönig Gelimer (530–534) wurde als „Sie-gestrophäe" nach Konstantinopel gebracht. Sofort danach begann Belisar seinen Feldzug gegen die Ostgoten in Italien. Obwohl es ihm zunächst recht schnell gelang, fast ganz Ita-lien zu erobern, dauerte dieser Krieg am Ende doch 20 Jahre. Erst der Feldherr Narses, der Belisar ablöste, konnte nach wechselndem Kriegserfolg die Herrschaft der Ostgoten in Italien endgültig beenden. In diesem Krieg fiel die antike Stadtkultur Italiens in Trümmer. Im Jahre 554 gelang es den byzantinischen Legionen sogar, Südspanien von den unterei-nander zerstrittenen Westgoten zu erobern. Damit wurde das Mittelmeer wieder von einem Römischen Reich beherrscht.

Im Osten seines Herrschaftsgebietes war Justinian weniger erfolgreich. Perser, Hunnen und Slawen fielen immer wieder ins Reich ein. Nur mit hohen Tributzahlungen konnte Justinian sich hier Frieden erkaufen. Insge-samt waren die finanziellen und wirtschaftli-chen Folgen dieser Kriege für das Reich kata-strophal. Zudem waren die Erfolge Justinians nicht sehr dauerhaft, schon bald nach seinem Tode gingen die meisten der Eroberungen im Westen bereits wieder verloren.

Die Krisen des 7. Jahrhunderts

Im 7. Jahrhundert geriet das Byzantinische Reich, das inzwischen Griechisch zur Amts-sprache erhoben hatte, vor allem im Osten in eine gefährliche Krise. Die Perser blieben die gefährlichsten Feinde. In zahlreichen Kriegen

gegen die Perser und nach dem Zusammenbruch des Sassanidenreiches gegen die Araber, die Awaren und die Slawen wurden die Kräfte des Reiches zu stark gebunden, unzählige Male wurde die als uneinnehmbar geltende Stadt Konstantinopel belagert. In der Folge verloren die Byzantiner ein wenig das Gespür für das Geschehen in Europa – eine für sie verhängnisvolle Entwicklung. So waren sie nicht vorbereitet, als Papst Stephan II. (752–757) Konstantinopel um Hilfe ersuchte, nachdem die Langobarden das byzantinische Exarchat Ravenna erobert hatten. Da Byzanz keine Hilfe leisten konnte, wandte sich der Papst stattdessen an den Herrscher der Franken, was zu einer engen Verbindung zwischen den Franken und der Kurie führte. Diese Entwicklung fand ihren Höhepunkt im Jahre 800 in der Kaiserkrönung Karls des Großen durch den Papst. In Byzanz sah man diese Krönung als rechtswidrig an. Es konnte nur einen Kaiser geben – und das war der byzantinische. Die Franken ihrerseits betrachteten aber den Kaiserthron als verlassen, denn im Jahre 800 regierte die Kaiserin Irene (797–802). Eine Frau als Herrscherin überstieg das Vorstellungsvermögen der Franken. Erst der byzantinische Kaiser Michael I. (811–813) billigte Karl dem Großen im Jahre 812 den Titel „Basileus" (Kaiser) zu.

DAS AUF DER SINAI-HALBINSEL GELEGENE KATHERINENKLOSTER, EINES DER BEDEUTENDSTEN BAUDENKMÄLER DER CHRISTENHEIT, LIEGT AM FUSS DES MOSESBERGES, AUF DEM MOSES DIE ZEHN GEBOTE EMPFANGEN HABEN SOLL. GEGRÜNDET WURDE ES IM 3. ODER 4. JAHRHUNDERT. INNERHALB SEINER BIS ZU 15 METER DICKEN FESTUNGSMAUERN, DIE KAISER JUSTINIAN I. IM JAHRE 548 N.CHR. ERRICHTEN LIESS, LIEGEN DIE MOSESQUELLE UND DER „BRENNENDE DORNBUSCH", IN DEM GOTT NACH DER ÜBERLIEFERUNG DES ALTEN TESTAMENTS DEM PROPHETEN ERSCHIEN.

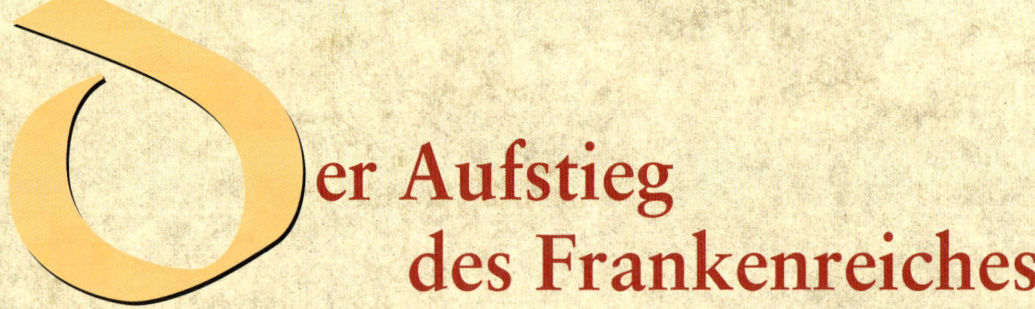

Der Aufstieg des Frankenreiches

Der Begriff „Franken" erscheint zum ersten Mal im 3. Jahrhundert als Eigenbezeichnung eines Germanenstammes, der sich am Mittel- und Niederrhein angesiedelt hatte. Die stärkste Expansionskraft ging dabei vom niederrheinischen Teilstamm der Salfranken (Salier) aus, der bis Mitte des 5. Jahrhunderts die westlich angrenzenden Gebiete eroberte. Unter ihnen sollte das nach dem mythischen Urvater Merowech benannte Geschlecht der Merowinger die größte Bedeutung erlangen.

AUF DIESEM AUSSCHNITT EINES BILDTEPPICHS AUS ARRAS (FRANKREICH) IST DIE KRÖNUNG DES MEROWINGERS CHLODWIG I. (UM 466 BIS 511) ZUM KÖNIG DER FRANKEN IM JAHRE 482 DARGESTELLT.

Chlodwig, der Reichsgründer

Chlodwig I. (482–511) gilt als der Begründer des fränkischen Reiches. Bereits mit 15 Jahren zum König erhoben, begann er sofort mit der Ausdehnung des Reiches. Im Jahre 486 eroberten die Franken die ehemalige römische nordgallische Provinz rund um Paris. Mit brutaler Zielstrebigkeit ließ er im Verlauf seiner knapp 30jährigen Regentschaft sämtliche rivalisierenden fränkischen Kleinkönige durch Mord beseitigen und konnte sich dadurch allmählich zum Alleinherrscher der Franken aufschwingen. Im Jahre 498 ließ er sich mit zahlreichen adligen Franken in Reims taufen, da er in einer Schlacht gelobt hatte, den katholischen Glauben anzunehmen, falls die Franken den Sieg davontragen würden. Nach einem Ausgleich mit dem Königreich Burgund wandte sich Chlodwig mit den Burgundern gemeinsam gegen das Westgotische Reich. 507 besiegten die Franken in der Schlacht bei Vouillé (nahe Poitiers) die Westgoten und eroberte daraufhin ihr Reich bis zu den Pyrenäen. Damit hatte Chlodwig fast ganz Frankreich sowie die fränkisch-alamannischen Gebiete an Rhein und Main unter seine Herrschaft gebracht. Seine letzten Lebensjahre verbrachte er mit der Ordnung seines Reiches, wobei er als Regierungssitz Paris wählte. Seine Stellung war nun unangefochten, sodass selbst der oströmische Kaiser Anastasios I. (491–518) Königsornat sowie Purpurmantel schickte und ihn damit als König anerkannte.

Die merowingische Reichsteilung

Nach Chlodwigs Tod 511 wurde das Fränkische Reich entsprechend dem fränkisch-germanischen Rechtsverständnis unter seinen vier Söhnen aufgeteilt. Unter den Nachfolgern Chlodwigs erfolgte die Dreiteilung des Reiches in Austrien (die Ostgebiete mit der Hauptstadt Reims), Neustrien (die westlichen Reichsteile mit der Hauptstadt Paris) und Burgund (mit der Hauptstadt Orléans), die über Jahrhunderte hinweg Bestand haben sollte. Mit dem Tod Dagoberts I. (629–638), der noch einmal die Gesamtherrschaft erreicht hatte, begann der sich über ein Jahrhundert erstreckende Niedergang des merowingischen Geschlechts. Er wurde von heftigen Rivalitätskämpfen des fränkischen Adels begleitet, aus denen schließlich das Geschlecht der Karolinger siegreich hervorging.

Arnulf von Metz und Pippin der Ältere

Die Karolinger stammten aus dem austrischen Teil des Fränkischen Reiches, mit Stammgütern an Rhein und Mosel. Als Stammväter des Karolinger-Geschlechtes der fränkischen Hausmeier gelten Pippin der Ältere (gestorben um 640) und der spätere Bischof Arnulf von Metz (614–629). Arnulf diente als Erzieher des letzten Merowinger-Königs Dagobert I., während Pippin als dessen Berater fungierte und seit 625 auch die Stelle des austrischen Hausmeiers, des obersten Amtes der Verwaltung, innehatte. Arnulf und Pippin konnten ihre führenden Stellungen jedoch nicht lange behaupten. Als Dagobert die Gesamtherrschaft im Frankenreich übernahm, entmachtete er seine früheren Wegbegleiter. Nach Dagoberts Tod schwang sich Pippin zum Interessenvertreter

IM JAHRE 498 LIESS SICH DER FRANKENKÖNIG CHLODWIG I. VON BISCHOF REMIGIUS VON REIMS KATHOLISCH TAUFEN UND LEGTE DAMIT DEN GRUNDSTEIN FÜR DEN KOMETENHAFTEN AUFSTIEG DES FRANKENREICHES ZUR BEHERRSCHENDEN EUROPÄISCHEN MACHT DES FRÜHMITTELALTERS. RELIEF VOM NÖRDLICHEN TYMPANON DER KATHEDRALE VON REIMS.

CAHIER _____ appartenant à _____

SAINT MARTIN DE TOURS

CLOTILDE ET LES ENVOYES DE CLOTAIRE

HACHETTE ET Cⁱᵉ

MODERNE FARBLITHOGRAPHIE (UM 1890) CHLOTILDES (475 BIS 548), DER GEMAHLIN DES MEROWINGISCHEN FRANKENKÖNIGS CHLODWIG I. UNTER DEM PORTRÄT IST DER EMPFANG DER ABGESANDTEN IHRER SÖHNE CHLOTAR UND CHILDEBERT IM JAHRE 532 DARGESTELLT, DIE NACH DEM TODE IHRES BRUDERS CHLODOMIR UM DIE ZUSTIMMUNG CHLOTILDES ZUR ERMORDUNG VON DESSEN KINDERN BITTEN.

Hinterhalt gelockt und hingerichtet. Das Geschlecht der Pippiniden war damit in männlicher Linie erloschen. Pippins Tochter Begga allerdings war mit Ansegisel verheiratet, dem Sohn des Arnulf von Metz. Aus dieser Ehe ging Pippin der Mittlere (687–714) hervor, der zum eigentlichen Initiator des karolingischen Aufstiegs wurde.

Pippin der Mittlere

In Austrien gelangten zunächst feindliche Adelskreise an die Macht. Bald aber wurde auf Betreiben Pippins des Mittleren der von Grimoald ins Kloster geschickte Dagobert II. zum neuen austrischen Schattenkönig erhoben. Gleichzeitig starb der austrische Hausmeier, der Führer der antikarolingischen Adelskoalition. In das Machtvakuum trat nun Pippin der Mittlere. Dank seiner Heirat mit der einflussreichen Plektrud, die einem bedeutenden austrischen Adelsgeschlecht entstammte und reiche Besitzungen nördlich von Köln mit in die Ehe brachte, konnte er viele austrische Adlige an sich binden und die Führung unter ihnen erlangen. So gelang Pippin im Jahre 687 in der Schlacht von Tertry der Sieg über den neustrisch-burgundischen Hausmeier. Mit diesem Sieg errang er königsgleiche Macht, verzichtete aber aus Vorsicht auf den Titel. Vielmehr wurde es in den nächsten Jahren zur Leitlinie seiner Politik, der Form halber an den merowingischen Marionettenkönigen festzuhalten. Zudem verzichtete er auf äußere Eroberungen und widmete seine ganze Kraft der Ordnung des Reiches. So zog er nur gegen die herandrängenden Friesen zu Felde. Dabei leistete ihm der angelsächsische Friesenmissionar Willibrord, der zum engen Vertrauten wurde, große Dienste, indem er durch seine im Jahre 690 aufgenommene Mission die Friesen in die fränkische Kirche einbezog und damit die karolingische Macht festigte. Als Pippin im Jahre 714 starb, hinterließ er ein in vieler Hinsicht

des austrischen Adels auf und erlangte seine frühere Stellung zurück. Diese übernahm nach seinem Tod sein Sohn Grimoald, der jedoch weitergehende Pläne als sein Vater hatte. Er schickte den Thronerben ins Kloster, gab seinem eigenen Sohn den merowingischen Königsnamen Childebert und versuchte so, das merowingische Königsgeschlecht zu beerben. Der Plan scheiterte jedoch: Childebert starb und Grimoald wurde vom neustrischen Adel in einen

geordnetes Reich, allerdings ohne legitimen Nachfolger.

Der „Hammer" – Karl Martell (717–741)

Pippin der Mittlere hatte vier Söhne, zwei aus seiner Ehe mit Plektrud sowie zwei aus Ehen mit Nebenfrauen. Nach fränkischem Erbrecht war klar, dass nur die legitimen Söhne für die Nachfolge in Frage kamen, leider verstarben diese allerdings bereits vor ihrem Vater. Pippins Witwe Plektrud versuchte nun erfolglos, ihren legitimen Enkel zum künftigen Herrscher zu machen, ihr Stiefsohn Karl, der Ansprüche auf das Reich geltend gemacht hatte, wurde gefangengesetzt. Im folgenden Machtvakuum kam es zu chaotischen Zuständen. In dieser kritischen Situation sammelte nun der aus der Haft entflohene Karl austrische Adelige um sich. Mit ihrer Hilfe gelang es Karl, seine Herrschaft in Austrien zu festigen, die Anerkennung seiner Stiefmutter Plektrud zu erwirken und schließlich im Frühsommer 717 das Hausmeieramt der Neustrier zu übernehmen. Seine historisch bedeutendste Tat war sicherlich sein Sieg über die vordringenden Araber bei Tours und Poitiers im Jahre 732, mit dem er die Expansion des Islam nach Westeuropa für immer stoppte und sich den Ruf eines „Retters des Abendlandes" erwarb. Wegen seiner Entscheidungsfreude und seiner Durchsetzungskraft bekam Karl schließlich den Beinamen Martell („der Hammer"). Gegen Ende seiner Herrschaft war Karls Stellung so gefestigt, dass er ab dem Jahre 737 sogar ohne die formale Rückendeckung eines merowingischen Königs regierte. Selbst der Papst erkannte seine Position an und bezeichnete ihn als „Vizekönig". Tatsache ist, dass Karl zu diesem Zeitpunkt längst über mehr Macht verfügte, als die Merowinger je besessen hatten – Chlodwig I. einmal ausgenommen. Karl starb im Oktober 741 ohne eindeutige Erbregelung.

Von Karl Martell zu Pippin dem Jüngeren

Karl Martell hinterließ die drei legitimen Söhne Karlmann, Pippin und Grifo. Natürlich brach Streit über das Erbe aus, bei dem

HOLZSTICH (1866) DES MEROWINGISCHEN FRANKENKÖNIGS CHILPERICH II. (RECHTS, UM 670 BIS 721) UND SEINES KAROLINGISCHEN HAUSMEIERS KARL MARTELL (UM 688 BIS 741).

KOLORIERTE KREIDELITHOGRAPHIE (1860) DER SCHLACHT BEI TOURS VON 732, IN DER KARL MARTELL ÜBER ABD AR-RACHMAN SIEGTE, DEN STATTHALTER DES KALIFEN IN SPANIEN. DAMIT WAR DAS VORDRINGEN DER ARABER NACH EUROPA GESTOPPT.

Grifo unterlag und gefangen genommen wurde. Karlmann herrschte ab 741 getreu der väterlichen Verfügung über den Ostteil des Reiches, Pippin über die westlichen Gebiete. Insbesondere Karlmann setzte sich stark für die Belange der Kirche ein, stärkte die bischöfliche Amtsgewalt und gab sogar Kirchengut zurück, das sein Vater eingezogen hatte. Vielleicht war es die tiefe Frömmigkeit Karlmanns, die ihn im Jahre 747 zum Ver-

zicht auf seine Herrschaft veranlasste. Er ließ sich von Papst Zacharias (741–752) in den römischen Klerus aufnehmen und ging drei Jahre später als Mönch in das Benediktinerkloster Montecassino.

Nun wurde Pippin der Jüngere (751–768) zum unbestrittenen Alleinherrscher des Frankenreichs. Trotzdem wagte er es nicht, das merowingische Königsgeschlecht ohne Rückendeckung endgültig abzusetzen. Als

Verbündeten für diesen Coup hatte er sich keinen Geringeren als den Papst ausgesucht. Im Jahre 750 schickte er zwei Vertraute nach Rom, die Papst Zacharias fragen sollten, „ob das gut sei oder nicht, wenn die Könige nicht die königliche Macht hatten". Der Papst anwortete, „dass es besser sei, dass der König heiße, der die Macht habe, als der, welcher ohne königliche Macht bliebe, damit die Ordnung nicht gestört werde".

Das war genau das, worauf Pippin gewartet hatte, zumal der Papst zusätzlich auch noch ausdrücklich befohlen hatte, Pippin zum König zu erheben, was im Folgejahr in Soissons dann auch geschah. Gleichzeitig wurde der letzte amtierende Merowinger zusammen mit seinem Sohn und Erben in ein Kloster verbannt. Die Königswürde der Karolinger war damit endgültig und unwiderruflich legitimiert.

DER KUPFERSTICH VON MATTHÄUS MERIAN D. Ä. (1593 BIS 1650) AUS DEM JAHRE 1630 ZEIGT DEN SIEG VON FRANKENKÖNIG PIPPIN D. J. UND PAPST STEPHAN II. IM FELDZUG GEGEN DEN LANGOBARDENKÖNIG AISTULF IN DEN JAHREN 755 UND 756.

Karl der Große – Die Erneuerung des Kaisertums

Nach dem Tode Pippins des Jüngeren im Jahre 768 gab es keinen Streit um die Nachfolge. Das Reichs wurde zwischen seinen beiden Söhnen Karl und Karlmann geteilt. Beide waren bereits 14 Jahre zuvor von Papst Stephan II. zu fränkischen Königen gesalbt worden, zudem hatten schon vor dem Tode Pippins die fränkischen Adligen und Bischöfe der Herrschaftsteilung zugestimmt. Karl erhielt nun den nördlichen Teil des Karolingerreiches, Karlmann den Süden.

AUS DEN „GRANDES CHRONIQUES DE FRANCE" STAMMT DIESE BUCH-MALEREI AUS DEM JAHRE 1379. SIE ZEIGT IM LINKEN TEIL DEN LEIBCHRONISTEN KARLS DES GROSSEN, EINHARD, BEI DER ARBEIT SOWIE IM RECHTEN TEIL DIE KRÖNUNG KARLS DES GROSSEN ZUM KÖNIG DER FRANKEN IN SOISSONS IM JAHRE 768.

Herrschaftssicherung und Expansion

Trotz der Erbteilung kam es dann doch bald zu Konflikten zwischen den beiden Brüdern, die sich zu einer handfesten Krise zu verdichten drohten. Ein Bruderkrieg wurde jedoch durch den plötzlichen Tod Karlmanns im Jahre 771 verhindert. Nun übernahm Karl die Macht im gesamten Frankenreich, ohne die Erben seines Bruders zu beteiligen. Die Witwe Karlmanns floh daraufhin mit ihren Kindern zum Langobardenkönig Desiderius (737–774). Karls Antwort: Er verstieß seine Ehefrau Desiderata, die eine Schwester des Langobardenkönigs war. Dies führte zum offenen Bruch mit Desiderius, der sich nun gegen die Franken stellte.

Im Jahre 773 stießen die Langobarden, die bereits weite Teile Mittel- und Oberitaliens beherrschten, auf päpstliches Gebiet vor. In dieser Situation rief Papst Hadrian I. (772–795) den Karolingerherrscher zu Hilfe. Karl zögerte nicht lange, denn der langobardische Angriff bedrohte auch seine Herrschaft: Schließlich befanden sich im Gefolge des Langobardenherrschers seine beiden Neffen, die Söhne Karlmanns, und Desiderius verlangte vom Papst, beide zu fränkischen Königen zu salben. Sofort brach Karl mit einem großen Heer nach Italien auf, besiegte 774 die Langobarden und verbannte deren König Desiderius zusammen mit den Söhnen Karlmanns in ein Kloster. Karl setzte sich selber die eiserne Krone der Langordenkönige auf und vereinte

damit Langobarden- und Frankenreich. Zugleich erneuerte er das Bündnis mit dem Papsttum und das Schutzversprechen gegenüber der römischen Kirche. Dies gab den römischen Päpsten die Gelegenheit, sich nun völlig von Byzanz loszusagen.

Karl machte das Frankenreich zu einem straff organisierten Staat, eine Maßnahme, ohne die es niemals beinahe die Größe des untergegangenen Weströmischen Reiches erreicht hätte. Bei Karls Tod im Jahre 814 war fast das gesamte westeuropäische Festland in fränkischer Hand. Nach jahrelangen blutigen Kriegen war es Karl im Jahre 782 gelungen, die Sachsen zu unterwerfen. Gleichzeitig stieß Karl über die Pyrenäen nach Spanien vor, wo er die islamischen Omaijaden zurückdrängte und eine spanische Mark errichtete. Im Jahre 787 musste sich der bayerische Herzog Tassilo III. (748–788) Karl unterwerfen und den Karolingerkönig als Lehnsherrn anerkennen. Tassilo III. wurde abgesetzt und zu lebenslanger Klosterhaft verurteilt. Bis 795 unterwarf Karl in mehreren Feldzügen noch die Awaren und zahlreiche slawische Stämme in der Donautiefebene.

Die Krönung zum Kaiser

Papst Leo III. (795–816) wurde 799 von der Bevölkerung aus Rom vertrieben und kam nach Paderborn, um Karl um Hilfe zu bitten. Dieser schickte ihn mit einem starken Schutzgeleit zurück und kam ein Jahr später selbst nach Rom, wo er den Konflikt untersuchen ließ. Der Papst legte schließlich am Abend vor Heiligabend einen Reinigungseid ab, der als Unschuldsbeweis galt. Am 25. Dezember 800 krönte der rehabilitierte Papst während des Weihnachtsgottesdienstes im Petersdom Karl schließlich zum Römischen Kaiser.

DURCH DIE UNTERWERFUNG DES LANGOBARDENREICHES IM JAHRE 774 GELANGTE KARL DER GROSSE IN DEN BESITZ DER EISERNEN KRONE DER LANGOBARDEN AUS DEM 6. JAHRHUNDERT. SIE BESTEHT AUS GOLD, EDELSTEINEN UND ZELLENSCHMELZ; DER INNERE EISERNE RING WURDE ANGEBLICH AUS EINEM NAGEL DES KREUZES CHRISTI GEFERTIGT.

DIE EISERNE KRONE DES LANGOBARDENREICHES GEHÖRTE VON BEGINN AN ZU DEN KRÖNUNGSINSIGNIEN DES ERNEUERTEN RÖMISCHEN KAISERTUMS. DAS RELIEF VOM ENDE DES 13. JAHRHUNDERTS STAMMT VON MATTEO DA CAMPIONE UND BEFINDET SICH IM DOM ZU MONZA IN ITALIEN. ES ZEIGT DIE IM BEISEIN VON SECHS KURFÜRSTEN STATTFINDENDE KRÖNUNG EINES RÖMISCH-DEUTSCHEN KAISERS MIT DER EISERNEN KRONE DES LANGOBARDENREICHES.

Damit war das römische Kaisertum 324 Jahre nach der Absetzung des letzten west-römischen Kaisers wieder ins Leben gerufen. Karls Chronist Einhard streute später die Legende, dass Karl von der Krönung überrascht worden sei. Diese Überrumpelungsthese sollte Karl wohl eher als demütigen Herrscher und Christen zeigen, ist historisch jedoch kaum haltbar. Viel wahrscheinlicher ist hingegen, dass der Frankenkönig das Kaisertum bewusst anstrebte, denn sein erklärtes Ziel war die Erneuerung des Römischen Reiches, die „Renovatio Romani Imperii". Von der territorialen Ausdehnung her hatte das Frankenreich – mit Ausnahme der nordafrikanischen Gebiete, die inzwischen fest in arabischer Hand waren – dieses Ziel fast erreicht. Der Kaisertitel allerdings, die Würde des weltlichen Oberhauptes der Christenheit, fehlte Karl noch. Wie wichtig ihm der Kaisertitel war, kann man daran erkennen, dass er ihn in seiner offiziellen Titulatur an die erste Stelle setzte. Durch Karls Kaiserkrönung entstand das „Zweikaiserproblem", da es in der byzantinischen Sichtweise nur einen Kaiser auf der Welt geben durfte, und zwar den in Konstantinopel. Erst im Jahre 812 erkannte der byzantinische Kaiser Michael I. (811–813) nach zähen Verhandlungen und territorialen Zugeständnissen der Franken an Byzanz Karls Kaiserwürde offiziell an.

Ludwig der Fromme – Reformen und Reichseinheit

Nach dem Tode Karls des Großen im Jahre 814 trat sein Sohn Ludwig (814–840) an die Spitze des Frankenreiches. Der plötzliche Tod seiner beiden Brüder in den Jahren 810 und 811 hatte ihn, dem von seinem Vater eigentlich nur eine Nebenrolle bei der Führung des Reiches zugedacht worden war, auf einmal zum Alleinerben gemacht. Ludwig knüpfte unmittelbar an die von seinem Vater in den letzten Lebensjahren vorangetriebene Reformpolitik an. Das Ziel dieser Reformen war die

Durchdringung des politischen und gesellschaftlichen Lebens mit den Geboten des
Christentums. So kam Ludwig schnell zu
seinem Beinamen „der Fromme". Die praktischen Auswirkungen seiner Politik waren:
Nur noch Benediktinerklöster wurden vom
Staat offiziell anerkannt, zudem sollte an die
Stelle des bisherigen Gewohnheitsrechtes ein
vereinheitlichter Rechtskanon auf biblischer
Grundlage treten. Um die Einheit der Reiches
sicherzustellen, änderte Ludwig im Jahre 817
auch die Erbregelung. Entgegen dem traditionellen Erbschaftsrecht der Franken, das
eine Teilung des Landes unter den Söhnen verlangte, sollte nun nur noch der älteste Sohn
die alleinige Königs- und Kaiserwürde erhal-

ten. Konsequenterweise wurde sofort
der älteste Sohn Ludwigs, Lothar I. (817–
855), zum Mitkaiser und Haupterben gewählt
und gekrönt, während die beiden jüngeren
Söhne Unterkönigreiche erhielten, die der
Herrschaft Lothars untergeordnet waren. So
erhielt Ludwig Bayern und Pippin Aquitanien.
Für den Fall, dass Lothar kinderlos sterben
würde, sollte einer der Brüder oder deren
Söhne von den Großen des Reiches zum
Nachfolger gewählt werden. Die ersten Jahre
der Herrschaft Ludwigs des Frommen waren
also geprägt von einer Vielzahl ehrgeiziger
und vielversprechender Reformansätze. In den
20er-Jahren des 9. Jahrhunderts versandete
die Reformpolitik allerdings, da die Erbrege-

GEGENÜBERLIEGENDE SEITE:
DIE BUCHMALEREI AUS DEM 15. JAHR-
HUNDERT ZEIGT DIE KRÖNUNG KARLS
DES GROSSEN DURCH PAPST LEO III.
ZUM RÖMISCHEN KAISER IN ROM AM
25. DEZEMBER 800 UND DEN EMPFANG
DER GESCHENKE DES PERSERKÖNIGS
AARON UND DES SARAZENISCHEN
EMIRS ABRAHAM.

DER DREIJÄHRIGE LUDWIG (778
BIS 840), SPÄTER ALS LUDWIG
„DER FROMME" BEKANNT, SOHN
KARLS DES GROSSEN, WIRD IM
JAHRE 781 VON PAPST HADRIAN IN
ROM ZUM KÖNIG VON AQUITANIEN
GEKRÖNT. DIE BUCHMALEREI VON
1274 ZEIGT DEN EINZUG KARLS
DES GROSSEN MIT SEINEM SOHN
UND DIE BEGRÜSSUNG DER
DELEGATION DURCH DEN PAPST.

lung gegenstandslos wurde und zum Streit innerhalb des Herrscherhauses führte.

Der Kampf um das Reich

Die Regelung der Erbfolge wurde zunächst von allen Seiten akzeptiert, doch gerade die Inkonsequenz des Kaisers selbst führte am Ende zu einem tragischen Familiendrama. Zunächst lehnte sich nur ein Neffe Ludwigs gegen die Erbregelung auf, der italienische König Bernhard, da sie seine Ansprüche nicht berücksichtigte. Doch der Aufstand wurde schnell unterdrückt, und Bernhard starb an

den Folgen einer von Ludwig verordneten Blendung. Dann wollte Ludwig der Fromme seinen Sohn aus zweiter Ehe, Karl „den Kahlen" (840–877), mit einem Reichsteil ausstatten. Auf dem Wormser Reichstag von 829 übertrug er ihm Schwaben, das Elsass, Raetien sowie Teile Burgunds. Doch dadurch sah Lothar I. seine Rechte missachtet. Mit Hilfe der Einheitspartei und seiner Brüder lehnte er sich gegen den Vater auf und riss im Jahre 830 die Macht an sich. Doch konnte Ludwig der Fromme schon bald die Einheitspartei wie auch die übrigen Söhne auf seine Seite ziehen und Lothar stürzen. Sogleich erließ der Kaiser

Darstellung Karls II., „des Kahlen" (823 bis 877), Sohn Ludwigs des Frommen, König der Franken (843–877) und römischer Kaiser (ab 875), sowie seiner Mutter Judith auf einem kolorierten Holzstich aus dem Jahre 1850.

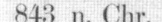
843 n. Chr.

Vertrag zu Verdun.

Gez. v. Schurig.

IM VERTRAG VON VERDUN VOM
11. AUGUST 843 TEILTE KAISER
LOTHAR I. DAS KAROLINGERREICH
MIT SEINEN BRÜDERN LUDWIG DEM
DEUTSCHEN UND KARL DEM KAHLEN.
DER VERSUCH DER RETTUNG DES
FRANKENREICHES DURCH DIESE
TEILUNG MISSLANG JEDOCH, UND
KAUM EIN HALBES JAHRHUNDERT
SPÄTER SCHIEDEN DIE KAROLINGER
AUS DER GESCHICHTE AUS. NUN
BEGANN DIE „DEUTSCHE" UND
DIE „FRANZÖSISCHE" GESCHICHTE.
HOLZSTICH VON 1862.

eine neue Erbfolgeordnung, die den Einheitsge-
danken preisgab und das Reichsgebiet unter
allen vier Söhnen aufteilte. Als er jedoch versuchte, mit Hilfe Lothars das Erbe seines
letzten Sohnes Karl zu sichern, glaubten sich
wiederum die beiden übrigen Söhne bedroht
und erhoben sich gegen den Vater. Lothar
nutzte die Gunst der Stunde und verbündete
sich erneut mit seinen Brüdern. Auf dem
„Lügenfeld" bei Colmar sollte es 833 zur
großen Entscheidungsschlacht kommen, doch
lief das Heer Ludwigs des Frommen zu den
Aufständischen über. Ludwig schien durch
ein Gottesurteil als Kaiser abgesetzt und
wurde von Lothar in einem Kloster gefangen
gehalten. Als der neue Kaiser Lothar I. gemäß
der Erbregelung auf der Oberhoheit gegenüber
seinen Brüdern Pippin und Ludwig bestand,
verbündeten diese sich wieder mit dem Vater

und verdrängten Lothar erneut vom Thron.
Kaum wieder als Kaiser eingesetzt, versuchte
Ludwig erneut, das Erbe seines jüngsten
Sohnes Karl zu sichern und zu erweitern. Das
Spiel der wechselnden Koalitionen schien sich
fortzusetzen, doch dann starb Ludwig der
Fromme im Jahre 840, und schließlich brach
ein offener Krieg um das Erbe aus. In den zahlreichen Kriegen um das Erbe des karolingischen Thrones begann der Stern des Frankenreiches zu verblassen und schließlich zu sinken.
Das Mittelreich zerfiel schon eine Generation
später, die Herrscher der beiden übrigen
Reichsteile bekriegten sich mehrfach, bis mit
dem Tod von Ludwig „dem Kind" (900–911)
der ostfränkische Zweig der Karolinger endete.
Im Westfrankenreich herrschten schon seit 888
die Kapetinger. Nun begann die „deutsche"
bzw. „französische" Geschichte.

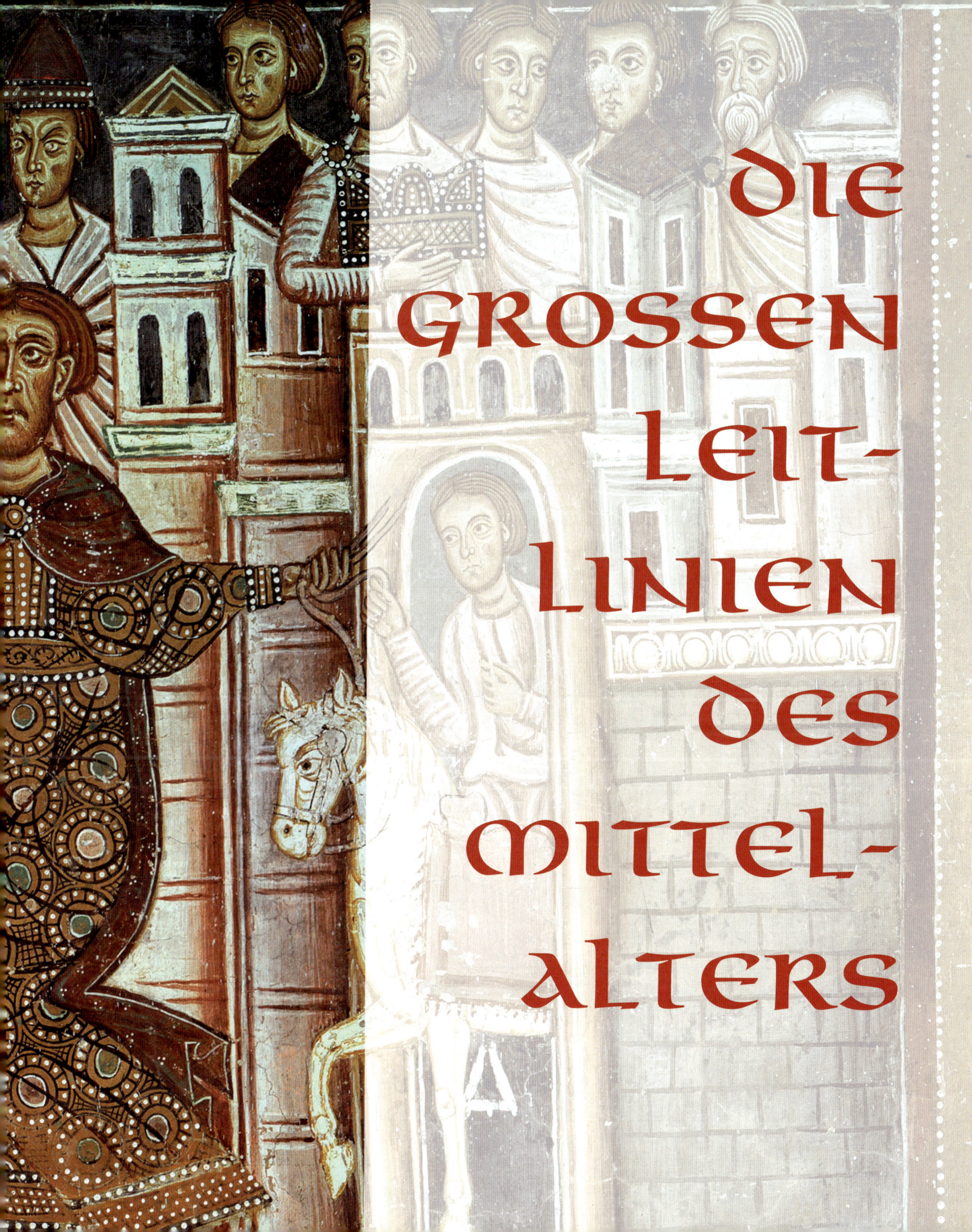

DIE GROSSEN LEIT- LINIEN DES MITTEL- ALTERS

ie großen Leitlinien des Mittelalters

Bei aller Willkürlichkeit, die modernen Epocheabgrenzungen anhaftet, dauerte das Mittelalter gut 1000 Jahre. Kaum ein Aspekt menschlichen Lebens blieb in dieser Zeit unverändert. Das Mittelalter war keine statische Zeit, in der sich nichts verändert hätte. Zentrale Begriffe mochten gleich bleiben: Könige gab es immer, Kaiser ziemlich oft und alles überdauernd konservierte die Kirche einen Rest antiker Strukturen.

VORIGE DOPPELSEITE UND LINKS: FRESKO VON 1246 MIT EINER DAR-STELLUNG DER UMSTRITTENEN KONSTANTINISCHEN SCHENKUNG, IN DER DER RÖMISCHE KAISER KONSTANTIN I., DER GROSSE (UM 280 BIS 337), DEM BISCHOF VON ROM, PAPST SILVESTER I. (314–335), DIE KAISERLICHEN HERR-SCHAFTSZEICHEN PHRYGIUM UND BALDACHIN SOWIE DEN LATERANSPALAST ÜBERLÄSST. DIE SCHENKUNGSURKUNDE SELBST STAMMT ALLERDINGS AUS DEM 9. JAHRHUNDERT UND IST EINDEUTIG ALS FÄLSCHUNG IDENTIFIZIERT WORDEN. IN SPÄTEREN JAHRHUNDERTEN IST DIE KIRCHE ZURÜCKHALTEND MIT DIESEM THEMA UMGEGANGEN, DA NACH DER KONSTANTINISCHEN SCHENKUNG DIE MACHTFÜLLE DER KURIE AUF DEN KAISER UND NICHT AUF GOTT SELBST ZURÜCKGEHT.

as Erbe der Römer

Doch unter der Oberfläche dieser Begriffe war alles im Wandel. Das merowingische Königtum unterschied sich deutlich in Anspruch und Struktur vom Königtum der spätmittelalterlichen Herrscher. Karl der Große war ein ganz anderer Kaiser als Ludwig der Bayer über 500 Jahre später. Und selbst die Kirche, die oft als Konstante des Mittelalters gesehen wird, wurde streng genommen erst im Schisma von 1054 end-gültig zur römisch-katholischen Kirche.

Allein diese Beispiele zeigen, dass vieles, was heute noch unser Bild Europas bestimmt, im Mittelalter erst mehr oder weniger mühsam entwickelt werden musste. Was unterscheidet das Mittelalter aber von seinem Davor und Danach? Es ist nicht mehr Antike und es ist noch nicht Neuzeit. Dennoch ist es mehr als nur die Zeit dazwischen. Wir glauben leichtfertig, jede Genera-tion der Menschheit hätte sich als die Moderne betrachtet, als der vorläufige Gipfel der menschlichen Entwicklung. Für die Menschen des Mittelalters galt das nur bedingt. Sie waren ständig mit den Zeug-nissen der großen Alten konfrontiert, der Römer. Römische Baukunst war lange Zeit unerreichbar. Römische Staatlichkeit und Herrschaftsdurchdringung ein fernes Ideal, dem es nachzueifern galt. Das mittelalterlich-römische Kaisertum ist ein Aspekt einer „Aufholjagd", als die man das Mittelalter auch begreifen kann.

Emanzipation von der Antike

Die Rekonstruktion des Römischen Reiches gelang nicht – sie konnte nicht gelingen. Die Menschen des Mittelalters fanden aber zu neuen Formen, die über die Antike hinauswiesen und unser modernes Europa ermöglichten. Mönchtum und Rittertum waren neue gesellschaftliche Formen. In der Architektur wurde die Gotik entwickelt, die keine Vorbilder in der römischen Antike mehr hatte. Abt Suger von St. Denis (1122–1152) förderte in seinem Kloster sowohl den neuen Baustil und entwickelte gleichzeitig die Symbole des sich bildenden französischen Selbstbewusstseins. Im Konflikt zwischen Kaiser und Papst endlich wurde der Universalitätsanspruch beider überwunden. Das schuf Raum für die neuen Nationalstaaten, deren Eigendynamik ungeahnte Energien freisetzte.

Der Weg in die Moderne

Es sollte allerdings noch lange dauern, bis der mittelalterliche Mensch seinem römischen Vorbild Auge in Auge gegenübertreten konnte. Als dies geschah, markierte dies zugleich den Übergang des Mittelalters in die Neuzeit. Denn viele der gängigen Epochenabgrenzungen beruhen auf Ereignissen, die keine antike Entsprechung hatten. Die Römer hatten den von Johannes Gutenberg 1452 erstmals eingesetzten Buchdruck nicht gekannt und auch nicht wie Christoph Kolumbus 1492 ihren Fuß in die neue Welt gesetzt. Mit Martin Luthers Thesenanschlag 1517 löste sich ein guter Teil Europas nicht nur von der römischen Kirche. Ohne dass es den Zeitgenossen bewusst war, emanzipierte man sich damit auch vom antiken Vorbild und ging fortan seinen eigenen Weg in die Moderne.

DER „SACHSENSPIEGEL" VON 1315 BEHANDELT DAS VERHÄLTNIS VON GEISTLICHER UND WELTLICHER GEWALT, DIE VERWURZELUNG IN DER ANTIKE, DEN KRIEG, DIE WIRTSCHAFTLICHEN BEZIEHUNGEN UND DIE UNTERTANENPFLICHTEN.

Kaiser und Papst im Konflikt

Die Kaiserkrönung Karls des Großen am 25. Dezember des Jahres 800 war nicht der "Beginn einer langen, wundervollen Freundschaft" zwischen den Kaisern und den Päpsten. Auf päpstlicher Seite entsprang sie der Not, auf Karls Seite wohl politischem Kalkül. Der Papst in Rom brauchte militärischen Schutz gegen die Langobarden und die Herrschaftsansprüche des Byzantinischen Reiches.

GEISTLICHE UND WELTLICHE MACHT: SO EINTRÄCHTIG WIE AUF DIESER BUCHMALEREI IN DER HEIDELBERGER HANDSCHRIFT DES "SACHSENSPIEGELS" VON 1315 WAREN PAPST UND KAISER WÄHREND DES GESAMTEN HOCHMITTELALTERS WOHL NUR ÄUSSERST SELTEN. MEIST LAGEN SIE EHER IN TIEFEM, OFT EXISTENZIELLEN STREIT.

Die Kaiser setzen Päpste ein

Für Karl war es die Legitimation für seine Expansion in den Süden, die er sich mit dem Kaisertitel versüßen ließ. Das Kräfteverhältnis dieser Partnerschaft war ungleich und sollte es lange Zeit bleiben. Das Papsttum verfügte über keine nennenswerte weltliche Macht. Auch seine geistliche Autorität hatte lange noch nicht das Format späterer Jahre. Dennoch stabilisierten sich Kaiser- und Papsttum gegenseitig und bildeten bis ins 11. Jahrhundert gemeinsam die bestimmende Ordnungskraft.

Als Schutzvogt der Kirche in Rom konnte der Kaiser letztlich bestimmen, wer den Stuhl Petri besteigen sollte. Tatsächlich lag das Wahlrecht beim Klerus und Volk (also dem Adel) von Rom. Es konnte aber nur dann wahrgenommen werden, wenn der Kaiser nicht zugegen war. Befand er sich aber in der Stadt, war es klug, dessen Kandidaten zu wählen. Das blieb im Wesentlichen bis in die Mitte des 11. Jahrhunderts so. Heinrich III. (1046–1056) als römischer Kaiser setzte eine Reihe kurzlebiger deutscher Päpste ein. Seinem Sohn Heinrich IV. (1084–1106) sollte das nicht mehr ohne weiteres gelingen. Mit dem Investiturstreit zwischen ihm und Papst Gregor VII. (1073–1085) begannen die nicht mehr enden wollenden Auseinandersetzungen zwischen Kaisern und Päpsten um die Vorrangstellung in Europa. Im Laufe des 11. Jahrhunderts hatten sich innerhalb der abendländischen Kirche Reformbestrebungen

Davon war auch das Recht der Könige zur Bischofseinsetzung betroffen. Heinrich IV. konnte auf dieses Recht aber nicht verzichten. Die Bischöfe in seinem Reich waren Inhaber der weltlichen Gewalt, und sein Königtum (ab

Regnum (Reich) und sacerdotium (Klerus) geraten in Konflikt

gebildet, die den Einfluss von Laien auf die Kirchen zurückdrängen wollten. Kirchliche Ämter sollten kanonisch besetzt werden, wobei in Streitfällen der Papst das letzte Wort haben sollte.

1056) stützte sich im Besonderen auf sie. Noch vor dem Beginn der Auseinandersetzung formulierte Gregor VII. in seinem „Dictatus Papae" scharf die Vorrangstellung des Papstes in der gesamten Kirche. Neben den rein kirchenrechtlichen Aussagen beanspruchte er aber auch das Recht der Eideslösung und der Kaiserabsetzung für sich. Mit diesen Werkzeugen konnte er die Fürstenopposition gegen Heinrich IV. für seine Zwecke nutzten. Dessen unpopulärer Regierungsstil hatte ihm viele Feinde gemacht. Das Papsttum war also zur Durchsetzung seiner Interessen auf Unterstützung angewiesen. Weltliche Macht besaß es

INVESTITURSTREIT: DARSTELLUNG DER GEFANGENNAHME DES PAPSTES PASCHALIS II. DURCH KAISER HEINRICH V. IN ROM AM 12. FEBRUAR 1111. BIS ZUR BEILEGUNG DES KONFLIKTES ZWISCHEN HEINRICH V. UND PAPST CALIXTUS II. SOLLTEN NOCH WEITERE ELF JAHRE VERGEHEN. DIESER HOLZSTICH STAMMT AUS DEM JAHRE 1877.

DAS FRESKO AUS DEM JAHRE 1826 THEMATISIERT DIE AUSSÖHNUNG ZWISCHEN KAISER FRIEDRICH I. BARBAROSSA (1122 BIS 1190) MIT DER KURIE NACH EINEM 20 JAHRE DAUERNDEN MACHTKAMPF. BEI DER VERSÖHNUNG DES KAISERS MIT PAPST ALEXANDER III. IN VENEDIG AM 1. AUGUST 1177 KANN KEINE DER BEIDEN SEITE IHRE POSITION DURCHSETZEN.

immer noch nicht. Allerdings hatte Gregor einen Großteil der geistlichen Kompetenzen auf das Papsttum vereinigen können. Damit war er in der Lage, über die Bistümer seinen Einfluss in ganz Europa zur Geltung zu bringen. So konnte Rom überall Verbündete gewinnen. War der Kaiser vor dem Investiturstreit noch der „Seniorpartner" im Verhältnis zum Papsttum, entstand mit dem Ausgleich des Wormser Konkordats von 1122 ein gleichberechtigter Dualismus beider Kräfte. Damit war der Streit um die endgültige Vormachtstellung beider Kräfte aber nur vertagt. Denn immer noch durchdrangen sich kirchliche und weltliche Kompetenzen gegenseitig; König- und Kaisertum behielten ihre sakralen Aspekte. Anspruch auf die Kaiserkrone hatte der in Deutschland gewählte römische König, der bei seinem Romzug traditionell vom Papst zum Kaiser gekrönt wurde. Unter Friedrich I. Barbarossa (1155–1190) entbrannte 1157 mit Papst Hadrian IV. (1154–1159) ein Streit

darüber, ob die Kaiserkrone ein verpflichtendes Lehen oder eine unverbindliche „Wohltat" sei. Weder Kaiser noch Papst konnten ihre Position letztlich durchsetzen. Die Hauptwaffe des Kaisers gegen den Papst – seine Vertreibung und die Einsetzung eines Gegenpapstes – blieb angesichts der gefestigten Position des Papstes innerhalb der Amtskirche weitgehend wirkungslos. Der Kurie aber gelang es auf der anderen Seite immer mehr, ihren Standpunkt juristisch zu untermauern.

Der Papst als „Zünglein an der Waage"

Im deutschen Thronstreit von 1198–1208 zwischen dem Welfen Otto von Braunschweig, Sohn Heinrichs des Löwen, und dem Staufer Philipp von Schwaben machte Papst Innozenz III. (1198–1216) seine Unterstützung von Zugeständnissen abhängig. Er behielt sich in Konfliktfällen wie zwischen Otto und Phillip ein Prüfungs- und Entscheidungsrecht bezüglich der gewählten Kandidaten vor. Damit wurde zwar nicht die Sphäre der weltlichen Gewalt der geistlichen unterworfen. Dennoch erhielt der Papst hierdurch zum ersten Mal ein Übergewicht gegenüber den weltlichen Herrschern. Schon der nächste Kaiser, Friedrich II., wurde gegen Ende seiner Regierung mit wesentlich schärferen Ansprüchen des Papsttums konfrontiert. Einen großen Teil seiner Regierungsjahre befand sich Friedrich II. (1220–1250) im Kirchenbann, was seiner Herrschaftsausübung jedoch kaum Abbruch tat. Papst Innozenz IV. (1243–1254) erklärte Friedrich dann auf einem Konzil in Lyon 1245 für abgesetzt. Als Grundlage seiner Kompetenz reklamierte er für sich die unbeschränkte Gewaltenfülle, die er aus seinem Stellvertretertum Christi herleitete. Damit erklärte er sich für in allen Bereichen zuständig und entscheidungsberechtigt. Selbst das hatte zunächst kaum einen Einfluss auf die Regierungsfähigkeit Friedrichs. Allerdings gelang es dem Papsttum erneut, eine Opposition gegen seinen Widersacher zu formieren. Wirksamster Verbündeter waren dabei wieder die deutschen Fürsten. Der Papst konnte sie mit Lösungen aus unbequemen Eiden, Vergabe von Kirchenlehen und auch der Erteilung von Eheerlaubnissen auf seine Seite ziehen.

Man trennt sich unentschieden

Erst mit den Auseinandersetzungen zwischen Kaiser Ludwig IV,. „dem Bayern" (1328–

1347), und Papst Johannes XXII. (1316–1334) wurde der Einfluss des Papstes auf die römisch-deutsche Königskrönung und die Kaiserwürde zurückgewiesen. Im Jahr 1338 erklärten die Kurfürsten, dass der von ihnen erwählte Herrscher der päpstlichen Bestätigung nicht bedürfe, um die Herrschaftsrechte von König und Kaiser zu übernehmen. Damit waren nach über 250 Jahren Streit die weltliche und die geistliche Gewalt endgültig voneinander getrennt worden.

DIESER HOLZSTICH AUS DEM JAHRE 1860 STELLT DEN AUSBRUCH DES STREITES ZWISCHEN KAISER FRIEDRICH I. BARBAROSSA UND DER KURIE DAR. AUF DEM HOFTAG IN BISANZ (BESANÇON) IM OKTOBER 1157 ERHÄLT DER KAISER EINEN BRIEF DES PAPSTES HADRIAN IV., DER DIE KAISERWÜRDE ALS „BENEFICIUM" DER KURIE BEZEICHNET, WORAUFHIN SICH OTTO VON WITTELSBACH (1120–1183) AUF DIE PÄPSTLICHEN LEGATEN STÜRZEN WILL.

1157 n. Chr.

F. REUSCHE.

Gez. v. Camphausen.

Otto von Wittelsbach in Bisanz.

Reformpapsttum und Investiturstreit

Mitten im Winter des Jahres 1077 geschah etwas Unerhörtes: König Heinrich IV. (1084–1106) stand im Büßergewand barfuß im Schnee vor der Felsenburg Canossa in der Emilia-Romagna und wartete darauf, dass Papst Gregor VII. (1073–1085) ihm Absolution erteilen und ihn vom Bann lösen würde. Das war der vorläufige Höhepunkt eines Konfliktes zwischen Papst und Kaiser, der das Verhältnis zwischen den beiden universalen Gewalten des Abendlandes für immer veränderte. Drei Tage wartete der Papst, bis er, seiner Hirtenpflicht gemäß, den reuigen Herrscher wieder in die Kirche aufnahm.

KAISER HEINRICH IV. (1050 BIS 1106) IM BÜSSERGEWAND UND BARFUSS VOR DER FELSENBURG CANOSSA. HEINRICH ERREICHT NACH DREITÄGIGER BUSSE VOM 25.–27. JANUAR 1077 VON PAPST GREGOR VII. DIE LÖSUNG DES KIRCHEN-BANNS. STAHLSTICH VON 1842.

Der König als Kirchenherr

Entzündet hatte sich der Streit am Einfluss, den der Kaiser auf die Besetzung kirchlicher Ämter nahm. Er betrachtete es als sein Recht, Erzbischöfe, Bischöfe und Äbte einzusetzen. Damit folgte er alten Gewohnheiten, die seit den ottonischen Kaisern und Königen im 10. und 11. Jahrhundert für das Reich lebenswichtig waren. Sie hatten aus den großen Kirchenprovinzen und Klosterherrschaften durch die Verleihung von königlichen Herrschaftsrechten wie der Gerichtsbarkeit, der Münzprägung oder Zöllen die wichtigsten Stützen ihrer Herrschaft gemacht. Deshalb hatten sie ein natürliches Interesse daran, diese Kompetenzen in zuverlässigen Händen zu sehen. Ihr Recht, Kirchenfürsten einzusetzen, leiteten sie aus dem sakralen Charakter ihrer Herrscherwürde ab, die sie von Gott unmittelbar empfangen zu haben meinten. Als Kaiser und damit Schutzherren der römischen Kirche setzten sie sogar Päpste ein, wenn sie sich in ihrem italienischen Reichsteil befanden. Noch der Vater Heinrichs IV., Kaiser Heinrich III. (1046–1056), hatte im Laufe seiner Herrschaft drei Reichsbischöfe zu Päpsten erhoben.

Die Kirchenreform des 11. Jahrhunderts

Allerdings hatten sich im Laufe des 11. Jahrhunderts innerhalb des Klerus Reformideen herausgebildet, die die Kirche dem Einfluss der Laien entziehen wollten. Deren Ziel war es zunächst nur, das Eigenkirchenwesen einzudämmen. Denn ähnlich wie die Könige und Kaiser nahmen sich auch weltliche Große wie Herzöge oder Grafen das Recht, in von ihnen gegründeten Klöstern oder Kirchen die Äbte und Priester einzusetzen. Da sie sich jedoch nicht wie die Könige auf ein sakral begründetes Recht berufen konnten, wurde dieses Vorgehen von der sich langsam emanzipierenden Kirche zunehmend kritisch gesehen. Es lag auch im Interesse des Herrschers, solche als Simonie (Verkauf oder Ankauf eines kirchlichen Amtes) bezeichneten Praktiken einzudämmen. So wäre der Einfluss seiner Adligen zurückgedrängt worden. Deshalb unterstützte Heinrich III. die Reformbewegung, damit nur noch kirchenrechtsgemäße Einsetzungen die Amtsausübung von Klerikern erlauben würden. Als er im Jahr 1056 starb, war sein Sohn Heinrich noch keine sechs Jahre alt. Schnell wurde er zum Spielball der Mächtigen im Reich, was sicher kein guter Start in sein Königtum war. Alt genug, um selbst zu regieren, handelte er nicht immer diplomatisch und brachte eine mächtige Opposition in seinem Königreich gegen sich auf. Die Sachsen erhoben sich gegen Heinrich, der diesen Aufstand 1075 niederschlagen konnte. Die Unzufriedenheit aber blieb. In Rom war inzwischen im Jahr 1073 mit Papst Gregor VII. ein radikaler Verfechter der Reformideen zum Papst gewählt worden. Er war von der Überzeugung durchdrungen, dass der Papst in der Nachfolge des Petrus der Stellvertreter Christi auf Erden sei. Damit sah er sich als Instanz zwischen den weltlichen Herrschern und Gott, was deren Auffassung von Gottunmittelbarkeit widersprach.

Der Konflikt bricht aus

Als Heinrich IV. im Jahr 1075 schlecht beraten in einen Konflikt um die Besetzung des Erzbistums Mailand eingriff, kam es zum Konflikt

mit Gregor. Der Streit eskalierte schnell, und Heinrich wurde von Gregor „gebannt". Dadurch wurde es Heinrich unmöglich, sein Königsamt auszuüben, was seinen Gegnern in die Hände spielte. Obwohl Heinrich IV. in Canossa aus dem Bann gelöst wurde, wählten sie Rudolf von Rheinfelden zum Gegenkönig. Das Glück blieb Heinrich jedoch treu. Rudolf fiel im Jahr 1080 in einer Schlacht gegen Heinrich. Nun konnte Heinrich gegen Gregor VII. vorgehen. Eine weitere Bannung Heinrichs blieb wirkungslos, da nicht nur das Ansehen des Königs, sondern auch das des Papstes inzwischen stark gelitten hatte. Heinrich rückte mit einem Heer auf Rom vor und schloss den Papst in der Engelsburg ein. Zwar konnte Gregor von Normannen befreit werden, die er aus Süditalien zu Hilfe gerufen hatte. Aber er musste aus Rom abziehen und verlor so seinen Einfluss auf die Kurie. Er starb 1085, ohne nach Rom zurückgekehrt zu sein.

HENRICUS QUINT

HEINRICH V. (1086 BIS 1125), DEUTSCHER KÖNIG SEIT 1106, EMPFÄNGT AM 13. APRIL 1111 IN ROM VON PAPST PASCHALIS II. ALS BESTANDTEIL DER KRÖNUNGSZEREMONIE ZUM RÖMISCHEN KAISER DIE REICHSINSIGNIEN. ZEITGENÖSSISCHE BUCHMINIATUR AUS DER KAISERCHRONIK DES MÖNCHS EKKEHARD VON AURA VON 1113.

Heinrichs Ende und das Wormser Konkordat

Es war dennoch kein Sieg für Heinrich IV.
Die Idee des sakralen Königtums war nach
dieser Auseinandersetzung nicht mehr trag-
fähig. Zwischen Kaiser und Papst hatte sich
ein Konflikt um den Vorrang entwickelt, der
noch Jahrhunderte für Unruhe sorgen sollte.
Heinrichs letzte Regierungsjahre verliefen
unglücklich. Sein Sohn Heinrich V. erhob sich
gegen ihn und zwang den Vater 1105 zur
Abdankung. Ein Jahr später starb Heinrich.
Sein Sohn beendete als Kaiser Heinrich V.
(1111–1125) diese erste große Auseinandersetzung zwischen dem römisch/deutschen
Königtum und dem Papst. Im Jahr 1122
schloss er mit Papst Calixtus II. (1119–1124)
einen Kompromiss, der als Wormser Konkordat in die Geschichte eingehen sollte. Nur
im deutschen Reichsteil sollte Heinrich dem-
nach Einfluss auf Bischofswahlen behalten.
Zwar durften die Mitglieder der Domkapitel
ihren Kandidaten frei wählen. Die „Regalien", die Rechte, die ihm die Herrschaft über
sein Bistum ermöglichten, sollte ihm jedoch
erst Heinrich vor der endgültigen Weihe verleihen. In dieser Konstruktion lag die Not-
bremse des Königtums verborgen. Der Herrscher konnte die Verleihung der Regalien
theoretisch ja verweigern. In diesem Falle
hätten es sich die Kirchenmänner sicher
zweimal überlegt, den missliebigen Kandidaten gegen den Willen des Herrschers tatsächlich zu weihen. Er wäre ja unfähig
gewesen, die Herrschaft über sein Bistum tatsächlich auszuüben oder auch nur die dringend benötigten Einkünfte zu erhalten. Denn
Zoll- und Gerichtsgebühren brachten eine
Menge Geld ein, das allen Klerikern des
Priester-Kollegiums einer Dom- oder Stiftskirche (Kapitel) zugute kam. Der Investiturstreit ließ somit Königtum und Kirche auseinander treten und wies bereits den Weg für
die späteren Auseinandersetzungen um den
Vorrang.

DIESER HOLZSTICH AUS DEM 12. JAHR-
HUNDERT STAMMT AUS DER CHRONIK
OTTOS VON FREISING UND BESCHÄFTIGT
SICH UMFASSEND MIT DEN GESCHEHNIS-
SEN DER JAHRE 1084/1085, ALS DER
INVESTITURSTREIT AUF SEINEM HÖHE-
PUNKT WAR. IN DER OBEREN BILDZEILE
SIEHT MAN LINKS KAISER HEINRICH IV.
(1050 BIS 1106) MIT DEM VON IHM EIN-
GESETZTEN GEGENPAPST KLEMENS III.,
DURCH DESSEN ERNENNUNG ER DEN
VERHASSTEN PAPST GREGOR VII. (1073–
1085) AUS DEM AMT DRÄNGEN WOLLTE.
MAN KANN DAVON AUSGEHEN, DASS DER
KAISER PAPST GREGOR DIE DEMÜTI-
GUNG DURCH DEN BUSSGANG NACH
CANOSSA VON 1077 NIEMALS VERGESSEN
HAT. IM MAI 1084 SASS PAPST GREGOR
VII. (VORHER: HILDEBRAND) GEFANGEN
IN DER ENGELSBURG UND WURDE DORT
VOM NORMANNEN ROBERT GUISCARD
BEFREIT, WIE AUF DER RECHTEN SEITE
DER OBEREN BILDZEILE DARGESTELLT.

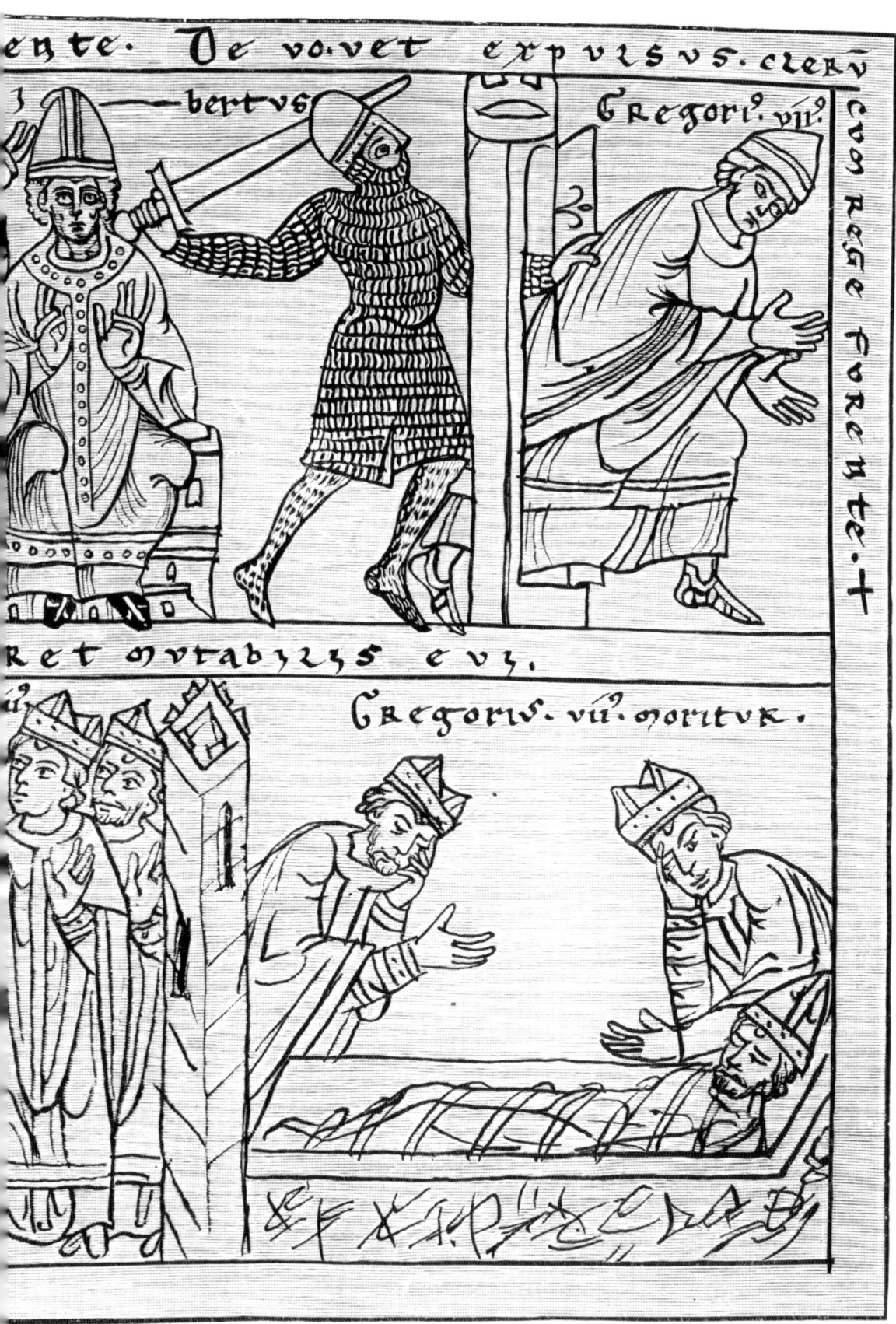

In der unteren Bildzeile sieht man den wieder eingesetzten Papst Gregor VII. Er konnte jedoch den Kampf gegen das Kaisertum nicht fortführen, da er schließlich bereits im Folgejahr 1085 verstarb. In der unteren Bildzeile ist auf der rechten Seite sein Totenbett dargestellt. Papst Gregor VII., ein Benediktiner, kämpfte gegen Simonie und Priesterehe (gregorianische Reform) und erstrebte im Investiturstreit die Oberhoheit der päpstlichen über die weltliche Gewalt. Seine Regierung bildet den Höhepunkt im Kampf zwischen Königtum und Papsttum im Mittelalter. Er wurde zwischen 1019 und 1030 in Sovana bei Grosseto geboren und starb am 25. Mai 1085 in Salerno.

Das Papsttum auf dem Höhepunkt – Innozenz III.

Im langen Ringen der Päpste mit den Kaisern sollte es am Ende nur zweite Sieger geben. Auf dem Weg zur endgültigen Trennung von Kaiser- und Papsttum schlug das Pendel nämlich mal in die eine, mal in die andere Richtung. Eine der mächtigsten und durchsetzungsfähigsten Papstgestalten war ohne Zweifel Innozenz III. (1198–1216). Er führte seine Kirche zu einem vorher und auch wohl nachher nicht wieder erreichten Gipfel an Autorität und Anerkennung. In vielem verdeutlicht er die Bruchlinien seiner Zeit und steht so exemplarisch für den Aufbruch zu Beginn des 13. Jahrhunderts.

„INNOCENTIUS DER DRITT": DARSTELLUNG VON PAPST INNOZENZ III. (1198–1216), NACHKOLORIERTER HOLZSCHNITT AUS DEM JAHRE 1493 IN HARTMANN SCHEDELS „LIBER CHRONICARUM" (WELTCHRONIK). INNOZENZ III. WURDE ALS LOTHAR VON SEGNI UM 1160 IN ANAGNI GEBOREN UND STARB AM 16. JULI 1216 IN PERUGIA.

Der studierte Papst

Als einer der ersten Päpste hatte Lothar von Segni, wie Innozenz III. mit Taufnamen hieß, an den neuen Universitäten in Paris und Bologna studiert. Diese Voraussetzungen haben ihm sicher die schnelle Klerikerkarriere ermöglicht. Als Papst Coelestin III. 1198 starb, wählte das Kardinalskollegium mit Innozenz III. das jüngste seiner Mitglieder zum Nachfolger. Der damals 37-Jährige war vom göttlichen Auftrag der Kirche überzeugt. Als deren oberster Repräsentant sah er sich in der Nachfolge Petri. Dessen von Christus selbst verliehene geistliche Gewalt beanspruchte Innozenz nachdrücklicher für sich, als es seine Vorgänger getan hatten. Selbstständige geistliche Autorität von Bischöfen akzeptierte er nicht – ihre Vollmachten und Kompetenzen erhielten sie nur durch den Papst. Er behielt sich die letzte Entscheidungsvollmacht in strittigen Fällen vor und griff in solchen Situationen energisch ein. Auch über alle Kirchengüter setzte Innozenz die päpstliche Kontrolle durch. Seine exzellente Ausbildung ermöglichte es ihm zudem, neben diesen administrativen Aspekten auch die höchste Entscheidungsgewalt in Fragen der kirchlichen Lehre auszuüben. Damit formte er aus der römischen Kirche ein Instrument, das den Herausforderungen des 13. Jahrhunderts gewachsen sein sollte. Wie viele Päpste vor ihm sah er sich auch mit dem schwierigen Verhältnis zwischen Kaiser- und Papsttum konfrontiert.

Der Stauferkaiser Heinrich VI. (1191–1197) hatte durch seine Heirat mit der normannischen Königstochter Konstanze das Königreich Sizilien erworben. Der Kirchenstaat sah sich nun nördlich und südlich von staufischen Territorien eingeschlossen. Allerdings starb Heinrich 1197 kurz vor der Wahl Innozenz III. und hinterließ als Erben nur seinen minderjährigen Sohn Friedrich.

Der deutsche Thronstreit

Im römisch-deutschen Reich brach 1198 zwischen dem Welfen Otto, dem Sohn Heinrichs des Löwen, und dem Staufer Philipp von Schwaben, dem Onkel Friedrichs, ein erbitterter Streit um den Thron aus. Innozenz unterstützte dabei Otto, um so der staufischen Umklammerung des Kirchenstaates zu entgehen. Otto hatte im Jahre 1201 in Neuss dem Papst Gehorsam geschworen. Der gewaltsame Tod Philipps von Schwaben durch die Hand des bayerischen Pfalzgrafen Otto von Wittelsbach im Jahr 1208 ließ den Welfen als einzigen Thronprätendenten zurück. Ein Jahr darauf empfing er von Innozenz III. die Kaiserkrone. Otto hielt die in Neuss geschworenen Eide allerdings keineswegs ein. So ließ Innozenz ihn bald fallen und unterstützte nun die Opposition gegen ihn, um Friedrich II. als neuen Herrscher zu wählen. Der bestimmende Einfluss auf die große Politik, den Innozenz III. durch sein Vorgehen bewies, täuscht allerdings allzu leicht über die Grenzen seiner Macht hinweg. Unter Friedrich II., dem „Kind von Apulien", wurden die staufischen Territorien nördlich und südlich des Kirchenstaates in Personalunion vereint. Innozenz hatte keine realistische Alternative, kein wirkungsvolles Instrument dagegen, denn weltliche Macht konnten die Päpste nicht ausüben. Sie waren auf die Unterstützung weltlicher Großer angewiesen, sollte militärisches Eingreifen nötig werden.

Krieg gegen Christen – Der vierte Kreuzzug

Auch eine weitere Herzensangelegenheit Innozenz' sollte sich nicht wie geplant entwickeln. Er hatte schon 1198 zu einem weiteren Kreuzzug aufgerufen, konnte aber wohl keine rechte Begeisterung wecken. Das Heer, das sich 1203 zum vierten Kreuzzug zusammenfand, war kleiner als erwartet. Deshalb konnten die finanziellen Forderungen der Venezianer für den Schiffstransport nicht erfüllt werden. Das Heer wurde also auf Wunsch des Dogen Enrico Dandolo gegen die

DAS FRESKO AUS DEM 13. JAHRHUNDERT ZEIGT PAPST INNOZENZ III. MIT DER SCHENKUNGSURKUNDE DES KLOSTERS SAN BENEDETTO IN SUBIACO UND BEFINDET SICH EBEN DORT.

DER HEILIGE FRANZ VON ASSISI
UND SEINE GEFÄHRTEN ERSCHEINEN
VOR PAPST INNOZENZ III. (1198–1216)
UND BITTEN UM ANERKENNUNG
IHRER ORDENSREGEL. DIE
RADIERUNG VON V. STANGHI IST
UM 1600 NACH EINEM FRESKO
VON JACOPO LIGOZZI AUS DEM
KREUZGANG VON OGNISSANTI IN
FLORENZ ENTSTANDEN.

woraufhin Konstantinopel von den Kreuzfahrern im Jahre 1204 erobert und geplündert wurde. Papst Innozenz III. hatte die Kontrolle über das Kreuzzugsunternehmen jetzt völlig verloren und war nicht mehr in der Lage, den desaströsen Krieg gegen christliche Städte zu unterbinden. So verkam der Kreuzzug zunehmend zu einem reinen Plünderungsfeldzug der Venezianer. Kurzfristig konnte sich Innozenz aufgrund religiöser Erwägungen zwar zunächst mit der Einnahme Konstantinopels anfreunden, doch überwog bald wieder seine Missbilligung.

Der höchste Schiedsrichter

Insgesamt konnte Innozenz III. die römische Kirche gegenüber dem Kaisertum in eine vorteilhafte Position bringen. Dem Papst stand nun auch in weltlichen Fragen die Rolle des höchsten Schiedsrichters zu, ohne dass Innozenz die prinzipielle Unabhängigkeit weltlicher Herrscher angetastet hätte. Dieses im Unbestimmten schwebende Verhältnis zwischen Reich und Kirche war auch für die weltlichen Herrscher hinnehmbar. Die weitere Konkretisierung der kirchlichen Position unter den Nachfolgern Innozenz' sammelte so viel Konfliktpotential an, dass Kaiser- und Papsttum endgültig auseinander treten sollten. Die Geschmeidigkeit, mit der Innozenz diese schwierigen politischen Fragen zum Vorteil der römischen Kirche in der Schwebe ließ, zeichnete auch seinen Umgang mit den neuen religiösen Strömungen seiner Zeit aus. Wo sich Volksfrömmigkeit in die Hierarchie der Kirche integrieren ließ, nahm er sie auf. Besonders die Dominikaner und Franziskaner sollten hier zukunftsweisend wirken. Gegen Bedrohungen der römischen Orthodoxie ging er jedoch unbeirrt vor. Der grausame Albigenserkreuzzug in Südfrankreich 1209 wurde auf seine Veranlassung geführt. Allerdings konnte er ebenso wenig wie im vierten Kreuzzug verhindern, dass dieser Glaubenskrieg zum Spielfeld politischer Auseinandersetzungen wurde.

ungarische Stadt Zara umgelenkt. Die Einnahme und Plünderung der christlichen Stadt befriedigte aber immer noch nicht die Ansprüche der Venezier. Gegen enorme finanzielle Versprechungen war man nun in der Lagunenstadt bereit, dem byzantinischen Thronbewerber Alexios in Konstantinopel bei der Machtergreifung zu helfen. Dieser erfüllte letztlich seine Zusagen dann aber nicht,

IM JAHRE 1210 IST ES DANN SO WEIT:
DER BENEDIKTINER PAPST INNOZENZ III.
(1198–1216) BESTÄTIGT MÜNDLICH
DIE ORDENSREGEL DES NEUEN
FRANZISKANERORDENS. DIE AUCH ALS
„MINDERE BRÜDER" BEZEICHNETEN
MITGLIEDER DES BETTELORDENS
SUCHEN DAS EVANGELIUM DURCH
ASKESE, BESONDERS DURCH ARMUT,
UND DURCH APOSTOLISCHE ARBEIT
IN SEELSORGE UND MISSION. FRESKO
VON 1300 AUS DER KIRCHE SAN
FRANCESCO IN ASSISI (OBERKIRCHE,
LANGHAUS, 2. JOCH, NORDWAND)
VON GIOTTO DI BONDONE.

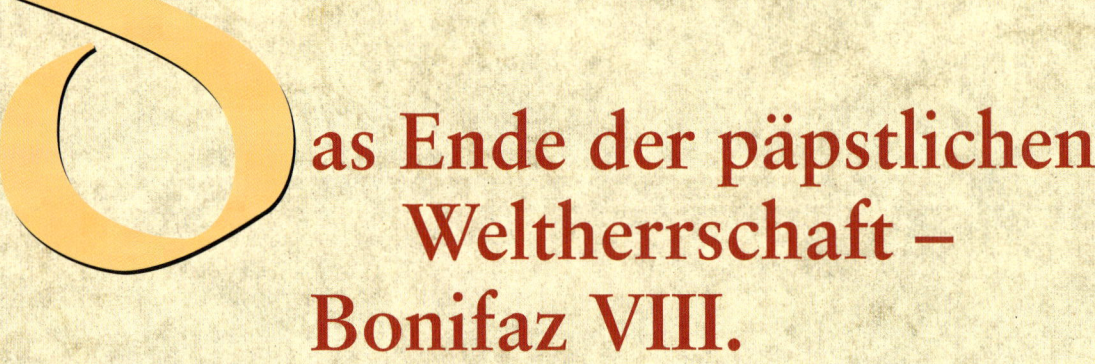

Das Ende der päpstlichen Weltherrschaft – Bonifaz VIII.

Am 29. Oktober 1268 wurde der 16-jährige Staufer Konradin, der Sohn König Konrads IV., auf dem Marktplatz von Neapel enthauptet. Zwei Jahre zuvor hatte Papst Alexander IV. das staufische Königreich Sizilien an Karl von Anjou verliehen. Daraufhin war Konradin 1267 nach Rom gezogen, um seine Ansprüche durchzusetzen. Mit seiner Gefangennahme und Hinrichtung setzte sich nun das Papsttum gegen dynastische Ansprüche auf die Kaiserkrone durch. Die Kurie konnte sich also mit gutem Recht in ihrem Anspruch auf den weltlichen Primat des Papstes bestätigt fühlen.

KONRADIN VON SCHWABEN, DER LETZTE STAUFER, AUF DER FALKENJAGD. AUSSCHNITT EINER BUCHMALEREI AUS DEM „CODEX MANESSE", ENTSTANDEN IN ZÜRICH UM 1310–1340.

Eine viel beachtete Wahl

Der Fokus der päpstlichen Aufmerksamkeit verschob sich nun in Richtung Frankreich. Die französische Krone war – nicht zuletzt durch die Schwächung des Kaisertums durch Rom – endgültig die mächtigste Monarchie Europas geworden. Die Politik, die gegenüber dem römisch-deutschen König so erfolgreich gewesen war, sollte an der gefestigteren Staatlichkeit Frankreichs jedoch katastrophal scheitern.

Mit Bonifaz VIII. wurde am 24. Dezember 1294 ein Papst gewählt, dessen juristische Kompetenz von seinen Machtansprüchen noch übertroffen wurde. Schon die Umstände seiner Wahl waren turbulent. Sein Vorgänger, Coelestin V., hatte abgedankt. Im Grunde seines Herzens Eremit, hatte er die Wahl seinerzeit sowieso nur widerwillig angenommen. Den Anforderungen des Amtes fühlte er sich jedoch nicht gewachsen und zog schließlich die Konsequenz. Als Kardinal hatte Bonifaz VIII. diese Abdankung juristisch beraten. Um keine Zweifel an der Rechtmäßigkeit seiner Wahl aufkommen zu lassen, wollte er den abgedankten Coelestin in seiner Nähe behalten. Dieser machte sich jedoch aus dem Staub, als die Kurie von Neapel nach Rom umzog. Auch ein eilig hinter ihm hergeschickter Trupp konnte seiner nicht mehr habhaft werden. Zu diesem später heilig gesprochenen Papst, dem „Engelspapst", stand Bonifaz VIII. in denkbar krassem Gegensatz. Inhaltlich formulierte er nichts, was seine Vorgänger seit Gregor VII.

IM ALTER VON NUR 16 JAHREN WURDE DER LETZTE STAUFER KONRADIN (1252 BIS 1268), DER HERZOG VON SCHWABEN UND SOHN KONRADS IV., AUF BEFEHL KARLS VON ANJOU AM 29. OKTOBER 1268 IN NEAPEL HINGERICHTET. HINTER DER HINRICHTUNG STAND ABER VOR ALLEM DIE PÄPSTLICHE KURIE IN ROM, DIE DAS IMPERIUM DER STAUFER ZERSCHLAGEN HATTE UND SICH NUN MIT DEN MACHT-ANSPRÜCHEN DES JUNGEN KONRADIN KONFRONTIERT SAH. DER KUPFER-STICH VON MATTHÄUS MERIAN D. Ä. STAMMT AUS DEM JAHRE 1630.

nicht auch schon zum Verhältnis von geistlicher und weltlicher Gewalt gesagt hätten. In der Zusammenstellung und Zuspitzung ergab sich jedoch ein unbeschränkter päpstlicher Herrschaftsanspruch. Dieser Anspruch gründete sich allerdings auf eine geistliche Autorität, die sich als nicht mehr wirksam erweisen sollte. Bonifaz VIII. war von seiner Amtswürde dennoch so überzeugt, dass er ihr mit der Hinzufügung eines dritten Kronreifs in der päpstlichen Tiara sichtbaren Ausdruck verleihen wollte. Diese Gestalt hat die zeremonielle Kopfbedeckung der Päpste noch heute.

Bonifaz und Philipp „der Schöne"

Allerdings überschätzte und überspannte der Papst seine Kräfte. Seine Versuche, auch auf die französische Krone Einfluss zu nehmen, scheiterten. Ausgangspunkt für den Konflikt zwischen Bonifaz VIII. und Philipp „dem

Schönen" (1285–1314) war die Absicht des Königs, den Klerus seines Landes zu besteuern. Das Geld wurde dringend für die Auseinandersetzungen mit England benötigt. Dies wollte Bonifaz VIII. nicht zulassen, musste jedoch nach wirtschaftlichen Maßnahmen Philipps nachgeben. Die Kompromissformel lautete im Jahr 1297, dass Philipp den Klerus besteuern dürfe, wenn es besondere Notlagen erforderten. Zwar kam es in der Folge sogar zu einer Annäherung zwischen Bonifaz VIII. und Frankreich. Der Vater Philipps, Ludwig IX. (1226–1270), wurde heilig gesprochen, wodurch die französische Monarchie aufgewertet wurde.

Auch andere Versuche politischer Einflussnahme waren nicht erfolgreich. Eine Vermittlerrolle im Krieg Englands gegen Frankreich wurde ihm von den Monarchen nur als dem „Privatmann" Benedetto Caetani eingeräumt. Ebenso konnte er nicht verhindern,

PORTRÄTBÜSTE VON PAPST BONIFAZ VIII. (1294–1303). DIE BÜSTE STAMMT VON ARNOLFO DI CAMBIO (UM 1240 BIS 1302) UND BEFINDET SICH HEUTE IN ROM IN DEN GROTTEN DES VATIKAN. BONIFAZ WURDE ALS BENEDETTO GAETANI UM 1235 IN ANAGNI GEBOREN UND VERSTARB AM 11. OKTOBER 1303 IN ROM. UNTER SEINEM PONTIFIKAT BEFAND SICH DAS PAPSTTUM AUF DEM HÖHEPUNKT SEINER MACHT.

dass Friedrich von Aragon als Erbe der Staufer die Herrschaft über Sizilien übernahm. Als Philipp der Schöne gegen einen französischen Bischof wegen Hochverrats vorging, kam es zum endgültigen Bruch. Bonifaz lud Philipp und die französischen Bischöfe nach Rom. Die Ladungsbulle überspitzte provozierend den Vorrang der päpstlichen Gerichtsbarkeit vor der weltlichen. Daraufhin berief Philipp 1302 die ersten Generalstände Frankreichs ein, um sich die Unterstützung seiner Großen und der Stadtbürger zu sichern. So konnte er nicht, wie der römisch-deutsche König, Opfer einer gefährlichen Opposition werden.

Bonifaz und das Reich

Gegenüber dem römisch-deutschen König verfolgte Bonifaz ganz die konventionelle Politik seiner Vorgänger. Er beanspruchte für sich das Bestätigungsrecht für den gewählten König und verband die Approbation in der Regel mit Forderungen. König Albrecht I. von Habsburg (1298–1308) war indes nicht gewillt, diese zu erfüllen, sodass Bonifaz die Fürstenopposition gegen Albrecht unterstützte. Albrecht konnte sich aber gegen seine Widersacher militärisch durchsetzen, sodass Bonifaz' Absetzungsandrohungen keine Aussicht auf Verwirklichung hatten.

Das „Attentat von Anagni"

Im Jahr 1303 schickte Frankreichs König Philipp der Schöne seinen Siegelbewahrer Wilhelm von Nogaret zu Bonifaz VIII., um ihm seinerseits eine Ladung zu einem Konzil nach Frankreich zu überbringen. Am 7. September 1303 kam es in Anagni zu Tumulten, in deren Verlauf sich Wilhelm der Person des Papstes bemächtigte. Zu einer Überführung nach Frankreich sollte es jedoch nicht kommen, da die Stadtbevölkerung Bonifaz VIII. befreite. Dennoch wurde dadurch der Mythos von der Unantastbarkeit des Papstes zerstört. Zwar hatten die römisch-deutschen Kaiser mehrmals Päpste gefangen gesetzt, das waren jedoch „Kompetenzstreitigkeiten" zweier mehr oder weniger gleichberechtigter Mächte gewesen. Das „Attentat von Anagni" zeigte, dass das Papsttum seine Ansprüche auf geistliche und weltliche Führung nicht mehr gegen die erstarkenden Nationalstaaten durchsetzen konnte. Bonifaz VIII. starb knapp einen Monat danach. Der Grund für das Scheitern dieses Papstes ist nicht zuletzt in seinem hochfahrenden Wesen zu suchen, mit dem er viele Kurienmitglieder gegen sich aufbrachte. Seine betonte Bevorzugung von Familienmitgliedern bei der Besetzung kirchlicher Ämter oder Verleihung von Lehen schuf ihm Feinde im römischen Stadtadel. Vetternwirtschaft gehörte zur Ämtervergabe der Kurie – sie war allerdings auch ein Mittel des Ausgleichs zwischen den mächtigen Familien Roms. Bonifaz VIII. störte dieses Gleichgewicht, wodurch er die Unterstützung wich-

Eine Seite einer mittelalterlichen französischen Handschrift mit der Miniatur „Krönung eines Kaisers durch den Papst" aus dem Jahre 1310. Während sich das französische Königtum vom Papsttum emanzipieren konnte, sah man im römisch-deutschen Reich nach der Zerschlagung der Stauferdynastie in der Krönungszeremonie der Kaiser durch den Papst allgemein den Primat der geistlichen über die weltliche Gewalt.

tiger stadtrömischer Kurienkardinäle verlor. Sein Nachfolger Klemens V. (1305–1314) schließlich führte die römische Kirche ins

„Exil" von Avignon. Damit begann die Zeit der avignonesischen Päpste unter französischem Einfluss.

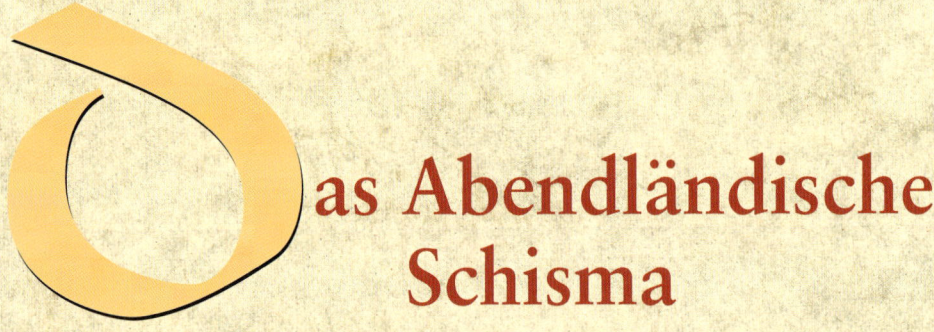

Das Abendländische Schisma

Eine kolossale Frauengestalt beherrscht die Konstanzer Hafenmole. Selbstbewusst steht sie dort mit nacktem Oberkörper. In den Händen trägt sie auf der einen Seite den Papst, auf der anderen den Kaiser. Die metallene Dame heißt Imperia und erinnert an eine Zeit, in der in Konstanz europäische Geschichte geschrieben wurde. Von 1414 bis 1417 wurde auf dem Konstanzer Konzil eine der größten Krisen der römischen Kirche beendet – das Große oder Abendländische Schisma. Die Anzahl der teilnehmenden geistlichen und weltlichen Würdenträger war enorm. Allein ein Papst, ein Kaiser und Gesandtschaften zweier weiterer Päpste fanden sich ein. Natürlich wollte keiner der Herren auf pikante Unterhaltung verzichten. Das war der Geschäftsbereich Imperias und ihrer ungenannten (und ungezählten) Kolleginnen. Allerdings dürften die Konzilteilnehmer Zerstreuung von Zeit zu Zeit bitter nötig gehabt haben.

Der Papst zurück in Rom

Sie mussten eine fast 40 Jahre andauernde Spaltung der lateinischen Christenheit beenden, die zur Zeit des Konzils drei Päpste gleichzeitig hervorgebracht hatte.

Im Jahr 1309 waren Papst und Kurie nach Avignon ins Exil gegangen. Erst 1376 kehrte das Papsttum unter Gregor XI. (1370–1378) gegen den Willen des französischen Königs nach Rom zurück. Allerdings hatten sich in der Zeit des Exils nationale Rivalitäten innerhalb des Kardinalskollegiums gebildet. Als Gregor schon zwei Jahre nach der Rückkehr nach Rom starb, brachen diese Konflikte aus. Das Kardinalskollegium bestand inzwischen mehrheitlich aus Franzosen und hätte von daher wohl am ehesten einen Landsmann gewählt. Die römische Stadtbevölkerung übte jedoch Druck zugunsten eines römischen, zumindest aber eines italienischen Kandidaten aus. So einigte man sich 1378 auf den aus Neapel stammenden Urban VI. (1378–1389) als einen Kompromisspapst. Diese Wahl erwies sich als folgenschwerer Fehler, denn Urban erwies sich als unfähig, Kirche und Kurie in dieser schwierigen Situation zu leiten. Überlegungen zur Absetzung des Papstes führten zu keinem Ergebnis. Darauf entzogen die französischen Kardinäle Urban noch im gleichen Jahr die Unterstützung und wählten mit Klemens VII. (1378–1394) einen Gegenpapst. Klemens konnte sich in Rom selbst aber nicht durchsetzen und zog sich deshalb 1381 mit seinen Anhängern nach Avignon zurück.

Das doppelte Papsttum

Beide Päpste hatten eine handlungsfähige Kurie hinter sich und begannen ein Ringen um die geistliche Vorherrschaft im Abendland. Die Parteinahme der einzelnen Herrscher für das eine oder das andere Papsttum spaltete Europa auch politisch. Frankreich unterstützte natürlich das Papsttum in Avignon, England hielt zu Rom. Schottland, mit England im Konflikt, unterstützte deshalb mit seinem natürlichen Verbündeten Frankreich wiederum Avignon. Die geistlichen Grenzen verliefen parallel zu den politischen Interessen und wurden so noch verstärkt. Eine Beseitigung des Schismas war deshalb ohne die Mitwirkung der weltlichen Herrscher letztlich unmöglich. Zur Beilegung der Spaltung wurden viele Wege beschritten. Militärisch konnten Urban und seine Nachfolger nicht aus Rom verdrängt werden. Eine vielversprechende Lösung schien die Abdankung eines der beiden Päpste zu bieten. Zu diesem Schritt war aber keiner der Päpste bereit. Benedikt XIII. (1394–1423) suchte als zweiter französischer Papst des Schismas auf dem Verhandlungsweg mit Rom eine Lösung. Auch dieser Versuch scheiterte. England und Frankreich hatten sich inzwischen auf ein gemeinsames Vorgehen einigen können. Frankreich entzog Benedikt XIII. den Gehorsam und versuchte, seiner habhaft zu werden. Nach vierjähriger Belagerung konnte Benedikt aber aus seinem Palast in Avignon in die Provence fliehen. Dort gelang ihm die Wiederherstellung seiner Autorität. Als einzige Möglichkeit zur Beilegung des Konflikts blieb ein Konzil.

Das dreifache Papsttum

Ein Konzil in Pisa setzte dann auch 1409 den römischen und den französischen Papst

gleichermaßen ab und wählte schließlich Johannes XXIII. (1410–1415). Rom und Avignon erkannten die Absetzung allerdings

nicht an, wodurch es nun plötzlich sogar drei Päpste gab. In dieser Situation ließ der deutsche König Sigismund (1410–1437) Papst Johannes XXIII. für das Jahr 1414 ein allgemeines Konzil nach Konstanz einberufen. Die großen Mächte Europas hatten sich schon zu diesem Schritt bereit erklärt, sodass auch politisch der Weg zu einer Einigung geebnet war. Das sich über drei Jahre hinziehende Konzil stimmte in den wichtigen Fragen nach Nationen ab, wodurch nationale Übergewichte innerhalb des Kardinalskollegiums ausgeglichen werden konnten. Zwar war Papst Johannes, als sich seine Absetzung abzeichnete, aus Konstanz geflohen. König Sigismund tat jedoch alles, um die Konzilteilnehmer zusammenzuhalten. Ihre Autorität sicherte sich die Konzilversammlung durch Dekrete, die den Konzilien grundsätzlich die Oberhoheit über den Papst garantierten. Gregor XII. dankte als römischer Papst ab, Johannes XXIII. und Benedikt XIII. wurden abgesetzt. Benedikt residierte jedoch bis zu seinem Tod 1423 als Papst in Avignon. Zwar war er dort unerreichbar für alle Versuche, seine Absetzung durchzusetzen. Wirksam konnte er aber nicht mehr werden.

Rückkehr zur Normalität?

Geistliche Autorität konnte nur noch der auf dem Konstanzer Konzil gewählte Papst Martin V. (1417–1431) für sich beanspruchen. Damit war die Kirchenspaltung, die die abendländische Christenheit fast 40 Jahre belastet hatte, zwar beendet worden, viel grundlegendes Konfliktpotential innerhalb der Kirche blieb jedoch bestehen. So blieb die Frage, welches Gesicht die Kirche angesichts ihres gescheiterten universalen Anspruchs und des Erstarkens nationaler Staatsgebilde wie Frankreich und England erhalten sollte, in der Schwebe. Zwar konnte die monarchische Struktur der Kirche durch den Konzilgedanken aufgeweicht werden, aber eine grundsätzliche Reform, mit der die

Hæc fuit effigies quondam uenerabilis Hulsi,
Dum sua pro Christo membra cremanda dedit.

Na Obraz Miſtra Jana Huſy/
Muċedlnyka Božýho.

S. 66: Ausschnitt aus dem Fresko „Streitende Kirche" von Andrea da Firenze (um 1343 bis 1377). Das Fresko ist ein Verweis auf die Reformbedürftigkeit der katholischen Kirche im 14. Jahrhundert und zeigt u.a. Christus als Weltenrichter sowie Thomas von Aquin und Petrus Martyr auf dem Weg zum Paradies.

S. 67: Undatierter Kupferstich von Papst Benedikt XII. (1334–1342), dem dritten in einer Reihe von sieben Päpsten, die in der „Babylonischen Gefangenschaft" der Kirche in Avignon residierten.

Gegenüberliegende Seite: Die Buchmalerei aus dem 15. Jahrhundert ist eine Illustration zur Konzilchronik des Ulrich von Riechental. Sie zeigt König Sigismund (1410–1437) und den am 11. November 1417 auf dem Konstanzer Konzil zum Papst Martin V. gewählten Otto Colonna. König Sigismund leistet dem Papst den Stratordienst, indem er sein Pferd führt. Die Wahl Martins V. gilt allgemein als Ende des Schismas.

Der tschechische Kirchenreformer Jan Hus (um 1370 bis 1415) auf dem Scheiterhaufen, kolorierter Holzschnitt von 1558. Mit der Hinrichtung des Reformers als Ketzer auf dem Konstanzer Konzil am 6. Juli 1415 vertat die allzu sehr um Restauration bemühte katholische Kirche die Chance auf einen grossen reformerischen Schritt nach vorn.

seit Papst Bonifaz VIII. offensichtlich gewordenen Probleme der Kirche hätten behoben werden können, erfolgte indes nicht. Im Gegenteil: Die Hoffnungen darauf verbrannten am 6. Juli 1415 mit Johannes Hus auf einem Konstanzer Scheiterhaufen. Erst etwa 100 Jahre später wurde die Kirchenreformation durch einen Mönch in Wittenberg ausgelöst, war aber damit der Kontrolle Roms entzogen.

Das „Regnum Teutonicum"

KARL DER GROSSE (747 BIS 814),
FRÄNKISCHER KÖNIG (768-814)
UND RÖMISCHER KAISER (SEIT 800),
MIT DEM MODELL DES AACHENER
MÜNSTERS (AUSSCHNITT), ÖLGEMÄLDE
VON 1485, FLÜGEL VOM EHEMALIGEN
GROSSEN APSISALTAR DES AACHENER
DOMS. WAR KARL DER GROSSE DER
ERSTE DEUTSCHE KAISER ODER DER
ERSTE FRANZÖSISCHE KAISER? WEDER
NOCH, ER WAR RÖMISCHER KAISER UND
KAROLINGISCHER FRANKENKÖNIG.

Seit wann gibt es das deutsche Reich (regnum teutonicum)? Wir glauben es zu wissen: War nicht Karl der Große deutscher Kaiser? Oder sein Enkel Ludwig der Deutsche deutscher König? Nun, sie waren es nicht. In Frankreich wird Charlemagne (Karl der Große) selbstverständlich als französischer Kaiser betrachtet. Denn er war Franke. Zwar waren die Franken ein germanischer Stamm, aber längst nicht alle Germanen wurden zu Deutschen – und nicht alle Franken zu Franzosen.

Der Ursprung: das Fränkische Reich

Ebenso war Ludwig „der Deutsche" nicht deutscher König. Das ist eine romantische Vorstellung des 19. Jahrhunderts, die sich bis heute hartnäckig hält. Ludwig herrschte über den östlichen Teil des Frankenreiches, der aus germanischen Gebieten bestand und nicht überall auf römische Traditionen zurückblicken konnte. Dass dieser sich einmal zu Deutschland entwickeln sollte, konnte im 9. Jahrhundert noch niemand wissen.

Bei den Karolingern entschieden dynastische Zufälle darüber, wer über welchen Reichsteil herrschte. Das europäische Großreich Karls des Großen konnte von seinen Nachfolgern willkürlich geteilt werden. Allerdings setzte eine gewisse Tendenz zur Verfestigung der Teilreiche ein, sodass schließlich ein Westfränkisches und Ostfränkisches Reich entstanden. Dazwischen lag mit Lotharingien (Lothringen) ein Reichsteil, der die Rolle einer Puffer- oder Übergangszone bilden sollte. Diese Region blieb bis zum Zweiten Weltkrieg zwischen Frankreich und Deutschland umstritten.

Selbst mit dem Aussterben der Karolinger im Ostreich im Jahre 911 beginnt noch nicht die deutsche Geschichte. Im Nachhinein betrachtet war es zwar ein bedeutender Schritt in diese Richtung; aber natürlich konnten die Beteiligten das damals wieder nicht wissen. Die ostfränkischen Großen luden zur Königswahl nicht den westfränkischen Herrscher Karl ein, sondern wählten erstmals einen aus ihrer Mitte zum König. Konrad I. (911–918) war wie die Karolinger Franke. Es blieb also weiterhin ein fränkisches, kein deutsches Königtum. Erst mit Heinrich I. (919–936) kam 919 zum ersten Mal ein Nichtfranke auf den Thron. Mit ihm begann ein Jahrhundert der Sachsenherrscher. Allerdings war auch er nicht deutsch, sondern stand in der Herrschaftstradition des Ostfränkischen Reiches. In seinen Urkunden nennt er sich schlicht „rex", also König. Sein Reich war ebenso schlicht das „regnum". Wie sollte er es auch nennen? Im übrigen Europa hatte man diese Schwierigkeiten nicht. Dort stützten sich Könige auf ein Reichsvolk – auf die Franken in Frankreich, auf die Angeln in England. Sie konnten sich problemlos „rex francorum" oder „rex anglorum" nennen, ohne Stammesempfindlichkeiten zu verletzen. Heinrich und nach ihm alle ostfränkischen Könige herrschten hingegen über viele Völker. Es gab das Volk der Sachsen, die den König stellten, daneben aber auch Franken, Bayern, Alemannen und Lotharingier. Keine dieser Völkerschaften hätte sich von einem „rex saxonum" regieren lassen. Also machte man aus der Not eine Tugend und vertagte das Namensproblem. Allerdings verzichtete man seit Heinrich I. bewusst darauf, das Reich unter den Söhnen des Herrschers aufzuteilen.

Die Situation wurde komplizierter, als Heinrichs Nachfolger Italien und die Kaiserwürde erwarben. König Otto I. (936–973), der Sohn Heinrichs I., nannte sich 962 nach seiner Kaiserkrönung in Rom nur „imperator" (Kaiser). Allerdings stellte sich schon die Frage, wie dieses mächtige politische Gebilde im Herzen Europas genannt werden sollte.

Herrscher und Reich sind römisch

Es gab im Mittelalter noch keine modernen Verfassungen, und so war das Reich eines Herrschers in der Regel nur durch seine

Person definiert. Es war die Summe seiner Herrschaftsrechte, womit ein Reich noch nicht unabhängig von seinem Herrscher existieren konnte. Auch in dieser Hinsicht hatten es die französischen und englischen Könige dieser Zeit einfacher. Ihre Herrschaftsrechte erstreckten sich auf die Franken oder Angeln. Damit konnte auch die geographische Aus-

Ludwig der Deutsche, ostfränkischer König (843–876), und sein Bruder Karl der Kahle, westfränkischer König und römischer Kaiser (843–877), leisten am 14. Februar 842 die „Strassburger Eide". Dennoch folgte schliesslich der Zerfall des Frankenreiches, der „Keimzelle" der modernen Staatenwelt Europas.

dehnung der Herrschaft beschrieben werden: das Gebiet, in dem Franken oder Angeln siedeln. Die Herrschertitulatur war also eine konkrete politische Aussage und alles andere als ein beliebiger Ehrentitel. In diesem Sinne ist es auch zu verstehen, wenn die Söhne Ottos I., Otto II. (967–983) und Otto III. (996–1002), dem Kaisertitel einen Rombezug gaben. Sie nannten sich Kaiser der Römer („romanorum imperator augustus") und stellten sich so in die Rechtsnachfolge der antiken römischen Kaiser. Dem lag eine universale Herrschaftsauffassung zugrunde, die am besten in der Siegelumschrift Ottos III. aus der Zeit der Jahrtausendwende zum Ausdruck kommt: „renovatio imperium romanum" (Wiedererrichtung des römischen Kaisertums). Gleichzeitig war dies ein deutlicher Bezug auf Karl den Großen, der diese Formulierung auch schon gebraucht hatte. In diesem Selbstverständnis blieb kein Platz für

die Bevorzugung irgendeines besonderen Reichsteiles.

Endlich Teutonen!

Es war jedoch gerade das Engagement der Ottonen in Italien, das den germanischen Stämmen des Ostfrankenreiches einen Namen geben sollte. Für die Italiener waren die etwas ungeschliffenen Krieger aus dem Norden „Teutones". Mit diesem Namen wurden alle im Gefolge der Kaiser bezeichnet, unabhängig, ob es sich um Bayern, Franken oder Alemannen handelte. Die ostfränkischen Germanen dürften in der Fremde ohnehin ihre heimischen Streitereien hintangestellt haben und zusammengerückt sein. Als „Teutone" wurde fortan jeder Angehörige der germanischen Sprachfamilie des Ostfränkischen Reiches bezeichnet. Laut einer Aufzeichnung des Jahres 1015 soll Kaiser Otto III. „alle Theo-

ZWEI ELFENBEINTAFELN MIT PASSIONSSZENEN AUS DER MITTE DES 10. JAHRHUNDERTS. ZUR ZEIT DER OTTONEN AB DEM 10. JAHRHUNDERT KANN MAN GESCHICHTSWISSENSCHAFTLICH GESICHERT VON DER EXISTENZ EINES „REGNUM TEUTONICUM", EINES DEUTSCHEN REICHES SPRECHEN.

tiscos" (Teutonen) als „sein Blut" bezeichnet haben. Zu dieser Zeit hatte sich also wohl schon eine Art des Zusammengehörigkeitsgefühls zwischen den Angehörigen der einzelnen ostfränkischen Stämme gebildet. Allerdings war dies politisch nicht relevant. Auf der Herrschaftsebene dachte man noch in den Bahnen des Fränkischen Reiches. Heinrich II. (1014–1024), der letzte Ottonenkaiser, führte zu Beginn des 11. Jahrhunderts die Siegelumschrift „renovatio regnum francorum", „Wiederherstellung des Reiches der Franken". Dennoch wurde „inoffiziell" in Italien der Begriff des „regnum teutonicum", des „deutschen Reiches" verwendet. In Italien entwickelte er auch in der zweiten Hälfte des 11. Jahrhunderts eine ungeahnte politische Brisanz. Römische Kirche und Kaisertum hatten bislang einträchtig als Ordnungsmächte des Abendlandes gewirkt. Im 11. Jahrhundert versuchte die Kirche jedoch allmählich, sich vom Einfluss der Laien zu befreien. Eine kirchliche Reformbewegung wollte die Besetzung kirchlicher Ämter den weltlichen Großen entziehen. Betroffen waren dadurch im Endeffekt die „deutschen" Könige. Wesentliche Stütze ihrer Macht waren die Bischöfe, denen sie in ihren großen Bistümern weltliche Gewalt verliehen hatten. Als Gegenleistung waren sie ihnen zu Diensten verpflichtet. Deshalb hatten die Könige ein lebhaftes Interesse daran, über die Einsetzung der Bischöfe (Investitur) zu entscheiden. Dies war umso mehr der Fall, als sie sich als unmittelbar von Gott zum König berufen sahen und priestergleichen Status für sich beanspruchten.

Der Papst „erfindet" das deutsche Reich

Im zwischen König Heinrich IV. (1056–1106) und Papst Gregor VII. (1073–1085) ausbrechenden Investiturstreit bestritt der Papst dem König das Recht zur Bischofsinvestitur. Die Auseinandersetzung wurde auf

beiden Seiten erbittert geführt, da es sowohl für König Heinrich als auch den Papst im wahrsten Sinne des Wortes ums Überleben ging. Dazu wurde von beiden eine bislang ungekannte Propagandamaschinerie entwickelt. Diese machte in einer Unzahl von Briefen und Veröffentlichungen die gegensätzlichen Standpunkte deutlich. Eine der Waffen auf päpstlicher Seite war, den uni-

IM GOLDENEN GLANZ ERSTRAHLT DER MAGDEBURGER REITER, EINE DARSTELLUNG VON KAISER OTTO I., AUF DEM ALTEN MARKT DER STADT. KAISER OTTO I. (936–973) VERSTAND SICH SELBST NOCH GANZ ALS RÖMISCHER KAISER, DOCH STELLTE ER ENTSCHEIDENDE WEICHEN FÜR EIN ERSTARKEN DER SEMANTIK VON DEN „TEUTONEN".

DER KUPFERSTICH AUS DEM
17. JAHRHUNDERT ZEIGT DIE BURG
CANOSSA SÜDWESTLICH VON REGGIO
NELL' EMILIA IN ITALIEN, ERBAUT IM
10. JAHRHUNDERT, 1255 UND 1537
ZERSTÖRT. WÄHREND DES INVESTITUR-
STREITES IM 11. JAHRHUNDERT
ERLANGTE DIE BURG UNSTERBLICHE
BERÜHMTHEIT, ALS DER GEBANNTE
UND EXKOMMUNIZIERTE KAISER HEIN-
RICH IV. DREI TAGE LANG VOR IHREN
TOREN BÜSSTE, UM VON PAPST
GREGOR VII. WIEDER IN DEN KREIS
DER CHRISTENHEIT AUFGENOMMEN ZU
WERDEN. ZU DIESER ZEIT „ERFAND"
DIE KURIE FÜR HEINRICH IV. DEN
PROPAGANDISTISCHEN BEGRIFF „REX
TEUTONICORUM", UM DIE BESCHRÄNKT-
HEIT SEINES MACHTANSPRUCHS AUF DIE
GEBIETE NÖRDLICH DER ALPEN ZU
MANIFESTIEREN.

versalen Charakter von Heinrichs Königtum
zu verneinen. Hartnäckig bezeichnete er ihn
in seinen Schreiben als „rex teutonicorum",
König der Deutschen. Heinrich sollte damit
auf eine Stufe mit den anderen europäischen
Königen gestellt werden. In dieser Titulatur

hatte Heinrichs Anspruch auf Italien und das Kaisertum keinen Platz. Er bezeichnete sich hingegen weiterhin als römischer König (rex romanorum), um seinen Anspruch auf die Kaiserkrone und damit seinen Einfluss auf die Kirche zu unterstreichen. Allerdings hatte Heinrich mit einer starken Opposition im Reich zu kämpfen. Besonders die Sachsen waren gegen ihn. Seine Gegner nahmen die päpstliche Propaganda vom „deutschen König" begierig auf, da sie die Position Heinrichs schwächte. So fand das Gemeinschaftsgefühl der Stämme des Ostfränkischen Reiches erst in den Jahren des Investiturstreits zu einer politischen Idee, dem „regnum teutonicum". Ohne dieses Gemeinschaftsgefühl wäre die päpstliche Propaganda verpufft. So aber fand sie unter den

Gegnern König Heinrichs bereitwillige Verbreitung. In einem deutschen Reich konnten die deutschen Fürsten ein gewichtigeres Wort mitreden als im Universalreich der Ottonen. Zwar konnte Heinrich im Jahr 1083 die Kaiserwürde erzwingen, doch spätestens der Ausgleich zwischen seinem Sohn Heinrich V. (1111–1125) und Papst Calixtus II. (1119–1124) im Wormser Konkordat von 1122 veränderte das Gefüge des Reiches so, dass wir vom „deutschen" Reich sprechen können. Dennoch wurde „regnum teutonicum" niemals die offizielle Reichsbezeichnung. Es war lediglich ein praktischer Begriff für die nordalpinen Reichsteile. Kaiser und Könige aber blieben weiterhin „römisch", ihr Reich das „imperium romanum".

PAPST CALIXTUS II. (1119–1124) SCHLOSS 1122 MIT HEINRICH V. DAS WORMSER KONKORDAT, MIT DEM DER INVESTITURSTREIT ENDGÜLTIG AUS DER WELT GESCHAFFT WURDE, OHNE DASS DADURCH ALLERDINGS SÄMTLICHE KONFLIKTE ZWISCHEN KURIE UND KRONE GELÖST WURDEN. IN DER FOLGE DES WORMSER KONKORDATS SETZTE SICH DER BEGRIFF „REGNUM TEUTONICUM" FÜR DIE NÖRDLICHEN REICHSTEILE DURCH. DENNOCH VERSTAND SICH DER KAISER NACH WIE VOR ALS UNIVERSALER HERRSCHER.

Wikinger und Normannen

Im Jahre 793 sahen die Bewohner der nordenglischen Insel Lindisfarne eines Tages Schiffe am Horizont auftauchen. Es waren Drachenboote der Wikinger, deren wilde Kriegerbesatzungen das reiche Inselkloster plünderten und so schnell wieder verschwanden, wie sie aufgetaucht waren. Mit diesem Paukenschlag traten die Wikinger in das Bewusstsein der mitteleuropäischen Chronisten ein und prägten es bis in die heutige Zeit.

Die Wikinger verändern Europa

Tatsächlich waren die Wikinger raue Gesellen, gegen deren Taktik des blitzartigen Angriffs von See kaum Widerstand zu organisieren war und die so in ganz Europa Angst und Schrecken verbreiten konnten. Sie fuhren über die Flussläufe bis weit ins Binnenland und plünderten Städte wie Paris, Rouen, Hamburg, Köln und Trier. Die karolingischen Könige des 9. Jahrhunderts mussten sich von ihren Adligen daran messen lassen, wie effektiv sie die Wikingerabwehr gestalteten – der in diesem Bereich unglücklich operierende Kaiser Karl „der Dicke" (881–887) wurde nicht zuletzt deshalb von den Großen seines Reiches abgesetzt. Aber der „Wikingerschrecken", der damals Europa fest im Griff hatte, spiegelt nur eine Seite der Nordmänner wider. Ebenso wie sie furchtlose Krieger waren, waren sie auch unerschrockene Entdecker. Sie dehnten die Grenzen der damals bekannten Welt bis nach Amerika aus, das sie um das Jahr 1000 erreichten. Diese Großtat sowie die Entdeckung und Besiedlung Islands und Grönlands wurde nur durch ihre außerordentlich schnellen und seetüchtigen Schiffe möglich, deren drachengeschmückte Bugspriete bis heute Markenzeichen der Wikinger geblieben sind. Überhaupt hatten die Wikinger handwerkliche und künstlerische Fähigkeiten, die so überhaupt nicht zum Bild des blutrünstigen Kriegers passen wollen, das die frühmittelalterlichen Chronisten von ihnen zeichnen. Zudem verfügten sie über

weiträumige Handelskontakte bis ins östliche Mittelmeer. Dennoch blieben sie für das christliche Europa heidnische Fremde, die an die alten Götter glaubten und sich nahmen, was ihnen gefiel.

Die Nordmänner bleiben für immer

Schon bald nach ihrem ersten Auftauchen gingen die Wikinger dazu über, sich in den heimgesuchten Gebieten niederzulassen – zunächst über Winter, schließlich auf Dauer. Irland geriet so unter ihre Herrschaft, auch weite Teile Englands und Nordfrankreichs. Gegen Mitte des 9. Jahrhunderts konnte jedoch ihr weiteres Vordringen gestoppt werden, ohne dass man die Wikinger allerdings wieder hätte vertreiben können. So bildete sich in England schließlich der „Danelag", ein Gebiet dänischen Rechts, und in Frankreich die Normandie, die diesen Namen noch immer trägt. Aber auch im Osten waren die Wikinger aktiv. Die Norweger und Dänen zog es eher nach Island, England und Frankreich, wo sie sich niederließen. Die schwedischen Waräger orientierten sich hingegen nach Osten, wo sie unter Rurik im Jahr 862 mit dem Kiewer Reich eine der Keimzellen des heutigen Russland gegründet haben sollen.

Der Wikingerführer Rollo ließ sich nach einer Niederlage gegen den westfränkischen König Karl „den Einfältigen" (893–923) taufen und nahm im Jahre 911 die Normandie von ihm zum Lehen. Damit war die Bedingung verknüpft, seine neue Heimat zu verteidigen – auch gegen die alten Stammesgenossen. Einmal niedergelassen, übernahmen die Krieger aus dem Norden bald den christlichen Glauben ihrer Umgebung, wodurch aus Wikingern „Normannen" wurden. Sie genossen zwar immer noch als fähige Kriegsleute und Organisatoren Respekt, verbreiteten aber nicht mehr den heidnischen Schrecken früherer Tage. Ganz zur Ruhe kamen

aber auch die Normannen lange Zeit nicht. Ab dem Jahr 1016 konnte König Knut von Dänemark (1016–1035) aus noch einmal ein kurzlebiges skandinavisches Großreich errichten, welches auch England umfasste. Nach seinem Tod zerfiel dieses Reich jedoch rasch.

Von Plünderern zu umsichtigen Staatengründern

Erfolgreicher waren da schon die normannischen Söldner, die um das Jahr 1015 vermutlich zunächst als Pilger aus der Normandie in Süditalien erschienen. Dort kämpften sie zunächst auf der Seite langobardischer Fürsten gegen die Byzantiner und Sarazenen. In diesem Gewaltendreieck gelang den Nor-

mannen nun der Erwerb eines eigenen Herrschaftsbereiches nach bewährtem Muster. Sie gingen einfach nicht wieder weg, nachdem sie sich einmal festgesetzt hatten, und spielten die um Süditalien ringenden Gewalten geschickt gegeneinander aus. Im Jahr 1038 belehnte Kaiser Konrad II. (1027–1039) ihren Anführer Rainulf, der damit die Lehnsoberhoheit des Kaisers anerkannte, mit der Grafschaft Aversa. Der letzte große normannische Eroberungszug fand im Jahr 1066 statt, als der Normannenherzog Wilhelm (seit 1035) von der Normandie aus nach England übersetzte und das Heer der Angelsachsen unter König Harald bei Hastings schlug. Der Grund für diesen Krieg: Haralds Vorgänger Eduard „der Bekenner" hatte ursprünglich seinen Vetter Wilhelm zu

DIE EROBERUNG ENGLANDS DURCH DIE NORMANNEN DAUERTE VON 1064 BIS 1066. DIE DARSTELLUNG AUF DEM 70 METER LANGEN BILDTEPPICH VON BAYEUX AUS DEM SPÄTEN 11. JAHRHUNDERT ZEIGT VERHANDLUNGEN ZWISCHEN DEM ANGELSÄCHSISCHEN KÖNIG HAROLD UND WILHELM VON DER NORMANDIE IN DESSEN SCHLOSS.

seinem Nachfolger bestimmt. Mit der Zustimmung des englischen Adels nutzte Harald jedoch Wilhelms Abwesenheit zur Usurpation des Thrones. In den Jahren nach der Eroberung durch Wilhelm wurde dank des normannischen Organisationstalents aus England eines der am straffsten verwalteten mittelalterlichen Königreiche. Wilhelm ließ aus Steuergründen ab 1085 das Domesday-Book erstellen, das die Gesamtheit des englischen Landbesitzes wiedergab.

Ähnlich günstig entwickelten sich die Dinge für die sizilianischen Vettern. Deren Herzog Roger II. gelang es 1130, sich von Papst Anaklet II. (1130–1138), dem Gegenpapst zu Innozenz II., zum König Siziliens krönen zu lassen, zu dem damals auch Apulien gehörte. Als Gegenleistung musste er Sizilien vom Papst zum Lehen nehmen, ähnlich wie vor ihm Rollo die Normandie von Karl „dem Einfältigen".

Warum die Wikinger im 8. Jahrhundert plötzlich aufbrachen und mit ihren Zügen der politischen Landkarte des damaligen Europa ein völlig neues Gesicht verliehen, ist letztlich unklar. Vermutlich konnte die skandinavische Heimat die dortige Bevölkerung nicht mehr angemessen ernähren, sodass es sich gut traf, dass man gerade das Schiff entwickelt hatte, mit dem sich gleichermaßen gut Krieg führen wie Handel treiben ließ. Beide Möglichkeiten wurden durch die Wikinger und später die Normannen meisterhaft genutzt, sodass sie in Europa bis heute ihre Spuren hinterlassen haben.

DER BILDTEPPICH VON BAYEUX IST EINE ÜBERRAGENDE ZEITGENÖSSISCHE QUELLE FÜR DIE VORGÄNGE WÄHREND DER EROBERUNG ENGLANDS DURCH DIE NORMANNEN. IN DIESEM ABSCHNITT DES TEPPICHS SIND DIE NORMANNISCHEN BOGENSCHÜTZEN DARGESTELLT, DIE MIT IHRER SCHNELLIGKEIT UND SCHLAGKRAFT MITENTSCHEIDEND FÜR DEN SIEG DER NORMANNEN WAREN.

...ie Entstehung der ersten Nationalstaaten

Nationalstaaten sind aus der heutigen politischen Organisation der Erde nicht mehr wegzudenken. Wenn auch die nationale Idee nicht in allen Staaten gleichermaßen greift, ist das zugrunde liegende Prinzip überall dasselbe. Ein Staat ist geographisch begrenzt, seine Regierung besitzt das Gewaltmonopol (Gesetzgebung, Gerichtsbarkeit und Ordnungsmacht) und das Ganze wird (mehr oder weniger) getragen durch die Staatsbürger. Diese Hauptmerkmale eines modernen Staates wurden im Mittelalter in einem langen und komplizierten Prozess Schritt für Schritt erst entwickelt.

EINE DER ÄLTESTEN ERHALTENEN BUCHMALEREIEN STAMMT AUS DEM JAHRE 991 UND IST EINE KOPIE NACH DEN „LEGES BARBARORUM" (829–832) DES LUPUS AUS FULDA. SIE ZEIGT KARL DEN GROSSEN (747 BIS 814), KÖNIG DER FRANKEN (768–814) UND RÖMISCHER KAISER (SEIT 800) MIT EINEM SCHREIBER. AUS DEM FRANKEN-GROSSREICH KARLS IST DIE MODERNE STAATENWELT MITTEL- UND WEST-EUROPAS HERVORGEGANGEN.

...as Frankenreich, die „Keimzelle" der Staatenwelt

Das Konzept eines national begründeten Staates ist das Ergebnis unterschiedlichster sozialer und politischer Vorgänge, denn auch Nationen waren keinesfalls „geplant"; sie waren aber auch nicht „immer" schon da. Sie entwickelten sich allmählich aus den Grundlagen der frühmittelalterlichen Reiche. Eine Gesetzmäßigkeit, nach der sich Nationalstaaten bilden mussten, gab es nicht. Ein großer Teil der heutigen europäischen Staatenwelt entstand aus dem Frankenreich Karls des Großen. Im Wesentlichen umfasste es die Gebiete des heutigen Frankreichs, Deutschlands, der Niederlande und Italiens. Allein Frankreich bewahrt in seinem Namen noch eine Erinnerung an das fränkische Reichsvolk der Karolinger. In Deutschland gibt es immerhin noch eine Landschaft Franken. Die riesigen Dimensionen dieses Reiches überforderten jedoch die Möglichkeiten der mittelalterlichen Herrschaftsausübung. Das karolingische Erbrecht sah eine Verteilung des Besitzes unter den Erbberechtigten vor. Das waren die Brüder oder Söhne des verstorbenen Herrschers. In aufeinander folgenden Reichsteilungen verfestigte sich eine Dreiteilung, die bis in die Neuzeit das politische Gesicht Europas bestimmen sollte. Aus dem westfränkischen Reichsteil sollte Frankreich entstehen. Das Ostfränkische Reich entwickelte sich in einem wesentlich länger andauernden Prozess zu Deutschland. Zwischen beiden lag das Mittelreich Lotharingien, das allerdings nie zu eigener Staatlichkeit finden sollte. Es reichte von der Nordsee bis nach Italien und barg die Symbolorte Aachen und Rom. Dieses Mittelreich wurde zu einem immer wieder umstrittenen Puffer zwischen dem Ost- und Westfrankenreich, die als Deutschland und Frankreich noch im 19. und 20. Jahrhundert in eine unselige Konkurrenz zueinander traten. Im Mittelalter konnte sich jedoch der Herrscher des Ostfrankenreiches dieses Gebiet sichern, wobei das „regnum italiae", das Italienische Reich, eine eigene Krone darstellte.

Die Kirche und die Staatenbildung

Ein wesentlicher Faktor für königliche Herrschaftsausübung war die römische Kirche.

Nur durch die gebildeten, schreib- und lesekundigen Kleriker ließ sich ein Reich verwalten und beherrschen. Bistümer und Kirchengüter waren sowohl seelsorgerische Bezirke als auch Verwaltungseinheiten. Mit der religiösen Ausrichtung auf Rom im 8. Jahrhundert reihte sich auch England in den Kreis der römisch-christlichen Königreiche. Seine Missionare hatten viel dazu beigetragen, auf dem Kontinent den Boden für das Christentum zu bereiten. Westfränkisches, ostfränkisches und englisches Königtum waren von gleichem Rang. Unter den Ottonen gelang dann dem ostfränkischen Herrscherhaus der Erwerb der Kaiserwürde. Diese Rangerhöhung bedeutete jedoch eher einen Prestigezuwachs als einen realen Machtzuwachs. Allenfalls konnte der Kaiser auf die päpstlichen Entscheidungen Einfluss

DIE LANDKARTE ZEIGT ES GANZ DEUTLICH: DAS FRANKENREICH IN SEINEN AUSDEHNUNGEN VON 771 BIS 843 IST DIE „KEIMZELLE" DER MODERNEN STAATENWELT EUROPAS.

DIE EROBERUNG ENGLANDS DURCH WILLIAM DEN EROBERER WAR EIN BEDEUTENDER ANSTOSS FÜR DIE SPÄTERE ENTWICKLUNG ENGLANDS ZUM NATIONALSTAAT. DER 70 METER LANGE BILDTEPPICH VON BAYEUX ERZÄHLT DIE GESCHICHTE DER EREIGNISSE, DIE 1066 IN DER SCHLACHT VON HASTINGS GIPFELTEN. DER TEPPICH WURDE WAHRSCHEINLICH VON ODO IN AUFTRAG GEGEBEN, DEM BISCHOF VON BAYEUX UND HALBBRUDER VON WILLIAM. DIESER ABSCHNITT DES TEPPICHS ZEIGT KÖNIG HARALD II., DEN LETZTEN ANGELSÄCHSISCHEN KÖNIG VON ENGLAND, BEI EINEM BESUCH IN DER NORMANDIE IM JAHRE 1064, AUF DEM ER WILLIAM, ZU DIESEM ZEITPUNKT HERZOG DER NORMANDIE, EINEN TREUEEID LEISTET. HARALD BRACH DEN TREUESCHWUR, ALS ER NACH DEM TOD EDUARD DES BEKENNERS DEN ENGLISCHEN THRON FÜR SICH BEANSPRUCHTE. WILLIAM ANTWORTETE MIT DER INVASION ENGLANDS UND ERGRIFF SELBST DIE KRONE DES INSELREICHES.

nehmen. Das reichte aber aus, um im Osten Europas die Keimzelle zweier weiterer Königreiche zu legen. Auf Veranlassung Kaiser Ottos III. (996–1002) wurden die Erzbistümer Gnesen (1000) und Gran (1001) eingerichtet, die den polnischen und ungarischen Königen die Kirchenhoheit sichern sollten. Andernfalls hätten ihre Bistümer unter der Aufsicht des Magdeburger oder Salzburger Erzbischofs gestanden.

Herrschaft über ein Volk statt Herrschaft über Territorien

Wir können für das Mittelalter noch nicht von Staaten im modernen Sinne sprechen, denn Staaten brauchen Fläche, und diese war damals weniger wichtig als Menschen. Herrschaft ist deshalb der bessere Ausdruck für die politischen Gebilde und Reiche des Hochmittelalters. Es wurden nicht Länder beherrscht, sondern Personen. Das ist ein wichtiger Unterschied, denn Geografie ist berechenbarer als Menschen und neigt z. B. nicht zu Aufständen. Deshalb musste jeder Herr seine Macht ständig demonstrieren, um sie nicht zu verlieren. Ob dabei slawische, sächsische oder fränkische Bauern die Anweisungen auszuführen hatten, machte weder für sie noch für den Herrn einen Unterschied. So war auch Königsherrschaft im 10. und 11. Jahrhundert ein dünnes und leicht zu zerreißendes Netz. Der Herrscher musste sich die Loyalität seiner Untertanen durch persönliche Anwesenheit sichern. Deshalb war es auch egal, welcher ethnischen Gruppe sie angehörten. Die Ottonen herrschten über Sachsen, Franken, Bayern, Alemannen, Lotharinger, Italiener und Slawen gleichermaßen. In England gab es den Danelag, ein von Dänen bewohntes Gebiet, in dem dänisches Recht galt. Normannen siedelten in der Normandie. Kaiser Konrad II. (1027–1039) erwarb Mitte des 11. Jahrhunderts das Arelat („Regnum Arelateyse", „Reich von Arles", von der Hauptstadt Arles abgeleiteter Name

für das Königreich Burgund) in Südfrankreich. Damit residierten die französischen Päpste des Spätmittelalters in Avignon nicht auf dem Boden Frankreichs, sondern formal auf dem des römisch-deutschen Reiches. Ethnische Zugehörigkeit spielte also allenfalls in der regionalen Struktur der Königreiche eine Rolle. Und selbst hier waren die Loyalitäten höchst unsicher.

Reich und Herrscher

Entscheidend war immer der eigene Vorteil, was um die Jahrtausendwende noch nicht einmal als besonders ehrenrührig galt. Ein wichtiger Schritt in Richtung Nationalstaaten war, dass ein Reich etwa ab der Mitte des 11. Jahrhunderts unabhängig von seinem Herrscher gesehen werden konnte. Es bestand in seinen Rechten weiter, auch wenn der Thron für eine gewisse Zeit nicht besetzt werden sollte. Ein solches Gebilde war politisch dauerhafter und bot mehr Identifizie-

rungsmöglichkeiten als das an die Herrscher-
persönlichkeit gebundene Reich. Es ist wohl
kein Zufall, dass genau in dieser Zeit die letzte
große Eroberung eines etablierten europäischen Königreiches gelang. Im Jahr 1066
schlug Herzog Wilhelm von der Normandie
den angelsächsischen König Harold II. bei
Hastings in Südostengland und legte so den
Grundstein für das normannische England.
Die deutlichen ethnischen Unterschiede zwischen Angelsachsen und Normannen sorgten
noch nicht für genug Spannung, um die Konsolidierung eines solchen Reiches zu gefährden.
Dennoch handelt es sich für die Entwicklung
von Nationalstaaten um eine Schwellenzeit.

Die Situation in Europa

Langsam traten auch nationale Unterschiede
ins Bewusstsein der Zeitgenossen. Die adlige
und geistliche Oberschicht reiste durch ganz
Europa. Das schärfte mit der Zeit den Blick
für nationale Eigenheiten. Auf politischer

Ebene hatten Umwälzungen wie der Investiturstreit dafür gesorgt, dass verstärkt über
das Wesen und die Legitimation von Herrschaft nachgedacht wurde. Das Papsttum
unter Gregor VII. (1073–1085) bestritt dem
römisch-deutschen Königtum seine universalen Ansprüche. Für ihn war Heinrich IV.
(1056–1106) der „deutsche" König. Das
ging damals an der politischen Wirklichkeit
vorbei. Allerdings zeigt es, dass es inzwischen
durchaus französische, englische oder ungarische Könige gab. Die Grenzen zwischen den
Völkerschaften blieben jedoch fließend und
wurden noch immer hauptsächlich politisch
und nicht ethnisch bestimmt. Lothringen
war sprachlich und kulturell nach Frankreich
orientiert. Politisch gehörte es zum römisch-
deutschen Reich. England hatte normannische Besitzungen in französischen Kernland-
schaften. In Frankreich mühte sich das
Königtum um den Ausbau seiner Autorität,
die hauptsächlich auf das Gebiet um Paris
beschränkt war. Als Heinrich II. von England

In Spanien war die Entwicklung zum Nationalstaat stark mit der Eroberung („Reconquista") der Iberischen Halbinsel von den Moslems verknüpft, dem grössten Kreuzzug auf europäischem Boden. Das Keramikbild am Spanischen Pavillon der Weltausstellung von 1929 an der Plaza de España in Sevilla zeigt die Eroberung von Cuenca 1177 durch die christlichen Heere von König Alfons VIII. von Kastilien.

(1154–1189) im Jahre 1152 Eleonore von Aquitanien heiratete, ermöglichten deren Ländereien ihm die Kontrolle über halb Frankreich. Als väterliches Erbe besaß er ohnehin die Grafschaft Anjou. Nationale Irritationen hatte dies nicht zur Folge. Die Auseinandersetzung um die Kontrolle der ehemaligen englischen Festlandsbesitzungen sollte jedoch den Hundertjährigen Krieg zwischen Frankreich und England auslösen.

Die Hochschulen und das Nationalbewusstsein

Ein europäisches Phänomen waren die sich gegen Ende des 12. Jahrhunderts bildenden Hochschulen. Die ersten entstanden in Bologna und Paris und zogen rasch Lernwillige des ganzen Abendlandes an. Verkehrssprache war das kosmopolitische Latein, daneben bildeten sich aber auch Landsmann-

schaften – die so genannten „Nationes" (von lateinisch „natio" = „Geschlecht, Herkunft"). Europäischer Horizont und die Erfahrung ethnischer Besonderheit ging also für die Bildungselite des Hochmittelalters Hand in Hand. Dieses Ineinandergreifen zweier gegensätzlicher Konzepte bestimmte die gesamte Wirklichkeit des Hochmittelalters. Auf der politischen Ebene balancierten die Herrscher zwischen der abendländischen Universalität der römischen Kirche und der Stärkung ihrer Herrschaft nach innen. Dass sich diese Pole nicht gegenseitig ausschlossen, zeigt das Beispiel des englischen Königs Johann (1199–1216). Als Johann „Ohneland" oder „Böser Prinz John" kam er durch die Geschichten um Robin Hood oder Walter Scotts Ritterroman „Ivanhoe" zu zweifelhaftem Ruhm. Innenpolitische Schwierigkeiten mit seinen Baronen zwangen ihn dazu, sein Reich im Jahre 1214 von Papst Innozenz III. (1198–

1216) zu Lehen zu nehmen. Damit gewann er seine Handlungsfreiheit jedoch nur für eine gewisse Zeit zurück. Gerade angesichts der kostspieligen und erfolglosen Kriegführung in Frankreich bestanden die Barone als Gegenleistung für ihre finanzielle Beteiligung auf einer Garantie ihrer Rechte. Die „Magna Charta" von 1215 ist einer der Ausgangspunkte des englischen Parlamentarismus, da sie den Untertanen des Königs ein gewisses Mitspracherecht einräumte. Mitspracherecht bedeutet immer auch die Teilhabe an der Verantwortung für das Ganze, und Verantwortung führt zu stärkerer Identifikation.

Die Magna Charta war ein wichtiger Schritt zur englischen Staatlichkeit. Zur gleichen Zeit konnte der französische König Philipp II. Augustus (1180–1223) seine Herrschaft konsolidieren. Von König Johann gewann er die englischen Festlandsbesitzungen zurück. Im Süden Frankreichs stärkte der Albigenserkreuzzug von 1209 bis 1229 die Stellung der französischen Krone in diesem bisher fast unabhängigen Gebiet.

Im Unterschied zur langsamen Konsolidierung von Frankreich und England hatte das römisch-deutsche Reich in der Person Friedrichs II. (1220–1250) eine Kaiserfigur, die

MIT SEINER AGGRESSIVEN UND EXPANSIVEN POLITIK HAT DER FRANZÖSISCHE KÖNIG PHILIPP IV., „DER SCHÖNE", DIE MACHT DER KRONE SOWOHL GEGENÜBER DER KURIE IN ROM ALS AUCH GEGENÜBER DEM FRANZÖSISCHEN HOCHADEL GESTÄRKT UND EINE MACHTVOLLE ZENTRALGEWALT GESCHAFFEN, DIE VORAUSSETZUNG FÜR DIE ENTWICKLUNG EINES NATIONALSTAATS. DIESE BUCHMALEREI VOM ENDE DES 14. JAHRHUNDERTS ZEIGT DIE BELAGERUNG UND VERWÜSTUNG VON LILLE DURCH FRANZÖSISCHE TRUPPEN IM RAHMEN DES SIEGREICHEN FELDZUGS GEGEN DEN GRAFEN VON FLANDERN.

noch einmal glänzend als das „Staunen der Welt" („stupor mundi") die Universalität des Reiches symbolisierte. Er trug nicht nur die Kaiserkrone, sondern auch die der Königreiche Sizilien und Jerusalem. Territorialherrschaften wie in England und Frankreich bildeten sich in seinem Reich nur auf der Ebene der Fürstentümer und geistlichen Herrschaften, die er mit umfangreichen Privilegien bedachte. Zentrale Strukturen konnten sich so nicht ausbilden, allerdings verfestigten sich auch im römisch-deutschen Reich „Verfassungsstrukturen". Das Kurfürstenkollegium entwickelte sich zu einem festen Gremium aus sieben Fürsten: den Erzbischöfen von Köln, Trier und Mainz sowie dem König von Böhmen, dem Herzog von Sachsen, dem rheinischen Pfalzgrafen und dem Markgrafen von Brandenburg. Sie regierten in ihren Herrschaftsbereichen weitgehend unabhängig.

Die Situation im römisch-deutschen Reich

Die Historiker des 19. Jahrhunderts gingen davon aus, dass Völker wie Franzosen,

Engländer oder Deutsche bleibende historische Größen seien. Daher verfolgten die Deutschen ihre Abstammung bis zu den Germanen, Franzosen die ihre bis zu den Galliern zurück. Heute wissen wir, dass es sich dabei um Wunschdenken handelte. Die heutigen Nationen entwickelten sich aus den oben skizzierten Herrschaftsgebilden.

Im Laufe des 12. Jahrhunderts erhielt Europa langsam seine moderne Gestalt. Die Wälder verschwanden und wichen Ackerflächen. Damit wurde die Kontrolle über Fläche, über Territorien, wichtig. Denn es gab kein wertloses, urwaldiges „Dazwischen" mehr; zu beherrschende Leute wohnten nun überall. Mächtige Herren wie Könige, Fürsten oder Bischöfe bildeten nun langsam geschlossene Territorien. Im dezentralisierten Deutschland entstanden auf diese Art viele autonome Herrschaften, auf die der Kaiser nicht mehr willkürlich zugreifen konnte. Seine Macht bestand eher aus einer Summe von Herrschaftsrechten, die als Kristallisationspunkt für ein nationales Bewusstsein aber nicht geeignet waren. Im so genannten Interregnum, vom Tod Kaiser Friedrichs II. 1250 bis zur Königswahl Rudolfs von Habsburg im Jahre 1273 wurden (teilweise gegeneinander) Wilhelm von Holland, Richard von Cornwall und Alfons X. von Kastilien zu Königen des Römischen Reiches gewählt, ihr Königtum blieb aber bedeutungslos.

England und Frankreich – Der Hundertjährige Krieg

So konnte ein nationales Zusammengehörigkeitsgefühl nicht wie in Frankreich und England an das politische Gebäude des römisch-deutschen Reichs gebunden werden. In diesen Ländern schritt die politische Entwicklung jedoch voran. König Eduard I. von England (1272–1307), der Enkel Johanns, berief 1293 das erste Parlament ein. Dessen Aufgabe war es, über die Finanzen des Landes zu entscheiden. Frankreichs König Philipp IV., „der

Schöne", (1285–1314) folgte diesem Beispiel 1304, als er sich von der ersten Ständevertretung Rückendeckung für seinen Kurs gegen Papst Bonifaz VIII. (1294–1303) holte. Im römisch-deutschen Reich dauerte es bis 1356, bevor mit der „Goldenen Bulle" von Kaiser Karl IV. (1355–1378) das Reich auf ein schriftlich fixiertes Fundament gehoben wurde. Diese Beispiele betreffen nur die politische Ebene. Inwieweit sich beim Einzelnen tatsächlich schon ein Gefühl der nationalen Besonderheit

IM JAHRE 1347 STELLEN SICH DIE BÜRGER DER STADT CALAIS, AN IHRER SPITZE EUSTACHE DE SAINT-PIERRE, DEM ENGLISCHEN KÖNIG EDUARD III. ALS GEISELN. DANK DER FÜRSPRACHE PHILIPPS VON HAINAULT WIRD IHR LEBEN GESCHONT. FRANZÖSISCHE BUCHMALEREI AUS DEM 15. JAHRHUNDERT, ILLUSTRATION ZU DEN „CHRONIQUES" DES JEAN FROISSART.

hatte herausbilden können, ist schwer zu beurteilen. König Eduard III. von England (1327–1377) nahm Mitte des 14. Jahrhunderts den Kampf um die verlorenen Besitzungen seiner Krone auf französischem Boden wieder auf. Er und sein Sohn Eduard, der „Schwarze Prinz", Prinz von Wales, errangen glänzende militärische Siege. Sie brachten West- und Südfrankreich unter ihre Kontrolle.

Nationale Erwägungen spielten also eine geringe Rolle im Machtstreben der Könige und Fürsten. Aber sie hatten mit einem sich festigenden Bewusstsein nationaler Identität zu rechnen. Noch war zwar den Fürsten und Königen egal, welche ethnischen Gruppen sie beherrschten. Die Beherrschten selbst wurden

allerdings zunehmend wählerischer. Nicht zuletzt das erstarkte französische Zusammengehörigkeitsgefühl verhinderte, dass die Engländer die militärischen Erfolge des Hundertjährigen Krieges in eine faktische Eroberung Frankreichs umsetzen konnten. Unter der Führung der Jeanne d'Arc (um 1410 bis 1431) wurden die Briten schließlich in einem Sturm nationaler Begeisterung geschlagen. Die „Jungfrau von Orleans" wurde zu einer Nationalheiligen Frankreichs. Der fortwährende Krieg gegeneinander trug dazu bei, die staatlichen Strukturen Frankreichs und Englands mit Leben zu füllen – die Bevölkerung identifizierte sich mit dem Gemeinwesen, für das sie gestritten und gelitten hatte.

Deutschland, der „verspätete" Nationalstaat

Auch auf europäischer Ebene war die Idee der Nationen langsam politisch wirksam geworden. Was an den Universitäten üblich war, die Einteilung nach „nationes", wurde auf die europäische Politik übertragen. Auf dem Konstanzer Konzil von 1414 bis 1418, das das Abendländische Schisma beenden sollte, wurde die Einteilung nach „nationes" übernommen. Nur innerhalb dieser Stimmkörper wurde von den Einzelnen votiert.

Dieses Vorgehen war eine ungeheure Modernisierung und trug wohl nicht unwesentlich dazu bei, dass mit der Wahl Papst Martins V. (1417–1431) das Schisma wirklich überwunden werden konnte. Innerhalb der verschiedenen Reiche verdichtete sich allmählich das Zusammengehörigkeitsgefühl des Reichsvolkes und wurde schließlich auch nach außen wirksam. Die „Verspätung" Deutschlands in diesem Prozess ist unter anderem also im Fortwirken mittelalterlich-universaler Staatsideen begründet. Diese waren schließlich bis weit in die Neuzeit hinein wirksam.

Darstellung einer Vorlesung an der jungen Pariser Hochschule, Buchmalerei von 1380 aus den „Grandes Chroniques de France" (Exemplar für König Karl V.). Gerade an den frühen Hochschulen Europas entstand in den verschiedenen Landsmannschaften ein Zusammengehörigkeitsgefühl, die Keimzelle eines Nationalbewusstseins. So wurde der Prozess der Ausbildung von Nationalstaaten durch die Bildungseliten entscheidend mitgetragen.

Der Niedergang des Byzantinischen Reiches

Am 28. August des Jahres 1452 erschienen türkische Schiffe vor Konstantinopel. Damit begann das Schlusskapitel der Geschichte des Byzantinischen Reiches, dessen Grundstein Kaiser Konstantin über tausend Jahre zuvor im Jahre 330 gelegt hatte. Aus eigener Kraft konnte Konstantinopel die Seeblockade nicht brechen und so konnte der osmanische Sultan Mehmet II. (1451–1481) den Belagerungsring um die Stadt im April des folgenden Jahres schließen. Früh am Morgen des 29. Mai 1453 fiel Konstantinopel in die Hand des Osmanischen Reiches. Damit endeten die letzten Reste des Römischen Reiches. Der Fall kam jedoch nicht überraschend.

Da war die byzantinische Welt noch in Ordnung: Ansicht der Stadt Konstantinopel mit einem Zug von Tänzern und Musikanten. Englische Buchmalerei von 1340 aus dem „Luttrell-Psalter", geschrieben für Sir Geoffrey Luttrell of Irnham.

Verluste im Westen

Das Byzantinische Reich mit seiner Hauptstadt Konstantinopel hatte einen langen Prozess des Niederganges hinter sich. Jahrhundertelang hatte es wie ein Schild Europa vor dem Vordringen des Islam bewahrt. In Konstantinopel überlebte Wissen, das in Westeuropa in den Stürmen der Völkerwanderungszeit längst untergegangen war. Sein Vorbild spornte die Reiche des Abendlandes zu Höchstleistungen an, denn man wollte sich ebenbürtig zeigen. Es war für das ostfränkische Herrscherhaus der Ottonen ein enormer Prestigegewinn, dass Kaiser Otto II. (967–983) die byzantinische Prinzessin Theophano nach militärischen Auseinandersetzungen mit Byzanz als Braut gewinnen konnte. Mit dieser Hochzeit im Jahre 972 bekam das Abendland einen deutlichen Eindruck von der Pracht, der Kultur und der Raffinesse des byzantinischen Hofes. Dennoch hatte der Niedergang des letzten antiken Staates der Weltgeschichte längst begonnen.

Um die Besitzungen des Byzantinischen Reiches in Süditalien und auf Sizilien wurde erbittert gerungen, bis die Byzantiner von den Normannen endgültig verdrängt werden konnten. Im Jahre 1054 trennten sich die römische und griechische Kirche, sodass auch im geistlichen Bereich eine unversöhnliche Konkurrenz entstand. Gleichzeitig rissen im Osten die kriegerischen Auseinandersetzungen mit den vordringenden islamischen

Herrschern nicht ab. Im Jahr 1071 erlitten die Byzantiner bei Mantzikert (heute Malazgirt, Türkei) eine vernichtende Niederlage gegen die Seldschuken. Im gleichen Jahr war mit Bari schon die letzte italienische Bastion des Byzantinischen Reiches an die Normannen verloren gegangen. Von einem Zweifrontenkrieg gegen Seldschuken und Normannen bedroht, holte sich Byzanz Hilfe bei Venedig und seiner Flotte, das damit vom Vasallen zum gleichberechtigten Partner wurde. Um den endgültigen Verlust Kleinasiens an die Seldschuken zu verhindern, bat Kaiser Alexios I. (1081–1118) im Jahre 1095 Papst Urban II. um Waffenhilfe. Das riesige Kreuz-

fahrerheer, das daraufhin in Konstantinopel ankam, wurde jedoch mit erschrecktem Misstrauen betrachtet. Dieses war nicht unbegründet, da die nach dem ersten Kreuzzug errichteten christlichen Herrschaften mit Antiochia auch auf ursprünglich byzantinisches Gebiet ausgriffen. Auch wirtschaftlich geriet das Byzantinische Reich immer mehr unter Druck. Die den Venezianern für ihre Unterstützung gewährten Privilegien belasteten den byzantinischen Handel zunehmend. Eine vernichtende Niederlage der byzantinischen Heere gegen die islamischen Seldschuken im Jahr 1176 zerschlug die byzantinische Macht in Kleinasien endgültig.

Auf dem – in jener Zeit von Europäern allerdings nur sehr selten in friedlicher Absicht benutzten – Landweg in den Orient und nach Asien, der alten Seidenstrasse, war Konstantinopel der letzte grosse Aussenposten der Christenheit im Osten. Auch Niccolò, Matteo und Marco Polo, die berühmten italienischen Asienreisenden, machten hier noch einmal Station, bevor sie sich nach Asien wandten. Die französische Buchmalerei aus dem Jahre 1412 zeigt die Verabschiedung der Forschungsreisenden durch den byzantinischen Kaiser Balduin II. vor den Toren von Konstantinopel im Jahre 1271.

Kreuzzug gegen Konstantinopel

Verheerender als die Niederlagen gegen islamische Heere sollte sich jedoch die Eroberung und Plünderung Konstantinopels durch die Kreuzfahrer des vierten Kreuzzugs im Jahr 1204 auswirken. Die Venezianer hatten das Kreuzfahrerheer vorher schon dazu benutzt,

die christliche Stadt Zara (heute Zadar, Kroatien) einzunehmen. Danach gingen Venedig und die Kreuzfahrer ein Bündnis mit dem byzantinischen Thronbewerber Alexios ein. Dessen Vater Isaak II. war 1195 als Kaiser gestürzt worden. Gegen das Angebot großzügiger Unterstützung sollte ihm das Heer nun helfen, den Thron zu erobern. Papst Innozenz III. wurde mit dem Versprechen beschwichtigt, dass Alexios das lateinische Christentum einführen würde. Als er diese Zusagen nach der Einnahme Konstantinopels und seiner Thronbesteigung als Alexios III. (1195–1203) nicht einhielt, wurde die Stadt ein zweites Mal erobert und diesmal geplündert. Das verbliebene byzantinische Territorium wurde in eine Vielzahl so genannter lateinischer Herrschaften aufgeteilt. Besonders begünstigt wurden hierbei wieder die Venezianer, die sich Positionen in Insel- und Küstengriechenland sichern konnten. Graf Balduin von Flandern wurde 1204 erster „lateinischer" Kaiser Konstantinopels (bis 1205). Das lateinische Kaisertum konnte sich jedoch nicht auf Dauer durchsetzen. In der byzantinischen Peripherie hatten sich nach dem Fall Konstantinopels griechische Herrschaften gebildet. Die bedeutendsten waren das Kaiserreich von Nikaia und der Staat von Epiros.

Wiederherstellung und Untergang

Im Jahre 1261 wurde Konstantinopel von griechischen Streitkräften wiedererobert, womit es wieder ein Byzantinisches Reich gab. Es gelang sogar eine gewisse Konsolidierung, doch war das Reich durch die Jahre der Fremdherrschaft und der dauernden Kämpfe geschwächt. Zu seiner alten Rolle als kulturelle, wirtschaftliche und militärische Metropole fand es nicht mehr zurück. Der Druck auf byzantinische Besitzungen ließ sowohl von islamischer wie römisch-christlicher Seite nicht nach. Karl von Anjou (1266–1285) hatte sich das sizilianische Königreich sichern können und plante einen Kreuzzug zur Eroberung des Byzantinischen Reiches. Diese Gefahr konnte durch geschickte Diplomatie abgewendet werden, indem man einen Streit zwischen Anjou und Aragon um das Königreich Sizilien entfachte. Dieser und andere Erfolge auf der Balkanhalbinsel konnten das Reich jedoch nur zeitweise entlasten. Ein

Großteil der kleinasiatischen Besitzungen ging an die Osmanen verloren, die sich nach den Einfällen der Kreuzfahrer und der Mongolen zur islamischen Vormacht entwickelten. Das 14. Jahrhundert stand im Zeichen von Bürgerkriegen und wirtschaftlichem Niedergang. Das so geschwächte Reich war nicht mehr in der Lage, den mit Beginn des 15. Jahrhunderts wieder verstärkt betriebenen Vormarsch der Osmanen aufzuhalten. Hilfsversuche aus dem Westen blieben ohne Erfolg. Der letzte oströmische Kaiser Konstantin XI. (1449–1453) fiel 1453 bei der Eroberung Konstantinopels im Kampf gegen die Türken.

Burgen und Dörfer – das Mittelalterliche Leben

Burgen und Dörfer – Das mittelalterliche Leben

Ein erst in den letzten Jahrzehnten zunehmend erforschter Aspekt mittelalterlicher Geschichte ist die so genannte Alltagsgeschichte. Die zentrale Fragestellung bewegt sich dabei weg von den Schilderungen großer Ereignisse und den Handlungen der Fürsten und Mächtigen. Man fragt vielmehr nach dem „kleinen Mann", der in keiner historiographischen Quelle je als Person in seinem Lebensumfeld auftaucht.

Alltagsgeschichte

Damit ist auch das Problem mittelalterlicher Geschichtsschreibung umrissen: Wir kennen nur wenige handelnde Personen des Mittelalters, über die wir dann aber vergleichsweise viel wissen.

Die Masse der Zeitgenossen jedoch bleibt unbekannt, tritt allenfalls unter dem Sammelbegriff „Volk" in Erscheinung, das vielleicht einem Herrscher zujubelt oder bei irgendeinem großen Ereignis zusammenströmt. Die Alltagsgeschichte macht es sich zur Aufgabe, Lebensbedingungen und Lebensformen der mittelalterlichen Menschen zu erforschen. Hierbei interessiert man sich zum einen für das konkrete Umfeld der Menschen, beispielsweise die Burgen oder Dörfer: Wie sahen sie im Mittelalter aus, welche Bedingungen fanden die Bewohner vor und wie lebte man jeweils darin? Eine Ritterburg – auch wenn sie nicht immer dem mittelalterlichen Zustand entspricht – hat sicherlich jeder schon einmal gesehen, wie sieht es hingegen mit den deutlich einfacheren Gegebenheiten eines Dorfes aus?

Gesellschaftliche Lebensbedingungen

Ein weiterer wichtiger Aspekt sind die gesellschaftlichen Lebensbedingungen. Hier fragt man nach Aufbau oder Schichtung der mittelalterlichen Gesellschaft und den daraus jeweils resultierenden Bedingungen. Deutlich sichtbar ist die relativ klare Abgrenzung der gesellschaftlichen Schichten voneinander und die daraus resultierenden Abhängigkeiten. Zu diesen thematischen Aspekten kann man aus den schriftlichen Quellen des Mittelalters eher wenig Erkenntnisse gewinnen. Die Suche nach Informationen über „das mittelalterliche Leben" gestaltet sich zum Puzzlespiel, nur mühsam kann man verstreute Bruchstücke oder Einzelangaben zusammentragen, die zudem eher zufällig, am Rande erwähnt sind. Eine bessere bildliche Vorstellung gewinnt man aus zahlreichen Überresten des Mittelalters, die in engem Zusammenhang mit den Menschen stehen: Neben Burgen oder Resten von Häusern und Dörfern sind dies vor allem Gegenstände des täglichen Gebrauchs wie Werkzeuge, Küchenzubehör oder Waffen, die man bei Ausgrabungen zahlreich auffindet. Sie in einen Gesamtzusammenhang zu bringen, einzuordnen und vielleicht mit einigen Angaben der schriftlichen Quellen zu verbinden und anzureichern, ist Aufgabe der alltagsgeschichtlichen Forschung. Im Idealfall kann man so die Umwelt der einfachen Leute im Mittelalter in Teilen rekonstruieren, etwa ein Dorf, die Gesellschaft, die auf einer Burg lebte oder ein kleines Stadtviertel mit seinen Bewohnern. Die gesellschaftlichen Lebensbedingungen sind leichter zu fassen: Zu den einzelnen sozialen Gruppen und ihren Beziehungen zueinander fließen die Informationen zahlreicher, auch bestimmte Vorschriften für klar definierte Gruppen (z. B. zum Thema Kleidung) sind überliefert.

Bindeglieder der Geschichte

Sämtliche Facetten der „Alltagsgeschichte" sind für eine Beschäftigung mit dem Mittelalter bedeutsam: Sie sind eine Art Bindeglied zwischen den Berichten über die Ereignisse politischer Geschichte und der Erforschung allgemeiner Strukturen der Zeit. Die Menschen, die als Handelnde

Geschichte erst möglich machten, stehen bei manchen Betrachtungen am Rande des Interesses und fungieren dennoch als diejenigen, die alle Aspekte von Geschichtsforschung miteinander verbinden und mit Leben erfüllen.

DARSTELLUNG EINES „SCHNITTERS" AUS DEM WERK „HORTUS DELICIARUM" (WONNEGARTEN, UM 1170) VON HERRAD VON LANDSPERG, DER ÄBTISSIN DES KLOSTERS HOHENBURG (1167–1195). ES HANDELT SICH UM EINEN AUSSCHNITT AUS DEM „GLEICHNIS VOM UNKRAUT IM WEIZEN".

Das Leben in der Feudal-gesellschaft

Die Gesellschaft, in die ein mittel-alterlicher Mensch hineingeboren wurde, war von einer klaren Trennung der Menschen in Stände geprägt. Diese Stände waren untereinander vergleichs-weise undurchlässig, es war fast unmöglich, von einem Stand in einen anderen zu wechseln. Die kleinste gesellschaftliche Einheit bildete – unab-hängig von der Zugehörigkeit zu einem bestimmten Stand – die Familie bzw. in weiterem Sinne die Sippe. In dieser Umgebung bewegte man sich vor-wiegend, ihr galten Loyalität und Pflichtempfinden.

In der mittelalterlichen Feudal-gesellschaft stand der König unbestritten an der Spitze, alle wirtschaftliche Macht der niedrigeren Ebenen in der „Lehns-pyramide" waren letztlich auf den König zurückzuführen. Auf dieser Buchmalerei aus England aus dem Jahre 1215 ist König Johann „ohne Land" (1199–1216) mit seiner Gemahlin zu sehen.

Die drei Stände

Im Hochmittelalter teilte man die Gesellschaft in drei Stände ein: Betende („Oratores", also alle Kleriker und kirchlichen Funktions-träger), Kämpfende („Pugnatores", Rittertum und Adel) sowie Arbeitende („Laboratores", die bäuerliche Bevölkerung). Dazu kamen die Bewohner der allmählich entstehenden Städte und die dort ausgeübten handwerklichen und dem Handel zugehörigen Berufe. Sie waren weniger klar dem obigen Muster zuzuordnen und organisierten sich in eigenen Interessen-gemeinschaften, den Gilden. Bis heute bezeugen detaillierte Kleider-, Luxus- und Prozessionsordnungen die klare Trennung der gesellschaftlichen Schichten voneinander. So war bis ins Letzte festgelegt, wer für seine Kleidung welche Materialien und in welcher Menge verwenden durfte, auch über Putz und Verzierung an Kleidungsstücken gab es genaue Vorschriften. So sollte sich niemand über den ihm zustehenden gesellschaftlichen Rang hinaus erheben, in der Öffentlichkeit war die soziale Zuordnung an der Kleidung deutlich erkennbar.

Die „Oratores"

Der Begriff „Betende" umfasste alle Mit-glieder des Klerus. An der Spitze kirchlicher Hierarchie standen die mächtigen und bei Hof einflussreichen Erzbischöfe und Bischöfe, die teilweise auch Ämter der königlichen Ver-waltung innehatten: So stand der Erzbischof von Mainz traditionell als Kanzler an der Spitze der Verwaltung für den deutschen Reichsteil, der Erzbischof von Köln bekleidete dasselbe Amt für Italien und der Erzbischof von Trier für Burgund. (Erz-)Bischöfe waren häufig auch Vertraute und politische Berater der Herrscher. Bei zahlreichen Zwischenstufen mittlerer und niedrigerer Ämter standen am anderen Ende der Hierarchie die einfachen Dorfpfarrer, deren knappes Auskommen bis hin zur Armut weit entfernt war vom relativ glanzvollen Leben der höheren Amtsträger. Das Einkommen der einzelnen Geistlichen nannte man Pfründe, es stammte aus der kirchlichen Vermögensmasse. Je nach Größe dieser Masse konnten die Pfründe natürlich auch sehr armselig ausfallen. Eine Sondergruppe bildet das Mönchtum, das eben nicht im weltlichen Dienst als Klerus wirkte, sondern relativ abgeschieden im Kloster. Auch die Mönche waren streng hierarchisch organisiert, vom Abt bis hinunter zum

Novizen, wobei jeder Bruder seinen bestimmten Aufgabenbereich besaß. Ihr Einkommen erwirtschafteten sie aus Klosterbesitz, zudem konnten die Klöster Lehen vergeben.

Die „Pugnatores“

Auch die „Kämpfenden“, die adligen Familien, waren hierarchisch abgestuft. Je nach Größe der Besitzungen, Einfluss bei Hof, Ämtern und historischer Bedeutung gehörten sie dem hohen oder niederen Adel an. Die Spitze des Adels bildeten die Familien, die eines der Hofämter innehatten, dem König beratend zur Seite standen und sich allgemein aufgrund von Verwandtschaft oder Verehelichung durch Königsnähe auszeichneten. Am unteren Ende der Adelshierarchie standen Inhaber kleinerer oder kleinster Ämter in der königlichen Verwaltung, deren Lebensstil so armselig sein konnte, dass sie von den Bauern

HOCHADEL UND HOHER KLERUS: EINE PROZESSION VON HOHEN KIRCHLICHEN WÜRDENTRÄGERN UND ADLIGEN IN ENGLAND IM JAHRE 1512, DARUNTER DER ERZBISCHOF VON CANTERBURY, DER BISCHOF VON LONDON UND DER HERZOG VON BUCKINGHAM. DIE HOHEN GEISTLICHEN WAREN IM MITTELALTER IMMER AUCH ANGEHÖRIGE DES HOCHADELS UND GENOSSEN DAHER OFTMALS DOPPELTE PRIVILEGIEN.

ORATORES: MIT DIESEM BEGRIFF WAREN ALLE MITGLIEDER DES KLERUS GEMEINT, VOM ERZBISCHOF BIS ZUM KLEINEN DORFPFARRER. EINE SONDERFORM WAR DAS MÖNCHTUM, DESSEN MITGLIEDER NICHT IM WELT-LICHEN DIENST ALS GEISTLICHE WIRKTEN, SONDERN IN DER ABGE-SCHIEDENHEIT DER KLÖSTER. AUCH DABEI GAB ES NICHT SELTEN PROBLEME, WIE DIESE DARSTELLUNG EINER AUSEINANDERSETZUNG ZWISCHEN EINEM ABTRÜNNIGEN MÖNCH UND SEINEM ABT VON 1380 ZEIGT.

fallen Bauern, Freie wie Unfreie, kleine Hand-werker, Hörige sowie Frauen. Auch bei ihnen war eine innere Differenzierung vorhanden, vom reichen „Großbauern" bis hin zu Bewohnern ärmlichster Hütten. Sie unter-schieden sich allerdings auch in ihrer Selbst-wahrnehmung deutlich von den Angehörigen derjenigen Gruppen, die außerhalb jeglicher Gesellschaft standen: Bettler, Verbrecher, Dirnen, Aussätzige und andere aus der Gesell-schaft Ausgestoßene. Sie erfuhren auch von den Angehörigen niederer Gesellschafts-schichten in aller Regel nur Ablehnung, Spott und Hohn.

Lebensräume

Die Lebensräume der verschiedenen Gesell-schaftsschichten waren ebenfalls voneinander getrennt, nur in bestimmten Bereichen stießen sie zusammen. Die hohen Amtsträger des weltlichen Klerus lebten in ihren jeweiligen Residenzen oder aber zogen mit dem König und seinem Hof umher. Man traf sie auf Hof-tagen an, sie reisten als Mitglieder der Hofka-pelle mit durchs Reich, manchmal waren sie sogar bei Kriegszügen dabei. Die einfachen Pfarrer hingegen lebten mit ihren Gemeinden zusammen und teilen deren einfaches Leben. Mönche hatten ihren eigenen, meist streng von der Außenwelt geschiedenen Lebensraum im Kloster. Vergleichbares galt für den Adel: Die königsnahen Familien befanden sich häufig in der Nähe des jeweiligen königlichen Aufenthaltsorts, sie berieten den König auf Hoftagen und bildeten bei Feldzügen seine engste Umgebung. Des Weiteren residierten sie auf ihren Burgen und kümmerten sich um die Verwaltung ihrer eigenen Territorien. Auch hier war der niedrigste Adel kaum von den Bewohnern der Dörfer zu unterscheiden, außer durch sein eigenes Standesbewusstsein. Die Angehörigen der arbeitenden Stände lebten in Dorfgemeinschaften zusammen, wobei auch hier wieder Rangunterschiede zwischen Reich und Arm, Frei und Unfrei

kaum noch zu unterscheiden waren. Im Extremfall konnte ein Bauer sogar reicher sein. Eine jüngere Schicht des niederen Adels waren die Ministerialen, einst Unfreie im Königsdienst, die Aufgaben für den König übernahmen, z. B. Besatzung und Schutz einer Burg. Nach und nach konnten sie aufsteigen, erhielten die Freiheit und teilweise auch bescheidene Lehen. Ihre genaue gesellschaft-liche Stellung war nicht klar definiert, sie bewegte sich an der Grenze zwischen Bauern-schaft und Adel.

Die „Laboratores"

Die „Arbeitenden" bilden den ganzen Rest der mittelalterlichen Gesellschaft. Darunter

deutlich wurden. Jeder ging seiner Beschäftigung nach, Formen gesellschaftlichen Lebens wie festliche Zusammenkünfte waren auch hier vorhanden, allerdings in anderem, natürlich bescheidenerem Rahmen als die adligen Turniere. Dörfliche Feste standen häufiger im Zusammenhang mit familiären Ereignissen wie Kindstaufen oder Hochzeiten, oft fanden sie auch an kirchlichen Feiertagen statt.

Das Lehnswesen mit Lehnsherr und Lehnsmann

Allgemein bezeichnet man die mittelalterliche Gesellschaft als „Feudalgesellschaft", hergeleitet vom Wort „feudum" (Lehen). Wie prägte sich nun das Lehnswesen aus? Ein Lehen war generell etwas Geliehenes, was der Lehnsherr, dem es ursprünglich gehörte,

PUGNATORES: DIE „KÄMPFER" WAREN AUSSCHLIESSLICH ANGEHÖRIGE DES ADELS. AUCH HIER GAB ES STARKE HIERARCHISCHE ABSTUFUNGEN, VOM KÖNIG BIS ZUM KLEINSTEN BURGVOGT. DIE PUGNATORES WAREN SOWOHL GARANTEN EINER STAATLICHEN ORDNUNG IM WEITESTEN SINNE – NICHT ZU VERGLEICHEN MIT UNSERER RECHTSSTAATLICHEN ORDNUNG HEUTE – ALS AUCH DIE INSTRUMENTE DER HERRSCHENDEN FÜR DIE KRIEGSFÜHRUNG. DIE BUCHMALEREI VON 1340 ZEIGT DIE BELAGERUNG EINER STADT MIT HILFE NEUARTIGER WURFKATAPULTE.

LABORATORES: DIE SCHICHT DER „ARBEITENDEN" UMFASSTE DEN GROSSTEIL DER MITTELALTERLICHEN GESELLSCHAFT, DARUNTER DIE BAUERN, DIE HANDWERKER UND DIE FRAUEN. AUCH HIER GAB ES EINE AUSDIFFERENZIERUNG, VON DEN REICHEN GROSSBAUERN EINERSEITS BIS ZU DEN UNFREIEN BAUERN. UNTERHALB DER LABORATORES GAB ES NOCH DIE SOZIAL AUSGESTOSSENEN WIE DIE VERBRECHER, BETTLER, AUSSÄTZIGEN UND DIRNEN. DIE ABBILDUNG, EINE ENGLISCHE BUCHMALEREI VON 1340, STELLT DIE HARTE FELDARBEIT DER BAUERN MIT EINEM PFLUG DAR. DER EINSATZ EINES PFERDES ALS ZUGTIER LÄSST DARAUF SCHLIESSEN, DASS ES SICH EHER UM BEGÜTERTE BAUERN GEHANDELT HAT.

dem Lehnsmann zur Verfügung stellte. So begründete sich ein wechselseitiges Verpflichtungsverhältnis. Im frühen Mittelalter bezog sich der Begriff vor allem auf bewegliche Güter: Man leistete dem Lehnsherrn bestimmte Dienste, erhielt von ihm dafür Unterhalt, Verpflegung und Ähnliches. Zunächst waren es also eher Unfreie, die sich in ein solches Verhältnis begaben und ihre Dienste ableisteten. Dieser Ursprung kam bis zum Ende des Mittelalters in der Geste des „Homagium" zum Vorschein, bei der der Lehnsmann seine gefalteten Hände in die seines Lehnsherrn legte, zeigte dieser Ritus doch symbolisch eine Verknechtung an. Als sich die Lehnsverhältnisse zunehmend auf adlige Schichten erweiterten, schloss der Begriff „Lehen" auch und vor allem Ländereien ein. Diese waren Königsgut, stammten also aus dem Eigenbesitz des jeweiligen Herr-

schers und wurden den Adligen zur eigenen Nutzung und Bewirtschaftung zur Verfügung gestellt. Das Verhältnis wurde durch einen wechselseitigen Treueid und das oben erwähnte Homagium besiegelt. Lehnsherr und Lehnsmann waren sich nun bis zum Tode (oder im Streitfall bis zum Entzug des Lehens) wechselseitig verpflichtet: Der adlige Lehnsmann leistete für den Herrscher Kriegsdienst. Hierbei stellte er ihm für die häufigen Feldzüge bestimmte Kontingente an voll ausgerüsteten Kämpfern zur Verfügung, verstärkte so das Heer. Der Lehnsherr nahm ihn im Gegenzug unter seinen Schutz und verteidigte ihn in Konfliktfällen. Natürlich gab es nicht nur adlige Lehnsmänner, sondern auch bäuerliche. Diese mussten nicht unbedingt Kriegsdienst leisten, da sie Güter zu bewirtschaften hatten, die für den Lebensunterhalt auch des königlichen Heeres sehr wichtig

waren: Ohne hinreichenden Nachschub konnte so mancher Feldzug verloren gehen. Bäuerliche Lehnsmänner leisteten dafür dem König auf seinen Domänen bei bestimmten Gelegenheiten Arbeitsdienste, z. B. bei der Ernte oder der Bestellung der Felder, und lieferten anteilig Gewinne aus dem Lehen in Form von Naturalien ab, deren Umfang genau festgelegt war. Diese bäuerlichen Lehnsmänner konnten auch Unfreie sein, sodass sich die soziale Stellung der Lehnsmänner zwischen beiden Extremen der mittelalterlichen Gesellschaft bewegte.

punkt der Macht und des Einflusses her betrachtet, eine Stufe unter dem König. Verfahren und Verpflichtungen blieben gleich. Unter den Angehörigen der großen Familien stehen dann wieder die oftmals auch über solchen Besitz verfügenden kleineren Adelsfamilien. In dieser „Lehnspyramide" blieb der König der oberste Lehnsherr, dem gegenüber letztlich alle verpflichtet waren. Durchlässig für Aufsteiger war dieses System nicht. Es war höchstens möglich, sich innerhalb des Standes, in den man hineingeboren worden war, hochzuarbeiten. So gab es zahlreiche

— 1135 n. Chr. —

Boleslav von Polen trägt dem Kaiser Lothar das Schwert vor.

W.Rima / Kochbach / Gez. v. Kirchbach.

AN DER SPITZE DER LEHNSPYRAMIDE KONNTEN VON KÖNIGEN GANZE HERZOGTÜMER, VOM KAISER GAR GANZE KÖNIGREICHE ALS LEHEN VERGEBEN WERDEN. DURCH DEN VORGANG WURDE IMMER AUCH DIE HIERARCHISCHE STRUKTUR DER BEZIEHUNGEN KLARGESTELLT. WER DAS LEHEN VERGAB, WAR DER „CHEF", DER LEHNSNEHMER ERKANNTE DESSEN HOHEIT MIT DER ANNAHME DES LEHENS AN. IN DER RÄNKE DES MITTELALTERS BEDEUTETE DIES JEDOCH NOCH NICHT, DASS MAN DANACH AUCH STETS HANDELTE, ES WAR MEHR EIN FORMALER AKT. AUF DEM HOLZSTICH VON 1860 LEISTET BOLESLAW III. KRZYWOUSTY, DER HERZOG VON POLEN, KAISER LOTHAR III. AUF DEM REICHSTAG ZU MAGDEBURG 1135 DEN LEHNSEID.

Die „Lehnspyramide"

Nicht nur der König hatte Besitzungen, über die er frei verfügen und zu Lehen verleihen konnte, auch die Angehörigen der größeren Adelsfamilien hatten solchen Besitz. Auch sie waren Lehnsherren, allerdings vom Standpunkt der Macht und des Einflusses her

Unfreie, die die Freiheit erlangten und später ihren eigenen Hof bewirtschafteten, sowie Angehörigen der Ministerialität, die teils unfrei gewesen waren und später bis in den Übergangsbereich zum niederen Adel aufstiegen.

Leben und Wirtschaften der Bauern

Die mittelalterlichen Bauern lebten nur in Ausnahmefällen frei auf ihren eigenen Höfen, für die Mehrheit von ihnen traf dies allerdings nicht zu. Die typische Form der mittelalterlichen Agrarverfassung war die Grundherrschaft, die in verschiedenen, nebeneinander existierenden Formen ausgeprägt war. Grundherrschaft bedeutete die Herrschaft des Grundherrn über die Menschen, die auf einem bestimmten Grund und Boden ansässig waren.

BÄUERLICHES LEBEN:
KLEINBAUERN BRINGEN UNTER DER
ANLEITUNG EINES BEDIENSTETEN
DES GRUNDHERRN DIE ERNTE EIN.
SIE ARBEITEN MIT SICHELN,
DER AUFSEHER HÄLT EINEN STOCK.
ENGLISCHE BUCHMALEREI
VON 1325 AUS DEM
„QUEEN MARY PSALTER".

Die Entstehung der Grundherrschaft

Sie war also kein Recht, das der König dem Grundherrn verlieh (wie z. B. ein Zollrecht), sondern die damit verbundene Gewalt erwuchs aus der Herrschaft über die Menschen. Auch die Grundherrschaft war ein Verhältnis von Formen wechselseitigen Schutzes und gegenseitiger Hilfe: Der Grundherr hatte das Recht, die Zwangsgewalt über die zur Grundherrschaft gehörigen Menschen auszuüben, diese erfuhren von ihm aber Schutz und Hilfe in allen Gefahren- und Problemsituationen.

Die „klassische" Grundherrschaft bildete sich im 8. Jahrhundert aus und hatte ihre Blütezeit ab dem 9. Jahrhundert. Diese Form enthielt die idealtypischen Merkmale, die allen verschiedenen Unterformen von Grundherrschaft gemein waren. Entstanden ist die Grundherrschaft zur Einbindung, Nutzbarmachung und Entwicklung bäuerlicher Produktion im Rahmen eines Großgrundbesitzes – also als Mittel der Effizienzsteigerung. Teilweise standen die großen Domänen der Spätantike Pate, allerdings nur als Bewirtschaftungssysteme. Die dort arbeitenden Sklaven waren natürlich nicht mit den zu einer Grundherrschaft gehörigen Bauern zu vergleichen.

Hauptsächlich konzentrierten sich die Grundherrschaften auf die Produktion des wichtigsten mittelalterlichen Nahrungsmittels – Getreide. Der Bedarf des Hofes und der zugehörigen Menschen musste gedeckt,

Meist einmal im Jahr mussten die Bauern an den Grundherrn einen Teil ihres Ertrages abführen. Auch wenn die Abgabe „Zehnt" genannt wurde, betrug sie meist weniger als den zehnten Teil. Neben dem Feldzehnt (Getreide, Früchte) und dem Blutzehnt (Fleisch, Vieh) gab es noch den seit dem 6. Jahrhundert geforderten Kirchenzehnt, ab dem 13. Jahrhundert kam noch der Geldzehnt hinzu. Der später nachkolorierte Holzschnitt von 1520 zeigt die Ablieferung des Zehnten durch einen Bauern.

Vorräte über den Winter mussten beiseite gelegt werden. Den Überschuss verkaufte man über Beziehungen zum regionalen oder überregionalen Handel. Viehzucht wurde kaum betrieben. Man hielt sich zwar etwas Nutzvieh, aber nicht in größerem Ausmaß. Vieh war oft „Zahlungsmittel", Abgabenmasse für den Grundherrn, außerdem spielten Fleisch oder Milch in den Speiseplänen des Mittelalters eine weitaus geringere Rolle als heute. Sie galten den Bauern als besondere „Köstlichkeiten", so

etwas gab es nur an ganz hohen Feiertagen oder für Schwerkranke zur Kräftigung. Daneben hatten viele Bauern auf ihren Bauernstellen noch kleine Flächen für den Anbau von Gemüse oder Kräutern für den Eigenbedarf.

Freie und Hörige

Der Grundherr war nicht in der Lage, allein oder mit einigen Knechten die großen, zur Grundherrschaft gehörigen Flächen zu bewirtschaften, daher war er auf die Hilfe der Bauern angewiesen. Diesen verlieh er eine Bauernstelle mit zugehöriger Landfläche zur Erbleihe im Tausch gegen festgelegte Dienste oder Abgaben. Diese Bauern konnten frei oder unfrei sein, danach bemaß sich die Art und Menge der von ihnen zu leistenden Dienste oder Abgaben sowie der Anteil der Eigenwirtschaft. Ein freier Bauer leistete seine Pflichten eher in Form von Stückdienst ab, er hatte also dem Grundherrn eine bestimmte Menge an Getreide oder ein Stück Vieh zu bestimmten, festgelegten Zeitpunkten als Abgabe für seine Bauernstelle zu schicken. Übler erging es den unfreien Bauern, die man oft auch etwas ungenau als Leibeigene bezeichnet. Dieser Begriff kennzeichnet allerdings eher die Situation der Bauern im 18. Jahrhundert. Die Begriffe „Unfreiheit" oder „Hörigkeit" passen daher besser zur Situation des mittelalterlichen Bauern in einer Grundherrschaft. Unfrei oder hörig konnte man aus verschiedenen Gründen werden. Dies konnte bei Kriegsgefangenschaft eintreten, bei Ver-

knechtung aufgrund von Vergehen oder bei Überschuldung, wobei sich der Hörige dann selbst in die Verknechtung begab. Dementsprechend gab es auch Menschen, die dann künftig als Hörige geboren wurden, richtete sich doch der Stand des Neugeborenen nach dem der Mutter. Unfreie Bauern standen vollkommen unter der so genannten Munt ihres Herrn, der also alle Bestimmungsgewalt über sie ausübte. Er behandelte sie wie Mitglieder seiner eigenen „Familia", war ihnen gegenüber also auch – zumindest der Theorie nach – zu besonderem Schutz verpflichtet. Auch unfreie Bauern hatten manchmal ihre eigenen kleinen Bauernstellen, in der Regel allerdings bescheidener geschnitten als die der Freien und ohne große Möglichkeiten des Eigenbewirtschaftens. Sie leisteten ihre Verpflichtung dem Grundherrn gegenüber durch Frondienst in bestimmter zeitlicher Bemessung ab, je nachdem konnte dieser fast die ganze Woche in Anspruch nehmen. In diesem Fall waren die Fronbauern eher eine Art Feldarbeiter für den Grundherrn.

UNFREIE BZW. HÖRIGE MENSCHEN GAB ES IM MITTELALTER ZUHAUF. SIE BESASSEN SO GUT WIE KEINE RECHTE. UNFREI ODER HÖRIG KONNTE MAN AUS VERSCHIEDENEN GRÜNDEN WERDEN, Z. B. DURCH KRIEGSGEFANGENSCHAFT, BEI VERKNECHTUNG ODER AUCH BEI ÜBERSCHULDUNG, WOBEI SICH DER HÖRIGE DANN SELBST IN DIE VERKNECHTUNG BEGAB. ES GAB AUCH MENSCHEN, DIE ALS HÖRIGE GEBOREN WURDEN, DENN DER STAND DES NEUGEBORENEN RICHTETE SICH NACH DEM DER MUTTER. UNFREIE BAUERN ODER KNECHTE STANDEN VOLLKOMMEN UNTER DER BESTIMMUNGSGEWALT IHRES HERRN UND WAREN VÖLLIG DESSEN WILLKÜR AUSGELIEFERT. BESONDERS DRASTISCH ZEIGT DAS DER NACHKOLORIERTE HOLZSCHNITT „VON DEN BÖSEN KNECHTEN" VON 1532, DER EINE BRUTALE BESTRAFUNG VON KNECHTEN DURCH HERAUSSCHNEIDEN DER ZUNGE UND AUSPEITSCHUNG DARSTELLT.

Im Spätmittelalter nahm das Geldwesen einen immer grösseren Raum ein, und damit kamen auch die Wucherer. Sie liehen in Not geratenen Bauern Geldmittel und verlangten dafür teilweise drastisch hohe Zinsen. Dennoch waren sie für viele in Not geratene freie Bauern oft der letzte Ausweg aus ihrer bedrohlichen Situation, z. B. nach Missernten o.ä. Nur durch den Gang zum Wucherer konnten sie manchmal den Absturz in die Unfreiheit noch einmal abwenden oder zumindest verzögern. Der nachkolorierte Holzschnitt „Hie kompt ein Beuerlein zu einem reichen Burger von der gueldt, den wucher betreffen" zeigt ein Gespräch über den Zinswucher zwischen einem Geldverleiher und einem armen Bauern.

Die Situation der Bauern

Die Situation der einzelnen Bauern konnte sehr unterschiedlich sein, je nach Art der Behandlung und Höhe der Forderungen durch den Grundherrn. Insgesamt war die Grundherrschaft sicher ein aus moderner Sicht ungerechtes System, dennoch protestierten die Bauern selten in größerem Maße, wenn es auch gelegentlich zu scharfen Konflikten mit dem Grundherrn kam. Man glaubte allgemein, dass Gott einen jeden an den ihm in der Welt vorherbestimmten Platz gestellt und man sich an diesem Platz zu bewähren habe. Diese gottgegebene Situation akzeptierte man und hoffte letztlich durch fromme und rechte Lebensführung auf eine Belohnung im Jenseits nach Ende des irdischen Lebens.

Das Leben auf den Burgen

Die mittelalterlichen Ritter und ihr Gefolge hatten, wenn sie nicht gerade durch die Lande zogen, ihren Hauptwohnsitz auf den Burgen. Diese muss man sich eng, gedrängt und unkomfortabel vorstellen; die heute erhaltenen größeren Burgen stammen meist erst vom Ende des Mittelalters oder sind erst im 19. Jahrhundert umgebaut worden. Im Frühmittelalter entwickelte sich der Burgenbau im Zusammenhang mit Landesverteidigung und Grenzsicherung, teils baute man ganze Befestigungssysteme mit zahlreichen Burganlagen in bestimmten Abständen.

DIE MACHTVOLLE MARIENBURG DES DEUTSCHEN ORDENS AN DER WEICHSEL IM HEUTIGEN POLEN BESASS ZAHLREICHE FUNKTIONEN. HIER LEBTEN DIE SCHWERTBRÜDER DES DEUTSCHEN ORDENS, GLEICHZEITIG WAR SIE SITZ DES HOCHMEISTERS UND DAMIT SCHALTZENTRALE DES DEUTSCHEN ORDENS, SCHLIESSLICH WAR SIE REGIERUNGS- UND VERWALTUNGSZENTRALE DES ORDENSSTAATES IN NORDOSTEUROPA.

Die Funktionen der Ritterburgen

Die Ritterburgen dienten den Mannschaften, die die Grenze gegen einfallende Feinde verteidigen sollten, als Fluchtburgen und schützende Unterkünfte. Allerdings war die Burg auch schon damals der Verwaltungsmittelpunkt eines bestimmten Gebietes und Anlaufstelle für zahlreiche öffentliche Angelegenheiten. Erst ab dem 10. Jahrhundert begann man, die Burg auch als Wohnsitz anzusehen und dementsprechend auszubauen; die Burg wurde zu einer Art Residenz eines Herrschaftsträgers und zunehmend komfortabel sowie repräsentativ gestaltet. In der Blütezeit des Burgenbaus erfüllten die befestigten Anlagen zahlreiche Funktionen für ihre Einwohner und die Bewohner des Umlandes. Selbstverständlich blieb die Wehr- und Schutzfunktion das ganze Mittelalter hindurch erhalten, die Burg verteidigte sich selbst sowie ihr Umland und bot den dort wohnenden Menschen im Kriegsfall eine Zufluchtstätte. In rechtlichem Zusammenhang sicherte die Burg den Frieden: Auf ihrem Gebiet galt der so genannte Burgfriede, der jeglichen Streit innerhalb der Burgbesatzung und der Einwohner verbot. Hielt sich tatsächlich jemand nicht an diese Vorschriften, lernte er den Burgkeller kennen, der auch als Gefängnisstätte diente. Auch wirtschaftlich erfüllte eine Burg wichtige Aufgaben: Sie sicherte mit Hilfe ihrer Besatzung die Zolleinnahmen an nahe gelegenen Brücken, Straßen oder Flüssen, sie diente als kleiner Markt, auf

ANFANGS LAGEN DIE ERSTEN RITTERBURGEN NOCH HÄUFIG AM RANDE EINER SIEDLUNG ODER EINES DORFS. IM LAUFE DER ZEIT „KLETTERTEN" SIE IMMER HÖHER AUF BERGE UND HÜGEL. SIE STANDEN NUN BEVORZUGT IN EXPONIERTEN HÖHENLAGEN, IN DER REGEL AUF BESONDERS SCHWER ZU ERSTÜRMENDEN HÜGELN ODER BERG-KUPPEN. DIESE LAGE MACHTE EINE BURG UMSO SCHWERER EINNEHMBAR UND BETONTE ZUDEM DEN GESELL-SCHAFTLICHEN UNTERSCHIED ZWISCHEN ADEL UND VOLK. EIN HERVORRAGENDES BEISPIEL FÜR EINE SOLCHE RITTERBURG IST BURG GALLENSTEIN IN ST. GALLEN IN DER SCHWEIZ.

dem Waren angeboten wurden, und sie war oft Zentrum einer Grundherrschaft, von der aus man die dortigen Abläufe koordinierte. In politischer Hinsicht war sie Verwaltungszentrum und diente der weltlichen Herrschaftssicherung. Schließlich besaß die Ritterburg auch religiöse Aufgaben: In der Regel besaß jede Burg als religiös-kultisches Zentrum eine eigene Kapelle.

Der Standort der Burgen

Zunehmend wichtiger wurde im Verlauf des Mittelalters die gesellschaftliche Funktion der Burgen im Sinne adliger Repräsentation. Die herrschenden Familien wetteiferten im späteren Mittelalter in möglichst prachtvollem und komfortablem Ausbau der Burganlagen, die man zu Stammsitzen erhob. Zahlreiche Adelsfamilien benannten sich in der Folge danach, das vielleicht bekannteste Beispiel sind die Habsburger.

Aber wie hat man sich nun das „Bauwerk Burg", frei von allen späteren Zutaten, vorzustellen? Ganz frühe Burgen bestanden zunächst aus Holz- und Erdkonstruktionen, seit dem 9. Jahrhundert wurden sie allerdings fast ausschließlich aus Stein errichtet. Lag die Burg früher noch häufig am Rande eines

Dorfs, rückte sie im Laufe der Zeit immer mehr in bevorzugte exponierte Höhenlagen, in der Regel stand sie dann auf schwer zu erstürmenden Hügeln oder Bergkuppen. Diese Lage machte eine Burg umso schwerer einnehmbar und betonte zudem den gesellschaftlichen Unterschied zwischen Adel und Volk. Die Burg selbst, für deren Errichtung etwa drei bis sieben Jahre zu veranschlagen sind, existierte in zahlreichen verschiedenen Formen, enthielt aber immer bestimmte Bauelemente. Von außen her dominierte zunächst die Wehrfunktion, die Anlage musste sich möglichst effektiv von möglichst wenigen Personen verteidigen lassen. Umgeben war die Burg von einem tiefen (Wasser-)Graben und einer teils doppelten starken Mauer mit Brustwehr und später Schießscharten für die Verteidiger. Dort stand ständig eine Wache, die sich nähernde Feinde frühzeitig melden konnte. Den einzigen Zugang zur Burg bildete das mit einem Fallgitter bewehrte Tor, zugänglich nur über eine Zugbrücke. Das Tor war manchmal sogar noch extra durch eine kleine Burganlage mit seitlichen Tortürmen abgesichert. Dort befanden sich auch nach unten offene Erker (Pechnasen), aus denen man heißes Wasser, Öl, Pech oder Unrat auf Angreifer hinunterschütten konnte.

MINIATUR EINES RITTERS AUS EINER ENGLISCHEN HANDSCHRIFT DES 12. JAHRHUNDERTS. IM VERLAUFE DES HOCHMITTELALTERS ENTWICKELTE SICH DAS RITTERIDEAL, DESSEN AUSDRUCK MINNESANG, HÖFISCHES BETRAGEN UND GLÄNZENDE FESTE WERDEN SOLLTEN. MIT DIESER KULTURELLEN AUFWERTUNG SETZTE AUCH DER SIEGESZUG DER RITTERIDEE EIN. IMMER BEDEUTENDERE SCHICHTEN DES ADELS WOLLTEN AN DER AUFGEWERTETEN RITTERWÜRDE TEILHABEN – BIS HIN ZU DEN KÖNIGEN. IN DER MITTE DES 12. JAHRHUNDERTS UMSPANNTE DER RITTERTITEL SCHON DIE GESAMTHEIT DES ADELS UND WURDE DADURCH ZUM ZIEL SOZIALER AUFSTEIGER. ALS ERFOLGREICHER TURNIERKÄMPFER KONNTE EIN GESCHICKTER RITTER EINE GROSSE KARRIERE AM HOF EINES FÜRSTEN ODER KÖNIGS BEGINNEN.

Der Aufbau einer Ritterburg

Der Mittelpunkt des Burginneren war der Hauptturm, der Bergfried. Meist diente er als Fluchtburg, war aber manchmal auch auf mehreren Etagen zu Wohnräumen ausgebaut. Im untersten Geschoss befand sich meist das Burgverlies. Eigentliches Wohn- und Repräsentationsgebäude war der Palas. Hier befand sich ein größerer Saal für Feste oder Zusammenkünfte mit Gästen, je nach Reichtum der Burgbewohner mit Möbeln und Teppichen ausgeschmückt, und die Kemenaten, die eigentlichen Wohnräume, oft die einzigen, die man beheizen konnte. Zum Palas gehörte auch die Burgkapelle, sodass sich das gesellschaftliche Leben einer Burg vor allem in diesen wenigen Räumen abspielte. Kleinere, einfache Unterkünfte für die Bediensteten, Wirtschaftsgebäude und Stallungen bildeten den Rest der Bebauung. Der verbleibende Burghof war meist sehr eng, da man mit dichter Bebauung fast allen vorhandenen

Platz auszunutzen versuchte. Nur in bedeutenderen Burgen reichten die Ausmaße zur Veranstaltung von Festen, Turnieren oder anderen Zusammenkünften aus. In solchen Burgen sind die Gebäudefronten zum Hof hin zusätzlich geschmückt und ausgestaltet, z. B. durch Arkaden, Erker oder Treppenanlagen. Der Anblick heutiger Burghöfe mag über die mittelalterliche Enge hinwegtäuschen: Da viele der Wirtschaftsgebäude und Anbauten nicht mehr erhalten sind, wirken heutige Burghöfe wesentlich geräumiger, als sie je waren. Jede Burg hatte einen eigenen Brunnen, der meist tief in den Untergrund hineingetrieben werden musste, ebenso fing man Regenwasser in einer Zisterne auf. So war man bei geeigneter Vorratshaltung im Belagerungsfall in der Lage, einige Zeit unabhängig von der Außenwelt überleben zu können.

Bewohner und Alltag

Die Burgmannschaft, die die Burg unterhielt, bestand aus so genannten Ministerialen, einer Schicht niederen Adels, die einst unfrei gewesen, dann aber freigelassen worden waren und sich hochgearbeitet hatten. In der Regel sind solche Besatzungen relativ klein, sie wurden im Kriegsfall aber verstärkt. Neben dem Gesinde waren auf Burgen stets die eigentlichen Träger des dortigen gesellschaftlichen Lebens anwesend: Adlige mit ihren Familien sowie Ritter, die an den jeweiligen Höfen zu Gast waren und natürlich eine Abwechslung zum sonstigen alltäglichen Leben darstellten. Man darf sich das Leben dort allerdings nicht als eine Folge von Festen, Turnieren und Müßiggang vorstellen. Der Burgherr hatte sich täglich um die Verwaltung seiner Güter und die Ausübung seiner Rechte zu kümmern; auch ein Ritter, der nicht im kämpferischen Angelegenheiten unterwegs war, musste „trainieren" und seine Kampfkünste zu verbessern suchen. Die glanzvollen Feste und Turniere bildeten lediglich Ausnahmen und Höhepunkte des gewöhnlichen Lebens und wurden dementsprechend freudig erwartet, bildeten sie doch auch für die adlige Schicht eine willkommene Abwechslung und Entspannung von der täglichen Routine.

DARSTELLUNG EINES TURNIERS IN EINER ENGLISCHEN BUCHMALEREI VON 1352. DER SPEKTAKULÄRSTE AUSDRUCK RITTERLICHER LEBENSFÜHRUNG WAR DIE TEILNAHME AN EINEM TURNIER. IM URSPRUNG WAR DAS TURNIER EIN KAMPFSPIEL, DAS DER VORBEREITUNG AUF DEN KRIEG DIENTE UND DEMENTSPRECHEND RAU UND HART WAR. OFT KAM ES ZU VERLETZUNGEN ODER SOGAR ZU TODESFÄLLEN. MIT DER AUSBILDUNG DES RITTERETHOS WURDEN JEDOCH REGELN EINGEFÜHRT, DURCH DIE DIE TURNIERE VERFEINERT UND WENIGER HART WURDEN. SIE WAREN MASSENVERANSTALTUNGEN, BEI DENEN MEIST ZWEI RITTERPARTEIEN GEGENEINANDER KÄMPFTEN, BIS EINE UNTERLAG. DIE WAFFEN UND DAS PFERD DER VERLIERER GEHÖRTEN DEN SIEGERN. DA RÜSTUNG UND KRIEGSPFERDE AUSSERORDENTLICH TEUER WAREN, HAT SICH SO MANCHER RITTER AUF EINEM TURNIER RUINIERT. EIN GROSSTEIL DER TURNIERBESUCHER KONNTE KAUM DAVON TRÄUMEN, EIN PFERD ZU BESITZEN, GESCHWEIGE DENN EINE RÜSTUNG. DIE KIRCHE SAH DIE VERANSTALTUNGEN MIT MISSTRAUEN, DIENTEN SIE DOCH EITLEM VERGNÜGEN ODER PRAHLEREI.

RITTER –
DIE
„HELDEN"
DES
MITTEL-
ALTERS

Ritter – Die „Helden" des Mittelalters

Wer heutzutage in einer Armee dient, bekommt alles, was er zum Soldatsein braucht, vom Staat gestellt. Uniform, Waffen, Verpflegung – er wird sogar bezahlt. Das war nicht immer so. Im Mittelalter zog man auf eigene Kosten in den Krieg; es war die Pflicht jedes Freien, sich dem Heerbann anzuschließen. Die Kosten für die Ausrüstung, von der immerhin das eigene Leben abhing, waren nicht unerheblich. Schwert und Rüstung kosteten gerne einmal so viel wie ein ganzer Bauernhof.

GEGENÜBERLIEGENDE SEITE:
DIE ENGLISCHE BUCHMALEREI AUS
DEM JAHRE 1330 ZEIGT IM OBEREN
TEIL RITTER, IM UNTEREN TEIL FUSS-
SOLDATEN IM SCHLACHTENGETÜMMEL.
IM VERLAUF DES MITTELALTERS NAHM
DIE MILITÄRISCHE BEDEUTUNG DER
RITTER ALLMÄHLICH IMMER MEHR AB.

VORIGE DOPPELSEITE UND LINKS:
DIE „BLÜTE" DES RITTERTUMS WAR
DIE ZEIT DER KREUZZÜGE. FRAN-
ZÖSISCHE BUCHMALEREI MIT DER
DARSTELLUNG DER BELAGERUNG UND
EROBERUNG VON AKKON IM JAHRE
1191 IM RAHMEN DES 3. KREUZZUGES,
AUS DEM „SPECULUM MAJÚS" DES
FRANZÖSISCHEN DOMINIKANISCHEN
ENZYKLOPÄDISTEN VINCENT VON
BEAUVAIS.

Das Berufskriegertum

Pferde verursachten jedoch noch mehr Kosten. Schwert und Rüstung brauchen kein Futter und keinen Stall, wenn sie nicht benötigt werden. Außerdem muss der Kampf vom Pferderücken ständig geübt werden, wozu eine Menge Freizeit erforderlich ist. Deshalb stammten die Krieger meist aus der wohlhabenden Grundbesitzerschicht. Die allein war aber nicht zahlreich genug, um genügend Kämpfer stellen zu können. Deshalb wurden fähigen Kriegern, die nicht genügend Besitz hatten, Lehen zugeteilt. Von diesen bezahlten sie dann ihre Bewaffnung. Auf diese Weise entstand ein Berufskriegertum. Der freie Reiterkrieger, der zu seinem Herrn in einem gegenseitig beschworenen Treueverhältnis steht, wurde zum Prototypen des Rittertums.

Höfische Kultur

Am Ende des 11. Jahrhunderts zeichnet sich jene kulturelle Verfeinerung ab, deren Ausdruck Minnesang, höfisches Betragen und glänzende Feste werden sollten. Mit dieser kulturellen Aufwertung setzt auch der Siegeszug der Ritteridee ein. Immer bedeutendere Schichten des Adels wollen an der aufgewerteten Ritterwürde teilhaben, bis schließlich die Ritterwürde selbst für Könige obligatorisch wird. Mitte des 12. Jahrhunderts umspannt der Rittertitel schon die Gesamtheit des Adels und wird dadurch zum Ziel der sozialen Aufsteiger. Als erfolgreicher Turnierkämpfer konnte ein geschickter Ritter große Karrieren am Hof von Fürsten oder Königen beginnen. Gleichzeitig nahm die militärische Bedeutung der Ritterschaft allerdings ab. Schon Kaiser Friedrich I. Barbarossa setzte Söldnerarmeen ein, da Gefolgschaftsheere kein verlässliches Mittel zur Durchführung eines Feldzuges mehr waren. Trotz der zivilisatorischen Verfeinerung hatte sich aber an der tatsächlichen Lebensführung des Großteils der Ritterschaft nichts geändert. Gerade die höfischen Artus-Epen bieten hierzu verstörende Beispiele. Besitz wird mit Gewalt erworben und Frauen werden geschlagen – Verhaltensweisen, wie man sie eigentlich nicht von Rittern erwartet. Ein oft wiederholter Rat an junge Ritter war es, „den Hass der Bauern zu ertragen". Vermutlich bestand dieser in vielen Fällen zu Recht.

In die militärische Bedeutungslosigkeit

Spätestens die großen Schlachten des Hundertjährigen Krieges zwischen Frankreich und England im 14. und 15. Jahrhundert zeigten, dass die militärische Zeit des Rittertums abgelaufen war. König Johann von Böhmen (seit 1310) beispielsweise wurde als ritterliches Vorbild gesehen. Er fiel 1346, als er gegen die englischen Bogenschützen in der Schlacht von Crecy kämpfen wollte. Aber gerade unter Eduard III. (1327–1377), dessen Bogenschützen das Ende König Johanns besiegelten, blühte der Rittergedanke noch einmal auf. Eduard gründete mit dem Hosenbandorden den ältesten und würdigsten weltlichen Ritterorden Englands. Ritterlichkeit war zu einem Verhaltenskodex des Adels geworden, der mit seinen militärischen Ursprüngen kaum noch etwas zu tun hatte. Ritterliche höfische Feste wurden als Kostümfeste zelebriert, deren Teilnehmer Figuren aus den Artus-Romanen darstellten.

ie Entstehung des Rittertums

Kaum eine Figur ist für uns so mit dem Mittelalter verbunden wie der Ritter. Er wurde zum Inbegriff der mittelalterlichen Kultur und eines besonderen, eben des „ritterlichen" Ehrenkodexes. Bei Mittelalterspektakeln gruppieren sich die Veranstaltungen wie selbstverständlich um die Ritterspiele und Turniere als dem Herzstück des Geschehens.

EINE TYPISCHE KAMPFSZENE DES MITTELALTERS: RITTER ATTACKIEREN AUF DIESER DARSTELLUNG VON 1330 EINE BELAGERTE BURG. EIN KÖNIG UND SEINE SOLDATEN GALOPPIEREN GEGEN DIE BURGMAUERN, WÄHREND ANDERE VERSUCHEN, EINEN WEG UNTER DEN BURGMAUERN HINDURCH ZU GRABEN. DIE VERTEIDIGER SCHLEUDERN UNTERDESSEN STEINE AUF DIE ANGREIFER.

Das Kriegswesen wird „professionalisiert"

Dies alles lässt uns leicht vergessen, dass sich Ritter und Rittertum erst im Laufe des Mittelalters entwickelt haben und nicht schon von Anfang an da waren. Wie der Name sagt, ist der Ritter ein Krieger, der vom Pferderücken aus kämpft. Das war nicht immer selbstverständlich. Ursprünglich war der Kampf des Frühmittelalters ein Fußkampf; allenfalls ritt man zum Schlachtfeld, stieg ab und kämpfte dann.

Mit der Ausdehnung des Frankenreiches unter Karl dem Großen waren die Distanzen für Fußkämpfer aber kaum noch zu überbrücken, zudem erkannte man langsam den Gefechtswert von gepanzerten Reitern. Pferd und Rüstung waren jedoch sehr teuer, sodass Karl der Große im Jahre 808 verfügte, dass nur noch Krieger mit einem gewissen Mindesteinkommen zur Heerfahrt gerufen werden dürften. Von denen, die weniger als die notwendige Fläche Land besaßen, sollten mehrere einen Krieger ausrüsten. Diese Anforderungen an das Vermögen verschoben jedoch den Charakter des karolingischen Heeres. Ursprünglich ein Kampfverband aus allen Freien, wurde es mehr und mehr ein Heer aus Grundbesitzern. Das lag nicht nur an den Kosten für Pferde und Rüstungen. Der Kampf zu Pferde erforderte viel Übung und Geschick und musste ständig trainiert werden. Bauern hatten mit der Feldbestellung so viel zu tun, dass für solche Beschäftigung

IM VERLAUF DES MITTELALTERS KAMEN IMMER NEUE WAFFEN ZUM EINSATZ, VOR ALLEM BEI DER BELAGERUNG VON BURGEN ODER STÄDTEN. IM 14. JAHRHUNDERT WURDEN WURFKATAPULTE ZU IMMER GRÖSSERER WIRKSAMKEIT VERFEINERT, SODASS EINE BELAGERUNG OHNE SIE BALD SCHON UNDENKBAR WURDE. MIT IHNEN KONNTE MAN GROSSE STEINE ODER AUCH BRENNENDE LADUNGEN AUF DIE BEFESTIGUNGSMAUERN ODER ÜBER SIE HINWEG AUF DEN FEIND SCHLEUDERN. IN DIESER DARSTELLUNG AUS DEM JAHRE 1340 WERDEN GROSSE RUNDE STEINE AUF DIE VERTEIDIGER GESCHLEUDERT, WÄHREND DIESE IHRERSEITS KLEINERE STEINE AUF DIE ANGREIFER HINABWERFEN.

keine Zeit blieb. Außerdem musste der Krieg mit einem Bauernheer in die ungünstige Winterzeit verlegt werden, in der die Felder brach lagen. Mit einem Heer aus berittenen Berufskriegern konnte man das ganze Jahr über Krieg führen. Deshalb wurden diejenigen Krieger, auf deren Dienst man Wert legte, mit Land belehnt. Dafür leisteten sie Kriegsdienst mit Pferd und Waffen. Die kleinen freien Bauern wurden von dieser neuen Funktionselite allmählich verdrängt und sanken in die Unfreiheit ab. Sie konnten sich nicht mehr selbst schützen und mussten so für den Schutz der Krieger bezahlen. Konnten die Bauern dies infolge einer Missernte einmal nicht, gerieten sie in persönliche Abhängigkeit von ihrem Schutzherrn. Sie verpfändeten ihm ihr Land und erhielten es gegen Abgaben zurück. Auf diese Weise entstand das vielfach ab-

gestufte Feudalsystem, ohne das das abendländische Rittertum nicht denkbar ist.

Der Ritterstand und sein Ethos

Dass diese Vorgänge in den meisten Fällen mit Ungerechtigkeiten und Druck einhergingen, ist wohl auch den Zeitgenossen nicht verborgen geblieben. Die Reiterkrieger genossen deshalb auch im 11. Jahrhundert keinen guten Ruf. Sie bildeten die unterste Schicht des Adels, weshalb sich kaum ein Graf oder gar Herzog bis zu dieser Zeit als Ritter bezeichnete. Erst unter Papst Gregor VII. (1073–1085) wurde die Bezeichnung Ritter „hoffähig". In seinem Bestreben, alle kirchliche und weltliche Gewalt dem Stellvertreter Christi auf Erden unterzuordnen, bezeichnete er selbst Bischöfe als

PETER DER EINSIEDLER, EIN PREDIGER
WÄHREND DES 1. KREUZZUGES,
FÜHRT DIE RITTER IN DIE SCHLACHT,
DARSTELLUNG VON 1311.

GEGENÜBERLIEGENDE SEITE:
IN DER MITTELALTERLICHEN
MYSTIK TRIFFT MAN IMMER WIEDER
AUF DEN EINSAMEN RITTER AUF DER
SUCHE NACH DEM HEILIGEN GRAL.
DIESE ENGLISCHE BUCHMALEREI AUS
DEM JAHRE 1330 ZEIGT EINEN
GRALSSUCHER AUF DEM RÜCKEN
SEINES PFERDES AUSSERHALB DER
MAUERN EINER KIRCHE.

"milites Christi", als Ritter des Herrn. Zwar
wehrten sich die geistlichen und weltlichen
Großen zunächst gegen eine solche Herab-
minderung. Doch der Gedanke, sich für etwas
Höheres einsetzen zu müssen, war in der
Welt. So ist es wohl kein Zufall, wenn das
älteste erhaltene Siegel, das einen Grafen als
Ritter zeigt, aus dem Jahre 1089 stammt.
Allerdings hatte der Gedanke allein wohl
noch keinen Einfluss auf die Wirklichkeit.
Papst Urban II. rief den Rittern deshalb in
seinen Kreuzzugspredigten im Jahre 1095 zu:
"Die ihr Räuber gewesen seid, werdet nun
Ritter Christi!" Damit traf er anscheinend
einen Nerv der Zeit, denn unablässige Fehde
und Willkür waren wohl den Rittern selbst
unheimlich geworden. Nicht unschuldig
daran dürfte die Kirche selbst gewesen sein,
denn die Aufgabe der Krieger, das Töten von

Menschen, war ja eigentlich von Höllenstrafen bedroht. Das Reiterkriegertum suchte
bald ein Standesethos, Regeln, nach denen es
leben konnte, ohne mit dem Glauben in Konflikt zu geraten. Die Kreuzzüge boten ein
erstes Ventil, denn für Ungläubige galt der
Tötungsvorbehalt der Kirche natürlich nicht.
Diese Bindung an christliche Glaubensvorstel-
lungen machte aus Berufskriegern erst Ritter
nach unserem Verständnis. Durch moralische
Anforderungen an das Rittertum wie Gerechtigkeit, Schutz der Kirche und der Schwachen
und Freigebigkeit wurde es in ganz Europa
aufgewertet und zu einem erfolgreichen
sozialen Modell. Ursprünglich in der
untersten Sphäre des Adels beheimatet,
begann der Rittertitel seinen Siegeszug bis in
die allerhöchsten Herrscherkreise. Das
Mainzer Hoffest im Jahr 1184 war ein vor-
läufiger, glänzender Höhepunkt dieser Entwicklung. Kaiser Friedrich I. Barbarossa verlieh in diesem prächtigen, höfischen Rahmen
zwei seiner Söhne den Rittergürtel und nahm
sie damit in die Reihen der Ritter auf. Dieses
Fest bot bereits alles, was wir heute mit Rittertum verbinden: Turniere, Gesang, Unterhaltung – kurz, es war die perfekte Selbstin-
szenierung der höfischen Oberschicht.

Ein deutscher Sonderweg –
Der unfreie Ritter

Das Mainzer Hoffest zeigt aber auch, dass
das Rittertum einer der Motoren für gesellschaftlichen Aufstieg im Mittelalter war. Hier
traten Vertreter einer breiten Schicht unfreier
Dienstleute, der Ministerialen, als gleichberechtigte Ritter auf. Die Ministerialen waren
seit der Zeit der Auseinandersetzungen des
Investiturstreits zwischen Kaiser Heinrich IV.
(1084–1106) und Papst Gregor VII. verstärkt
zum Reiterkriegsdienst herangezogen worden.
Sie vollzogen den Aufwertungsprozess des
Rittertitels mit, wodurch sie zu Seiteneinstei-
gern in den Adel wurden. Denn gegen Ende
des 13. Jahrhunderts schloss sich der Adel

endgültig gegen soziale Aufsteiger ab. Das Mindestkriterium für die Zugehörigkeit zum Adelsstand war ab dieser Zeit die Zugehörigkeit der Familie zum Ritterstand. Die Ministerialen waren damit die letzte ständische Gruppe, die über das Rittertum den Sprung in den Adel schaffte, womit sowohl Rittertum als auch Adel ihre mehr oder weniger endgültige Struktur erhielten. Daran sollte sich bis zur Zeitenwende nichts mehr ändern.

Ausbildung und Leben der Ritter

Im Jahre 1128 gelang dem jungen Grafen Gottfried (Geoffroy) von Anjou eine sensationelle Heirat. Er konnte die Witwe Kaiser Heinrichs V. (1111–1125) heimführen. Mathilde war die Tochter König Heinrichs I. von England (1100–1135). Da ihr Bruder beim Untergang des weißen Schiffes ums Leben gekommen war, sollte sie ihrem Vater auf den englischen Thron nachfolgen.

Ritter – Die „Handwerker" des Krieges

Der Altersunterschied der Brautleute war nach heutigen Gesichtspunkten bemerkenswert. Gottfried war 15 Jahre alt, Mathilde mit 26 schon verwitwet. Wohl der Jugend des Bräutigams wegen erhielt er kurz vor ihrer Verlobung im Jahre 1127 den Rittergürtel. Damit galt er nach mittelalterlichen Vorstellungen als volljährig.

Diese Zeremonie ist die erste ihrer Art, über die wir informiert sind. Der Bericht aus dem Jahre 1180 schildert eine kostspielige und prächtige Angelegenheit. Am Morgen badete Gottfried. Darauf wurden er und seine Gefährten, die ebenfalls die Ritterwürde erhalten sollten, kostbar eingekleidet. Nachdem sie der Gesellschaft vorgestellt worden waren, erhielten sie erlesene Waffen, und der Rest des Tages wurde mit Turnieren zugebracht. Zwar ist es zweifelhaft, ob im Jahre 1127 die Volljährigkeit des Grafen tatsächlich so aufwändig gefeiert wurde – zur Zeit der Abfassung des Berichtes gab es ein solches Protokoll aber ziemlich sicher. Was einen jungen Mann zum Ritter machte, ist nicht vollständig klar. Es lässt sich nur sagen, dass er sich so verhalten können musste, wie es seine Zeitgenossen von einem Ritter erwarteten. Diese Erwartungshaltung änderte sich über die Jahrhunderte ein wenig. Es gab auch regionale Besonderheiten. Eines blieb aber immer gleich: Er musste das Kriegshandwerk beherrschen, denn ein Ritter war in erster Linie immer ein Krieger.

EIN KÖNIG BEDANKT SICH PER HANDSCHLAG BEI SEINEN RITTERN FÜR DIE GELEISTETEN DIENSTE, DARSTELLUNG VON 1362 AUS DEM ROMAN „ROI MELIADUS DE LEONNOYS" VON HELIE DE BORRON, GESCHRIEBEN FÜR LUDWIG II., KÖNIG VON NEAPEL.

DIE RITTER ALS STÜTZEN DES CHRISTENTUMS UND ALS SEINE VERTEIDIGER GEGEN ALLE FEINDE AUS DIESER UND AUS ANDEREN WELTEN: AUF DIESER DARSTELLUNG AUS DEM 14. JAHRHUNDERT SIEHT MAN EINEN RITTER IN VOLLER RÜSTUNG UND MIT GEZOGENEM SCHWERT, DER LASTER, SÜNDEN UND KETZER IN FORM VERSCHIEDENER TEUFEL, DIE AUF IHN EINSTÜRMEN, BEKÄMPFT.

Das Ritterhandwerk will gelernt sein

Das Rittertum selbst war im eigentlichen Sinne kein Stand, es war mehr eine Würde, ein Ehrentitel, den sich jeder verdienen konnte, der von einem ritterlichen Geschlecht abstammte. Die Grenze des Ritterstandes blieb jedoch bis zum Ende des 13. Jahrhunderts durchlässig, sodass sich die ärmsten Ritter kaum von Bauern unterschieden. Ihre Ritterweihe hatte mit Sicherheit auch prosaischer ausgesehen als die des Grafen Gottfried von Anjou. Der arme Ritter lernte das „Handwerk" von seinem Vater und dessen Freunden. Es ging dabei wohl in der Hauptsache um die Bewirtschaftung des Hofes und den Kampf. Solche Höfe wurden als Gegenleistung für Kriegs- oder andere Dienste zu Lehen getragen. Der Ritteranwärter musste aber umso mehr lernen, je höher seine soziale Stellung war. Bedeutende Gefolgsmänner z.B.

von Bischöfen übernahmen in der Stadt ihres Herrn die verschiedensten Ämter. Sie sprachen als Richter Recht, überwachten den Zoll und die Münze und beaufsichtigten das Bauwesen. Im Kriegsfall waren sie die Hauptleute des bischöflichen Heerbanns oder blieben zu Hause und vertraten den Herrn. Oder sie sicherten als Vögte einer Burg das Territorium ihres Herrn gegen Übergriffe neidischer Nachbarn. Diese Pflichten waren Lehen, aus denen sie ihre Einkünfte bezogen. Das Lehen wurde an die Söhne weitervererbt, die von klein auf ihren Vätern zugeschaut hatten.

Bei den adligen Rittern mussten die Söhne die Verwaltung der Grundherrschaft erlernen. Welche Rechte besaß die Familie? Hatte sie lukrative Kirchenvogteien inne? Bewirtschaftete sie Zollstellen? Gab es einen Markt zu beaufsichtigen? Häufig wurden die Söhne als Knappen zu anderen Herren gegeben, um dort höfisches Verhalten zu erlernen. Zudem wurden so Freundschaften und Bündnisse zwischen Adelsfamilien gefestigt. Der spätere Kaiser Otto IV. (1209–1218) wuchs seit 1182 am englischen Königshof seines Onkels Richard I. Löwenherz auf und erhielt damit die beste Erziehung überhaupt. So änderte sich das Ausbildungspensum mit dem Stand. Neben die Kriegerausbildung traten mit der höheren sozialen Stellung immer mehr Kenntnisse und Fertigkeiten, die erworben werden mussten. Lesen und Schreiben gehörten jedoch nicht unbedingt dazu. Hartman von Aue, der Verfasser höfischer Romane, wies in einem

seiner Bücher eigens darauf hin, dass er lesen konnte. Es war für Ritter also keine selbstverständliche Kunst. Allerdings gab es in dieser Hinsicht in Europa ein Kulturgefälle. Während in England und Frankreich Lesen und Schreiben für Ritter längst selbstverständlich waren, kamen ihre deutschen Kollegen in aller Regel noch mit ein paar Brocken Latein aus. Gegen Ende des 13. Jahrhunderts hatten sich Lesen und Schreiben jedoch auch hier durchgesetzt. Es gab kein festes Alter, in dem ein junger Mann den Rittergürtel erhielt. Das war die übliche Aufnahmezeremonie in die Reihen

DARSTELLUNG EINER SZENE AUS DEM 4. KREUZZUG. EIN KÖNIG UND SEINE RITTER SCHLAFEN WÄHREND DER ÜBERFAHRT ÜBER DAS MITTELMEER. DER KÖNIG TRÄGT EIN KETTENHEMD UND SEINE KRONE, DIE RITTER TRAGEN IHRE KETTENHEMDEN. SEIT DEM DRITTEN KREUZZUG WAR MAN DAZU ÜBERGEGANGEN, DIE RITTERHEERE ZU VERSCHIFFEN UND AUF DEM SEEWEG IN DAS HEILIGE LAND ZU BRINGEN, DA ES BEI DEN ERSTEN BEIDEN KREUZZÜGEN AUF DEM LANDWEG BEREITS UNTERWEGS VIEL ZU HOHE VERLUSTE GEGEBEN HATTE. ENGLISCHE BUCHMALEREI AUS DEM JAHRE 1375.

der Ritter. Der Ritterschlag war wesentlich seltener. Frühestens wurde damit die Volljährigkeit bestätigt. Allerdings war die Ritterweihe kein Muss, um zum Adel zu gehören. Im Jahre 1235 erhielt Graf Raimund von der Provence erst im Alter von 50 Jahren den Rittergürtel verliehen. Fehlende Ritterwürde hinderte auch nicht an der Teilnahme an Kriegen. So ritt im Jahr 1262 Markus von Eckwersheim aus Straßburg, „ein junger Mann, der noch gar nicht zum Ritter gemacht war", den ersten Angriff auf eine feindliche Truppe in ritterlicher Manier.

Guter Dienst wurde gut bezahlt

Das soziale Gefälle innerhalb der Ritterschaft kam nicht nur in der Erziehung des ritterlichen Nachwuchses zum Ausdruck. Gerade für die weniger begüterten Ritter war ihr Dienst manchmal eine finanzielle Herausforderung. Besonders die häufigen Romzüge der deutschen Herrscher waren für die Teilnehmer kostspielig. Viele konnten von ihrem Lehen gerade den Lebensunterhalt und die Kosten der Bewaffnung bestreiten. Ein Zug nach Italien überstieg ihre wirtschaftliche Leistungs-

KRIEGSALLTAG DER RITTER: EINE LAGERSZENE AUS DEM 13. JAHRHUNDERT. MIT HILFE VON SEILEN ERRICHTEN EINIGE MÄNNER AUF DER LINKEN BILDSEITE EIN GROSSES ZELT, WÄHREND EIN ANDERER MANN ZUR BEFESTIGUNG HERINGE IN DEN BODEN HÄMMERT. WÄHRENDDESSEN VERLASSEN AUF DER RECHTEN BILDHÄLFTE RITTER IN VOLLER RÜSTUNG UND MIT GEZOGENEN SCHWERTERN DAS LAGER, UM IN DIE SCHLACHT ZU ZIEHEN. FRANZÖSISCHE BUCHMALEREI AUS DEM HELDENEPOS „DAS ROLANDSLIED".

TRAINING FÜR DEN RITTERSTAND UND DEN MILITÄRDIENST: AUF DIESER DARSTELLUNG AUS DEM FRÜHEN 14. JAHRHUNDERT SIEHT MAN IN DER MITTE EINEN MANN IN RÜSTUNG MIT ERHOBENEM SCHILD, WIE ER MIT SEINEM SCHWERT AUF EINEN PFOSTEN EINSCHLÄGT. DERWEIL NIMMT DER KAISER AUF DER LINKEN BILDSEITE VON EINEM AUTOR EIN BUCH ENTGEGEN. AUF DER RECHTEN BILDSEITE STEIGT EIN RITTER AUF SEIN PFERD.

kraft bei weitem. Es lag aber im Interesse der großen Herren, den Herrscher mit möglichst eindrucksvollem Gefolge zu begleiten. Deshalb griffen sie in einem solchen Fall ihren ärmeren Gefolgsleuten unter die Arme. Eindrucksvoll zeigt das ein Kölner Dienstrecht aus der zweiten Hälfte des 12. Jahrhunderts. In ihm legte der Erzbischof fest, wer seiner Ritter überhaupt zur Romfahrt verpflichtet ist, wenn der König ruft. Wer mehr als fünf Mark jährlich vom Erzbischof an Einkünften bezog, musste diesen auf die Italienfahrt begleiten. Dieser Betrag war ein kleines Vermögen, für

und spendierte jedem noch 40 Ellen Scharlachtuch. Je zwei Ritter bekamen ein Packpferd samt Zubehör gestellt. Gelangte man an die Alpen, stand jedem Ritter monatlich eine weitere Mark zu. Auch für einen so mächtigen Herrn wie den Kölner Erzbischof Rainald von Dassel (1159–1167) summierten sich solche Kosten in Schwindel erregende Höhen. Er konnte zwar im Jahre 1162 das ungeheuer wohlhabende Mailand einnehmen und plündern, die Schulden aber, die er für sein Gefolge gemacht hatte, zahlten noch seine Nachfolger. Da war es nur ein schwacher Trost, dass die

einen Ritter allerdings nicht üppig. Ritter, die weniger hatten, zahlten eine Heersteuer und blieben zu Hause. Denen, die ziehen mussten, zahlte der Erzbischof jeweils 10 Mark (also das Doppelte des Mindestjahreseinkommens!)

Gebeine der Heiligen Drei Könige aus Mailand nach Köln überführt wurden. Diese Zahlen machen klar, dass die sorgenlosen Ritter der Artus-Romane eine Minderheit innerhalb des Rittertums darstellten.

Arbeitslose Ritter?

Weitaus zahlreicher waren die Ritter, die gerade die Kosten für eine standesgemäße Lebensführung decken konnten. Sie waren auch von Arbeitslosigkeit bedroht. Im norddeutschen Raum erbte nur der älteste Sohn Lehen und Besitz. Jüngere Söhne mussten sich ihren Lebensunterhalt selbst suchen. Das schon erwähnte Kölner Dienstrecht räumt einem solchen jungen Vasallen eine Probezeit von einem Jahr im Dienst des Erzbischofs ein. Sollte der Erzbischof danach Verwendung für den Bewerber haben, war es gut. Wenn nicht, stand es diesem frei, sich einen anderen Herrn oder Lebensunterhalt zu suchen. Er durfte dabei lediglich Kölner Eigentum nicht mit Raub oder Brand überziehen. Allerdings ist es nicht wahrscheinlich, dass ein herrenloser Ritter die Ritterweihe erhielt. Diese erforderte ja ein gewisses Zeremoniell, das sich nur begüterte Anwärter leisten konnten. Es konnte auch ein Herr Gefallen an einem Bewerber finden und ihn fördern. So blieb der Ritterschaft der Charakter der Auszeichnung erhalten. Ohne Aussicht auf Ritterweihe war man nur ein Kämpfer, als Ritter gehörte man zu denen, die es geschafft hatten. Ab dem Beginn des 13. Jahrhunderts gelangten zunehmend auch die städtischen Patrizier zu Ritterehren. Ständisch waren sie den besseren Vasallen der großen Herren ebenbürtig. Die Städte forderten sogar Wehrhaftigkeit von ihren Bürgern ein, wobei die Wohlhabenden sich häufig rittergemäß auszurüsten hatten. Gleichzeitig wurde die Stadt auch als „Zweitwohnsitz" für den Adel und die Ritter der Umgebung interessant. Ein Haus in der Stadt war auf jeden Fall wohnlicher als eine zugige Burg. Diese wurden mehr und mehr den besoldeten Burgbesatzungen überlassen. Die Kosten für den Erwerb des Rittergürtels stiegen gegen Ende des Hochmittelalters stark an. Deshalb war es sozialen Aufsteigern kaum noch möglich, sich über das Rittertum dem Adel anzugleichen. Dieser schloss sich

gleichzeitig gegen solche Aufsteiger ab, indem die Zugehörigkeit zu einem ritterlichen Geschlecht als Mindestanforderung für den adligen Stand rechtsverbindlich wurde.

KÄMPFENDE RITTER MIT GESCHLOSSE-NEN HELMVISIEREN ZUM BESSEREN SCHUTZ DES GESICHTS VOR DEN SPITZEN LANZEN. ENGLISCHE BUCHMALEREI AUS DEM SPÄTEN 14. JAHRHUNDERT.

Minnesang – Der ideale Liebesdienst

Die Minne stellt eines der vielschichtigsten und für uns am schwersten verständlichen Konzepte des mittelalterlichen Menschenbildes dar. Entscheidendes Merkmal der Minne war gerade der bewusste Verzicht auf den tatsächlichen Liebesvollzug. Gleichzeitig musste der Ritter durch ständigen Dienst seiner Dame beweisen, dass er ihrer würdig war. Sie hingegen durfte ihn keinesfalls erhören, um ihrerseits seiner Minne würdig zu bleiben. Diese gedankliche Konstruktion des Ideals und der darin angelegte Verzicht auf Erfüllung überrascht.

Das Ideal des Verzichts

Nun gilt das Mittelalter nicht gerade als eine Zeit des freiwilligen Triebverzichts. So ist das Minneideal als stilisierte gesellschaftliche Konvention zu sehen, die auf höfischen Festen von der Gesellschaft inszeniert wurde. Die Höfe des Adels „spielten" Minne, gelebt wurde sie jedoch nicht. Dennoch leistete das Minneideal seinen Beitrag zur Verfeinerung des Umgangs, der zumindest bei besonderen Gelegenheiten Regeln unterworfen wurde. Zudem gab es den Frauen einen zentralen Platz im höfischen Miteinander. Ihren Ausdruck fand die Minne einmal in den höfischen Ritterromanen, die häufig vom Hof König Artus' berichteten. Die eigentliche Gattung, um Minne zu feiern, war jedoch der Minnesang. Liebe war zwar immer das Thema des Minnesangs, doch sie musste dem Minneideal getreu unerfüllt bleiben. Liebe, der man sich hingab, war keine Minne mehr, sondern nur noch prosaische Erfüllung des Verlangens. Die Entwicklung des Minnesangs ist nicht von der des Ritterideals zu trennen, denn Ritter waren sowohl die Künstler als auch das Publikum.

Eine schwierige Kunstform

Im deutschsprachigen Raum findet sich der Minnesang ab etwa 1150. Minnesänger waren jedoch keinesfalls Schreiber von Liebesliedern, wie wir sie heute im Radio hören. Die komplizierte sprachliche Struktur und die Ansprüche des Publikums setzten bei den Sängern eine enorme Bildung und Sprachgeschicklichkeit voraus. Beides brachten in aller Regel nur Mitglieder des Adels oder des Rittertums mit. Der Minnesang war also eine Kunstform, die von Rittern für Ritter geübt wurde. So gab es neben Minnesängern, die von ihrer Kunst leben mussten, auch eine Vielzahl wohlhabender Adliger, deren Lieder den Vergleich mit den „Profis" nicht zu scheuen brauchten. Minnesang gehörte einfach dazu, wollte man zur „guten Gesellschaft" zählen. Aber genau wie Künstler unserer Tage waren die Minnesänger auf das Wohlwollen des Publikums angewiesen. Und dieses äußerte seine Begeisterung oder sein Missfallen unmittelbar. Denn Minnesang war eine Vortragskunst: Es standen nicht wie heute Tonträger zur Verfügung, der Sänger musste seinem Publikum „live" gegenübertreten. Gefiel sein Vortrag, wurde er bezahlt; wenn nicht – nun, dann wünschte sich der Sänger, er hätte gefallen. Der professionelle Minnesänger wurde dann nicht weiterbeschäftigt, der „Amateur" verspottet. Und da Minnesang eine höfische Kunst war, deren komplizierte Regeln den adligen und auch gebildeten Zuhörern bestens vertraut waren, war das Publikum auch fachkundig.

Auch Kaiser Heinrich VI. (1191–1197) verfasste Minnelieder. Sie gelten zwar nur als mittelmäßig, dennoch lässt sich gerade deshalb an ihnen die Kunst abschätzen, die ein wirklich berühmter Minnesänger produziert haben musste. Für einen Sänger, der seinen Unterhalt allein mit seinen Liedern bestreiten musste, war dies also mit Sicherheit nicht einfach. Sie mussten standesgemäß auftreten, sodass sie in die Szenerie eines höfischen Festes passten. Aus Inventarlisten und Rechnungsbüchern wissen wir, dass gerade höfische Kleidung ziemlich teuer war. Viele Minnesänger standen deshalb im Dienst eines Mäzens. Dieser finanzierte sie für die Zeit, in der sie ihn unterhielten.

Ein berühmter Minnesänger – Walther von der Vogelweide

So tauchte Walther von der Vogelweide (um 1170 bis um 1230), der schon seinen Zeitgenossen im 13. Jahrhundert als einer der Besten galt, in den Rechnungsbüchern des Erzbischofs von Salzburg auf. Der machte dem Dichter ein Geldgeschenk zum Erwerb eines Pelzmantels. Allerdings können selbst Walthers Einkünfte nicht gerade regelmäßig geflossen sein. Deshalb suchte er Anschluss an die jeweiligen Könige und Kaiser, wobei seine Vorliebe den Staufern galt. Für diese schrieb er auch spitzzüngige Propaganda-

EIN MITTELALTERLICHER RITTER HATTE VIELE AUFGABEN. NEBEN DEM WAFFENDIENST AN SEINEM HERRN MUSSTE ER SICH AUCH NOCH DER MINNE WIDMEN, DEM VON VORNHEREIN DER AUSSICHTSLOSIGKEIT PREISGEGEBENEN UND AUF VERZICHT ANGELEGTEN LIEBESDIENST AN EINER DAME SEINES HERZENS. DIE PFLICHT ZUM MINNEDIENST GING BIS IN DIE HÖCHSTEN ADELSKREISE. AUF DIESER ENGLISCHEN BUCHMALEREI AUS DEM 14. JAHRHUNDERT SIEHT MAN EINEN RITTER MIT EINER KRONE – MÖGLICHERWEISE EINEN HERRSCHER –, DER MIT SEINER DAME BACKGAMMON SPIELT.

GEGENÜBERLIEGENDE SEITE: DER MINNESÄNGER WALTHER VON DER VOGELWEIDE WAR EIN ECHTER „POP-STAR" DES MITTELALTERS. DASS SEINE LIEDER SEHR POPULÄR WAREN, ZEIGT SEIN BILD IN DER „MANESSISCHEN LIEDERHANDSCHRIFT". WALTHER WIRD DARGESTELLT, WIE ER DIE HALTUNG EINNIMMT, DIE ER IN EINEM SEINER BEKANNTEN LIEDER SCHILDERT: AUF EINEM STEIN SITZEND, DIE BEINE ÜBEREINANDER GESCHLAGEN UND DEN KOPF IN EINE HAND GESTÜTZT, WIRKT ER GEDANKENVERLOREN. DAS DECKT SICH BIS INS DETAIL MIT DEM ENT-SPRECHENDEN LIEDTEXT. WIR KÖNNEN ALSO DAVON AUSGEHEN, MIT „ICH SASS AUF EINEM STEINE …" EINEN TATSÄCHLICHEN „HIT" DES MITTEL-ALTERS VOR UNS ZU HABEN. BUCHMALEREI, ZÜRICH UM 1340, AUS DEM „CODEX MANESSE".

DIE VORLIEBE FÜR MINNELIEDER GING BIS IN HÖCHSTE KREISE, SO VERFASSTE AUCH KAISER HEINRICH VI. MINNELIEDER. FÜR EINEN SÄNGER, DER SEINEN UNTERHALT ALLEIN MIT SEINEN LIEDERN BESTREITEN MUSSTE, WAR DIES NICHT EINFACH. ER MUSSTE STANDESGEMÄSS AUFTRETEN, SODASS ER IN DIE SZENERIE EINES HÖFISCHEN FESTES PASSTE. VIELE MINNESÄNGER STANDEN DESHALB IM DIENSTE EINES MÄZENS. DIESER FINANZIERTE SIE FÜR DIE ZEIT, IN DER SIE IHN UNTERHIELTEN. AUF DIESER FRAN-ZÖSISCHEN BUCHMALEREI AUS DEM 13. JAHRHUNDERT TRÄGT DER FRAN-ZÖSISCHE MENESTREL (MINNESÄNGER) ADENET LE ROI DER KÖNIGIN MARIA VON FRANKREICH SEINE DICHTUNG „CLEOMADES" VOR.

lieder, als sie mit dem Welfen Otto um den Thron stritten. Als dieser nach dem Tod seines staufischen Konkurrenten Philipp König wurde, arbeitete Walther zwar für ihn, doch kaum wurde Otto IV. von Philipps Neffen Friedrich II. verdrängt, wechselte der Sänger die Seiten und goss all seinen dichterischen Spott über den geizigen Otto aus. Friedrich II. dankte es Walther mit dem lang ersehnten Lehen, für das dieser sich mit begeisterten Versen bedankte. Auch die besten Minnesänger mussten schließlich von etwas leben. Dabei nutzte es ihm – und natürlich allen anderen Minnesängern – nichts, wenn seine bekanntesten Lieder überall gesungen wurden. Denn Urheberrechte sind eine Erfindung neuerer Tage. Dass gerade Walthers Lieder sehr populär waren, zeigt sein Bild in der Manessischen Liederhandschrift. Walther wird dargestellt, wie er die Haltung einnimmt, die er in einem seiner bekannten Lieder schildert: Auf einem Stein sitzend, die Beine übereinander geschlagen und den Kopf in eine Hand gestützt, wirkt er gedankenverloren. Das deckt sich bis ins Detail mit dem entsprechenden Liedtext. Der Illustrator muss dieses also nicht nur gekannt haben. Er wusste wohl auch, dass die Leser der Handschrift – und auch die, die nur die Bilder betrachten konnten, weil sie nicht lesen konnten – seine Anspielung verstehen und direkt an das betreffende Lied denken würden. Wir können also davon ausgehen, mit „Ich saß auf einem Steine …" einen tatsächlichen „Hit" des Mittelalters vor uns zu haben. Walther von der Vogelweide markiert andererseits jedoch auch schon wieder die Durchbrechung der höfischen Minnelyrik, denn bei ihm kann Liebe ihre Erfüllung finden, ohne ihren Reiz zu verlieren. Vielleicht war ja gerade das einer der Gründe seiner Popularität: die bewusste und kunstvolle Überschreitung der Genregrenzen, die ihm ein größeres Publikum sicherte.

höfisches Leben im Hohen Mittelalter

Der Hof: Das waren prächtige Feste, auf denen sich die Adelsgesellschaft in ihrer ganzen Pracht zeigen konnte. Da gab es Essen im Überfluss, unerhörte Köstlichkeiten aus fernen Ländern. Musiker spielten zum Tanz auf und Sänger priesen ihre Damen. Den hohen Frauen wurde aber noch viel handfester gehuldigt: im Turnier, das sie gespannt von Balkonen, Fenstern oder eigens errichteten Tribünen verfolgten. Die Sitten waren verfeinert, man benahm sich „höfisch", woraus unser heutiges Wort „hübsch" wurde. Höfisch war alles, was nicht nach Bauern oder Landwirtschaft roch.

DARSTELLUNG EINES FRÜHEN RITTERTURNIERS. DIESE ERSTEN RITTERTURNIERE WAREN EIN WAHLLOSES HAUEN UND STECHEN UND GLICHEN EHER EINER SCHLACHT ALS EINER SPORTLICHEN AUSEINANDERSETZUNG, WIE MAN LEICHT AN DEM GETÖTETEN RITTER UND DEM DANEBEN AM BODEN LIEGENDEN EINZELNEN ABGETRENNTEN ARM ERKENNEN KANN. ENGLISCHE BUCHMALEREI VON 1300.

Der Adel zwischen Alltag und Fest

Die Zurschaustellung des höfischen Ideals bei Zusammenkünften und Festen des Adels war jedoch beileibe nicht der adlige Alltag. Seine Einkünfte bezog der Adlige hauptsächlich aus dem Grundertrag. Er musste also seinen Besitz verwalten, gelegentlich eine Fehde führen oder in den Krieg ziehen. Feste waren die Ausnahmen. Um sie häufig durchzuführen, waren die großen Festveranstaltungen einfach zu teuer. Nicht nur der Gastgeber musste darauf achten, seine Gäste höfisch zu bewirten. Diese mussten auch höfisch erscheinen. Allein die kostbaren Garderoben dürften Vermögen verschlungen haben. Als Kaiser Friedrich III. (1452–1493) im 15. Jahrhundert einmal zu einem Treffen mit dem Burgunderherzog Karl „dem Kühnen" (1467–1477) nach Trier einzog, konnten sich die Chronisten nicht genug über die Pracht und die Erlesenheit seines Mantels wundern. Dieses ostentative Zeigen von Reichtum hatte aber auch eine praktische Seite. Man sah sofort, wie viel Geld man dem Betreffenden ohne Sorge leihen konnte. Kostbare Kleidung und Ausstattung waren fast so etwas wie die „Kreditkarten" des Mittelalters.

Die gepflegte höfische Unterhaltung

Die mittelalterlichen Quellen berichten hauptsächlich von Großereignissen wie dem Mainzer Hoffest von 1184, auf dem Kaiser

Friedrich I. Barbarossa seinen Söhnen Heinrich und Friedrich den Rittergürtel verlieh, womit sie in die Reihen der Ritter aufgenommen wurden. Von kleineren, eher privaten Veranstaltungen wird hingegen kaum jemals erzählt. Dennoch hat es auch adlige „Nachbarschaftstreffen" gegeben, denn Bindungen und Freundschaften waren wichtig. Auch diese Feste im kleinen Rahmen standen im Zeichen des höfischen Umgangs. Es wurden selbst gedichtete oder bekannte Lieder vorgetragen; vielleicht besaß der Gastgeber sogar ein Buch, aus dem eine der Damen oder ein Kleriker der Gesellschaft vorlesen konnte. War der Gastgeber reich genug, konnte er sich möglicherweise selbst einen Artus-Roman schreiben lassen. Geschichten um den keltischen Sagenkönig wurden gegen Ende des 12. Jahrhunderts ungeheuer populär. Viele Autoren ließen sich im Auftrag ihrer Geldgeber von den Rittern der Tafelrunde inspirieren. Auch auf das Publikum blieben die Geschichten nicht ohne Wirkung. Ulrich von Lichtenstein (um 1200 bis 1275) berichtet von einer Ritterfahrt, die er als König Artus verkleidet durchgeführt hätte. Leider hatte er eine Neigung zum Flunkern, sodass wir nicht wissen, inwieweit das stimmt. Sein Publikum hat ihn aber sicher gerne davon erzählen gehört. Ein herausragender Artus-Roman war der „Parzival" von Wolfram von Eschenbach (um 1170 bis

1220). Der Graf von Pfirt im Sundgau/Oberelsass und sein Hof waren gegen Ende des 13. Jahrhunderts von der Geschichte des ritterlichen Narren, der Gralskönig wurde, wohl sehr beeindruckt. Jedenfalls nannte er seine Tochter nach der Mutter Parzivals Herzelaude.

Spannung für alle – Das Turnier

Der spektakulärste Ausdruck höfischer Lebensführung war das Turnier. Als Zuschauer konnte hier auch das gemeine Volk teilnehmen. Im Ursprung war das Turnier ein Kampfspiel, das der Vorbereitung auf den Krieg diente. Mit der Ausbildung des Ritterethos wurden jedoch Regeln eingeführt, die es zu beachten galt. Es war eine Massenveranstaltung, bei der zwei Ritterparteien gegeneinander kämpften, bis eine unterlag. Neben dieser Hauptveranstaltung gab es auch Einzelstechen, die so genannten Tjoste. Sie wurden von den Rittern unabhängig vom Turnier vereinbart und durchgeführt. Sowohl beim Turnier als auch beim Tjost gehörten die Waffen und das Pferd des Verlierers dem Sieger. Rüstung und Kriegspferde waren jedoch außerordentlich teuer, sodass ein verlorener Waffengang eine schlimme finanzielle Belastung darstellen konnte. So mancher Ritter hat sich so ruiniert. Andere, wie etwa William Marshall im 12. Jahrhundert, machten damit ein Ver-

HÖFISCHE ERBAUUNG: ZWEI MÄNNER SPIELEN EIN SPIEL VOR EINER BURG. DIE BEIDEN SCHEINEN EINE ART HOCKEY ZU SPIELEN, WÄHREND IHNEN VON DER NAHE GELEGENEN BURG VERSCHIEDENE PERSONEN ZUSCHAUEN. DIE ZURSCHAUSTELLUNG DES HÖFISCHEN IDEALS BEI ZUSAMMENKÜNFTEN UND FESTEN DES ADELS WAR JEDOCH BEILEIBE NICHT DER ADLIGE ALLTAG. DA DER ADLIGE SEINE EINKÜNFTE HAUPTSÄCHLICH AUS DEM GRUNDERTRAG BEZOG, MUSSTE ER VOR ALLEM SEINEN BESITZ VERWALTEN, GELEGENTLICH EINE FEHDE FÜHREN ODER IN DEN KRIEG ZIEHEN. FESTE WAREN EHER DIE AUSNAHMEN. UM SIE HÄUFIG DURCHZUFÜHREN, WAREN DIE GROSSEN FESTVERANSTALTUNGEN EINFACH ZU TEUER. BUCHMALEREI, UM 1350.

Die meisten Feste standen im
Zeichen des höfischen Umgangs.
Oft trug man selbst gedichtete
oder bekannte Lieder vor; gelegentlich las eine der Damen
oder ein Kleriker der Gesellschaft sogar ein Buch vor, falls
der Gastgeber denn eines besaß.
Heldengeschichten wurden
gegen Ende des 12. Jahrhunderts
ungeheuer populär. Viele Autoren
ließen sich im Auftrag ihrer
Geldgeber von den Rittern der
Tafelrunde oder anderen helden-
haften Rittern inspirieren. Auch
auf das Publikum blieben die
Geschichten nicht ohne Wirkung.
Gerne wurde auch die Geschichte
des Heiligen Georg vorgetragen.
Dessen Heldentat findet sich
auch auf der englischen Buchmalerei aus dem 14. Jahrhundert.
Dargestellt ist ein Ritter in voller
Rüstung, wahrscheinlich der
Heilige Georg, der einen Drachen
tötet. Eine von Furcht erfüllte
Dame im Hintergrund hebt
dankbar ihre Hände.

mögen. William Marshall stieg sogar zum Earl of Pembroke auf und wurde von 1216–1219 Regent von England.

Auf Turnieren traf sich Arm und Reich. Die Kirche sah die Veranstaltungen mit Misstrauen, dienten sie doch eitlem Vergnügen oder Prahlerei. Auf jeden Fall wechselten große Geldmengen im Laufe des Turniers die Besitzer. Spielleute, Gaukler und Berufsherolde mussten bezahlt werden. Teurer als

Kreuzzugspredigten, denn hier traf er genau das richtige Publikum. Höfische Feste waren so einerseits die „Selbstvergewisserung" des adligen Standes, denn wer es sich finanziell leisten konnte und auch die richtigen Umgangsformen hatte, gehörte dazu. Das mag sehr informell scheinen, doch die notwendigen Kenntnisse und Fertigkeiten setzten eine lange und sehr sorgfältige Erziehung voraus. Auf der andern Seite zeigte

OHNE MINNESANG WAR EIN HÖFISCHES FEST IM HOCHMITTELALTER UNDENKBAR. NEBEN DEN „PROFIS" GAB ES NOCH EINE GANZE REIHE VON ADLIGEN, DIE SICH EBENFALLS IN DER DICHTUNG UND IM VORTRAG VON MINNELIEDERN VERSUCHTEN. MINNESANG GEHÖRTE EINFACH DAZU, WOLLTE MAN ZUR „GUTEN GESELLSCHAFT" ZÄHLEN. WIE KÜNSTLER UNSERER TAGE WAREN DIE MINNESÄNGER AUF DAS WOHLWOLLEN DES PUBLIKUMS ANGEWIESEN. UND DIESES ÄUSSERTE SEINE BEGEISTERUNG ODER SEIN MISSFALLEN UNMITTELBAR, DENN MINNESANG WAR EINE VORTRAGSKUNST. DA MINNESANG EINE HÖFISCHE KUNST WAR, DEREN KOMPLIZIERTE REGELN DEN ADLIGEN UND AUCH GEBILDETEN ZUHÖRERN BESTENS VERTRAUT WAREN, WAR DAS PUBLIKUM MEIST FACHKUNDIG. TEILWEISE KAM ES ZU REGELRECHTEN WETTKÄMPFEN UM DIE GUNST DES PUBLIKUMS, WIE DIE BUCHMALEREI „DER SÄNGERKRIEG AUF DER WARTBURG" AUS DER GROSSEN HEIDELBERGER LIEDERHANDSCHRIFT „CODEX MANESSE" DARSTELLT. IN DER MITTE DER SIEBEN SÄNGER IST WALTHER VON DER VOGELWEIDE MIT EINER KRONE ALS „SÄNGERKÖNIG" ZU SEHEN.

diese waren die Dienste professioneller Minnesänger. Bauern verdienten an der Versorgung der Turniergesellschaft mit Lebensmitteln, und Händler boten ihre Luxusgüter feil. Große Herren machten ihren erfolgreichen Rittern Geschenke. Die Ritter beschenkten ihre Damen. Waffen- und Rüstungsschmiede reparierten beschädigte Ausrüstung und Schwertfeger hielten die Schwerter instand. Möglicherweise hielt inmitten dieses bunten Getümmels noch ein Dominikanerbruder

der Adel dem Volk, was die soziale Grenzlinie ausmachte. Ein Großteil der Turnierbesucher konnte kaum davon träumen, ein Pferd zu besitzen, geschweige denn eine Rüstung. Zudem erfüllten die Feste noch eine wichtige Funktion in der Herrschaftsausübung, denn auf ihnen konnten Könige und andere Herren ihre Vasallen versammeln, um Politik zu machen. Die fröhliche Stimmung eines Turniers bot dafür genau den richtigen Rahmen.

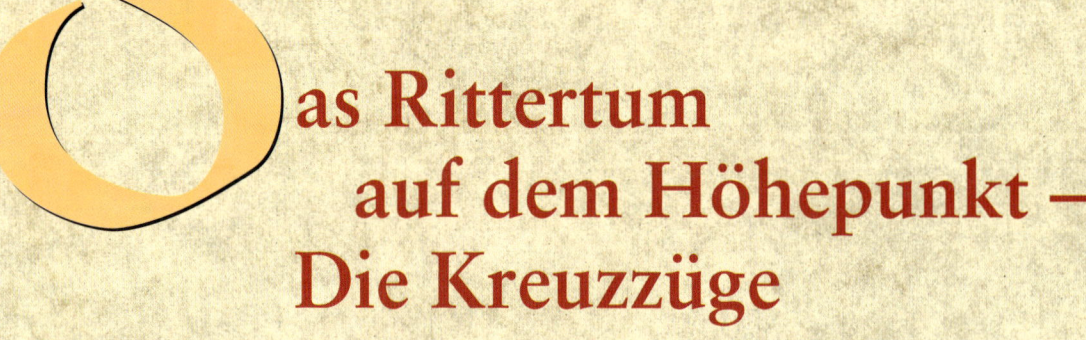

Das Rittertum auf dem Höhepunkt – Die Kreuzzüge

AUF DEM 4. KREUZZUG MACHTEN
DIE RITTERHEERE KAUM EINEN
UNTERSCHIED ZWISCHEN DEM HEIDNI-
SCHEN FEIND IM HEILIGEN LAND UND
DEN CHRISTLICHEN STÄDTEN, DIE AUF
DEM WEG DORTHIN LAGEN. DAR-
STELLUNG DER EROBERUNG EINER
CHRISTLICHEN BURG, ENGLISCHE
BUCHMALEREI, UM 1250. RITTER IN
VOLLER RÜSTUNG ATTACKIEREN DIE
BURG, WÄHREND ANDERE, GESCHÜTZT
DURCH DIE ALLGEMEINE AUFREGUNG,
EINEN WEG UNTER DEN MAUERN
HINDURCH GRABEN.

Das Byzantinische Reich hatte Europa jahrhundertelang gegen das Vordringen islamischer Herrscher abgeschirmt. Im Jahre 1071 ereilte die Byzantiner bei Mantzikert in Ostanatolien jedoch eine Katastrophe: Ihr Heer wurde vernichtend von den Seldschuken geschlagen.

Die Idee der Kreuzzüge

Das Reich am Bosporus sah sich einer existenzbedrohenden Gefahr ausgesetzt. Im Jahr 1095 bat schließlich der byzantinische Kaiser Alexios I. (1081–1118) Papst Urban II. (1088–1099) um Hilfe für das bedrohte Christentum im Osten. Der Papst rief daraufhin die christlichen Ritter noch im selben Jahr zu einer bewaffneten Pilgerfahrt nach Jerusalem auf.

Sein Aufruf richtete sich jedoch nicht an die europäischen Herrscher, denn den Ruhm für diese christliche Tat wollte der Papst alleine erringen – der als Pilgerfahrt gedachte Kampf gegen die Seldschuken und Araber war ein rein „kirchlicher" Feldzug mit freiwilligen Rittern. Papst Urban II. konnte aber auch zahlreiche europäische Fürsten für sein Vorhaben gewinnen, als er am 26. November 1095 in der Synode von Clermont für den „Marsch auf Jerusalem" warb. Mit den Worten „Deus lo vult" („Gott will es") und einem weißen Kreuz als Symbol und Zeichen rief er die römisch-katholischen Christen auf, nach Jerusalem zu ziehen und das Heilige Land zu erobern. Dabei verbanden sich zwei Momente zum Kreuzzugsgedanken: die Pilgerfahrt als geistige Reinigung und Bußübung sowie der Kampf gegen die Heiden. Pilgerfahrten zu den heiligen Stätten nach Palästina hatten eine lange Tradition und wurden jetzt zunehmend von den moslemischen Seldschuken behindert – das entscheidende Neue war, dass sie nun schwer bewaffnet stattfinden sollten.

Begeisterung für die christliche „Mission"

Der Aufruf des Papstes begeisterte nicht nur die kriegerischen Ritter, sondern löste ein Massenphänomen aus. Das Versprechen der Sündenvergebung und wohl auch die Hoffnung auf materiellen Gewinn zogen alle Schichten in ihren Bann. Durch Kreuze auf der Kleidung kenntlich gemacht, zogen zusammengewürfelte Kontingente nach Süden. In der religiös aufgeheizten Atmosphäre kam es zu hysterischen Ausbrüchen von Judenhass. In diesen wurden die Mitglieder so blühender jüdischer Gemeinden wie Mainz, Worms und Speyer fast vollzählig umgebracht. Ihr Eigentum wurde zur Beute der entfesselten Kreuzfahrer, die es für ihre weitere Fahrt nutzten. Selbst die Bischöfe waren nicht in der Lage, die jüdische Bevölkerung zu schützen. Diese unorganisierten Kreuzfahrer machten sich im Jahre 1096 unter der Führung des Eremiten Peter von Amiens auf den Weg ins Heilige Land. Dabei hinterließ dieser chaotische Zug von bewaffneten Christen eine Spur der Verwüstung auf seinem Weg, der ihn jedoch nicht nach Jerusalem brachte, da er unterwegs von kriegerischen Bulgaren und Seldschuken vernichtet wurde.

Die besser geordneten Ritterheere gelangten dagegen aufgrund ihrer Disziplin und Kampfkraft nach Jerusalem, besiegten dort die völlig überraschten und untereinander zerstrittenen Moslems und errichteten sechs Kreuzfahrerstaaten. Der bedeutendste war das Königreich Jerusalem, dessen erster König Balduin I. (1110–1118) wurde. Im Heiligen Land schließlich kam es zur Gründung der drei geistlichen Ritterorden. Den Johannitern im Jahre 1099 folgten die Templer im Jahre 1120 und 1198 der Deutsche Orden. Die bislang ungekannte Verbindung von Mönchs- und Ritterideal ließ diese Orden bald unentbehrlich für die Verwaltung und den Schutz der eroberten Gebiete werden. Durch Schenkungen und Privilegien reich ausgestattet, entfalteten sie bald Aktivitäten in ganz Europa.

Kaiser und Könige nehmen das Kreuz

Die muslimischen Staaten überwanden jedoch rasch ihre Handlungsunfähigkeit, die einen Großteil zum Erfolg des ersten Kreuzzuges beigetragen hatte. Sie erhöhten den militärischen Druck auf die neu entstandenen

und übernahmen die Organisation des zweiten Zuges. Allerdings war dem Stauferkönig Konrad III. (1138–1152) und König Ludwig VII. von Frankreich (1137–1180) kein Erfolg beschieden. Ihre Heere wurden dezimiert, und nur ein kleiner Teil erreichte 1149 Jerusalem, das durch Sultan Saladin (1175–1193) im Jahre 1187 zurückgewon-

ANGRIFF AUF EINE VON SARAZENEN GEHALTENE STADT. DIE CHRISTLICHEN RITTER BRINGEN SCHWERE WURFGESCHÜTZE IN STELLUNG, MIT DENEN SIE WURFGESCHOSSE WIE SCHWERE STEINE ODER BRENNENDE PECHLADUNGEN ÜBER DIE FESTUNGSMAUERN AUF DIE VERTEIDIGER SCHLEUDERN KONNTEN. WÄHREND DIE VERTEIDIGER DADURCH IN IHRER AUFMERKSAMKEIT GEFESSELT WAREN, KONNTEN ANDERE, MIT GRABINSTRUMENTEN AUSGERÜSTETE SOLDATEN VERSUCHEN, DIE FESTUNGSMAUERN ZU UNTERHÖHLEN UND DURCH EINEN UNTERIRDISCHEN GANG IN DIE FESTUNG EINZUDRINGEN. ENGLISCHE BUCHMALEREI AUS DER MITTE DES 14. JAHRHUNDERTS.

christlichen Gemeinwesen, sodass bald der Ruf nach militärischer Sicherung des Erreichten laut wurde. Einer der eifrigsten Kreuzzugsprediger des beginnenden 12. Jahrhunderts war Bernhard von Clairvaux (1091 bis 1153), der europaweit erneut die Kreuzzugsbegeisterung wecken konnte. Nun aber waren auch die Herrscher mit von der Partie

nen werden konnte. Daran konnte auch der dritte Kreuzzug nichts ändern, der von Kaiser Friedrich I. Barbarossa (1155–1190) angeführt wurde. Schon ein Jahr nach dem Aufbruch ertrank Barbarossa 1190 im kleinasiatischen Fluss Salef, ohne das Heilige Land erreicht zu haben – ein „Badeunfall" mit historischer Dimension. Die Heere unter

Richard I. Löwenherz (1189–1199) und Philipp II. von Frankreich (1180–1223) konnten lediglich Akkon erobern und Saladin Zugeständnisse zum Besuch der heiligen Stätten abringen.

Die Kreuzzüge wenden sich gegen Christen

Mit dem Beginn des 13. Jahrhunderts wurde die Kreuzzugsidee für die Durchsetzung machtpolitischer Ziele in Europa entdeckt. Besonders beschämend wirkt hier der vierte Kreuzzug, der sich nicht gegen Moslems im Vorderen Orient richtete, sondern gegen das griechisch-orthodoxe Byzanz. In einer unseligen Allianz verbanden sich Papst Innozenz III. (1198–1216), der byzantinische Thronbewerber Alexios, das Kreuzfahrerheer und die Mittelmeermacht Venedig. Gleichsam zum Auftakt wurde zunächst die christliche Stadt Zara (heute Zadar/Kroatien), die damals zu Ungarn gehörte, im Auftrag der Venezianer erobert und vollständig geplündert. Alexios machte dem Papst und dem Kreuzfahrerheer Zusicherungen, um sich ihre Unterstützung zum Sturz seines Onkels vom byzantinischen Thron zu sichern. Dem Papst versprach er, im Byzantinischen Reich den katholischen Glauben einzuführen, die Kreuz-

fahrer waren hingegen bereits mit Geldversprechen zufrieden. Tatsächlich gelang Alexios im Jahre 1203 der Sturz des Onkels und die Thronbesteigung. Seine Versprechen konnte oder wollte er jedoch nicht erfüllen. Die aufgebrachten Kreuzfahrer eroberten Konstantinopel im Jahr darauf und plünderten es drei Tage lang. Das Byzantinische Reich wurde unter den Anführern des Kreuzfahrerheeres aufgeteilt. Erst 1261 konnte Konstantinopel durch die Griechen zurückerobert werden. Für die Christenheit war dieser Kreuzzug verheerend. Das Byzantinische Reich wurde auf Dauer geschwächt und konnte seine alte Schutzfunktion gegen die vordringenden islamischen Mächte nicht mehr wie früher erfüllen. Fast noch schwerer wiegt jedoch, dass während der Plünderung unschätzbare Kulturwerte für immer verloren gingen, in denen Konstantinopel das Erbe der Antike bewahrt hatte.

Die letzten Kreuzzüge

Zwar konnten in der Folgezeit durch weitere Kreuzzüge noch einmal Erfolge erzielt werden, doch waren die christlichen Positionen im Heiligen Land auf Dauer nicht zu halten. Wie groß der Abstand zwischen Kreuzzugsbegeisterung und kühler Realpolitik inzwischen

KAMPFSZENE ZWISCHEN SARAZENEN UND KREUZRITTERN, ENGLISCHE BUCHMALEREI, UM 1350. DIE LETZTEN BASTIONEN DER KREUZFAHRER IM HEILIGEN LAND GINGEN IM JAHRE 1291 VERLOREN. DIE FOLGE DER KREUZZÜGE WAR EINE DAUERHAFTE UND GRUNDLEGENDE SPALTUNG DER CHRISTLICHEN UND DER ISLAMISCHEN WELT. DENNOCH GELANGTEN AUS DEM KULTURELL UND WISSENSCHAFTLICH DAMALS WEIT ÜBERLEGENEN ORIENT WERTVOLLE KENNTNISSE NACH EUROPA. AUFSTREBENDE ISLAMISCHE REICHE WIE DAS DER OSMANEN WURDEN DURCH DIE KREUZZÜGE MITTELBAR GEFÖRDERT, DENN DIE KREUZRITTER HATTEN IHRE KONKURRENTEN NACHHALTIG GESCHWÄCHT – EINSCHLIESSLICH DES BYZANTINISCHEN REICHES. DIE EROBERUNG VON KONSTANTINOPEL 1204 WAR ZUDEM DER AUFTAKT ZUM EINSATZ VON KREUZRITTERN GEGEN POLITISCHE GEGNER DES PAPSTTUMS.

Gegenüberliegende Seite:
Auf dieser mittelalterlichen
Initiale von 1255 ist die
Verwüstung der lateinischen
Kreuzfahrerstaaten durch
Saladin und seine Truppen dar-
gestellt. Im oberen Bildteil
sieht man eine brennende Stadt,
im unteren Bildteil treiben
Ritter zu Pferde behelmt und mit
gezogenen Schwertern gefesselte
Gefangene und Vieh vor sich her.

Der französische König Philipp II.
Augustus bekämpft die Sarazenen
auf dem 3. Kreuzzug. In dieser
blutigen Schlachtszene führt
der französische König seine
Soldaten gegen den moslemischen
Feind. Tote und verwundete
Kämpfer werden von den Hufen
der Pferde zertrampelt.

geworden war, zeigen die Beispiele des Kinder-
kreuzzuges auf der einen und Kaiser Friedrichs II. (1220–1250) auf der anderen Seite.
Tausende von Kindern brachen im Jahr 1212
in der naiven Überzeugung auf, Gott werde
ihnen helfen, das Heilige Land zu befreien.
Viele landeten aber gar nicht erst dort, sondern bereits vorher auf den Sklavenmärkten
des Mittelmeeres. Im Gegensatz dazu bekam
der vom Papst gebannte Kaiser Friedrich II.
Jerusalem 1229 auf dem Verhandlungswege in
die Hand und ließ sich dort zum König
krönen. Doch schon 1244 ging Jerusalem den
Christen wieder verloren, sodass sich König
Ludwig IX., „der Heilige" (1226–1270), des
Kreuzzugsgedankens annahm. Doch obgleich
sein Zug der wohl am besten organisierte war,
fiel Ludwig 1250 in islamische Gefangenschaft. Nach seiner Freilassung gegen Löse-
geld versuchte er, die verbliebenen christlichen
Positionen zu sichern. Im Jahre 1267 erforderte die Situation jedoch schon wieder seinen
Aufbruch nach Palästina. Dort starb er drei
Jahre später an einer Seuche.

Die Auswirkungen der Kreuzzüge

Die letzten Kreuzfahrerbastionen im Nahen
Osten gingen im Jahre 1291 verloren. Pla-
nungen, dort wieder militärisch Fuß zu fassen,
blieben in den Kinderschuhen stecken. Damit
hatten die Kreuzzüge zunächst nicht mehr
erreicht, als die christliche und die islamische
Welt dauerhaft zu spalten. Dennoch profitierte
Europa auf eine Art auch wiederum von
diesem gewaltsamen Vorgehen gegen Anders-
gläubige. Aus dem kulturell und wissenschaftlich damals weit überlegenen Osten gelangten
wertvolle Kenntnisse nach Europa, die von
den damaligen Gelehrten begierig aufgenommen wurden. Die islamische Welt hatte
jedoch unsagbar gelitten, ohne dass die 200
Jahre christlicher Präsenz im Heiligen Land
wesentliche produktive Einflüsse hinterlassen
hätten. Eher wurden aufstrebende islamische
Reiche wie das der Osmanen mittelbar durch
die Ausschaltung von Konkurrenten gefördert.
Die Osmanen sollten schließlich im Jahre
1453 Konstantinopel endgültig für den Islam

erobern. In Europa selbst wurde die Idee des Kreuzzuges zunehmend machtpolitisch missbraucht. Die Eroberung von Konstantinopel 1204 war im Grunde nur der Auftakt zum Einsatz von Kreuzrittern gegen Ketzer und sogar politische Gegner des Papsttums. Dennoch hatten die Teilnehmer an Kreuzzügen ganz konkrete Heilserwartungen, die aber gleichzeitig untrennbar mit eigennützigen Zielen vermischt sein konnten.

Gefallene Helden – Die Raubritter

Ein schwer beladener Kaufmannswagen holpert durch einen dunklen Hohlweg. Plötzlich springen brüllende Bewaffnete aus ihrer Deckung und fallen über die Kauffahrer her. Wer sich wehrt, wird niedergeschlagen, die reichsten Kaufleute werden gefangen genommen und der Wagen wird geplündert.

RAUBRITTER ÜBERFALLEN EINEN
KAUFMANNSGÜTERZUG, NACH-
KOLORIERTER HOLZSTICH VON 1860
NACH EINEM FRESKO VON 1830.

Legaler Raub – Die Fehde

Danach zieht sich der Haufen mit seinen Gefangenen und der Beute auf eine düstere Burg zurück, um auf die Lösegelder zu warten. Das ist unsere Vorstellung, die wir vor Augen haben, wenn wir den Begriff „Raubritter" hören. Wir verbinden damit rechtlose, entwurzelte Gesellen, die außerhalb der Gesellschaft stehen und ihre Umgebung mit Raubzügen drangsalieren.

Dabei stammt die Bezeichnung „Raubritter" aus dem 19. Jahrhundert – im Mittelalter kannte man das Wort noch nicht. Dennoch kamen Szenen wie die oben geschilderte wohl in der Tat nicht selten vor. Manchmal gehörten sie aber zum durchaus akzeptierten „Tagesgeschäft" der Ritter. Gewalt gehörte zum Rittertum, schließlich waren Ritter aus Kriegern hervorgegangen. Gleichzeitig war man im Mittelalter häufig darauf angewiesen, durch Selbsthilfe zu seinem Recht zu kommen. Dazu bot sich nach damaligen Vorstellungen das Rechtsmittel der Fehde an. Im Rahmen der Fehde gingen die streitenden Parteien gewaltsam gegeneinander vor, bis sich die unterlegene Partei den Ansprüchen des Siegers beugen musste. Wir können darin heute keine angemessene Form der Rechtsfindung sehen, doch herrschte im Mittelalter die Vorstellung von der eingreifenden Hand Gottes, der der gerechten Sache den Sieg schenken würde. Allerdings war auch den Menschen des Mittelalters klar, dass Gewalt kein verträgliches Mittel der Rechtsfindung sein konnte. So wurden seitens der Kirche zu Beginn des 13. Jahrhunderts gerichtliche Zweikämpfe verboten. Deren Sieger wurde bis dahin gleichzeitig Sieger des Rechtsstreites. Allerdings war diese Praxis zumindest in den Städten zu diesem Zeitpunkt schon eher ungebräuchlich. Die Fehde hielt sich länger, wohl weil sie eine Domäne des Adels war und zu seiner Lebensweise passte. Für eine Gerichtsverhandlung musste der Beschuldigte vor Gericht erscheinen, da die Verhandlung nicht in dessen Abwesenheit geführt werden durfte. Was sollte man aber machen, wenn er sich weigerte, seine Burg zu verlassen? In diesem Fall blieb nur die Selbsthilfe. Waren die Kontrahenten mächtig genug, konnte die Fehde die Ausmaße eines richtigen Krieges annehmen.

Recht und Gesetz

Um diese Gefahr zu verringern, wurden schon in der zweiten Hälfte des 11. Jahrhunderts Königsfrieden oder Landfrieden geboten. Deren Teilnehmer schworen zumindest, die Fehde nur als letztes Mittel einzusetzen und in diesem Falle gewisse Regeln zu befolgen. Erfolg hatten diese Maßnahmen aber nur unter Herrschern, die stark genug waren, die Rechtsordnung auch durchzusetzen. Als beispielsweise Friedrich I. Barbarossa 1155 in Italien weilte, um sich zum Kaiser krönen zu lassen, hatten Erzbischof Arnold von Mainz und Pfalzgraf Herrmann in Abwesenheit des Königs nichts Besseres zu tun, als eine Fehde gegeneinander zu führen, die den ganzen Mittelrhein verwüstete. Ein Gericht unter Friedrich I. Barbarossa verurteilte daraufhin den mächtigen Pfalzgrafen Herrmann dazu, einen Hund eine deutsche Meile weit zu tragen. Für einen so hochstehenden Adligen war dies eine ungeheure Strafe, die ziemliches Aufsehen erregte.

Barbarossas Enkel, Kaiser Friedrich II. (1220–1250), erließ im Jahre 1235 einen Landfrieden, der tatsächlich das Fehdewesen

einschränken sollte. Zwar wurde die Fehde selbst nicht verboten. Sie blieb legitimes Rechtsmittel, das jedoch nur angewandt werden durfte, wenn eine gerichtliche Lösung nicht zu erreichen war. Für den Fehdeverlauf

selbst wurden Regeln aufgestellt, die Kirchengüter und Unbeteiligte schützen sollten. Aber auch hier war die Wirksamkeit der Rechtsdurchsetzung abhängig von der Person des Herrschers. Während des Interregnums brach im deutschen Reich die königliche Autorität fast vollständig zusammen, und gewaltsame Auseinandersetzungen nahmen zu. Rheinische

Städte schlossen ein Bündnis, dem auch regionale Adlige beitraten, um sich und ihre Bürger gegen Übergriffe schützen zu können. Allerdings wurden Fehden auch innerhalb der Stadtbevölkerung ausgetragen. Im Jahre 1257 kam es zu einem Streit zwischen dem Ritter Jakob vom Stein und dem Wormser Bürger Edelwin. Beide waren Wormser Ratsherren, und Jakob versuchte, Edelwin vor ein bischöfliches Gericht zu ziehen. Dies gelang ihm nicht, und so griff er zum Mittel der Fehde. Jakob und seine Leute überfielen ein Schiff, auf dem sich Edelwin befand, der jedoch entkommen konnte. Bei diesem Überfall kamen allerdings Wormser Bürger, Schiffleute und ein weiterer Wormser Ratsherr zu Schaden. Die Auseinandersetzung eskalierte, und schon bald brannten Kornspeicher und Weinkeller von Edelwins Freunden. Der Streit ließ sich erst lange danach beilegen. Diese Fehde war deshalb möglich, weil reiche Stadtbürger als zum Ritterstand gehörig galten. Damit waren sie den Adligen ständisch zumindest theoretisch ebenbürtig. Auch der Hochadel schreckte vor solchen Praktiken der Fehde nicht zurück. So setzte beispielsweise im Jahre 1338 die Gräfin Loretta von Sponheim den Trierer Erzbischof Balduin auf ihrer Burg gefangen, weil sie mit ihm im Streit lag.

Landesherren und Städte in Konkurrenz

Die planmäßigen Übergriffe auf städtische Kaufherren entwickelten sich im Spätmittelalter aus einem politischen Gegensatz zwischen Adel und Städten. Adlige Herren verfestigten ihren Herrschaftsbereich immer mehr zu staatlichen Territorien – eine Tendenz, aus der sich später die deutsche „Vielstaaterei" entwickeln sollte. Dem standen die freien Städte im Weg, die auf ihre Unabhängigkeit pochten. Die Stadtbürger waren dabei allerdings keinesfalls die unschuldigen Opfer des sich anbahnenden Konfliktes. Bei einem Feldzug der Reichsstädte im Jahre 1340 wurden beispielsweise auf einer Burg nur ein 16-jähriger Edelherr und zwei Knechte aufgefunden. Alle drei waren enthauptet worden. Vorfälle wie dieser schürten natürlich das gegenseitige Misstrauen. Der Adel fühlte sich von den Städten in seinen Herrschaftsrechten eingeschränkt, und die Städte fühlten sich vom Adel in ihrer Freiheit bedroht. In dieser Situation gingen die adligen Herren und Ritter gegen die Lebensader der Städte vor: den Handel. Gewiss wurden diese Aktionen auch zur persönlichen Bereicherung unter-

nommen, in aller Regel kosteten die Fehden jedoch mehr, als sie einbrachten. Der berühmte fränkische Reichsritter Götz von Berlichingen (1480–1562) mit seinem unanständigen Wortschatz war ein später Vertreter dieser „politischen" Raubritter. Besonders bedroht wurden die freien Reichsstädte, da sie keinen Herrn außer dem Kaiser oder König duldeten. Sie stellten einen lästigen Fremdkörper in der Struktur der sich bildenden Territorialstaaten dar. Im so genannten „Städtekrieg" gegen ein süddeut-

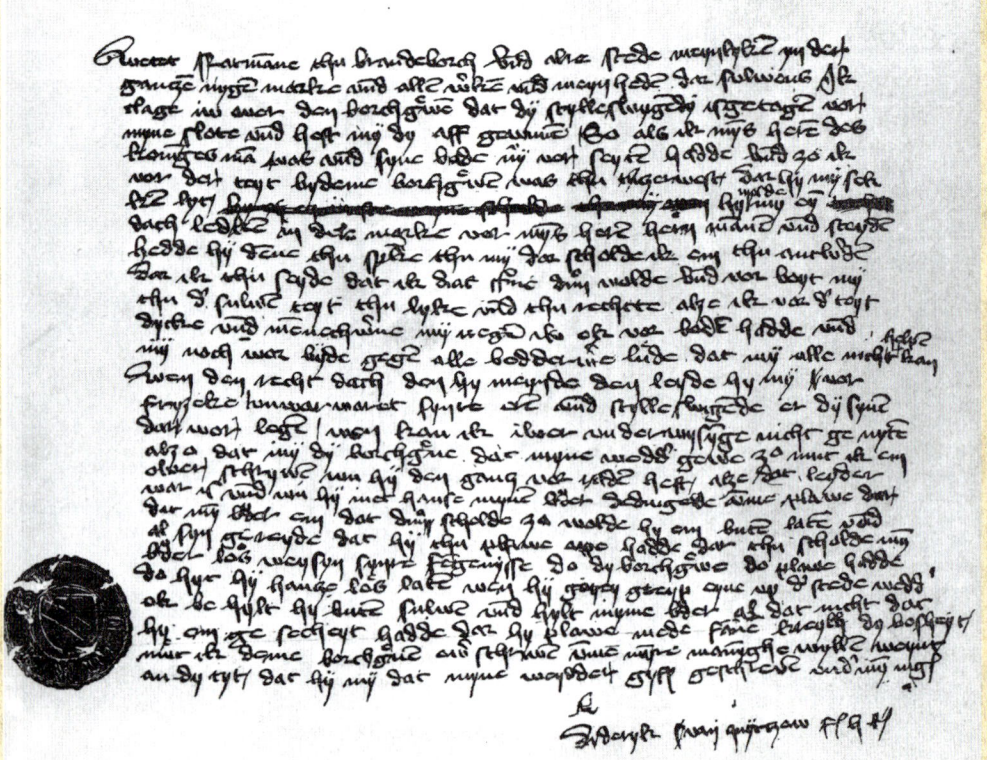

unabhängig. Damit waren ihre Kaufleute aber weiterhin den Nachstellungen der adligen Städtegegner ausgesetzt. Dabei gab es natürlich viele Übergriffe, die nicht durch das Fehderecht gedeckt wurden. Konnte man dieser Täter habhaft werden, wurden sie manchmal wegen Friedensbruch hingerichtet. Der spöttische Spruch: „Die Nürnberger hängen keinen, es sei, sie hätten ihn denn!" lässt jedoch vermuten, dass dies nicht allzu häufig vorkam. Besonders, wenn sich die Raubritter unter dem Schutz eines Fürsten befanden, konnten sie sich sicher fühlen. Die Kosten, die durch diese Auseinandersetzungen für die Städte entstanden, waren enorm. Um die Wege zu sichern, mussten Kriegsknechte bezahlt werden. Von fehdeführenden Rittern erkaufte man Frieden, oder es wurden kostspielige Prozesse geführt. Das lag durchaus im Sinne der Landesherren, die so die Städte unter Druck setzten, um sie ihrer Herrschaft einverleiben zu können.

Neue Ordnung durch neue Gesetze

Die politischen Ursachen des Dauerstreits zwischen Kaufleuten auf der einen und Adel und Ritterschaft auf der anderen Seite hatte jedoch für beide Parteien negative Auswir-

EIN GEFÜRCHTETER RAUBRITTER DES FRÜHEN 15. JAHRHUNDERTS WAR DIETRICH VON QUITZOW AUS DER MARK BRANDENBURG, AUCH DIETRICH VON „RAUBRITTER" GENANNT. SCHÖN FÜR DIE NACHWELT, DASS ER EINE SO AUSGEPRÄGTE KORRESPONDENZ UNTERHALTEN HAT, DIE VORNEHMLICH AUS KLAGEBRIEFEN UND AUS DROHBRIEFEN BESTEHT. OBEN FINDET SICH DER „KLAGEBRIEF DIETRICH VON QUITZOWS AN DIE STADT BRANDENBURG SOWIE AN SÄMTLICHE STÄDTE UND GEMEINDEN DER NEUEN MARK WIDER DEN BURGGRAFEN FRIEDRICH VON NÜRNBERG WEGEN DES VON DIESEM IHM ANGEBLICH ZUGEFÜGTEN UNRECHTS" VON 1414, UNTEN DER „DROHBRIEF DIETRICH VON QUITZOWS AN DIE BAUERN ZU LICHTENBERG" VON 1400.

sches Städtebündnis konnten die Fürsten in den Jahren 1449/1450 ihre Überlegenheit deutlich machen. Besonders die kleineren freien Städte gerieten langsam in die landesherrliche Abhängigkeit. Bedeutende Reichsstädte wie Nürnberg oder Frankfurt konnten jedoch mehr Widerstand leisten und blieben

kungen. So produzierte jede Fehde neues Streitpotenzial. Zudem warben sowohl Ritter als auch Städte Waffenknechte an, die als Räuber durchs Land zogen, wenn man sie nicht mehr brauchte. Um diese Missstände endgültig abzustellen, wurde die Fehde als Mittel der Rechtserlangung im Jahre 1495 endgültig verboten. Der so genannte Ewige Reichslandfriede löste die alten Königsfrieden ab. Sofort durchsetzen konnte König Maximilian den Reichslandfrieden aber nicht. Dazu war er gegenüber den Landesherren nicht stark genug. Außerdem war der Weg

über das neue Reichskammergericht umständlich. Solange es ihren Interessen diente, drückten die Landesherren gegenüber den unbotmäßigen Rittern also ein Auge zu. Dennoch war die Zeit der räuberischen Ritter langsam abgelaufen. Die Länder der einzelnen Fürsten hatten sich inzwischen so gefestigt, dass sie die unabhängige Ritterschaft nicht mehr brauchten. Behelligten sie nun Kaufleute „auf eigene Rechnung", machten sie sich ihre Herren zum Feind und wurden verfolgt. So starb das „Raubrittertum" im Laufe des 16. Jahrhunderts allmählich aus.

DIE EINSETZUNG DES LANDFRIEDENS DURCH KAISER RUDOLF I. VON HABSBURG (1273–1291) IM JAHRE 1281, UNVOLLENDETES ÖLGEMÄLDE VON 1838 VON JULIUS SCHNORR VON CAROLSFELD (1794–1872). DURCH DIE EINSETZUNG DES LANDFRIEDENS VERSUCHTE RUDOLF I., DIE FEHDE ABZUSCHAFFEN UND EINE ZENTRALE RECHTSORDNUNG FÜR DAS GESAMTE REICH DURCHZUSETZEN. DER PLAN SCHEITERTE ALLERDINGS AN DEN EINZELINTERESSEN DER ZAHLREICHEN DEUTSCHEN LANDESFÜRSTEN.

das leben in den städten

Das Leben in den Städten

Das mittelalterliche Leben war agrarisch geprägt. Fast jeder verdiente seinen Lebensunterhalt mit der Landwirtschaft – sei es als Edelmann, Bauer oder Höriger. Im 11. Jahrhundert traten als neue und aufregende Lebensperspektive die Städte ins Bewusstsein der Menschen. Städtisches Leben hatte es seit der Römerzeit gegeben. Die alten Römerstädte waren nie ganz verlassen worden.

Der Wiederaufstieg der Städte

Besonders in Italien waren die städtischen Siedlungen kontinuierlich bewohnt. Nördlich der Alpen waren aber nur noch traurige Reste vorhanden.

In der alten Kaiserstadt Trier wohnten ein paar hundert Menschen fast verloren innerhalb des 100 Hektar umschließenden Mauerrings. Zu wenige, um die Stadt gegen die Wikingerstürme der Karolingerzeit verteidigen zu können. Zudem unterschieden sie sich in ihrer Lebensweise kaum von den Landbewohnern. Im 11. Jahrhundert hatte sich das Bild gewandelt. Es gab bevölkerungsreiche Städte, deren Bürgerschaft entschlossen ihre Anliegen vertreten konnte. Ausdruck des Bürgerwillens war häufig ein Aufstand gegen den meist bischöflichen Stadtherren. Die durch Handel zu Wohlstand gekommenen Stadtbürger forderten nun Rechte für sich ein. Nach heutigen Maßstäben waren die Städte aber immer noch winzig. Einzig Metropolen wie Paris, London oder Mailand wären auch für uns Großstädte gewesen. Köln als die größte Stadt des römisch-deutschen Reiches hatte im 13. Jahrhundert gerade 50.000 Einwohner.

Buntes Leben in den Städten

Dieses dichte Zusammenleben erforderte eine neue Organisation. Rationale Gerichtsbarkeit löste den gerichtlichen Zweikampf ab. Formen der bürgerlichen Mitsprache wurden entwickelt, waren aber weit entfernt von dem, was wir heutzutage als demokratisch verstehen. Dennoch waren die städtischen Gemeinden das Experimentierfeld, auf dem das Gedankengut der bürgerlichen Freiheit entwickelt wurde. Die Städte waren Magnete für die Landbewohner. Es gab Arbeit und Karrierechancen. Das Leben war bunt und bot eine Vielzahl von Unterhaltungen. Zudem war auch die seelsorgerische Betreuung in den Städten in der Regel wesentlich besser als auf dem Lande. Stifte, Klöster und Bettelordenskirchen kümmerten sich um die religiösen Belange ihrer Herde. Der Reichtum sorgte auch für Bildungsmöglichkeiten. Schulen und manchmal sogar Universitäten konnten entstehen. Bürgerliches Selbstbewusstsein äußerte sich handgreiflich in Bauprojekten. Große Städte untermauerten ihre Bedeutung im wahrsten Sinne des Wortes mit gewaltigen Stadtmauern. Die erhaltenen Kölner Torburgen sind noch heute beeindruckend. Auch städtische Frömmigkeit wurde in Stein gemeißelt. Das aufragende Straßburger Münster wurde nicht vom Bischof oder seinem Domkapitel finanziert, sondern überwiegend von den Bürgern.

Streitbare Städte

Diese mühsam errungene Lebensqualität wurde von den Stadtbewohnern im Ernstfall militärisch verteidigt. Jeder, der es sich leisten konnte, hatte Waffen im Schrank. In Zeughäusern wurde die Ausrüstung für die weniger Begüterten gelagert. Große Städte konnten eine beeindruckende Kriegsmacht auf die Beine stellen. Mit der politischen Selbstbestimmung konnten aber mitunter blutige Parteikämpfe innerhalb der Bürgerschaft ausbrechen. Solche Situationen konnte der Landesherr im Spätmittelalter nutzen, um die Stadt unter seine Kontrolle zu bringen. Im römisch-deutschen Reich gelang es nur den wenigsten Städten, „frei", also nur dem König oder Kaiser unterstellt zu bleiben.

Die Hanse – Wichtige Handelsmacht im Mittelalter

Fisch stinkt nicht – zumindest nicht, wenn sich mit ihm viel Geld verdienen lässt. Die Hanse verdiente viel Geld mit Fisch. Er wurde im norwegischen Bergen als Trocken- oder Stockfisch eingehandelt. Von der haltbaren Schiffsnahrung der Wikinger hatte sich der getrocknete Kabeljau zu einem echten Exportschlager entwickelt. Ebenso wichtig war der Heringsmarkt auf der schwedischen Halbinsel Schonen. Als Salzhering wurde er nach Deutschland importiert. Die dringend benötigte Fastenspeise wurde den Händlern mehr oder weniger aus der Hand gerissen. Ein sicheres Geschäft, wenn man bedenkt, dass im christlichen Abendland die Fastenzeit jährlich wiederkehrte. Kaufleute mögen Sicherheit. Dieses Sicherheitsbedürfnis war auch die Keimzelle der Hanse.

PORTRÄT DES HANSISCHEN STAATS-
MANNES UND BÜRGERMEISTERS VON
LÜBECK JÜRGEN WULLENWEBER
(1488 BIS 1537).

Die Kogge – Der „Superfrachter" des Mittelalters

Ursprünglich bezeichnet „Hanse" nichts anderes als eine gemeinsam reisende Kaufmannsgruppe. Die Fahrten in Gruppen boten Sicherheit, denn die See- und Landwege waren gefährlich. Eine ganze Gruppe bewaffneter Handelsleute auszuplündern, war für Räuber eine weniger attraktive Vorstellung als ein Überfall auf einen verängstigten Alleinreisenden. Diese Kaufleutegruppen organisierten sich schnell als Genossenschaften mit eigenen Regeln und Eintrittsbedingungen. Wollte man über Gotland in den Russlandhandel einsteigen, musste man zu den „Gotlandfahrern" gehören. So gab es zu Beginn noch nicht „die" eine Hanse, sondern mehrere lokale Zusammenschlüsse von Kaufleuten, die am gleichen Zielort Handel trieben. Ob sie dabei die Kogge, das berühmte Hanseschiff, wirklich als erste nutzten, ist fraglich. Dieser Schiffstyp konnte es zwar an Seetüchtigkeit oder Wendigkeit nicht mit den nordischen Kauffahrtschiffen aufnehmen, die immer noch ein wenig aussahen wie die Drachenboote der Wikinger, in der Frage der Zuladung war die Kogge jedoch unschlagbar. Wahrscheinlich wurden Schiffe mit Koggencharakter ab dem 9. oder 10. Jahrhundert entwickelt. Ein bauchiger Rumpf und hohe Bordwände waren auf den Warentransport zugeschnitten. Ein geschlossenes Deck schützte die kostbare Fracht gegen das manchmal raue Klima des Nordens. Als der „Frachtriese" des

Mittelalters erlaubte sie einen unerhört günstigen Transport.

Mittelalterliche Wirtschaftspolitik – Heinrich „der Löwe"

Neben den technischen Voraussetzungen hatten sich auch die politischen Bedingungen

seit dem Frühmittelalter gewandelt. Die deutsche Ostkolonisation trug langsam Früchte. Mecklenburg war von Sachsen aus christianisiert worden, wodurch ein sicherer Zugang zur Ostsee bestand. Die Befriedung seiner Grenzen nutzte der sächsische Herzog Heinrich „der Löwe" (1142–1180), um den Handel in Schwung zu bringen. Den

DER „LÜBECKER ADLER" VON 1566 GEHÖRT ZUM SCHIFFSTYP DER HOLK, DIE DIE KOGGE IM 15. JAHRHUNDERT ABGELÖST HATTE.

In Lübeck Erbaut 1566. Renovatum 1708 & 1821 & 1901.

wirtschaftlichen Bemühungen des Sachsen verdankt die Stadt Lübeck ihr Entstehen. Wirtschaftspolitik bedeutete im 12. Jahrhundert nämlich Städtepolitik: Es war modern geworden, Städte zu gründen, die dann als Handelszentren das Geld in den stadtherrlichen Kassen klingeln lassen sollten. Lübeck wurde gegründet, um den konkurrierenden Gotlandhandel des dänischen Schleswig trockenzulegen. Das tat Lübeck gründlich.

SCHIFFE DER HANSE LIEGEN IM
15. JAHRHUNDERT IM HAMBURGER
HAFEN VOR ANKER. FARBIGE BUCH-
MINIATUR AUS EINER HANDSCHRIFT
DES HAMBURGER STADTRECHTS
AUS DEM JAHRE 1487.

Vier Jahre nach seiner Neugründung im Jahre 1158 warf es bereits so viel Zoll ab, dass Heinrich den Kanonikern in Ratzeburg aus dieser Summe jährlich 27 Silbermark zukommen lassen konnte. Die Lübecker Gründungsphase erlaubt einen erhellenden Blick auf die Lebens- und Arbeitsumstände der damaligen Kaufleute. Die Beziehungen zwischen den Gotländern und den deutschen Händlern standen um diese Zeit nicht zum Besten. Die Deutschen drangen nach Gotland vor und begannen sich dort festzusetzen. Aus Konkurrenz geborene Spannungen entluden sich in „Hass, Feindschaft und Mord", wie es die Schlichtungsurkunde Heinrichs des Löwen formuliert. Zur Wiederherstellung des Friedens sollten den deutschen Händlern auf Gotland die gleichen Rechte eingeräumt werden wie den Gotländern in Sachsen. Es überrascht aus heutiger Sicht, dass bereits damals strafrechtliche Bestimmungen in diesem Handelsprivileg auftauchten. Drei von fünf Bestimmungen betrafen den Fall, dass ein Gotländer in Sachsen umgebracht, verletzt oder zusammengeschlagen würde. Kaufmännisches Risiko war damals noch etwas anders definiert als heute. Mit der Durchsetzung der entsprechenden gegenseitigen Bestimmungen auf Gotland wurde ein gewisser Odalrich betraut. Er hatte ausdrücklich das Recht, Todes- oder Verstümmelungsstrafen zu verhängen – damit hatte er die höchste Richterkompetenz inne. Wie ein Prototyp nahm diese Regelung bereits die Grundprinzipien der späteren Handelskontore vorweg, sowohl die Privilegierung mit besonderen Handelsrechten als auch die weitgehende Autonomie der hansischen Niederlassungen in der Fremde. Solche Handelszentren hatten die Kaufmannsgenossenschaften unter anderem in Nowgorod, Bergen und London. Die Regeln dort waren mitunter streng. So hatten Frauen in Nowgorod keinen Zutritt zum deutschen Peterhof. Auch der Stalhof in London war eine frauenfreie Zone. Bergen hingegen war berüchtigt wegen seiner grausamen Aufnahmerituale für Neulinge.

Wachstum und Modernisierung des Handels

Die europäische Dimension des Dreiecks London–Bergen–Nowgorod machte deutlich, dass die Kaufleute, die diesen Markt beherrschten, unentbehrlich wurden. In engem Schulterschluss mit weltlichen Herrschern und der Kirche bauten die Genossenschaften ihre Positionen aus. Bereitwillig halfen sie mit Krediten aus oder sorgten für Schiffsraum für die Kreuzzüge des Deutschen Ordens im Osten. Im Gegenzug erhielten sie wertvolle Privilegien. Diese begünstigten die Hanse einseitig; ganz anders als der auf Gegenseitigkeit beruhende Schied des Sachsenherzoges. Im Laufe der Zeit änderte sich dann auch das Gesicht der Hanse. Der Kaufmann, der seine Handelsgüter selbst transportierte, starb langsam aus.

Bequemer war es, die Geschäfte von zu Hause aus zu lenken – in ganz großem Stil. Mit dem Aufschwung des flandrischen Tuchmarktes war es auch gar nicht mehr möglich, die komplizierten Warenströme in eigener Person zu überwachen. Brügge wurde zur Drehscheibe des europäischen Handels. Wolle aus England wurde in Flandern versponnen. Dort brauchte man skandinavischen Fisch und russische Pelze. Engländer tranken neben ihrem einheimischen Ale Rheinwein – und das in rauen Mengen. Die flandrischen Tuche und deutsche Metallerzeugnisse gingen nach Russland. Die reichsten Hansekaufleute konnten also genauso gut in ihren Städten bleiben und ihre Handelsgüter schriftlich dirigieren. Eine neue Erfindung im Zahlungsverkehr half dabei: der Wechsel.

DIE SEEHÄFEN DER HANSE MIT IHREN GROSSEN WARENKONTOREN WAREN STETS DER GEFAHR VON ANGRIFFEN DURCH PIRATEN, KONKURRIERENDE HANDELSORGANISATIONEN ODER FEINDLICHE STAATEN AUSGESETZT. DIESE BUCHMALEREI ZEIGT DIE BELAGERUNG EINES SEEHAFENS DURCH SCHIFFE IM JAHRE 1445. DIE ANGREIFER VERSUCHEN DIE MAUERN ÜBER LANGE LEITERN ZU ERSTÜRMEN.

Europa im Blick – Die Städtehanse

Bald bestimmten die reichsten Handelsherren als Ratsherren die Politik ihrer Heimatstädte. Die alte Kaufleutehanse veränderte sich auf diese Weise gegen Ende des 13. Jahrhunderts zu einer Hanse der Städte. Um als Kaufmann im Rahmen der Hanse Geschäfte zu machen, musste man zunächst in einer der Hansestädte das Bürgerrecht erwerben. Die Verstrickungen der Hanse in die Politik machte ein Entscheidungsorgan notwendig, um in diesem Städteverbund handlungsfähig zu bleiben. Dazu wurden die Hansetage genutzt, auf denen anstehende Probleme beraten und Beschlüsse gefasst wurden. Gab es Schwierigkeiten mit den Handelspartnern, konnte die gesamte Hanse reagieren. So konnte Norwegen 1284 durch einen Handelsboykott zum Einlenken gezwungen werden, als die einheimischen Kaufleute verbesserte Rechte gegenüber den Hansegenossen in Bergen forderten. Andernfalls wäre das Land buchstäblich am ausgestreckten Arm verhungert, denn seinen Getreidebedarf konnte es nur durch die Hanse decken. Auch im flandrischen Brügge erwies sich der Boykott als wirksames Mittel. Als die Stadt die Privilegien der hansischen Kaufleute zu missachten begann, verhängte ein Hansetag 1358 ein Handelsembargo über ganz Flandern. Auch hier kam es zu Engpässen in der Getreideversorgung, sodass man den Forderungen zähneknirschend nachgeben musste. Dieses Vorgehen ließ sich jedoch nicht beliebig wiederholen.

Der allmähliche Niedergang

Im weiteren Verlauf des Mittelalters erstarkten, unterstützt durch ihre Landesherren, langsam die lokalen Kaufmannschaften. Zudem entstand der Hanse gegen Ende des 14. Jahrhunderts ein weiterer Feind: die Vitalienbrüder. Diese waren von den Mecklenburger Herzögen angeworbene Kaperfahrer, die das feindliche Dänemark

Anno. Nenovatum 1821.
Melleslen) Adolph. Hinrich. Haase, Iohan. Heilman.
der Zeit. Christian. Lorentz. Kasl, Hans Peter. Sielam.

Immer grössere Schiffstypen kamen im Laufe der Jahrhunderte durch den Wettlauf und die Konkurrenz der verschiedenen grossen Handelsorganisationen zum Einsatz. Das Gemälde aus dem 17. Jahrhundert zeigt einen schnellen Dreimaster der Hanse.

schädigen sollten. Die Vitalienbrüder waren also schlichtweg bezahlte Piraten. Die Dänen belagerten damals gerade das mit Mecklenburg verbundene Stockholm. Die Versorgung der Stadt mit Lebensmitteln, den „Vitalien", wurde von den Seeräubern sichergestellt. Nach dem Ende der Feindseligkeiten blieben sie dem Pirateriegeschäft treu, konnten aber vom deutschen Orden in die Nordsee abgedrängt werden. Klaus Störtebeker, der bekannteste Kopf der Vitalienbrüder, konnte erst 1401 von den Hamburgern gefasst und hingerichtet werden. Die Monopolstellung der Hanse wurde dann im 15. Jahrhundert Schritt für Schritt zurückgedrängt. Die englischen „Merchant Adventurers" waren schon ab der Mitte des 14. Jahrhunderts immer mehr in hansische Handelsgebiete vorgedrungen. Mit dem Erstarken der Territorialherrschaften dezentralisierte sich dann allmählich der Handel, was ein herber Rückschlag für die Hansekaufleute war. Ihre Privilegien galten häufig nur an bestimmten Plätzen – nun konnten sie von der Konkurrenz an anderen Orten umgangen werden. In Süddeutschland erstarkten mit den Fuggern und Welsern große Finanzimperien, und der Handel mit der neuen Welt wurde von den konservativen Hanseaten verschlafen. Das hansische Verdienst blieb jedoch die wirtschaftliche Erschließung Nordeuropas im Mittelalter.

Gegenüberliegende Seite: Im Kriegszug der Hansestädte gegen die Seeräuber wurde im Sommer 1401 vor Helgoland der Freibeuter Klaus Störtebeker, Führer der Vitalienbrüder, gefangen genommen. Im selben Jahr noch fand in Hamburg seine Hinrichtung statt. Kolorierter Holzstich von 1880.

Machte Stadtluft „frei"?

„Der freie Edelherr Arnold von Bintzheim überträgt der Baseler Kirche die Baseler Bürgerin Adelheid auf ihren Wunsch zu Eigentum." So steht es in einer Besitzübertragungsurkunde aus dem Jahre 1230. Wir nehmen heute unveräußerliche Freiheitsrechte für so selbstverständlich, dass uns eine solche Vereinbarung enorm befremden kann. Dass Menschen anderen als persönlicher Besitz gehören können, ist uns fremd und unvorstellbar geworden. Dennoch war es bis zur Mitte des 19. Jahrhunderts noch gängige Praxis. In Amerika entzündete sich nicht zuletzt an dieser Frage ein blutiger Bürgerkrieg.

EINE STADT WIRD ANGEGRIFFEN. DIE VERTEIDIGER WAGEN EINEN AUSFALL, VOLLER HOFFNUNG, DIE EINDRINGENDE ARMEE ZURÜCKSCHLAGEN ZU KÖNNEN. DIE BUCHMALEREI ENTSTAND UM DAS JAHR 1400.

Freiheit, die ich meine?

In den deutschen Ländern kam etwa gleichzeitig die Bauernbefreiung zu einem gewissen Abschluss. Freiheit als unveräußerliches Gut aller Mitbürger ist also eine Idee, die vor noch nicht allzu langer Zeit Wirklichkeit wurde. Freiheit ist nach unserer Vorstellung unteilbar – man ist entweder frei oder unfrei. Diesen scharfen Gegensatz kannte das Mittelalter nicht. Zwischen völliger Freiheit und der schärfsten Form der Unfreiheit konnte die Rechtsposition des Einzelnen „stufenlos" eingestellt werden.

Die Annahme, dass Stadtluft „frei" gemacht hätte, stammt dann auch erst aus dem 19. Jahrhundert. Man wurde nicht „frei" in einer Stadt: Man trat nur in einen anderen Rechtskreis ein. Die „Freiheit" der Stadt beruhte auf dem Rechtsgefälle zum Landleben. Dort war der Grundherr der Herrschaftsträger. Er hatte die Funktionen inne, die heute der Staat übernimmt. Allerdings konnte er seine Autorität nur auf seinem Besitz und gegenüber „seinen" Leuten zur Geltung bringen. Diese Eigenleute des Herrn konnten zu vielfältigen Leistungen verpflichtet werden. Musste man seinem Herrn mit Handarbeit dienen, rangierte man am untersten Ende der sozialen Leiter. Wesentlich besser gestellt waren jene, die nur eine jährliche Geldsumme zu entrichten hatten. Großes Sozialprestige genossen die bewaffneten „Eingreiftruppen" einer Grundherrschaft und die Verwalter des jeweiligen

Herrn. Innerhalb dieser sozialen Pyramide waren alle Angehörigen einer Grundherrschaft unfrei; ihr Vermögen gehörte im Prinzip ihrem Herrn. Selbst der Tod eines Hörigen war für einen Grundherrn nicht nur ein Anlass zum Trauern. Im Todesfall gingen das beste Stück Vieh oder das beste Kleid des verstorbenen Hörigen an den Herrn. Diese Rechtsordnung hatte sich aber in einer agrarischen Gesellschaft entwickelt. Für das Stadtleben taugte sie ungefähr so viel wie ein Holzschwert für den Krieg.

Das vertrackte Eheproblem

Ein heikler Punkt im Stadtleben waren die Eheschließungen. Adlige Herren sahen es nicht gerne, wenn ihre Eigenleute in andere Grundherrschaften einheirateten, da ihnen so „Humankapital" verloren ging. Sie belegten solche Fälle folgerichtig mit drastischen Geldstrafen. In den Städten wohnten Angehörige der unterschiedlichsten Grundherrschaften. So konnte die Auswahl ziemlich dünn werden, wenn man tatsächlich nach einem

Angriffe von Ritterheeren auf Städte waren im Mittelalter nichts Aussergewöhnliches. Die meisten Städte verstärkten deshalb regelmässig ihre Befestigungsanlagen. Auf dieser englischen Buchmalerei aus dem frühen 15. Jahrhundert sieht man Ritter, die ein Stadttor angreifen. Links sind königliche Figuren dargestellt, wahrscheinlich König Richard II., von dem die Handschrift „Chronique d'Angleterre" hauptsächlich handelt.

Ehepartner aus dem eigenen Hofrechtsverband suchte. Die Drohung ruinöser Heiratsstrafen war also allgegenwärtig. Kam nun eine Ehe gegen den Willen des Grundherrn zu Stande, mussten die finanziellen Vorteile am Ende die zu erwartenden Strafen aufwiegen. Ist man romantisch veranlagt, kann man an dieser Stelle natürlich auch von innigster Zuneigung der Brautleute ausgehen. Vielleicht ist das auch der Grund, warum die Bürgerin Adelheid aus unserem Eingangsbeispiel an die Kirche, d. h. an den bischöflichen Stadtherrn übertragen werden wollte. Da sie nämlich vorher einer fremden Grundherrschaft angehört hatte, hätte der Bischof die Heirat mit einem seiner hohen und angese-

henen Amsträger verweigern können. Zahlte Adelheid in diesem Falle ihrem Herrn Arnold eine erhebliche Geldsumme für sein Entgegenkommen? Oder war Arnold nur ein freundlicher Mann mit einem weichen Herzen? Möglich ist jedenfalls beides.

Den Stadtherren weht der Wind ins Gesicht

Was auf dem Land der Grundherr, war in der Stadt der Stadtherr. In aller Regel waren die Stadtherren Bischöfe. Diesen war der Einfluss des ländlichen Adels in den Städten natürlich ein Dorn im Auge. Sie gingen grundsätzlich davon aus, dass alle, die in ihren Städten

wohnten, selbstverständlich auch ihre Eigenleute waren. Prinzipiell konnte ein Stadtherr
die gleichen Leistungen von seinen Stadtbewohnern fordern wie ein Grundherr auf
dem Lande. Im 11. Jahrhundert erlebten verschiedene Stadtherren allerdings böse Über-
raschungen, als sie versuchten, altherge-
brachte Rechte durchzusetzen. Erzbischof
Anno II. von Köln (1056–1075), einer der
mächtigsten Fürsten im Reich, wurde 1074
von einem Aufstand der Kölner Kaufleute
überrascht und musste aus der Stadt fliehen.
Die reichen Fernhändler sahen nicht mehr
ein, warum der erzbischöfliche Stadtherr so
tat, als gehöre ihm ihr sauer erworbenes
Eigentum. In Italien war die Entwicklung zu
dieser Zeit schon viel weiter. Die städtischen
Bischöfe waren nicht so mächtig wie ihre Kollegen im römisch-deutschen Reich und hatten
schon früh die bürgerliche Selbstverwaltung
akzeptieren müssen. Die deutschen Bischöfe
wurden noch einige Male mehr aus ihren
Städten vertrieben, bevor sie die Zeichen der

Zeit erkannten. Nördlich der Alpen konnten
die Bürgerschaften seit dem Investiturstreit
ihre bischöflichen Stadtherren und den König
gegeneinander ausspielen. Auf diese Weise
erlangten sie Rechte, welche die alten grundherrschaftlichen Verpflichtungen immer mehr
auflösten. Rechtlich blieben die Stadtbürger
also grundsätzlich zum überwiegenden Teil
unfrei. Im Laufe der Zeit blieb von dieser
Situation jedoch nur noch eine nominelle
Abhängigkeit dem jeweiligen Herrn gegenüber bestehen. In den meisten Fällen wurde
nur noch ein gewisser Geldbetrag abgeführt,
was ein Zeichen für den sozialen Aufstieg
war. Heiratsbeschränkungen und Sterbefall-
abgaben konnten durch königliche und kaiserliche Privilegien abgeschafft werden, und
die Bürger erhielten immer größere Selbst-
verwaltungsrechte. Nach mittelalterlichem Verständnis war dies nun schon „Freiheit", denn
man war jetzt frei von den alten Verpflichtungen. Im 19. Jahrhundert übersetzten Historiker dann die städtische „libertas" (Frei-

DIE ZUNFTTAFEL DER SEIDENWEBER IN VENEDIG, GEMÄLDE AUS DEM 15. JAHRHUNDERT. HANDWERKER UND KAUFLEUTE IN DEN STÄDTEN SCHLOSSEN SICH ZU KORPORATIONEN ZUSAMMEN, DIE ZÜNFTE GENANNT WURDEN. URSPRÜNGLICH DIENTEN DIESE VEREINIGUNGEN DAZU, DIE INTERESSEN DES JEWEILIGEN ZUNFTHANDWERKS ZU VERTRETEN. ES WURDEN GERECHTE PREISE FESTGESETZT, UM DUMPING ZU VERHINDERN, ODER QUALITÄTSSTANDARDS FESTGELEGT. DA EIN GROSSTEIL DER HANDWERKER ABER VOM STADTREGIMENT AUSGESCHLOSSEN WAR, BEKAMEN DIE ZÜNFTE BALD EINE POLITISCHE ZIELRICHTUNG.

heit) etwas naiv mit ihrem unteilbaren Freiheitsbegriff. Die bürgerliche Freiheit Europas wurde aber in den mittelalterlichen Städten bei weitem noch nicht durchgesetzt. Die Entwicklung in den mittelalterlichen Städten war jedoch ein enorm wichtiger Schritt auf dem Weg dahin.

Der Stadtherr schaut von draußen zu

Im politischen Spannungsfeld zwischen Herrscher, Stadtherren und Bürgerschaft entwickelten die Stadtgemeinden neue Formen gemeinschaftlichen Zusammenlebens. Städtisches Leben war wesentlich komplizierter als das Leben auf dem Land. Erbschaftsstreitigkeiten mussten gelöst werden, die weit über das einfache „Wem gehört die Kuh?" hinaus-

gingen. Unterschiedlichste Interessen mussten unter einen Hut gebracht werden. Nutzungsrechte an Gewässern und Stadtland waren aufzuteilen. Mitunter war es nötig, solche Regelungen gegen einen widerstrebenden Stadtherrn durchzusetzen. Dazu musste die Stadtbevölkerung einig sein. Einigkeit und Wohlstand bedeuteten Macht, denn damit konnten sowohl Waffen als auch Bündnisse gekauft werden. Die oberitalienischen Städte konnten auf diese Weise sogar Kaisern trotzen. Einem Teil der großen deutschen Bischofsstädte gelang es immerhin, sich ihres Stadtherrn militärisch zu entledigen. Politisch aktiv und auf ihre Stellung bedacht waren natürlich besonders die reichsten Bürger. Von den Vorteilen, die die Reichen für sich erstritten, profitierte letztlich meist aber auch die ganze Stadtbevölkerung.

Um Stadtbürger zu werden und so in den Genuss der Bürgerrechte zu kommen, musste man den Bürgereid leisten. Damit schwor man, die städtischen Statuten zu achten und den Bürgerpflichten nachzukommen. Diese bestanden nicht zuletzt in der Verteidigung der Stadt. Gerade um das mit der Stadtverteidigung zusammenhängende Befestigungsrecht wurde mit dem Stadtherrn häufig erbittert gerungen, denn nur mit der Verfügungsgewalt über die Stadtmauern und Befestigungsanlagen konnten lästige Stadtherren vertrieben werden. So mancher Bischof konnte sich seine eigene Stadt in Konfliktfällen nur von außen betrachten. Nicht selten verlegten die Bischöfe deshalb ihren Sitz endgültig aus ihrer Kathedralstadt in eine andere Residenz. Demokratisch wurde eine Stadt durch die Abwanderung des Herrn natürlich noch längst nicht, insbesondere nicht in unserem heutigen Verständnis. Zwar konnte sie sich in

diesem Fall „Freie Reichsstadt" nennen und darauf bestehen, nur dem – meist weit, weit entfernten – König oder Kaiser unterstellt zu sein. Konnte schon der eigentliche Stadtherr seine Autorität gegenüber seinem unbotmäßigen „Besitz" nicht zur Geltung bringen, gelang dies kleineren Adligen noch viel weniger. Wenn sich entlaufene Hörige einmal dauerhaft in einer Stadt etabliert hatten, konnten sie kaum zurückgefordert werden. Ob dies allerdings häufig vorkam, ist fraglich. Städte waren freundlich zu reichen Aspiranten auf das Bürgerrecht, „arme Schlucker" wurden hingegen nicht gerade mit offenen Armen empfangen. Besonders wenn wegen eines Habenichts eine Fehde drohte, wurde er seinem Herrn vermutlich schneller zurückgegeben, als er den Bürgereid sprechen konnte. Es war also weniger die Stadtluft, die frei machte, als vielmehr das Geld, das nötig war, um die Stadtluft atmen zu können.

DIESE GLASMALEREI IN DER KATHEDRALE VON CHARTRES BEFINDET SICH IM „ANTONIUS- UND PAULUSFENSTER". ES WURDE UM 1210 VON DER ZUNFT DER FISCHHÄNDLER GESTIFTET. FOLGLICH ZEIGT ES AUCH EINE SZENE AUS DEM LEBEN DER FISCHHÄNDLER. VIELERORTS WURDEN DIE ZÜNFTE ZUR GRUNDLAGE DER STADTVERFASSUNG. POLITISCHE ÄMTER DURFTE MAN NUR NOCH BEKLEIDEN, WENN MAN MITGLIED EINES DIESER VERBÄNDE WAR.

Die Städte – Zentren mittelalterlicher Kultur

GEGENÜBERLIEGENDE SEITE: AUCH DIE GLASKUNST BLÜHTE IN DEN STÄDTEN. DIE ABBILDUNG ZEIGT DAS „MOSES-FENSTER" IN DER SANKT-JAKOBS-BASILIKA IM NIEDER-BAYERISCHEN STRAUBING, ENTWORFEN VOM NÜRNBERGER KÜNSTLER ALBRECHT DÜRER (1471 BIS 1528). DAS WERK IST DAS ERSTE MONUMEN-TALE VON DÜRER GESTALTETE KIRCHENFENSTER, DAS AUSSERHALB NÜRNBERGS GEFUNDEN WURDE.

Wenn wir heute in die Oper, ins Theater, Kino oder Museum gehen wollen, werden wir mit ziemlicher Wahrscheinlichkeit in einer Stadt landen. In Städten konzentrieren sich Geld, Kultur und Publikum. Das war im Mittelalter nicht viel anders, wenngleich es die oben genannten Angebote damals so noch nicht gab. Dennoch hatte auch das Mittelalter seine kulturellen Ereignisse – es waren nur andere, beispielsweise der Vortrag eines höfischen Sängers, die Lesung aus einem Versepos oder auch die prächtige und sinnfällige Prozession aus Anlass eines Heiligenfestes.

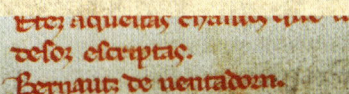

AUCH DER MINNESANG SPIELTE IM KULTURBETRIEB DER STÄDTE EINE GROSSE ROLLE, VOR ALLEM IN DER ADLIGEN OBERSCHICHT. DIE SEITE AUS EINER PROVENÇALISCHEN LIED-SAMMLUNG VON 1125 ZEIGT IN DER INITIALE DEN FRANZÖSISCHEN TROUBADOUR BERNART DE VENTADOUR.

Publikum und Geld – Die „Treibstoffe" der Kultur

Seit die europäischen Städte ab dem 11. Jahrhundert an Bedeutung gewannen, dürften sie „Kulturschaffende" magisch angezogen haben. Dafür gibt es zwei schlichte Gründe. Zum einen fand man in einer Stadt ein dichtes, zahlreiches Publikum. Hier erreichte man auch gleichzeitig die unterschiedlichsten sozialen Schichten. Sowohl der zotige Possenreißer als auch der gebildete Dichter gedrechselter Minneverse konnten hier nebeneinander ihren Lebensunterhalt verdienen. Diese lebendige Atmosphäre wurde von neuen Ideen getragen, denn Städte waren nicht nur Handelsknotenpunkte. Mit den Waren kamen auch Neuigkeiten, Ansichten und Gedanken in die Stadt, die aus anderen Gegenden stammten. Dieser Strom von Handelsware und Ideen war die Basis für den zweiten Grund, aus dem sich die Städte zu Kulturzentren entwickelten: Geld. Kulturschaffende sind Spitzenkräfte mit Ausnahmefertigkeiten. Diese Fertigkeiten müssen angemessen entlohnt werden, gleichviel, ob es sich dabei um einen Minnesänger, Steinmetz oder Glaskünstler handelt. Abgesehen von wenigen Adelsresidenzen auf dem Land fanden sich nur in Städten die benötigten Geldmittel. Es liegt also nicht nur an der kanonischen Vorgabe, ein Bischofssitz habe eine Stadt zu sein, dass hier die großen Kathedralen zu finden sind. Allein in den Städten konzentrierten sich Geld und Fertigkeiten – nur hier ließ sich der spirituelle Anspruch einer großen Bischofskirche architektonisch verwirklichen.

Hochschulen – Die mittelalterlichen städtischen „think tanks"

Selbst Adelskultur war auf Städte angewiesen. Wo sollten denn Turniere stattfinden? Auf dem freien Feld waren solche Großveranstaltungen beinahe undenkbar. Die logistischen Probleme wären einfach zu groß gewesen. Ritter, Damen und Bedienstete allein konnten schon hunderte von Personen sein; dazu kamen die Zuschauer. Die Vorratsmengen, die benötigt wurden, um ein Turnier zu versorgen, ließen sich wiederum nur in Städten besorgen. Auch hier galt genau wie bei allen anderen „Kulturveranstaltungen": Die materiellen Bedingungen mussten am Ort des Ereignisses vorhanden sein. Dazu gehörten eben nicht nur die Versorgungsgüter, sondern auch das Publikum, das aus einer Veranstaltung erst das Ereignis machte. Städte boten nicht irgendein Publikum – Stadtbürger waren fachkundig. Nicht alle natürlich, aber die Bildungselite saß in den Städten. Als gegen Ende des 12. Jahrhunderts die ersten Vorläufer der Universitäten entstanden, geschah dies in den Städten. Bologna und Paris waren die ersten Zentren dieser neuen Gelehrsamkeit, die ohne Kloster- oder Domschulen auskam. Hier konnten Lehrer und Studenten bisher unbekannte Wege des Denkens entwickeln. Es ist wohl kein Zufall, dass Albertus Magnus (um 1200 bis 1280), einer der bedeutendsten Gelehrten des Mittelalters, einen großen Teil seines Lebens in Köln verbracht hat. Dort gründete er im 13. Jahrhundert die dominikanischen Generalstudien (eine Art Universität), schlichtete Streitigkeiten zwischen Stadtgemeinde und Erzbischof, starb schließlich und ruht noch heute in der Kirche St. Andreas. Johannes Duns Scotus (um 1266 bis 1308), wohl einer der wichtigsten franziskanischen Denker, ist ebenfalls in Köln begraben. Hugo Ripelin von

Straßburg (um 1200 bis 1268), ein Straßburger Patriziersohn und Dominikaner, wirkte im 13. Jahrhundert in Zürich und war der Verfasser einer weit verbreiteten Dogmenschrift. Natürlich dachten solche Kleriker eher über theologische Probleme nach, doch kam man am geistlichen Stand nicht vorbei, wenn man Wissen suchte. Albertus Magnus war bekannt für seine naturwissenschaftlichen Betrachtungen – die Sage schrieb ihm deshalb Zauberkräfte zu.

Der Literaturbetrieb in den Städten

Aber auch die Laienschaft der Städte war kulturell interessiert. Ein frühes Beispiel ist der Straßburger Stadtschreiber Hesse. Zwischen 1230 und 1240 urkundlich belegt, wurde sein Urteil auch von den Autoren ernst genommen und als Referenz genutzt. Im Literaturbereich traten Stadtbürger neben adlige Mäzene. In Basel bestellten politisch verfeindete Patrizier und Bischöfe bei den gleichen Autoren. Eine der bekanntesten und prächtigsten handschriftlichen Lyriksammlungen des Mittelalters wurde in Zürich von der Patrizierfamilie Manesse in Auftrag gegeben (seit 1490 in Heidelberg). Es war allerdings keine spezifisch städtische Literatur, die produziert wurde. Die städtische Oberschicht bestand vielfach aus Mitgliedern des niederen Adels, die natürlich klassisch-höfische Literatur bestellte. Neben diesen vom Adel übernommenen Kulturformen suchte sich das neue stadtbürgerliche Selbstverständnis neue Ausdrucksformen. Auseinandersetzungen mit den Stadtherren führten mitunter zu fast schon privater Geschichtsschreibung und mit Reliefen wurde an besondere Ereignisse erinnert. Rathäuser dokumentierten durch ihre Architektur den Anspruch der Bürger auf Unabhängigkeit, und mitunter nahmen Stadtgemeinden sogar den Kathedralenbau in ihre eigenen Hände.

Die Ausbildung individueller Stadtkultur

Die Lebensverhältnisse wurden zunehmend komplizierter, städtische Statuten demzufolge immer ausgefeilter. Man brauchte professionelle Juristen, um der vielfältigen Probleme

Herr zu werden. Der Siegeszug des modernen römischen Rechts begann in Italien und erfasste weite Teile Europas. Auf diese Weise bildeten sich im Spätmittelalter mitunter besondere Stadtkulturen, die sich zum Teil erheblich unterschieden. Köln war vom 13. bis ins 16. Jahrhundert berühmt für seine

Malerschule. Deren berühmtester Vertreter, Stephan Lochner (um 1400 bis 1457), war im 15. Jahrhundert sogar Ratsherr. Seine Ratskollegen und sich selbst verewigte er in einem Altarbild, das die Anbetung der Heiligen Drei Könige zeigt. Noch heute ist es im Kölner Dom zu bewundern.

GEGENÜBERLIEGENDE SEITE: MATRIKEL DER UNIVERSITÄT LEIPZIG. DIE SCHMUCKSEITE VON 1512 WEIST IN DER INITIALE D EINE DARSTELLUNG DES MUSENBRUNNENS AUF. AUS DEM DEKANAT VON JOHANNES TUBERINUS, WINTERSEMESTER 1512/1513. IN DEN UNIVERSITÄTSSTÄDTEN SASS DIE BILDUNGSELITE DES MITTELALTERS.

NUR IN DEN STÄDTEN WAREN GENÜGEND GELDMITTEL VORHANDEN, UM DIE „TOP-STARS" DES MITTELALTERS ZU ENGAGIEREN. DIESE BUCHMALEREI AUS DER HEIDELBERGER LIEDERHANDSCHRIFT „CODEX MANESSE", HERGESTELLT IN ZÜRICH UM 1340, ZEIGT DEN ANGESEHENEN LIED- UND SPRUCHDICHTER KANZLER ZWISCHEN EINEM FLÖTENSPIELER UND EINEM FIEDLER.

Leben und Arbeiten in den Städten

Der ländliche Charakter so mancher mittelalterlichen Stadt hätte uns Menschen des 21. Jahrhunderts überrascht. Nicht immer war der Mauerring im Inneren vollständig bebaut. Es gab Weiden, Felder und Gärten innerhalb der Stadtmauern. Was an Nahrungsmitteln selbst produziert wurde, brauchte man nicht auf dem Markt zu kaufen. In einer mittelalterlichen Stadt kannte man die Wurst in der Regel schon, als sie noch ein Schwein war.

DIE ZUNFTTAFEL DER MAURER IN VENEDIG, GEMÄLDE VON 1508. DIE ASSOZIATIONEN UND KORPORATIONEN VON HANDWERKERN WAR AUCH IN ITALIEN EIN PRÄGENDES ELEMENT DES MITTELALTERLICHEN STADTWESENS.

Vergeblicher Kampf gegen den Dreck

Wer es sich leisten konnte, hielt ein Borstenvieh. Sie fraßen alles und setzten schnell Fett an. Von daher waren sie das ideale Nutzvieh für die städtische Umgebung. Leider machen Schweine einen ungeheuren Dreck, gehen nicht gerade pfleglich mit den ungepflasterten Straßen um und stinken wie – Schweine. In den engen Gassen und Straßen müssen die hygienischen Verhältnisse insgesamt furchtbar gewesen sein. Viele Stadtrechte beschäftigten sich in regelmäßigen Abständen mit diesem Thema. Die häufigen Wiederholungen der Bestimmungen lassen vermuten, dass der Kampf gegen den Dreck weitgehend vergeblich war. Die Schweinehaltung auf der Straße war zwar verboten, wohl aber dennoch keine Seltenheit. Das Trinkwasser war durch Fäkalien, Schlachtabfälle, Färber und Gerber häufig verseucht. Vor allem in den südlichen, wärmeren Gegenden wurde deshalb statt Wasser meist lieber Wein getrunken, der damals längst nicht so stark war wie heute und einen großen Vorteil hatte: Er war „sicherer" als das mit Krankheitskeimen verseuchte Trinkwasser. Noch heute erinnert man sich in Bamberg daran, dass nur der Fisch flussaufwärts der Stadt gut genießbar gewesen sei. Solche Bedingungen waren für die große Pestwelle des 14. Jahrhunderts ein offenes Tor. Herkömmliche Katastrophen wie Hungersnöte oder Krieg hatten bis dahin hauptsächlich die Ärmsten getroffen. Gegen die Pest hingegen konnte sich niemand schützen.

Schmutzig, aber fortschrittlich

Was ein moderner Mitteleuropäer kaum ein paar Tage ausgehalten hätte, war im Mittelalter jedoch der Inbegriff des Fortschritts. In den großen Städten bekam man alles. Der Handel blühte und stellte neben den herkömmlichen Waren des täglichen Bedarfs die exotischsten Luxusgüter zur Verfügung. Eine Vielzahl von Handwerken entwickelte immer neue Kunstfertigkeiten. Nicht zuletzt erfuhr man in den Städten auch die neuesten Nachrichten aus aller Welt. Händler zogen weit umher und brachten neben ihren Waren auch neue Ideen mit. Wer allerdings meint, dass dieses bunte Treiben sich selbst überlassen war, unterschätzt den menschlichen Hang zur Bürokratie. Besonders die Kommunen Norditaliens versuchten, alles zu regeln. Es wurden Statuten zu fast jedem Lebensbereich erlassen. So nahm die Unübersichtlichkeit der Stadtverfassungen schnell zu und förderte den Aufstieg der Juristen. Auch nördlich der Alpen wurde viel reglementiert. Viele Stadtrechte befassten sich ausführlich mit dem damaligen städtischen Wirtschaftsleben: Wer ist von welchem Zoll befreit? Wer darf backen? Wer darf Fleisch verkaufen? Wo darf verkauft werden? Alle diese Fragen wirken uns heute noch seltsam vertraut – vielleicht, weil sie seit dem Mittelalter bis heute immer noch gestellt werden?

Handel, nicht Handwerk hatte goldenen Boden

Diese Regelungswut erlaubt uns jedoch einen Blick in das differenzierte Wirtschaftsleben einer mittelalterlichen Stadt. Im ersten Straßburger Stadtrecht aus der zweiten Hälfte des 12. Jahrhunderts werden allein 16 Gewerbe ausdrücklich erwähnt. Die Großstadt hatte damals knapp 20.000 Einwohner. Manchem Handwerk war damals schon ein verantwortlicher Meister vorgesetzt. Sie waren dem bischöflichen Stadtherrn verpflichtet und mussten wohl für die Einhaltung der einschlä-

Im „Erlösungsfenster" der Kathedrale Notre-Dame im französischen Chartres findet sich die Darstellung eines Huf-schmiedes beim Beschlagen eines Pferdes, gestiftet von der Zunft der Schmiede. Eine wichtige Funk-tion der Zünfte war die Regelung der wirtschaftlichen Aspekte des Handwerks, vor allem die Quali-tätskontrolle der Erzeugnisse.

gigen Bestimmungen sorgen. Aus dem Stadt-recht geht hervor, dass es mindestens zwölf Kürschner, mehr als vier Sattler, Handschuh-macher und über acht Schuhmacher gab. Die wirklichen Zahlen dürften noch um einiges höher gelegen haben, da vier ausgewiesene Bäcker wahrscheinlich nicht ausreichten, um eine so große Stadt zu versorgen. Neben diesem organisierten Handwerk gab es eine Unzahl Tätigkeiten, die keine Spuren in den Quellen hinterlassen haben. Es musste Lade-personal für die Schiffe auf dem Rhein geben, Kaufmannsknechte, Münzknechte und Weber. Straßennamen aus dem Mittelalter legen nahe, dass sich gleichartige Gewerbe nebeneinander niederließen. In der Wormser Wollgasse fand wohl der Wollhandel

zusammen. Rosengassen, -pfade und -wege waren in ziemlich allen Städten die Heimat aufgeschlossener und freundlicher Damen, deren Wirtschaftätigkeit gerade von der Kirche missmutig beäugt wurde. Diese in fast allen Städten gleiche Benennung ließ den erschöpften Handlungsreisenden auch in einer fremden Stadt den Weg zu Unterhaltung und Entspannung finden. Eine für die städti-sche Hygiene wichtige Person war der Schweinehirt. Er übernahm täglich die pri-vaten Schweine und sorgte dafür, dass sich seine Schützlinge nur an den dafür vorgese-henen Orten austobten. Die wirtschaftlich bedeutendste Gruppe waren natürlich die Kaufleute, deren Warenverkehr die Städte erst zu wirtschaftlichen Zentren werden ließ. Ihr

Vermögen musste einem armen Tagelöhner oder Handwerker phantastisch erscheinen.

„Sie sitzen am Webstuhl und fletschen die Zähne"

Diese Zeile von Heinrich Heine bezieht sich auf den schlesischen Weberaufstand des Jahres 1844. Sie trifft aber wahrscheinlich genauso gut die Verhältnisse des Spätmittelalters. Die Textilindustrie war einer der Motoren der mittelalterlichen Wirtschaft. Genau wie in Schlesien im 19. Jahrhundert wurden die Stoffe im so genannten Verlagssystem erzeugt. Ein Großabnehmer kaufte exklusiv die Erzeugnisse vieler Weber auf, die zu Hause arbeiteten. Diese waren natürlich

besonders betroffen, wenn spätmittelalterliche Wirtschaftskrisen die Preise drückten. Weber waren jedenfalls häufig beteiligt, wenn es im 14. und 15. Jahrhundert zu Aufständen der Bürgerschaft kam. Auslöser der Unruhen waren in aller Regel entweder das Ringen um politische Beteiligung am Stadtregiment oder eine unerträglich auseinanderklaffende soziale Schere. Bevor der reiche Jehan Boinebroke aus Douai in Frankreich 1285 starb, wollte er sein Gewissen erleichtern. Er hatte die Handwerker, die für ihn arbeiteten, rücksichtslos ausgebeutet. Einen deswegen aufflammenden Aufstand hatte er niederschlagen lassen. Nach seinem Tod konnten alle, denen er Unrecht getan hatte, Klage einreichen. Es entstand ein Pergament von über fünf Metern Länge.

DER AUSSCHNITT AUS DEM „FENSTER DES HEILIGEN NIKOLAUS" IN DER KATHEDRALE NOTRE-DAME IN CHARTRES ZEIGT EINEN LEBENSMITTELHÄNDLER IN SEINEM LADEN. DIE GLASMALEREI WURDE VON DER ZUNFT DER LEBENSMITTELHÄNDLER GESTIFTET. OFT BILDETEN WOHLTÄTIGE BRUDERSCHAFTEN, DIE SICH AUF RELIGIÖSER GRUNDLAGE GEBILDET HATTEN, DEN AUSGANGSPUNKT FÜR DIE ENTSTEHUNG VON ZÜNFTEN.

Bürgerrechte, Stadträte und Zünfte

Kaum hatten sich in den Städten des römisch-deutschen Reiches Stadträte gebildet, wurden sie auch schon wieder verboten. Zuerst traten mehr oder weniger demokratisch gewählte Stadträte in den norditalienischen Stadtstaaten auf. Auf deutschem Boden finden sich die ersten Nachrichten über diese neue Institution gegen Ende des 12. Jahrhunderts. Die bischöflichen Stadtherren waren von dieser Konkurrenz natürlich nicht begeistert. Es dauerte nicht lange, und sie konnten Kaiser Friedrich II. im Jahr 1232 ein wichtiges Zugeständnis entlocken. Alle bisher bestehenden Stadträte galten schlagartig als aufgelöst, neue Stadträte durften sich nur im Einvernehmen mit dem Bischof bilden.

BÄCKER BEIM FORMEN DER BROTLAIBE. AUSSCHNITT AUS DEM FENSTER MIT SZENEN DER APOSTELGESCHICHTE, GESTIFTET VON DER ZUNFT DER BÄCKER, IN DER KATHEDRALE NOTRE-DAME IM FRANZÖSISCHEN CHARTRES, 13. JAHRHUNDERT.

Rückschläge und Fortschritte

Besonders hart wurden die Wormser getroffen. Sie hatten sich wohl zu sehr auf eine gefälschte Urkunde verlassen, die ihnen die Bildung eines unabhängigen Stadtrates verbriefte. Ausdrücklich erklärte Friedrich II. nun den Wormser Stadtrat für aufgelöst. Zugleich musste das schöne neue Symbol des bürgerlichen Selbstbewusstseins, das steinerne Rathaus, zerstört werden. Die Zeit ließ sich jedoch nicht mehr zurückdrehen. Der städtischen Selbstverwaltung gehörte die Zukunft. Die Stadträte waren das vorläufige Ergebnis städtischer Freiheitsbestrebungen. Es war den Stadtgemeinden nach und nach gelungen, sich von alten grundherrschaftlichen Verpflichtungen zu befreien. Nun wollten sie mit gestärktem Selbstbewusstsein ihre Geschicke selbst in die Hand nehmen. Der jährlich zu schwörende Bürgereid schloss die Gemeinschaft zusammen und verpflichtete jeden Einzelnen auf die Statuten der Stadt. Vertreten wurden die städtischen Belange durch den Stadtrat. Er bestand aus den „meliores", den „Besten", der Stadt. Dieses Stadtregiment darf nicht mit unserer modernen Demokratie verglichen werden. In Worms wurden Stadträte auf Lebenszeit bestimmt. In Straßburg wechselten sie zwar jährlich, doch wurde der neue Stadtrat vom scheidenden berufen. So nimmt es nicht wunder, immer die gleichen Namen im Stadtrat anzutreffen.

Der Stadtrat – Eine „Herrschaft der Wenigen"

Die wenigen Familien, deren Mitglieder ratsfähig waren, bildeten das städtische Patriziat. Nach dem Motto „eine Hand wäscht die andere" sorgte diese städtische Spitzengruppe für die Interessen ihresgleichen. Patrizier pflegten in den bedeutenden Städten einen ritterlichen Lebensstil und glichen sich teilweise dem Adel an. Begünstigt wurde diese Entwicklung durch die Tatsache, dass längst nicht jeder Stadtbewohner auch ein Bürger war. Bürgerrecht konnte in aller Regel nur der erwerben, der Grundbesitz in der Stadt hatte. Dieser war im Mittelalter relativ gesehen auch nicht billiger als heute. Alle „Mieter" galten hingegen als so genannte Beisassen. Sie hatten zwar die gleichen Pflichten und genossen den gleichen Schutz wie die Bürger, konnten jedoch keinen Einfluss auf das politische Geschehen nehmen. Mitunter war das Bürgerrecht so exklusiv, dass nur die ratsfähigen Geschlechter als Bürger galten. Der Straßburger Bischof Walter warf seinem ungeliebten Stadtrat im Jahre 1261 dann auch vor, dass er zu „der Armen Ungewinn" regiere. Die Kölner Erzbischöfe konnten dieses soziale Gefälle ausnutzen, um die mächtige „Richerzeche", eine Art Regierungsclub der Reichen, auszuschalten.

Das Aufkommen der Zünfte

Es hatten sich jedoch nicht nur die Mächtigen einer Stadt organisiert. Auch Handwerker und Kaufleute hatten sich zu Korporationen zusammengeschlossen, die Zünfte genannt wurden. Ursprünglich dienten diese Vereinigungen dazu, die Interessen des jeweiligen Zunfthandwerks zu vertreten. Es wurden gerechte Preise festgesetzt, um Dumping zu verhindern, oder Qualitätsstandards festgelegt. Da ein Großteil der Handwerker aber vom Stadtregiment ausgeschlossen war, bekamen die Zünfte bald eine politische

Zielrichtung. In Florenz beispielsweise wurden die Zünfte zur Grundlage der Stadtverfassung. Im Jahre 1274 wurde die Zahl der Zünfte auf 21 festgelegt. Politische Ämter durfte man nur noch bekleiden, wenn man Mitglied eines dieser Verbände war. Dante Alighieri (1265 bis 1321), der Dichter der „Göttlichen Komödie", war in der Zunft der Ärzte und Apotheker eingeschrieben. Diese politischen Zünfte blieben in Florenz bis zur Machtübernahme durch die Medici im 15. Jahrhundert Grundlage der Stadtverfassung.

Neue Kräfte regen sich

Auch in Deutschland strebten die Handwerkerzünfte ab dem Beginn des 14. Jahrhunderts verstärkt nach politischer Beteiligung. Es gab zwar außerordentlich wohlhabende Kaufleute und Handwerker, doch Geld allein öffnete im ständisch orientierten Mittelalter noch längst

VIELERORTS HIELTEN SICH DIE GRUNDLAGEN DES ZUNFTWESENS WEIT ÜBER DAS MITTELALTER HINAUS, BEI UNS IN DEUTSCHLAND IN MANCHEN BEREICHEN SOGAR BIS HEUTE. DAS ÖLGEMÄLDE VON THOMAS DE KEYSER VON 1667 ZEIGT „DIE ZUNFTMEISTER DER AMSTERDAMER GOLDSCHMIEDE-ZUNFT".

nicht die Türen in die ersten Kreise. Nur altes, ererbtes Geld war vornehm. Noch im 15. Jahrhundert weisen Nürnberger Patrizier mit Genugtuung darauf hin, dass sie von „Renten" und dem Vatererbe leben. Der „Selfmade-Millionär" wurde nicht ohne weiteres als gleichberechtigt anerkannt und viel weniger noch Handwerker, die sich von der eigenen Hände Arbeit ernährten. Bei der Beseitigung dieser Diskrepanz spielte nicht

selten Gewalt eine Rolle – manchmal jedoch anders, als man zunächst annehmen mag, wie das Beispiel aus Straßburg zeigt. Hätten Romeo und Julia nicht in Verona, sondern in Straßburg gelebt, hätten sie Zorn und Mülnheim geheißen. Beide Familien waren die beherrschenden Patriziergeschlechter im Rat und durch die Konkurrenz bitter verfeindet. Am 20. Mai 1332 brach während eines Festes zwischen Angehörigen beider Geschlechter

DIE ZUNFTTAFEL DER „GIUPONERI" VON VENEDIG, GEMÄLDE VON 1720.

DIE MINIATUR AUS DEM „FREI-
HEITSBUCH" VON HANS MIELICH
(1516 BIS 1573) ZEIGT DIE „ÜBER-
GABE DES FREIHEITSBUCHES DER
FREIEN REICHSSTADT REGENSBURG".
AUF DER ABGEBILDETEN SITZUNG
DES STADTRATES VON REGENSBURG
IM JAHRE 1536 VERTRAT DER MALER
UND GRAFIKER ALBRECHT ALTDORFER
(UM 1480 BIS 1538) DIE MALERZUNFT
(4. VON LINKS).

und ihrer Parteigänger ein Streit aus. Trotz der
Versuche einiger Besonnener, die Auseinandersetzung zu schlichten, eskalierte sie blutig. Die
Aussagen von 146 Zeugen sind erhalten und
schildern den Tumult anschaulich. Sogar zwei
Geistliche beider Parteien schlugen aufeinander ein, während Messer und Schwerter
gezückt wurden. Der Kampf war nicht eine
der Messerstechereien, die wohl häufiger vor-
kamen. Es war eine kleine Schlacht, denn
Hezel Markes, ein prominenter Ratsherr,

wurde dabei regelrecht enthauptet. Damit
hatten die Patrizier in unerhörter Weise das
oberste Gesetz der Stadt verletzt: die Wahrung
des Friedens. Solchermaßen diskreditiert,
mussten die alten Ratsfamilien der Öffnung
dieses Gremiums für die Handwerksmeister
zustimmen. Es gelang aber nicht immer, eine
breitere Repräsentation im Rat durchzusetzen.
Nürnberg zum Beispiel blieb trotz aller Versuche von Seiten der Zünfte durch und durch
patrizisch beherrscht.

KUNST UND KULTUR IM MITTEL- ALTER

Kunst und Kultur im Mittelalter

Tausend Jahre europäischer Entwicklung von 500 bis 1500: das ist die Zeitspanne, die wir als Mittelalter bezeichnen. Lange Zeit wurde das Millenium, welches dem Anbruch der Neuzeit um das Jahr 1500 vorausging, als „finster" diskreditiert. Auch heute noch stempelt der Spruch „wir sind doch nicht im Mittelalter" Handlungen als unangemessen ab.

Vorige Doppelseite und links: Das Fresko „Allegorie des Gehorsams" stammt von Giotto di Bondone (um 1266 bis 1337). Der Heilige und Ordensgründer Franziskus von Assisi (eigentlich: Giovanni Bernardone, 1182 bis 1226) vermählt sich mit dem Gehorsam. Das Fresko stammt aus dem Jahre 1320 und befindet sich in der Kirche San Francesco in Assisi (Unterkirche, Westliches Querhaus, Vierung, südliche Gewölbekappe).

Die Spitze des Eisbergs

Doch das ist die hochmütige Haltung von Generationen, die das Mittelalter nur überwinden konnten, indem sie auf dessen Leistungen aufbauten, sich weiterentwickelten und schließlich zur „Moderne" wurden. Dieser Hochmut trug aktiv dazu bei, unser Bild vom Mittelalter zu verdüstern. Kulturleistungen, die als „unmodern" empfunden wurden, fielen häufig der Zerstörung anheim. Wertvolle Pergamente endeten als Buchrücken oder achtlos im Feuer.

Wandgemälde wurden übermalt, zerstört oder sich selbst überlassen, bis nur noch geringe Rückstände an die ursprüngliche Farbenpracht erinnerten. Die flüchtigste aller Künste, die Musik, kann teilweise nur noch sehr spekulativ erschlossen werden. In reformatorischen Bilderstürmen gingen Skulpturen und strahlend bunte Glasfenster schließlich für immer zu Bruch. Aus diesen Resten und Bruchstücken das reiche Kulturleben des Mittelalters zu erschließen, ist nun eine mühevolle Aufgabe für Spezialisten, die oft genug an die Grenzen ihrer Wissenschaft stoßen. Wir dürfen also nicht dem Missverständnis verfallen, dass die überlebenden Kulturzeugnisse die Gesamtheit des mittelalterlichen Schaffens darstellen; sie sind vielmehr die Spitze eines Eisbergs, dessen Fuß wir wohl nie mehr ausloten werden. So sind mittelalterliche Kunstwerke auch immer Beispiele für das, was möglich gewesen, nun aber vielleicht verschollen ist. Dass

kulturelle Errungenschaften auch im Mittelalter geschätzt wurden, zeigen die bedeutenden Mäzene, von denen wir wissen. Der
Minnedichter Walther von der Vogelweide
(um 1170 bis um 1230) verdankte Wolfger
von Erla, Bischof von Passau (gestorben
1218), einen kostbaren Pelzmantel. Derselbe
Bischof steht auch in dem nicht unbegrün-
deten Verdacht, der Auftraggeber des Nibelungenliedes zu sein. Die kostbare Manessische Liederhandschrift entstand im Auftrag
des Züricher Rittergeschlechts Manesse.

Nicht nur sakrale Kunst

Allenthalben wurden kostbare liturgische
Geräte auf Veranlassung von Stiftern hergestellt und zierten die Liturgie. Kaiser Heinrich
VI. (1190–1197) dichtete selbst Minnelieder –
mittelmäßige zwar, aber immerhin. Ein Großteil der bildenden Kunst war natürlich sakral
motiviert. Figuren- und Bilderschmuck der
Kirchen machten einen erheblichen Anteil
dessen aus, womit man als Kunsthandwerker
seinen Lebensunterhalt bestreiten konnte.
Allerdings dürfte auch weltliche Kunst auf pri-
vate Veranlassung hin eine Rolle gespielt
haben. Sie hat sich nur schlechter überliefert,
denn Kircheneigentum begegnete man über
die Jahrhunderte doch mit etwas mehr Achtung. Burgen und Privathäuser wurden zerstört oder dem Geschmack der Zeit folgend
umdekoriert. Der Freskenzyklus auf Burg
Rodenegg in Tirol mag ein Beispiel dafür sein,
welchen Schmuck Adlige für ihre eigenen vier
Wände schätzten. Insgesamt ist die Kunst des
Mittelalters vielschichtiger, bunter und leben-
diger – ja, moderner –, als wir sie uns heute
denken.

DER KOSTBARE „CODEX MANESE“,
EINE UMFANGREICHE SAMMLUNG
MITTELHOCHDEUTSCHER MINNELIEDER,
ENTSTAND ZWISCHEN 1310 UND 1340
IM AUFTRAG DES ZÜRICHER RITTER-
GESCHLECHTS MANESSE. DIE ABBILDUNG
ZEIGT JAKOB VON WARTE (1269 BIS 1331)
IM BADEZUBER, VON DAMEN UMSORGT.

Romanik und Gotik – Die Architektur des Mittelalters

Mittelalterliche Bauwerke sind Zeugen ihrer Zeit, die jeder von uns unmittelbar vor Augen hat. Burgen, Kathedralen oder die einfache Dorfkirche – jedes Gemäuer kann uns etwas über seine Erbauer erzählen. Genau diese Redseligkeit der Architektur verschiebt jedoch schon unseren Blick auf das Mittelalter. Der mittelalterliche Mensch lebte hauptsächlich in Holz- oder Fachwerkbauten. Auch Kirchen und Kapellen wurden ursprünglich häufig in Holz erbaut. An der Stelle des heutigen Domes in Fritzlar baute der heilige Bonifatius (673 bis 754) eine erste Kirche aus dem Holz der Donareiche, die er bei dem nahegelegenen Geismar fällen ließ.

GLASMALEREI AUF EINEM FENSTER IM ROMANISCHEN SANKT-PETRI-DOM ZU FRITZLAR, DER HESSISCHEN STADT AN DER EDER. DARSTELLUNG DES HEILIGEN RABANUS MAURUS AUS DEM 11.–14. JAHRHUNDERT.

Mittelalterlicher Baustoff Nummer eins – Das Holz

Beeindruckende Zeugnisse mittelalterlicher Holzbaukunst finden sich noch in den alten norwegischen Stabkirchen. Auch Befestigungen waren bis ins Hochmittelalter aus Holz. Allerdings ist Holz im besonderen Maße Zersetzungsprozessen ausgesetzt, weshalb sich nur sehr wenige hölzerne Bauten erhalten haben. Gerade die Behausungen der einfachen Leute lassen sich teilweise nur noch archäologisch rekonstruieren. In Stein zu bauen, war gegenüber Holzkonstruktionen etwas Besonderes und Kostspieliges. Nur die wenigsten konnten sich einen solchen Bau privat leisten. Bis auf die wenigen hölzernen Ausnahmen stehen wir also Herrschaftsarchitektur gegenüber, wenn wir mittelalterliche Steinbauten betrachten. Dabei ist es egal, ob es sich um ein Wohnhaus in einer Stadt, eine Kirche oder eine Burg handelt – jemand, der in Stein bauen ließ, dokumentierte damit auch immer einen hohen sozialen Anspruch. Gerade in Städten wurde immer besonders betont, wenn es sich um ein „domus lapidea", also ein Steinhaus handelte. Zum einen natürlich, weil solche Häuser selten waren; zum anderen, weil man ja auch ein wenig renommieren wollte. Wenn eine Bürgergemeinde ihre Selbstständigkeit demonstrieren wollte, hatte sie ein steinernes Bürgerhaus. Es war ein schlimmer Schock für die Wormser, als 1233 der kaiserliche Befehl erging, dieses steinerne „domus civium" (Bürgerhaus) abzureißen.

Architektur als Ausdruck von Herrschaftswillen

Nicht nur Bürgergemeinden, sondern auch Könige nutzten anspruchsvolle Steinarchitektur, um ihre Ansprüche vor aller Augen sichtbar zu machen. Pfalzen dokumentierten Herrschaftswillen, denn sie konnten vom reisenden König als Aufenthaltsorte genutzt werden. Entsprechend gereizt reagierte Kaiser Konrad II. (1027–1039), als die Bürger von Pavia nach dem Tod seines Vorgänger Heinrichs II. (1014–1024) die städtische Pfalz niederrissen. Deutlicher noch als Pfalzen brachten Burgen das Land unter den Einfluss des Herrschers. Eine der Ursachen für den Aufstand der Sachsen gegen Kaiser Heinrich IV. (1084–1106) war dessen Burgenbauprogramm im (sächsischen) Harz. Aber auch Sakralarchitektur diente der Zurschaustellung von Herrschaft. In Speyer verwirklichten die salischen Könige und Kaiser mit ihrem Dom (1061 geweiht, 1082 bis 1106 umgebaut) ein steinernes Zeugnis ihres Kaisertums. Gleichzeitig war diese Kirche ein Zentrum der Erinnerung an die Dynastie.

Genauso verfuhren letztlich Adelsgeschlechter, wenn sie ein „Hauskloster" gründeten. Dessen steinerne Bauten sollten in Ewigkeit an die Stifter erinnern, ihnen einen Platz im Himmel sichern und spirituelles Zentrum der Familientradition sein. In fast allen Fällen erzählen uns mittelalterliche Bauten also ausführlich über die Mächtigen der Zeit – nur in Nebensätzen lassen sie uns etwas von den mittelalterlichen Durchschnittsmenschen wissen. So haben wir noch nicht einmal Nachrichten, wer die Baumeister der vorromanischen Zeit oder der frühen Romanik gewesen sind. Die Quellen berichten zwar von den Bauherren, nicht aber von den Ausführenden. Wir wissen, dass es spezialisierte Fachkräfte gewesen sein müssen, sonst wären spektakuläre Bauten wie die Aachener Pfalzkapelle nicht zu realisieren gewesen. Erst im 11. Jahrhundert treten die Baumeister überhaupt in die Überlieferung ein. Im 12. Jahrhundert und mit den spektakulären Bauten der Gotik werden die Nennungen häufiger, dennoch lassen sich aus den Namensnennungen kaum individuelle Züge gewinnen. Es dauerte bis ins Spätmittelalter, bevor sie als Persönlichkeiten greifbar wurden.

FRONTANSICHT DES ROMANISCHEN SANKT-PETRI-DOMS IN FRITZLAR, HESSEN, MIT DEM BONIFATIUS-DENKMAL IM VORDERGRUND.

AUF DIESER FRANZÖSISCHEN
BUCHMALEREI VOM BEGINN DES
16. JAHRHUNDERTS, ZU FINDEN IN
GUILLAUME CRETINS „RECUEIL
SOMMAIRE DES CHRONIQUES
FRANÇAISES", ÜBERWACHT DER
KÖNIG DER FRANKEN (768–814)
UND RÖMISCHE KAISER (AB 800)
KARL DER GROSSE (747 BIS 814)
PERSÖNLICH DEN BAU DES
AACHENER MÜNSTERS.

AUSSENANSICHT DES AACHENER MÜNSTERS MIT DEM OKTOGON DER PFALZKAPELLE KARLS DES GROSSEN, DIE VON 788 BIS 805 NACH PLÄNEN DES BAUMEISTERS ODO VON METZ ERRICHTET WURDE. MIT DEM BAU DER HOCHCHORHALLE WURDE HINGEGEN ERST IM JAHRE 1355 BEGONNEN.

Das römische Erbe und der Einfluss von Byzanz

Maßstab und Vorbild mittelalterlicher Baukunst war die Antike. Überall fanden sich noch mehr oder weniger intakte römische Bauten, die auch noch benutzt wurden. Funktionale Bauten wie Stadtmauern oder Brücken wurden ihrer ursprünglichen Bestimmung gemäß weiterverwendet. Amphitheater oder Thermen wurden entweder umgenutzt oder als Steinbrüche verwendet. Die technische Qualität dieser Bauten sollte noch lange unerreicht bleiben, sodass allein dieser Aspekt eine Übernahme römischer Formen nahelegte. Diese geschah teilweise ganz handgreiflich, indem römische Überreste, wie etwa Säulen, an prominenter Stelle in neuen Gebäuden verwendet wurden. Auf diese Weise wollte man die Autorität der Römer für alle sichtbar für sich in Anspruch nehmen. Eines der eindrucksvollsten Beispiele in dieser Hinsicht ist die achteckige Pfalzkapelle Karls des Großen in Aachen (769 erbaut, war sie von 936 bis 1531 Krönungsort der deutschen Könige). Das Konzept war keine neue Idee – Karl ließ sich unter anderem von der Kirche San Vitale

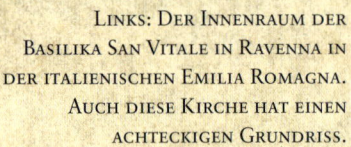

LINKS: DER INNENRAUM DER BASILIKA SAN VITALE IN RAVENNA IN DER ITALIENISCHEN EMILIA ROMAGNA. AUCH DIESE KIRCHE HAT EINEN ACHTECKIGEN GRUNDRISS.

RECHTS: BLICK AUF DIE HAUPT-FASSADE DER ROMANISCHEN KIRCHE ST. PANTALEON IN KÖLN. URSPRÜNG-LICH WAR ST. PANTALEON IM JAHRE 980 ALS BENEDIKTINERKLOSTER ERRICHTET WORDEN.

in Ravenna (547 geweiht) inspirieren. Die gewählte Form schien ihm wohl besonders geeignet zu sein, seinen europäischen Rang als Nachfolger der römischen Kaiser zu demonstrieren. Damit lag er offensichtlich nicht falsch, denn das Konzept des Oktogons oder auch die Wandaufteilung der Aachener Kapelle wurde in der Folgezeit gerne kopiert. Dass dazu nicht unbedingt originale römische Überreste nötig waren, zeigt die Stilepoche der Romanik. Bestimmte, als römisch empfundene Stilelemente wurden nun selbst verwendet und weiterentwickelt. Das konnte auf niedriger Ebene geschehen, wie etwa in Trier. Der dortige Frankenturm aus dem 12. Jahrhundert zitiert mit seinen Bändern aus römischen Flachziegeln, die die Natursteinmauer unterbrechen, römische Formen. Es war allerdings ein kosmetisches Zitat und wurde nur verwendet, um dem

Erbauer des Turmes Prestige zu verleihen. Statisch erfüllten diese Bänder, anders als bei den Römern, keine Funktion.

Auf ganz anderem Niveau griff das wiedererstarkte ostfränkisch-deutsche Kaisertum die antike Formensprache auf. Architektonische Elemente wie Rundbögen oder Säulen waren Reminiszenzen an die Antike. Der Verweis auf die Antike war auch immer ein Verweis auf die Kaiser, in deren Tradition und Nachfolge sich die abendländischen Kaiser damit setzen wollten. Hierbei half auch Know-How-Transfer. Die Heirat Kaiser Ottos II. (967–983) mit der byzantinischen Prinzessin Theophano im Jahre 972 öffnete den Blick nach Osten. Die Veränderungen, die sie an ihrer Grabkirche St. Pantaleon in Köln vornehmen ließ, können als Ausdruck ihres imperialen Anspruches gedeutet werden.

Architektur im Spannungsverhältnis von weltlicher und geistlicher Gewalt

Die Kreuzzüge ins Heilige Land oder in Spanien schließlich konfrontierten das Abendland mit der islamischen Interpretation des antiken Erbes. Frühzeitig wurde aber auch Eigenes entwickelt. Der Turm als Bestandteil der Kirchenarchitektur ist eine spezifisch abendländische Eigenheit. Westwerke bilden ganze Turmgruppen und können so als Abbild des vieltürmigen Jerusalem gesehen werden. Dabei wuchsen die technischen Fertigkeiten mit den Ansprüchen der Bauherren. Mitunter mussten neue Bautechniken entwickelt oder wiederentdeckt werden, um dem Formwillen des Auftraggebers Genüge zu tun. Inspiriert von den antiken Kaiserbasiliken, nahmen die römisch-deutschen Kaiser gegen Ende des 11. Jahrhunderts Abstand von der flach in Holz gedeckten Basilika. In Anlehnung an die antiken Vorbilder musste das Kirchenschiff mit einem Steingewölbe versehen werden, um dem Anspruch der Herrscherdynastie gerecht werden zu können. Spektakulär wurde diese Absicht im salischen Kaiserdom in Speyer umgesetzt; nach der inzwischen teilzerstörten Abteikirche von Cluny (geweiht 981) das zweitgrößte romanische Bauwerk der Welt. Im Investiturstreit zwischen Heinrich IV. (1084–1106) und Papst Gregor VII. (1073–1085) entwickelte sich deshalb die Architektur zum politischen Programm. Kaisertreue Kirchenfürsten bevorzugten eher die Wölbung, päpstlich orientierte Kreise der Kirchenreform die konservative Flachdecke. Zukunftsweisend waren die Techniken der Gewichtsersparnis. Ähnlich wie beim Fachwerkbau wurden zwischen tragende Baukomponenten leichtere und dünnere Wände gesetzt. Die statische Festigkeit wurde durch diese Veränderung in der Bautechnik nicht beeinflusst, doch konnten durch das geringere Baugewicht größere Höhen und weiter gespannte Gewölbe reali-

LINKS: DER BLICK NACH OSTEN DURCH DEN INNENRAUM DES MITTELSCHIFFS IM DOM VON SPEYER IN RHEINLAND-PFALZ, DES GRÖSSTEN NOCH EXISTIERENDEN ROMANISCHEN BAUWERKS. DER DOM DIENTE ALS GRABSTÄTTE DER SALISCHEN KAISER. MIT SEINEM BAU WURDE IM JAHRE 1030 BEGONNEN, IM JAHRE 1061 WURDE ER GEWEIHT.

UNTEN: AUSSENANSICHT DES DOMS VON SPEYER VON SÜDWESTEN MIT DEM 1854–1858 VON H. HÜBSCH NEU ERBAUTEN WESTWERK.

siert werden. Auch liturgische Veränderungen hinterließen ihre Spuren in der Architektur. Die Bedeutung der Krypta schwand, Querhäuser und Apsiden dienten dazu, zusätzliche Altäre aufzunehmen und gestatteten so die Verehrung mehrerer Heiliger.

Die Blütezeit der Romanik

Die außerordentlich stürmische Entwicklung des romanischen Formenkanons liegt nicht zuletzt am wirtschaftlichen Aufschwung ab der Mitte des 11. Jahrhunderts. Überall in Europa wurde gebaut, neue spirituelle Konzepte wie die der Reformorden verlangten nach architektonischer Umsetzung. Wachsende Pilgerströme machten Bauten wie in Santiago de Compos-

tela (mehr als 40 Kirchen des 12. bis 18. Jahrhunderts) im nordspanischen Galizien notwendig. Diese Epoche geistigen und wirtschaftlichen Aufbruchs entwickelte in kurzer Zeit eine Formensprache, deren Reichhaltigkeit die antiken Vorbilder hinter sich ließ. Allein die Ornamentik der Fassaden konnte auf eine Vielzahl von Schmuckelementen zurückgreifen: Rundbogen- und Rechteckfriese, Blendarkaden, Zwerggalerien und Fächerfenster sind nur einige der Verzierungen, auf die der mittelalterliche Bauherr zurückgreifen konnte. Schlichte, kaum verzierte Innenräume entwickelten sich zu komplexen mehrschiffigen Kompositionen aus Kleeblattchören, aufwändiger Wandgliederung, Stützenwechsel oder Pfeilerbündeln.

DER DOM IN DER ALTSTADT DES BAYRISCHEN BAMBERG MIT SEINEN CHARAKTERISTISCHEN VIER TÜRMEN BEHERRSCHT DIE ZUM WELTKULTURERBE DER UNESCO GEHÖRENDE ALTSTADT BAMBERGS. ALS ROMANISCHER BAU BEGONNEN, FINDEN SICH IN IHM ABER AUCH BEREITS EINIGE STILELEMENTE DER GOTIK.

Der allmähliche Übergang von der Romanik zur Gotik

Diese produktive Phase europäischer Architekturentwicklung wurde lange als „Zwischenform" gesehen, die von der Antike zur Gotik überleitete. Romanik ist jedoch keine Vorstufe, in der man so lange übte, bis man endlich Gotik „konnte". Als eigener Ausdruck wurde sie im römisch-deutschen Reich über hundert Jahre parallel zu gotischen Entwicklungen in Frankreich und England verwendet. Der aufregende, neue Stil mit seinen atemberaubenden Gewölben und den riesigen, magischen Fensterflächen passte nicht

unbedingt zur imperialen Aussageabsicht, die mit romanischen Bauten gut verwirklicht werden konnte. Die technischen Voraussetzungen, um im gotischen Stil zu bauen, waren gegeben. Auch das Fachwissen fehlte nicht. Gegen Ende des 12. Jahrhunderts war das Bamberger Domkapitel nach einem Brand zum Neubau seiner Kathedrale gezwungen. Es entschied sich für einen romanischen Bau, der dem Vorgänger gleichen sollte. Während der Bauphase kam es jedoch zu Unterbrechungen, und mehrere Male wurde versucht, den ursprünglichen Plan zugunsten gotischer Formen zu verändern. Vermutlich gab es im Domkapitel eine „romanische" und eine „gotische" Partei mit wechselnden Mehrheitsverhältnissen. Letztlich setzten sich die „Romanen" durch (1237 geweiht), jedoch

OBEN: BLICK NACH WESTEN DURCH DEN INNENRAUM DES 1237 GEWEIHTEN DOMS ZU BAMBERG, BAYERN.

LINKS: DIE WESTFASSADE DER IM 12. JAHRHUNDERT UNTER DEM ABT SUGER ERBAUTEN FRANZÖSISCHEN KATHEDRALE ST. DENIS NÖRDLICH VON PARIS, DER „KEIMZELLE" DER GOTIK.

wurde am Tympanon des Fürstenportals eine Figurengruppe verwirklicht, deren Schöpfer vermutlich auch am Bau der gotischen Kathedrale von Chartres (12./13. Jahrhundert) beteiligt waren.

Der Durchbruch des gotischen Baustiles

In Frankreich, wo keine kaiserlichen Traditionen hinderten, hatte sich die Gotik von Abt Sugers Kirche Saint-Denis (um 1130) aus stürmisch verbreitet. Gleichsam als „nationaler" Stil wurde die Gotik ein Kennzeichen des Königreiches. Namen wie Reims, Amiens oder eben Chartres sind auch heute noch die Beispiele für eine spezifisch europäische Art der Baukunst. Durch die engen Verbindungen nach England wurde die neue Form des Bauens auch dort schnell heimisch, wovon die Kathedrale von Canterbury (vom 11. bis 15. Jahrhundert mehrfach umgebaut) ein beredtes Zeugnis ablegt. In der Sakralgotik wurden noch einmal alle Möglichkeiten der architektonischen Glaubensdeutung ausgelotet. Der komplexen Architektur entspricht der mindestens ebenso komplizierte und vielschichtige Symbolgehalt der großen Kathedralen. Als Abbild des himmlischen Jerusalem nehmen sie alle Strömungen mittelalterlicher Glaubensgeschichte auf und sind das aufwändigste Zeichen für eine Kirche, die sich seit alters her als Bauwerk aus „lebendigen

Steinen" („lapides vivi") begreift. Die Glaubensspaltung zum Ende des Mittelalters erschütterte jedoch dieses Selbstverständnis. In Italien experimentierte man schon längst mit den klassischen Formen der Renaissance, sodass gotische Großbauten sowohl spirituell als auch architektonisch außer Mode kamen. Für die größte gotische Kathedrale, den Kölner Dom (Baubeginn 1248), bedeutete dies einen mehrere Jahrhunderte andauernden Baustopp, bevor er 1880 als (fast) fertig eingeweiht werden konnte.

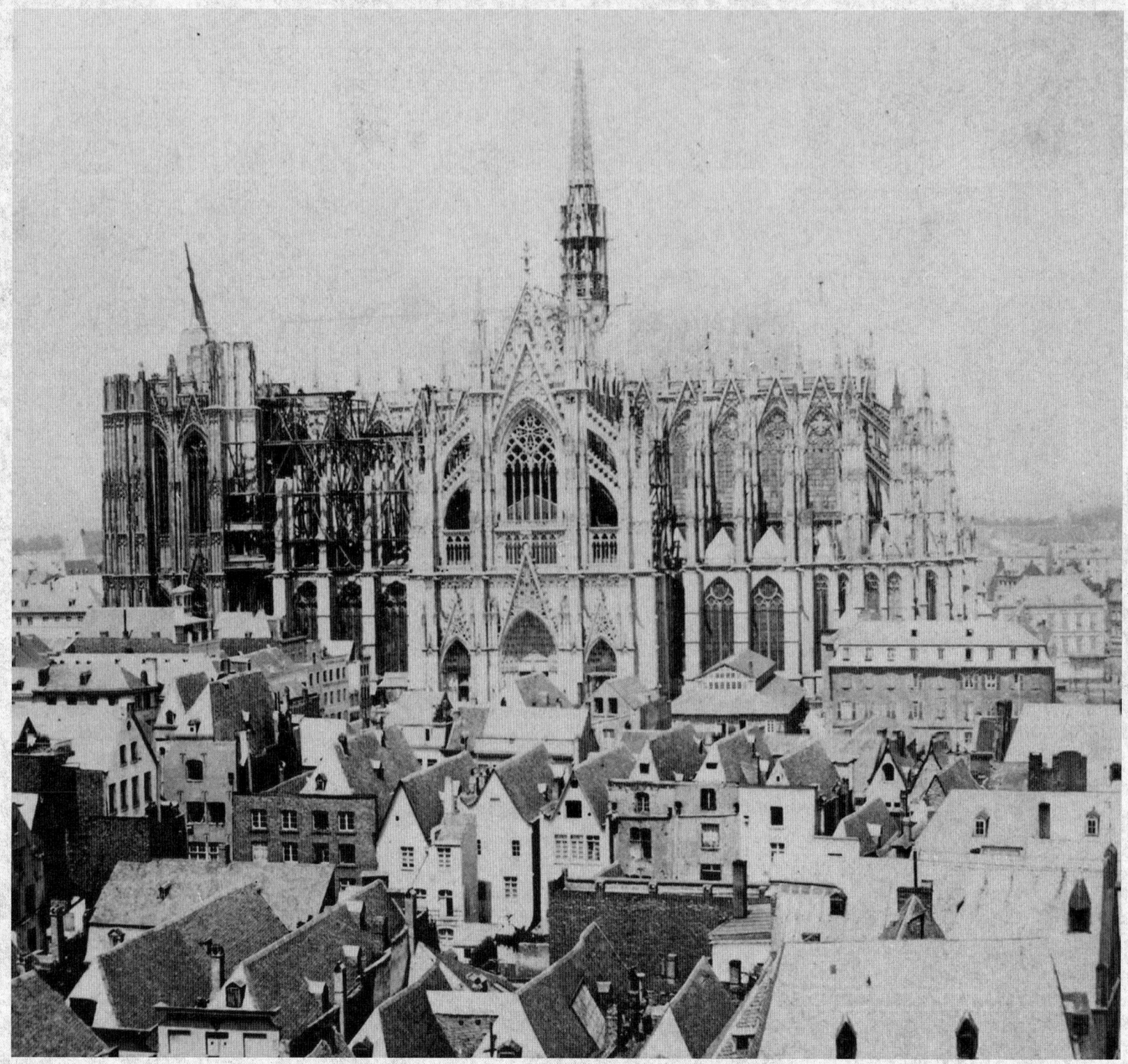

S. 186: DER MEROWINGISCHE FRANKENKÖNIG DAGOBERT (623–639) BEAUFSICHTIGT PERSÖNLICH DEN BAU DER VON IHM GEGRÜNDETEN ABTEI ST.-DENIS. FRANZÖSISCHE BUCHMALEREI AUS DEM 14. JAHRHUNDERT.

S. 187 LINKS: BLICK AUF DIE FASSADE DER SALISBURY-KATHEDRALE IN CANTERBURY.

S. 187 RECHTS: EIN JUWEL DER GOTIK IST DER INNENRAUM DER KATHEDRALE SAINT-DENIS NÖRDLICH VON PARIS.

GEGENÜBERLIEGENDE SEITE: BLICK VON SÜDEN AUF DIE BAUSTELLE DES KÖLNER DOMS UM 1860. DER BAUBEGINN DER KATHEDRALE WAR IM JAHRE 1248, DIE WEIHE DES CHORS IM JAHRE 1322, DIE TÜRME WURDEN VON 1842 BIS 1880 VOLLENDET.

ANSICHT DES KÖLNER DOMS VON DER SEITE DES HAUPTPORTALS. DAS 1248 BEGONNENE UND ERST 1880 FERTIG GESTELLTE BAUWERK GILT ALS MEISTERWERK DER GOTIK UND BESTEHT AUS EINEM FÜNFSCHIFFIGEN LANGHAUS UND EINEM DREISCHIFFIGEN QUERHAUS. ZUR ZEIT SEINER ENTSTEHUNG GEHÖRTE DER DOM ZU DEN GRÖSSTEN KIRCHEN DES ABENDLANDES MIT EINER LÄNGE VON 144 METERN. DIE WESTTÜRME SIND 157 METER HOCH. ZU DER BESONDEREN AUSSTATTUNG ZÄHLEN DER HOCHALTAR (UM 1320), DER BERÜHMTE DREIKÖNIGSSCHREIN UND DAS KÖNIGSFENSTER (1315–1320), DIE REICHE SCHATZKAMMER UND BEDEUTENDE GRABMÄLER.

Die mittelalterliche Glaskunst

Wer sich heute einen Film im Kino anschaut, hat gute Chancen, dass es einem den Atem verschlägt. Computer machen Eindrücke möglich, die bis vor wenigen Jahren entweder ganz unmöglich oder schlicht unbezahlbar waren. Für Filmproduktionen wie „Der Herr der Ringe" regnete es nicht zuletzt wegen der rechnergestützten Bildgewalt Oscars. Diese Quantensprünge in der Tricktechnik gab es jedoch schon immer und jedes Mal wurden sie von ihrem jeweiligen Publikum als überwältigend empfunden. Genau dieses Staunen mit offenem Mund dürfen wir auch bei den Menschen des Mittelalters voraussetzen, wenn sie in eine mit bunten Fenstern ausgestattete Kirche traten.

Glasmalerei – Das „Kino des Mittelalters"

Der Vergleich mit unserem heutigen Kino ist vielleicht auch in anderer Hinsicht durchaus passend. Glas, vor allem farbiges, zu Bildern gefasstes Fensterglas, war ungeheuer kostspielig. Die fertigen Fenster konnten aber dann von einer vergleichsweise großen Menschenmenge betrachtet werden. Im Falle großer Pilgerkirchen wie der Kathedrale von Canterbury oder dem Kölner Dom konnten das durchaus im Laufe relativ kurzer Zeit einige zehntausend Personen sein. Im Gegensatz zu den Buchmalereien handelte es sich bei der Glasmalerei also um ein echtes Massenmedium. Zuerst hatten die bunten Fenster jedoch wohl dazu gedient, Klosterkirchen auszuschmücken. Das älteste Glasmalereifragment fand sich im Kloster Lorsch im hessischen Ried. Seine Datierung ist schwierig – möglicherweise stammt es noch aus der Karolingerzeit aus der zweiten Hälfte des 9. Jahrhunderts. Wir wissen kaum etwas über diese Klosterfenster, außer dass sie von Bernhard von Clairvaux im 12. Jahrhundert für die Kirchen seines Zisterzienserordens als unziemlich verboten wurden. Es verwundert jedoch nicht, dass Benediktinermönche zu den Ersten gehörten, die sich am Spiel der leuchtenden Farben erfreuen konnten. In ihren Klöstern konzentrierten sich schon fast traditionsgemäß sowohl das Fachwissen als auch der Reichtum des frühen Hochmittelalters. Das Glas kaufte der Künstler seinen

Vorstellungen entsprechend bei den Glashütten. Zum Färben benutzte man Metalloxide. Eisenoxid allein konnte je nach Schmelzdauer purpurne, gelbe und grüne Gläser erzeugen. Kobaltoxid ergab blaue Töne. Besonders aufwändig und teuer war rotes Glas. Färbte man es mit Kupferoxid, war es nicht mehr durchsichtig. Man brachte also eine Schicht roten, undurchsichtigen Glases auf einen Tropfen weißen Glases auf. Dieser wurde dann geblasen – je größer der Glasballon wurde, desto dünner wurde die rote Schicht, bis sie schließlich so fein war, dass Licht hindurchdringen konnte. Zudem veränderte nicht nur, wie beim Eisenoxid, die Schmelzdauer das Farbergebnis – die Färbemittel ließen sich auch mischen, was zum Teil überraschende Ergebnisse zeitigte.

Die Herstellung der farbigen Glasmosaike

Auch die Herstellung der leuchtenden Bilder selbst war außerordentlich aufwändig. Sie wurden als Glasmosaik angefertigt. Verschieden gefärbte, exakt dem Entwurf entsprechende Glasscherben wurden zu einem fertigen Bild zusammengesetzt. Konturen wie Gesichter oder Gewandfalten wurden mit Schwarzlot aufgemalt und in zwei Schritten in diese Scherben eingebrannt. Mit Bleiruten fixierte man dann die einzelnen Scherben gegeneinander, sodass sich das fertige Bild ergab. Dabei fertigte der Glasmeister nicht nur die Scherben, sondern auch die profilierten Bleiruten selbst an. Die ältesten erhaltenen Glaskunstwerke sind die Prophetenfenster im Augsburger Dom. Die vier erhaltenen Fenster zeigen die Propheten Daniel, Hosea, David und Jonas und stammen etwa aus dem Jahre 1100. Ursprünglich zu zwölft, waren sie zu den Apostelfenstern auf der gegenüberliegenden Kirchenseite in Beziehung gesetzt. Auf diese Weise waren die Fenster nicht nur Schmuck, sondern auch theologisches Programm. Diese typologische Zuordnung von

Darstellung von Papst Honorius III. (1216–27), vorher: Cencio Savelli (1150 bis 1227), mit König Ludwig VIII. von Frankreich (1223–1226), französische Glasmalerei in der Abteikirche von Saint-Denis.

Elementen des Neuen Testamentes zu entsprechenden Elementen des Alten Testamentes findet sich in der Geschichte der Glasmalerei häufig. Das Fenster in der Achskapelle des Kölner Doms beschränkt sich hierbei nicht auf Propheten – es werden Szenen zueinander in Beziehung gesetzt. So entspricht etwa der Besuch der Königin von Saba bei König Salomo aus dem Alten Testament der Anbetung Jesu durch die Heiligen Drei Könige des Neuen Testamentes. Ein weiteres beliebtes Motiv war die Abstammung Jesu von Jesse. Der so genannte Baum Jesse erwächst aus der liegenden Figur des Ahnen und zeigt auf seinen Zweigen die Vorfahren von Jesus.

Gotik – Der Höhepunkt der Glaskunst

Die fortschreitende Vergrößerung der Fensterflächen in der architektonischen Entwicklung von der Romanik zur Gotik ließ die Glasmalerei zusätzlich an Bedeutung gewinnen. Es gab jedoch auch Gegenstimmen wie die des erwähnten Kirchenlehrers und Abtes Bernhard von Clairvaux (1091 bis 1153). So bildeten sich Sonderschulen, indem etwa Orden wie die Zisterzienser zeitweilig einfarbige, ornamentale Glasfenster in ihren Kirchen bevorzugten. Der Siegeszug der Glasmalerei ließ sich aber nicht mehr aufhalten. Die beeindruckendsten Glasfenster begegnen uns natürlich in gotischen Kathedralen. Mit ihren riesigen Fensterflächen luden sie zur kunstvollen Erläuterung der Heiligen Schriften geradezu ein. Schon der Gründungsbau der Gotik, die Abteikirche von St. Denis, wurde von ihrem Bauherrn Suger (um 1081 bis 1157) ausdrücklich auf das Licht hin konzipiert. Die Begründung für die Betonung des Lichtes war allerdings eher theologisch als ästhetisch orientiert. Es war derselbe Bernhard von Clairveaux, der figürlichen Glasfenstern so ablehnend gegenüberstand, der das Mysterium des Lichtes aber fast poetisch formulierte: „Wie der Glanz der Sonne das Glas durchdringt, ohne es zu zerbrechen, und eintritt in das Feste mit seiner unspürbaren Feinheit, ohne es zu zerlöchern, wenn er eintritt und ohne es zu zerlöchern, wenn er austritt, so tritt auch das Wort Gottes, Licht des Vaters in das Gefäß der Jungfrau und verlässt es unberührt." Pierre de Roissy, Kanzler des Domkapitels von Chartres, nahm um 1200 einen anderen Gedanken auf. Wie bei Bernhard identifiziert er das Licht mit Gott, die Glasfenster jedoch mit den Heiligen Schriften. Gott selbst also erleuchtet sie und mit ihnen die Menschen, zu deren Unterweisung und Erbauung die Fenster hergestellt wurden.

AUF DIESER GLASMALEREI AUS DEM 12. JAHRHUNDERT IN DER ABTEIKIRCHE VON SAINT-DENIS ZEIGT SUGER (1081 BIS 1151), FRANZÖSISCHER STAATSMANN, GESCHICHTSSCHREIBER UND THEOLOGE, SEIT 1122 ABT VON SAINT-DENIS, KÖNIG SALOMON DEN PLAN DER ABTEIKIRCHE VON SAINT-DENIS.

alerei und Bildhauerei

Es waren zwei Frauen, die der europäischen Kultur die Bilder retteten. Wie auch für das Judentum gilt für das Christentum das Bilderverbot des zweiten der zehn Gebote. Um die Umsetzung dieses Gebotes entbrannte in Byzanz gegen Anfang des 8. Jahrhunderts ein blutiger Streit. Die Bilderzerstörer (Ikonoklasten) wollten mit kaiserlicher Hilfe bildliche Darstellungen endgültig verbannen. Im Jahre 787 wurde mit der Autorität der Kaiserin Irene (797–802) die Bilderverehrung wieder gestattet; Kaiserin Theodora (829–802) entschied 843 endgültig gegen die Bilderstürmer.

Die Verdeutlichung des geschriebenen Wortes

Etwa gleichzeitig nahm auch das karolingische Abendland unter Kaiser Karl dem Großen (800–814) zugunsten der Bilder Stellung. Wohl als Reaktion auf die Vorgänge in Byzanz wurde auch hier die bildhafte Darstellung geduldet. Beide Entscheidungen zogen einen vorläufigen Schlussstrich unter die Diskussion um das Verhältnis von Glaube und Bild. Letztlich wurde wohl nur theologisch legitimiert, was ohnehin mehr oder weniger gängige Praxis war. In der Antike, als ein großer Teil der Bevölkerung lesefähig war, hätte man der Bilder als Verdeutlichung des geschriebenen Wortes kaum bedurft. Im Mittelalter konnte aber nur noch eine verschwindend geringe Minderheit lesen; deshalb brauchte man plastische oder gemalte Illustrationen der Heiligen Schriften, um sie auch Laien nahebringen zu können. Gerechtfertigt waren Darstellungen also streng genommen nur, wenn sie theologische Texte begleiteten oder zur Ausschmückung von Kirchen dienten. Tatsächlich ist ein Großteil der erhaltenen mittelalterlichen Bildwerke religiös motiviert. Wir müssen uns jedoch vergegenwärtigen, dass gerade die religiöse Kunst die besten Chancen hatte, die wechselhaften und teilweise chaotischen Zeitläufte des Mittelalters und vor allem auch der Neuzeit zu überdauern. Kirchen und ihre Ausstattung hielten in aller Regel länger als Wohnhäuser oder Burgen, wie das zahlenmäßige Verhältnis von Burgruinen zu intakten Kirchen des Mittelalters beweist.

Kein Interesse an „realistischer" Darstellung

Vielleicht gab es also auch im Frühmittelalter schon eine Tradition weltlicher Malerei und Skulptur, ohne dass wir je davon erfahren werden. Innenräume wurden mindestens seit karolingischer Zeit mit Malereien verziert. Reste finden sich noch in der Torhalle des hessischen Klosters Lorsch. Vieles ging jedoch verloren, weil Wandmalereien irgendwann nicht mehr dem Zeitgeschmack entsprachen. Die Fresken wurden übertüncht oder abgeschlagen. Mitunter war eine Übertünchung jedoch auch ein Glücksfall. In der romani-

schen Kirche in Schwarzrheindorf bei Bonn hat sich unter der Farbe ein bemerkenswerter Freskenzyklus aus dem 12. Jahrhundert erhalten können. Aber auch weltliche Herren und Damen ließen sich ihre Wände verzieren. Aus der ersten Hälfte des 13. Jahrhunderts stammen die „Iwein"-Fresken auf Burg Rodenegg in Südtirol. Sie illustrieren den gleichnamigen Roman von Hartmann von Aue (2. Hälfte des 12. Jahrhunderts bis Anfang des 13. Jahrhunderts). Ein Seitenweg der Bildkunst war schließlich die Tafelmalerei. Die zunehmende Individualisierung der Gesellschaft schuf die Nische für bewegliche

DETAILAUFNAHME DER RENOVIERTEN FRESKEN IN DER KÖNIGSHALLE DES KLOSTERS LORSCH. DAS INNERE DES ZUM WELTKULTURERBE GEHÖRENDEN KLOSTERS WURDE IM JAHRE 2006 NACH MEHR ALS ZWANZIG JAHRE DAUERNDEN RENOVIERUNGSARBEITEN WIEDER DER ÖFFENTLICHKEIT ZUGÄNGLICH GEMACHT.

Kleinformate, die auf Holztafeln gemalt wurden. Auch hier bestimmte der jeweilige Auftraggeber, was er haben wollte. Die Nachfrage ließ ganze Malerschulen entstehen, von denen die Kölner Schule (13. Jahrhundert bis 16. Jahrhundert) eine der bekanntesten war. Was uns die mittelalterliche Malerei so fremd erscheinen lässt, ist ihr völliges Desinteresse an „realistischen" Darstellungen. Wichtig war nur die Aussage, nicht die Aussageform. Besonders hartnäckig verweigerte man sich räumlichen Darstellungen. Die Figurengröße sollte die Figurenbedeutung wiedergeben, nicht ihre Position im Raum. Zwar konnte man Darstellungen räumlich staffeln – die optische Illusion der Perspektive verwendeten jedoch erst Duccio von Siena (um 1255 bis 1319) und Giotto von Florenz (1266 bis 1337) zu Beginn des 14. Jahrhunderts.

Vielfältigkeit in der Plastik

Auffällig ist, dass in der Malerei die stilisierte Formelhaftigkeit der Darstellung zwar modifiziert, im Mittelalter aber erst sehr spät aufgegeben wurde. In der Plastik war die Entwicklung vielfältiger. Im Rheinland haben wir das Glück, zwei Beispiele unterschiedlicher Stilrichtungen dicht beieinander betrachten zu können. Das Großkreuz in der Stiftskirche von Gerresheim vertritt eine ältere Stilauffassung, obwohl schon einige Jahre früher mit dem Gero-Kreuz in Köln ein spektakulär neuer Weg eingeschlagen wurde. Vermutlich von byzantinischen Traditionen beeinflusst, schuf der Schnitzkünstler gegen Ende des 10. Jahrhunderts mit diesem ersten Großkreuz nördlich der Alpen ein Werk von beeindruckender Intensität. Christus schaut den Betrachter nicht mehr frontal an wie beim Gerresheimer Kreuz. Den Kopf zur Seite geneigt, hager und menschlich wird das Leiden und der Moment des Todes gezeigt. Auch die Zeitgenossen fanden wohl diese neue Art der Christusbilder aufregend, denn der Stil wurde kopiert und

GEGENÜBERLIEGENDE SEITE:
DIE GOTISCHEN SKULPTURENKOMPO-
SITIONEN AM PORTAL DER KATHEDRALE
VON CHARTRES IN FRANKREICH BESTE-
HEN AUS AUFEINANDER BEZOGENEN
FIGUREN UND LASSEN IN IHRER GESAMT-
HEIT EIN THEOLOGISCHES PROGRAMM
ERKENNEN.

DIE STIFTERFIGUREN DES MARK-
GRAFEN EKKEHARD II. VON MEISSEN
UND SEINER EHEFRAU UTA AM DOM
IN NAUMBURG, SACHSEN-ANHALT,
ZEIGEN DEUTLICH INDIVIDUELLE
ZÜGE UND MACHEN SOWOHL DURCH
DIE KLEIDUNG ALS AUCH DURCH DIE
HÖFISCHEN MANIERISMEN IHRER
HALTUNG IHREN ADELSSTOLZ UND
IHR STANDESBEWUSSTSEIN DEUTLICH.

setzte sich durch. Ein weiteres Juwel der Holzplastik sind die Türen aus Sankt Maria im Kapitol in Köln. Fast 1000 Jahre alt, verwundern sie immer noch durch ihre Ausdruckskraft. Bildhauer wie Ernst Barlach (1870 bis 1938) und Käthe Kollwitz (1867 bis 1945) ließen sich von ihnen inspirieren.

Entwicklung der Bildhauerei

Was die Holzplastik vormachte, wurde in der Bildhauerei etwas langsamer verwirklicht. In den Anfängen noch dem Relief verhaftet, treten die Figuren erst allmählich aus dem Stein. Die immer feiner werdende Bildhauertechnik ermöglichte dann in der Umbruchzeit des 12. Jahrhunderts die Verwirklichung der gotischen Skulpturenkompositionen. Die Portale der Kathedrale von Chartres sind mit aufeinander bezogenen Figuren geschmückt,

die im Zusammenspiel theologische Programme erkennen lassen. In Deutschland hielt die gotische Skulptur schon Einzug, als man der französischen Art zu bauen noch misstrauisch gegenüberstand. Der eher romanisch orientierte Bamberger Dom schmückt sein Fürstenportal mit einer gotischen Figurengruppe, an der vermutlich Meister aus Chartres mitgearbeitet haben. Um die Mitte des 13. Jahrhunderts war schließlich eine Imaginationsqualität erreicht, die an „Fotorealismus" denken lässt. Bemerkenswertes Beispiel sind die Statuen Markgraf Ekkehards II. von Meißen (1002–1046) und seiner Frau Uta im Naumburger Dom. Sie zeigen nicht nur deutlich individuelle Züge, bis in die Kleidung und die höfischen Manierismen der Haltung werden der Adelsstolz und das Standesbewusstsein der beiden Stifter deutlich in den beiden Figuren lebendig.

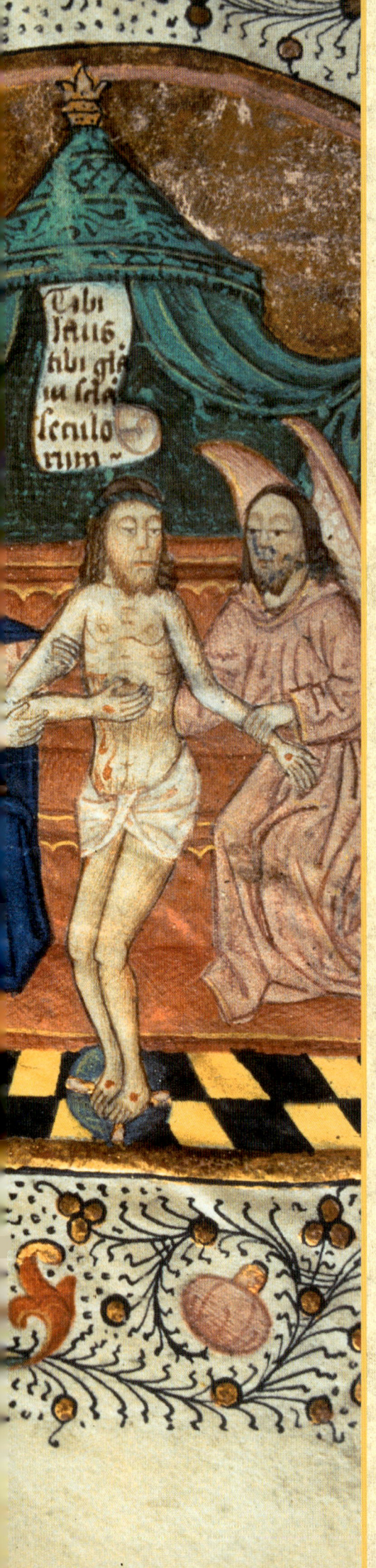

Die mittelalterliche Buchmalerei

Seit wann gibt es Bücher? Vielleicht seit die Menschen schreiben können, doch unser heutiges Buch entstand gegen Ende der Antike. Griechen und Römer schrieben auf Rollen – die Seiten des Buches waren aneinandergeheftet und bildeten ein langes Band. Die Umwälzungen der Völkerwanderungszeit ließen diese Form der Literaturaufbewahrung nicht mehr zeitgemäß erscheinen. Die Bibliotheken gerieten in Verfall; Bücher sollten sich soweit wie möglich selbst schützen können. Deshalb wurden die einzelnen Seiten nun zu Heften verbunden und diese zu einem Buch vernäht. Zwei Buchenholzdeckel auf Vorder- und Rückseite sollten Beschädigungen vermeiden. Von diesem Holz hat das Buch bis heute seinen Namen.

DIE BUCHMALEREI (AUSSCHNITT) ZEIGT JESUS CHRISTUS ALS SCHMERZENSMANN. SIE STAMMT AUS DEM STUNDENBUCH DES SO GENANNTEN ZWOLLE-MEISTERS AUS DEN NIEDERLANDEN UND IST IN DER MITTE DES 15. JAHRHUNDERTS ENTSTANDEN.

Schriftgestaltung und Illustrationen

Schon in der Antike waren die Bücherrollen illustriert. Diese Praxis wurde nun auch für die neuen Bücher übernommen, die „Codices" (Einzahl Codex). Das war umso einfacher, als die antiken Handschriftenrollen ohnehin in das neue Medienformat übertragen werden mussten. Selbst wenn nicht alle antiken Schriften für die neue, christliche Kultur interessant waren, blieb dennoch genug zu tun. Rom allein hatte 28 Bibliotheken! Die Orte der Buchproduktion waren die Klöster. Die Buchherstellung, also auch das Schreiben und Illustrieren, galt nach der Benedikts-Regel als Handarbeit, die es zu fördern galt. Die Herstellung der Codices war in der Regel arbeitsteilig. An einem dreibändigen Psalmenkommentar aus dem Kloster Chelles bei Paris schrieben z. B. zehn Nonnen. War das Schreiben den Mönchen und Nonnen vorbehalten, wurden für die Illustrationen auch Laien herangezogen. Nicht immer fand sich ja in der Klostergemeinschaft eine entsprechende Begabung. Zugleich galt die Illustration als die gegenüber der Schrift weniger „edle" Kunst.

Die Klöster – Horte des Wissens und der Buchproduktion

So kamen die Klöster schon im Frühmittelalter zu beeindruckenden Bibliotheken. Um 850 besaß das hessische Kloster Lorsch bereits 450 Handschriften, das französische

BUCHMALEREI: IM HOCH- UND SPÄTMITTELALTER STAND DIE BUCH-MALEREI AUF IHREM HÖHEPUNKT. VIELE BESONDERS REICHHALTIG ILLUSTRIERTE WERKE WAREN AUF-TRAGSARBEITEN FÜR WELTLICHE AUFTRAGGEBER, WIE DIE BERÜHMTE MITTELHOCHDEUTSCHE LIEDER-SAMMLUNG „CODEX MANESSE" VON 1340, DIE FÜR EINE ZÜRICHER RITTERFAMILIE HERGESTELLT WURDE. DIE ABBILDUNG ZEIGT WALTHER VON KLINGEN IM SPEERZWEIKAMPF.

Kloster Cluny im 12. Jahrhundert über 500. Diese Buchbestände waren unschätzbare Werte, die für die Klöster tatsächlich Kapital darstellten. Prächtig illustrierte Evangelien konnten als Geschenke durchaus das Wohlwollen der Herrscher sichern. Daneben hatten die Herrscher mitunter wirkliche Bildungsinteressen: Kaiser Otto II. (967–983) lieh sich eine Reihe Bücher im Kloster St. Gallen – ob er sie zurückbrachte, ist ungewiss. Neben den großartigen Prachtevangelien für den Herrschergebrauch wurden Bücher aber auch bescheidener verziert. Der Großteil der Buchproduktion war ohnehin nicht bebildert. Es handelte sich um „Gebrauchsbücher", bei denen der Text im Vordergrund stand. Doch schon die Gestaltung reiner Textseiten war eine Kunst für sich. Buchstabenform, -größe und -farbe wurden sorgfältig aufeinander abgestimmt. Für die Glossen, die an den Rand geschriebenen Kommentare, wurde exakt der halbe Zeilenabstand des Fließtextes verwendet. Alle diese Techniken und Regeln finden sich noch heute in Textverarbeitungsprogrammen, die wir täglich benutzen.

Initialen und andere Verzierungen

Ein Zwitter zwischen Illustration und Text stellt die Initiale dar. Dieser vergrößerte, oft aufwändig kalligraphierte und verzierte Buchstabe stand am Anfang von Psalmen, Gebeten oder Kapiteln. Zunächst waren die mit Flechtwerk verzierten Initialen aus den Schreibstuben von den Britischen Inseln sehr beliebt. In ihnen mischte sich römische Schriftlichkeit mit der keltisch-germanischen Liebe zum Ornament. Noch heute verbinden wir kompliziert verschlungene Flechtbänder mit Irland, einem der letzten Überbleibsel der keltischen Welt. Von den Britischen Inseln strahlte diese Form der Buchmalerei auf das übrige Europa aus, wo sie weiterentwickelt wurde. Allmählich gingen die Verzierungen der Initialen in figürliche Darstellungen über. Das abstrakte Flechtwerk wurde zu Pflanzenranken, aus denen Fabelwesen, groteske Menschen oder auch der Künstler selbst hervorlugten. Mitunter ging der Buchstabe selbst in der Verzierung unter, sodass er aus dem nachfolgenden Text erschlossen werden musste. Spektakuläre Beispiele der frühmittelalterlichen insularen Buchkunst finden sich noch im „Book of Durrow" (7. Jahrhundert) und im „Book of Kells" (9. Jahrhundert). Einen vorläufigen Höhepunkt erreichte die Buchmalerei im 10. und 11. Jahrhundert unter den ottonischen und salischen Herrschern. Die enge Verflechtung von weltlicher und geistlicher Macht wirkte sich fördernd auf die Illustrationen aus. Zunehmend wurde für das Herrscherhaus produziert, was sich in einer Verkleinerung der Formate niederschlug. In den Klöstern war die Größe von Büchern egal, sie blieben ja in der Regel sowieso in der Bibliothek. Für die ständig umherreisenden Könige und Kaiser mussten allerdings handlichere und besser transportierbare Evangelien und Psalter geschaffen werden.

Bücher für Universitäten und den Privatgebrauch

Im 12. Jahrhundert wuchs der Bedarf an Büchern mit der Bildung der Universitäten stark an. Nicht mehr nur die Klöster brauchten Bücher, sondern auch die gelehrten Herren in Bologna, Paris oder Oxford. Dieser Bedarf wurde zunehmend von gewerblichen Schreibstuben gedeckt. Wohlhabende Studenten und Gelehrte konnten sich mehr Bilder leisten als ihre weniger begüterten Kommilitonen und Kollegen. Diese zunehmenden Aufträge aus privater Hand führten zu einer Individualisierung der Darstellungen und Motive: Wer etwas bezahlte, durfte auch bestimmen, was gemalt wurde. Das gilt auch für die ganz und gar weltlich motivierten Liederhandschriften und ihre prächtigen Bilder. Allerdings war der Markt wohl insgesamt klein. Aus Italien kennen wir 140 Buchmaler namentlich, aus Deutschland und Frankreich je 40 und aus Spanien gar nur 15. Aber nicht nur die Wissenschaft und die Literatur förderten die Individualisierung und damit neue Darstellungsformen in der Buch

kunst. Auch die Frömmigkeit erhielt im Spätmittelalter zunehmend privaten Charakter. Im Mittelalter war die christliche Religion immer mehr ausdifferenziert worden, sodass für die eigenen religiösen Bedürfnisse zunehmend Spielraum entstand. Ein spektakulärer Ausdruck dieser privaten Frömmigkeit sind die Stundenbücher. Sie enthalten Gebete, die dem Auftraggeber am Herzen lagen und sind häufig ganz nach dessen Vorstellungen illustriert.

STUNDENBÜCHER WAREN IM SPÄTMITTELALTER EIN SPEKTAKULÄRER AUSDRUCK DER FRÖMMIGKEIT IHRER PRIVATEN AUFTRAGGEBER. SIE ENTHALTEN DIE LIEBLINGSGEBETE IHRER AUFTRAGGEBER UND SIND MEIST GANZ NACH DEREN VORSTELLUNGEN ILLUSTRIERT. DIE ABBILDUNG STAMMT AUS DEM PARISER STUNDENBUCH DER DUNOIS-MEISTER VON 1450 UND ZEIGT EIN BEGRÄBNIS AUF DEM FRIEDHOF.

Literatur und Musik

Die Literatur des Früh- und Hochmittelalters bestand überwiegend aus mittellateinischen Schriften, die in Klöstern verfasst wurden. In Heiligen-Viten oder Wunderberichten wurde das Leben Verstorbener glorifiziert, religiöse Schriften dienten der Wissensbildung. Eine weltliche Variante der lateinischen Dichtung war die so genannte Vagantendichtung, eigentlich die Spruchdichtung der Fahrenden und Reisenden, in Wirklichkeit jedoch von hochrangigen Mitgliedern der Kirche verfasst. Es handelt sich um satirische und kritische Lieder, in denen Unsitten der geistlichen Obrigkeit angegriffen wurden, ihre Habgier, ihr ausschweifendes Leben, aber auch ihre erotischen Abenteuer, oft witzig und ironisch, immer aber scharf und genau beobachtet. In diesem Bereich gehörte auch die „Carmina Burana", eine Liedersammlung des 13. Jahrhunderts aus der Abtei Benediktbeuern in Bayern.

Heldensagen – Das Aufkommen der Volkssprache

Erst langsam setzte sich im Mittelalter neben Latein auch die Volkssprache durch. Da es noch kein Hochdeutsch im heutigen Sinne gab, waren das die örtlichen Dialekte. Zu den ältesten Dichtungen gehört der „Heliand" (Heiland) in altsächsischer Sprache, in dem das Leben Jesu dargestellt wird. Aber auch heidnische Zaubersprüche und Sagen wurden aufgeschrieben. Es folgten Heiligenlegenden und Heldengedichte. Im 12. und 13. Jahrhundert entstanden zunehmend epische und lyrische Werke, so um 1200 die bedeutendste mittelalterliche Heldendichtung, deren Verfasser unbekannt blieb: das „Nibelungenlied". Aus der Sicht Kriemhilds erzählt, schildert das Gedicht die Ermordung ihres Gatten Siegfried und ihre grausame Rache an ihrer burgundischen Familie. Einiges im Nibelungenlied deutet auf die Verarbeitung historischer Freignisse (Völkerwanderung) hin sowie auf Sagenmotive, doch insgesamt wurde das Nibelungenlied ganz im Sinne der neuen ritterlichen Ideale und Lebenshaltung gestaltet. Walther von der Vogelweide (um 1170 bis um 1230) gehörte zu den bedeutendsten deutschen Lyrikern, der über 500 Strophen an Minneliedern und „Sangsprüchen" hinterlassen hat. Im Minnesang wird die unerfüllte, huldigende Liebe zu einer Frau besungen, in den Sangsprüchen geht es um politische, kirchliche und gesellschaftliche Themen.

Artus-Romane – „Schmöker“ des Mittelalters

Sehr beliebt in ritterlichen Kreisen waren die Artus-Romane, in denen die aus Frankreich kommende Artus-Literatur weiterentwickelt wurde. Das Grundthema: Ein Ritter (Erec, Lancelot, Daniel u. a.) verlässt den idealen Königshof und kehrt nach siegreich bestandenen „aventuiren" zurück. In dem Anfang des 13. Jahrhunderts entstandenen „Parzival" kreierte Wolfram von Eschenbach (um 1170 bis um 1220) auf der Grundlage des Werkes des Franzosen Chrétien de Troyes zusätzlich zum weltlich-höfischen Rittertum eine christlich-sakrale Welt: die Gemeinschaft vom Gral. In 24.810 Versen kombinierte Wolfram kunstvoll mehrere Handlungsstränge, dem tumben Gralssucher Parzival stellte er den idealen Artus-Ritter Gawain gegenüber. An dieser Stelle sollte man nicht vergessen, dass viele dieser langen Texte erst in späteren Jahrhunderten verschriftlicht wurden. Ursprünglich wurden sie wohl auswendig vorgetragen.

Neben den „profanen" Dichtungen entstanden im Hochmittelalter natürlich auch zahlreiche mystische Schriften, die sich mit der Gotteserkenntnis beschäftigten, die auf Erfahrung gründete, mit Erscheinungen, Visionen und Stigmatisierung. Ihr Höhepunkt war die Vereinigung Gottes mit der Seele des Menschen, die man durch Askese und Meditation erreichen konnte.

Der europäische Kulturkreis

Ähnliche Entwicklungen wie in der Literatur des römisch-deutschen Reiches gab es in allen europäischen Ländern, beispielsweise das Heldenepos „Beowulf" aus England, das spanische Heldenlied vom „Cid" oder das russische „Igor-Lied". In Frankreich entstanden die Vorlagen für viele deutschsprachige Werke, u. a. auch das „Rolandslied". In Italien verfasste Dante Alighieri (1265 bis 1321) im 13. Jahrhundert die „Göttliche

Komödie". Der vom rechten Weg abgekommene Dante begibt sich darin auf eine Läuterungsreise durch die Hölle, den Läuterungsberg und das Paradies. Im 14. Jahrhundert schrieb Giovanni Boccaccio (1313 bis 1375) seine Novellensammlung „Decamerone" („Zehntagewerk"), nicht zuletzt infolge der

Reinmar der Fiedler spielt zwei Damen zum Tanz auf. Buchmalerei aus dem Züricher „Codex Manesse" von 1340.

Gegenüberliegende Seite:
Szene aus der Hundeshagen'schen Handschrift des „Nibelungenliedes", in der Kriemhild zu König Etzel geführt wird. Deutsche Buchmalerei aus dem 15. Jahrhundert.

großen Pestepidemie. Zehn junge Leute fliehen aus Florenz aufs Land und erzählen sich an zehn Tagen 100 Geschichten zu bestimmten Themen. In diesen Geschichten stehen die Lebensvorstellungen der aufstrebenden italienischen Kaufleute den adligen Werten gegenüber.

Die Entwicklung der Musik

Musik und Tanz gehören wohl zu den ältesten gesellschaftlichen Unterhaltungsformen, doch über ihre Geschichte lässt sich erst dann etwas sagen, wenn schriftliche Aufzeichnungen vorliegen. Für die kirchliche Musik des Mittelalters war Papst Gregor I. (590–604) im 6. Jahrhundert ein wichtiger Neuerer, denn nach ihm wurde der einstimmige Gregorianische Gesang benannt, in dem es dem Sänger überlassen ist, den Zeitwert der Töne zu bestimmen, statt ihn dem Metrum der Dichtung unterzuordnen. Erst im 10. Jahrhundert gab es eine weitere Neuerung: Der mehrstimmige Gesang wurde eingeführt. Zu dieser Zeit war es noch nicht möglich, das Steigen und Fallen der Töne aufzuzeichnen, also die Melodie. Man verwendete zwar eine Tonschrift, die Neumen, die mit Hilfe von Punkten und Strichen geschrieben wurde, doch sie war zu ungenau. Der italienische Musiktheoretiker Guido von Arezzo (um 992 bis 1050) führte im 11. Jahrhundert den Vorläufer der heutigen Notenschrift ein, indem er die Neumen auf und zwischen Linien setzte und ihnen so einen genauen Platz innerhalb einer Oktave zuwies. Das mühsame Auswendiglernen der Kirchengesänge wurde nun erheblich verkürzt, indem man das Notenlesen lernte. Dennoch waren vielen Kirchenmännern die Veränderungen in der Musik nicht ganz geheuer, und es gab viele Verbote seitens des Vatikans.

In Südfrankreich begann mit den Liedern der Troubadoure (frz. trouver = finden) ein neues Kapitel in der weltlichen Musik, das sehr bald auch im germanischen Sprachraum

Eingang fand: Der Minnesang war geboren. Diese dem Adel und insbesondere dem Rittertum vorbehaltene Musik wertete den Gesang beachtlich auf. Auch die Instrumentalmusiker, die sich bald zu Zünften zusammenschlossen, erhielten nun eine größere Beachtung. Gegen Ende des Mittelalters, im 15. Jahrhundert, vereinigten sich in vielen Städten Süddeutschlands Handwerkermeister zu Meistersingergesellschaften mit dem Zweck, Meisterlieder zu dichten und vorzu-

tragen. Am bekanntesten waren hier wohl die Nürnberger Meistersinger, bekannt geworden vor allem durch den Schuhmacher und Dichter Hans Sachs (1494 bis 1576). Nun erfreute sich auch der Volksgesang großer Beliebtheit, wie die in der Bibliothek zu Wernigerode aufgefundene, zwischen 1450 und 1460 entstandene Minneliederhandschrift Lochamer Liederbuch, eine Hauptquelle des damaligen Volksliedes und mehrstimmiger Gesänge, anschaulich zeigt.

GEGENÜBERLIEGENDE SEITE: ARTUS-ROMANE: FRANZÖSISCHE BUCHMALEREI AUS DEM 14. JAHRHUNDERT MIT KÖNIG ARTUS UND KÖNIGIN GUINEVERE SOWIE SIR LANCELOT (KNIEND).

FRANZÖSISCHE BUCHMALEREI AUS DEM „DECAMERONE" VON GIOVANNI BOCCACCIO (1313–1375) AUS DEM 15. JAHRHUNDERT. EIN MÖNCH IST ZUNÄCHST ZU GAST AM TISCH EINES EHEPAARES, SPÄTER SCHLÄFT ER MIT DER FRAU, WÄHREND DER EHEMANN BETET.

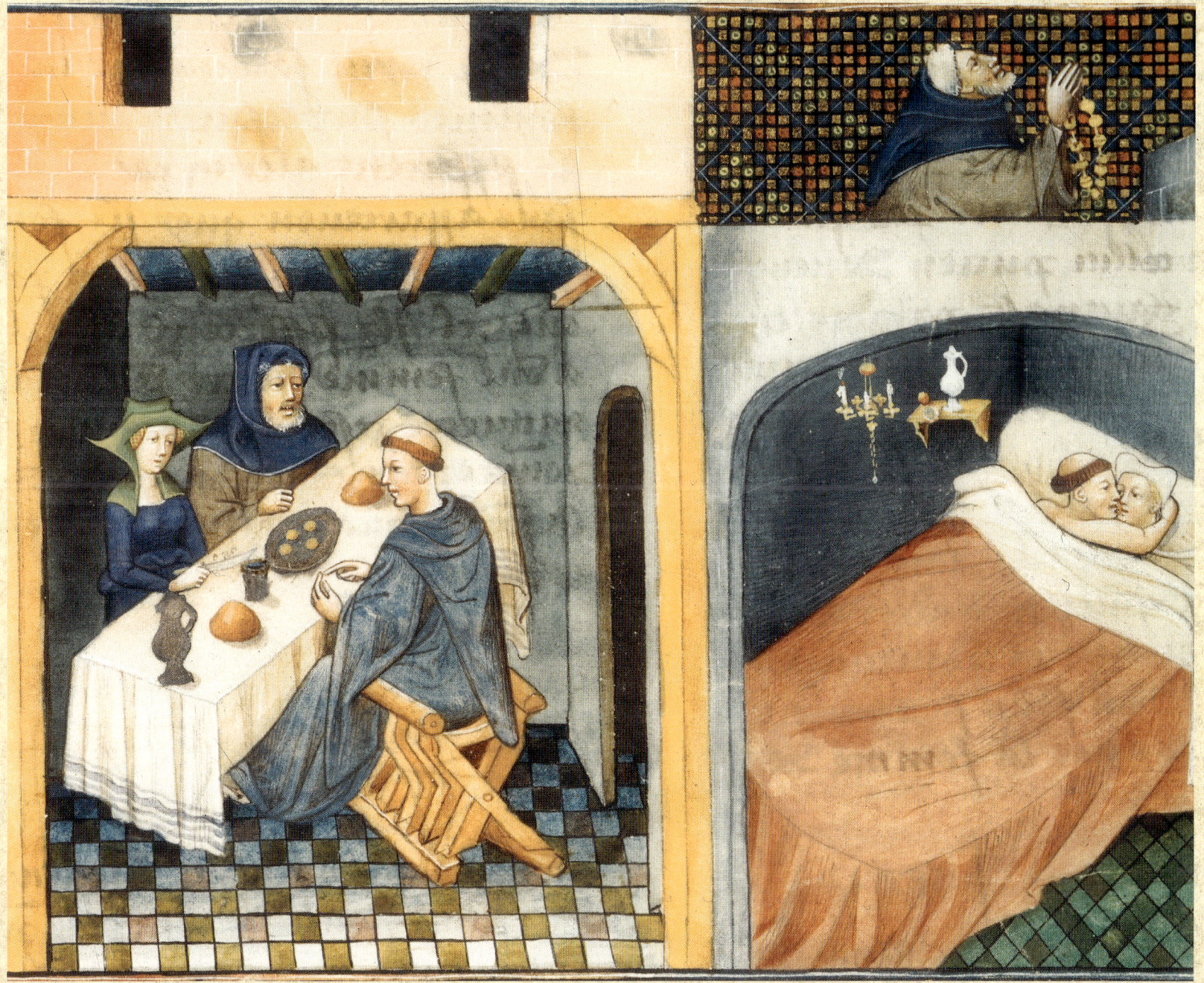

FRÖMMIG-KEIT UND GLAUBE IM MITTEL-ALTER

frömmigkeit und Glaube im Mittelalter

Erst der Frankenkönig Chlodwig I.
(482–511) stellte mit seiner Taufe um
das Jahr 498 die Weichen für den
Siegeszug der römischen Kirche in
Europa. Seine Entscheidung war
nicht nur spirituell, sondern auch
politisch motiviert. Die germanischen
Stämme neigten eher der Richtung des
Arianismus zu; Chlodwig herrschte
aber über ein Gebiet, in dem der alte
Adel römisch und deshalb nach
Rom orientiert war. Um sich dessen
Zusammenarbeit zu sichern, war schon
damals „Paris eine Messe wert".

VORIGE DOPPELSEITE UND LINKS:
JENSEITSVORSTELLUNGEN: SO STELLTE
SICH DER WELTBERÜHMTE MALER
HIERONYMUS BOSCH (UM 1450 BIS
1516) DIE HÖLLE VOR. DIE ABBILDUNG
ZEIGT DEN AUSSCHNITT „DIE MUSIKAN-
TENHÖLLE" AUS DEM ÖLGEMÄLDE
„DIE HÖLLE", DEM RECHTEN SEITEN-
FLÜGEL DES TRIPTYCHONS „DER
GARTEN DER LÜSTE", ZU SEHEN IM
MUSEO DEL PRADO IN MADRID.

Die katholische Kirche auf dem Vormarsch

Chlodwigs Gefolgsleute passten sich an – ähnlich wie nach der Reformation im 16. Jahrhundert das Glaubensbekenntnis des Herrschers dasjenige seiner Untertanen bestimmen
sollte. Die fränkische Expansion sollte im
weiteren Verlauf das römisch-katholische
Bekenntnis im ganzen Abendland verankern.

In den folgenden 1000 Jahren, die wir als
Mittelalter bezeichnen, machten die christliche
Religion und mit ihr auch die individuelle
Frömmigkeit entscheidende Wandlungen
durch. Dabei war es durchaus nicht immer
Rom, das die Marschrichtung vorgab. Das
Papsttum musste sich den Gegebenheiten
geschmeidig anpassen, um seine Stellung zu
bewahren und schließlich zu der quasi-monar-
chischen Position des 13. Jahrhunderts aus-
bauen zu können. Heere und Missionare
trugen den Glauben zu den heidnischen
Stämmen, wobei vorchristliche Vorstellungen
teilweise von der Kirche übernommen
wurden. Das „Königsheil", die schicksalhafte
Erfolgsgarantie der germanischen Heerkönige,
konnte ja genau so gut christlich gedeutet
werden – königliches Charisma speiste sich
nun aus Gott. Heidnische Gottheiten wurden
ganz handgreiflich durch das Fällen heiliger
Eichen besiegt, aus deren Holz man dann Mis-
sionskirchen baute. Die Ausdifferenzierung
des christlichen Dogmas führte zu schweren
Konflikten; im Jahre 1054 trennten sich die
griechisch-orthodoxe und die römisch-katholi-

sche Kirche nach einer erbitterten Auseinandersetzung. Gleichzeitig stellte ein erneuerter religiöser Ernst neue Ansprüche an die Kleriker. Vielleicht geboren aus der Endzeitangst der Jahrtausendwende, sorgten sich auch Laien vermehrt um ihr Seelenheil.

Die Krise des Spätmittelalters

Unwürdige Kleriker, die ihre Ämter durch Kauf erworben hatten, konnten dieses nicht mehr sicherstellen. Das daraus resultierende Simonieverbot führte zum Auseinanderdriften von Kaiser- und Papsttum. Das im 12. Jahrhundert erstarkende Stadtbürgertum hatte wiederum besondere spirituelle Interessen. Die daraus entstehenden Häresien bekämpfte die Kirche mit den eigens dafür anerkannten Bettelorden der Dominikaner und Franziskaner. Beide Orden waren in ihrem Auftreten also eine Reaktion auf das sich schnell entwickelnde Städtewesen. Die Verstrickung des Papsttums in die politischen Wirren des Spätmittelalters mündete in das große Abendländische Schisma. Dieses konnte zwar 1417 beendet werden, die grundlegenden Probleme blieben aber bestehen. Ablasshandel und wiederum unwürdige Lebensführung der Kleriker ließen die seelsorgerischen Nöte der Laien letztlich unbefriedigt, weshalb Luther mit der Reformation nichts Neues schaffen, sondern nur der bestehenden Kirche zu ihrem alten Ernst zurückverhelfen wollte. Die von ihm ausgelöste Erschütterung beendete jedoch nicht nur die Einheit der abendländischen Kirche, sondern war auch ein Schwanengesang des Mittelalters.

AUSSCHNITT AUS DEM FRESKO „DAS JÜNGSTE GERICHT" VON GIOTTO DI BONDONE (UM 1266 BIS 1337) AUS DEM JAHRE 1306. DER AUSSCHNITT ZEIGT EINE VORSTELLUNG DESSEN, WAS MAN IM MITTELALTER UNTER „HÖLLENSTRAFEN" VERSTAND. DAS FRESKO BEFINDET SICH AN DER WESTWAND DER ARENAKAPELLE (CAPPELLA DEGLI SCROVEGNI) IM ITALIENISCHEN PADUA.

himmel, Hölle, Fegefeuer – Jenseitsvorstellungen

Der mittelalterliche Mensch hatte, geprägt durch die vom Apostel Paulus um 50 n. Chr. erfundene Theorie von der Erbsünde des Menschen, sehr konkrete, bildliche Vorstellungen vom Jenseits.

„DIE HÖLLE", AUSSCHNITT EINES MIT JS SIGNIERTEN ÖLGEMÄLDES NACH HIERONYMUS BOSCH, AUSGESTELLT IM DOGENPALAST ZU VENEDIG.

Visionen aus dem Jenseits

Für ihn verbanden sich mit den verschiedenen Stätten der jenseitigen Welt relativ genaue Landschaftsbilder. Vorgelebt wurden diese Vorstellungen in den Jenseitsvisionen mystisch begabter Männer und Frauen. Diese fühlten sich bei Verlust ihres normalen Tagesbewusstseins aus ihren Körpern und ihrer Umgebung heraus versetzt an verschiedene jenseitige Orte.

Dort wanderten sie – meist geführt von einem Engel – umher und besichtigten die dortigen Gegebenheiten. Oft trafen sie auch – wie es Dante Alighieri (1265 bis 1321) in seiner „Göttlichen Komödie" beschrieb – ihnen bekannte oder prominente Verstorbene dort an, die als Lohn oder Strafe für ihr irdisches Leben sich im Jenseits an einem bestimmten Ort aufhielten und unter Umständen Qualen litten, die auf den Besucher einen abschreckenden Eindruck machen und ihn zu Buße und Besserung aufrufen sollten. Meist unwillig kehrten die Visionäre dann in ihren Körper und ihr Tagesbewusstsein zurück und berichteten über das Gesehene und Erlebte, das in den Visionsberichten aufgezeichnet wurde. Aus diesen Berichten, die vorgetragen bzw. mündlich weitererzählt wurden, bezog der mittelalterliche Mensch seine Vorstellung von den jenseitigen Orten – Bilder, die bis ins Bewusstsein des Christenmenschen von heute nachwirken und auch unsere heutigen Vorstellungen jenseitiger Orte nachhaltig dominieren.

Keine Hoffnung auf Errettung – Die Hölle

Der prägnanteste Ort im Jenseits ist die Hölle. Man konnte ihr keinen konkreten Ort zuweisen, nur der Eindruck des Unterirdischen, Höhlenartigen setzte sich fest. Es gibt Berichte von Tälern, in denen nur Teufel hausen, feuerglühenden Inseln und Bergen oder auch Tälern mit Schmieden darin. Auf der Erde suchte man dann nach möglichen Eingängen, vulkanische Landschaften oder natürliche Höhlen boten sich zur Legendenbildung an. Hinzu kam die Tatsache, dass nach Berichten der Visionäre die Hölle sich am Rande der Erdscheibe, vielleicht weit im Norden, befinden sollte. In der Hölle – so der Eindruck der Visionäre – war es vor allem dunkel und unerträglich heiß aufgrund des dort stetig lodernden Höllenfeuers. Bevölkert war diese gastliche Umgebung von Teufeln und Dämonen, Mischwesen zwischen Mensch und Tier mit Hörnern, Ziegenfüßen und den boshaftesten Grimassen. Sie beaufsichtigten die dort befindlichen Sünder, für die es keine Hoffnung auf Errettung mehr gab, hatten sie im Leben doch zu viel gesündigt. Umgeben von beißendem, schwefelartigem Gestank durchlitten sie diverse Strafen und Qualen. Besonders beliebt waren Bilder, die die Mächtigen, Könige oder Päpste, in der Hölle schmorend darstellten, mahnend wirkte aber auch die Begegnung mit einem dem Visionär persönlich bekannten Menschen.

Die Chance auf Besserung – Das Fegefeuer

Allerdings sind Berichte über die Hölle eher dünn gesät, die meisten spielen im Fegefeuer, da die Bibel besagt, niemand werde aus der Hölle zurückkehren. Das Fegefeuer bildet eine Zwischenebene als Aufenthaltsort derjenigen, die zwar Schuld auf sich geladen haben, bei denen aber bei entsprechender Bußleistung noch durchaus Hoffnung auf

Erlösung besteht. Die äußeren Eindrücke des Orts ähnelten häufig denjenigen der Hölle, doch wurde das Fegefeuer oft auch in erdähnlicher und weniger phantastischer Umgebung angesiedelt. Man stellte es sich als schwimmenden Eisbrocken vor, als einsamen und dunklen Wald – manchmal bewohnt von

ENGLISCHE BUCHMALEREI VON 1475 MIT TODESSZENEN: OBEN LINKS WIRD EINE FRAU IN IHREM BETT ERMORDET, DANEBEN EINE SELBSTMORDSZENE. IN DER MITTE SIND BEWAFFNETE ADLIGE ZU SEHEN, UNTEN RITTER BEI DER BELAGERUNG EINER BURG.

feuer einer Erdenlandschaft, war aber relativ öde oder hatte anstelle von normalem Boden oder Wegen spitze Steine, die den Menschen die Füße zerschneiden sollten und so eine zwar unangenehme, aber mildere Strafe für irdische Vergehen darstellten. Auch dort traf der Visionär häufig Bekannte, hier hatten diese Begegnungen meist aber eher ermunternde Wirkung. Die Bekannten flehten die noch auf Erden befindlichen Menschen um Barmherzigkeit und Hilfe zur Erlösung durch Gebet, gute Werke und Ähnliches an. Viele mittelalterliche Kirchen hatten einen regelrechten Dienst für die „Armen Seelen", wie man die im Fegefeuer Leidenden auch nannte.

Der Ort der Errettung – Der Himmel

Der angenehmste Ort der Jenseitswanderungen war zweifellos der Himmel. Dort traf man neben den Heiligen, Märtyrern und Bekennern auch diejenigen an, die auf Erden ein gottesfürchtiges und makelloses Leben geführt hatten und so – zur Belohnung für ihre guten Taten – von allem Übel erlöst worden waren und im Himmel ein sorgenfreies Leben führten. Hier vermischten sich teils die Vorstellungen verschiedener Orte miteinander, auch die Lokalisierung im Vergleich zur Erde war nicht eindeutig. Häufig wurde der Himmel als das aus der Bibel bekannte Paradies beschrieben, dort gibt es alles im Überfluss, teilweise findet man sogar Elemente aus dem „Schlaraffenland". Diese Vorstellung eines märchenhaften Ortes, wo es alles Schöne und Gute gibt, stellte man sich – wie auch das biblische Paradies – unendlich weit im Osten vor, dort, wo kein Mensch mehr hingelangen kann. Charakteristisch war dabei die Hochlage auf einem Berg, unzugänglich für Unwürdige aufgrund eines Gebirgs- oder Feuerwalls.

Andere Vorstellungen von Himmel waren geprägt von Eindrücken der Luftigkeit, Leichtigkeit und des Schwebens. Dabei stellte

„DER AUFSTIEG IN DAS HIMMLISCHE PARADIES", ÖLGEMÄLDE VON HIERONYMUS BOSCH (UM 1450 BIS 1516), EINE VON VIER TAFELN MIT JENSEITSDARSTELLUNGEN AUS DEM DOGENPALAST ZU VENEDIG.

Kobolden – oder aber auch in Tälern und auf einsamen Bergen. Die Qualen oder Unannehmlichkeiten der Hölle waren hier abgemildert, auch Teufel traten nicht mehr in Erscheinung. Manchmal ähnelte das Fege-

man sich den Himmel teils so vor, wie man ihn von unten erfahren kann. Wichtig hierbei war immer der Eindruck von gleißendem Licht und beinahe unerträglicher Helligkeit, alles schien zu strahlen. Um dieses reichlich vage Bild zu ordnen, dachte man sich den Himmel als in verschiedene Sphären eingeteilten Ort, von unterschiedlichen Wesen bevölkert. Ein besonderes Bild war das vom „Himmlischen Jerusalem": Hier stellte man sich den Himmel als eine große, befestigte Stadt auf einem hohen Berg vor, wie das biblische Jerusalem. Mauern und Gebäude wurden teils sehr genau beschrieben, konnten auch anderen irdischen Städten ähneln. Sehr nahe kam dieser Vorstellung das Bild des Himmels als Kirche, auch diese konnte irdischen Vorbildern ähneln, da diese die Vorstellungswelt des Visionärs entscheidend prägten. Häufig sprach man auch vom „locus amoenus", der „schönen Umgebung", wobei die Vorstellung, wie genau diese Gegend nun aussehe, dem Einzelnen überlassen blieb und sich in der Kunst des Mittelalters offenbarte.

Die Beschreibung des Unaussprechlichen

Zwischen den beiden „Extremorten" Himmel und Hölle existierte häufig eine Wegkreuzung, wo der Wanderer sich für eine Richtung entscheiden musste. In der Regel wurde der Zugang zur Hölle als breiter und bequemer Weg geschildert, der zum Himmel als enger, steiniger und schwer begehbarer Pfad. Zuweilen war auch von einer Brücke die Rede.

Die Beschreibungen jenseitiger Orte ähnelten sich stets in der merkwürdigen Spannung zwischen konkreten Merkmalen und dem Eindruck des Vagen, einander Widersprechenden. Sie lag in der Tatsache begründet, dass ein Visionär Bilder und Eindrücke, die ihn überforderten und die nichts ihm Bekanntem ähnelten, in Worte fassen

und mit Sprache füllen musste. Dabei, so wurde es häufig berichtet, überstieg das Erlebte jede Möglichkeit der Formulierung, es war „ineffabile" (unaussprechlich). Als Ersatz griff der Visionär zum Mittel des Vergleiches mit ihm bekannten Dingen und Orten, die dem Unaussprechlichen einigermaßen nahe kamen. Damit schuf er für den mittelalterlichen Menschen eine wesentlich konkretere Vorstellung vom Jenseits, als wir moderne Menschen sie heute haben.

„DAS WELTGERICHT", MITTELTAFEL DES WELTGERICHTS-TRIPTYCHONS VON HIERONYMUS BOSCH (UM 1450 BIS 1516), ZU SEHEN IN DER AKADEMIE DER BILDENDEN KÜNSTE IN WIEN.

Der Teufel und die Sünde

Eine wichtige Rolle in der mittelalterlichen Religiosität spielte der Teufel. Theologisch gedeutet als von Natur aus gut, wurde er doch durch sich selbst, aus eigenem Entschluss, zum bösen Wesen und Gegenspieler Gottes. Als abtrünniges Geschöpf Gottes, das dem Bösen verfiel, wirkte er nun als Verführer der Menschen, dessen Seelen er dem Guten und Gott abtrünnig zu machen versuchte. Dabei war der Teufel durch das Leiden Christi und dessen Kreuzestod, durch den er die Menschheit von allem Übel erlöste, eigentlich ja bereits überwunden und besiegt.

Luzifer – Der gefallene Engel

Die von Kirche und Klerus beherrschten Menschen im Mittelalter glaubten allerdings daran, dass dem Teufel noch einmal zur Zeit des Antichristen, die dem Weltende unmittelbar vorangehen sollte, eine kurze Wirkungszeit auf Erden beschieden sein würde. Viele verschiedene Zeitpunkte für das Weltende hatte man errechnet, dementsprechend galten zahlreiche Zeitgenossen, deren Handeln man als „böse" empfand, als Antichrist oder Teufel in Person.

Nach der Lehre des lateinischen Kirchenlehrers Augustinus (354 bis 430), die sich im Mittelalter durchsetzte, war der Teufel ein gefallener Engel (Luzifer), der durch seinen Fall seine Seligkeit und seinen Anteil an der Gnade Gottes verwirkt hatte. Er lebte in der Hölle und hatte die Verführung der Menschen von Gott weg zu seinem höchsten und einzigen Prinzip erhoben. Sein Wesen war von einem Grundwiderspruch geprägt: Zwar empfand er Schmerz über seine Verdammnis, konnte seinen zum Bösen pervertierten Willen aber dennoch nicht bezwingen.

Der Volksmund verstand den Teufel nicht unbedingt in rein theologischem Sinn, sondern benutzte das Wort als Sammelbegriff für alles Böse, worunter auch Dämonen und jedes als negativ empfundene (Lebe-)Wesen fallen konnte. Der Teufel galt als Handlanger des Todes, seinem Wirken schrieb man Unglücksfälle, Naturkatastrophen und Krankheiten zu, deren Auftreten man sich in aller Regel nicht erklären konnte. Die Bezeichnung als „Teufel" diente im Mittelalter aber auch häufig als Erziehungs- und Disziplinierungsinstrument: Abweichler oder auch nur missliebige Personen und Gruppen wurden als der Teufel oder seine Verehrer gebrandmarkt, verfielen der sozialen Ächtung, Verfolgung und unter Umständen grausamen Strafen.

Die äußere Gestalt des Teufels

Das Mittelalter ist reich an verschiedenen Teufelsdarstellungen. Er konnte einerseits als Tier auftreten – meist als Tier, vor dem man sich gemeinhin fürchtete, z. B. als Schlange, Drache, Ziegenbock oder Fledermaus. Häufig sind auch Darstellungen des

Teufels als Mischwesen zwischen Mensch und Tier, die berühmteste Form ist der Mensch mit Ziegenhörnern, Hufen und Schwanz. Auch als monströse Menschengestalt tritt der Teufel auf, sein Gesicht ist zu den abscheulichsten Fratzen verzerrt, auf dem Bauch oder im Geschlechtsbereich trägt er ein oder mehrere zusätzliche Gesichter. Umweht wird er von einem Gestank nach Fäulnis und Verwesung, weswegen man z. B. Moore als vom Teufel besessen ansah und nach Möglichkeit mied.

Die Verführung zur Sünde

Dieses Böse verführte nun die Menschen zur Unreinheit, zur Sünde, die der Definition nach den Abfall von allem Rechten (recti-

EIN MANN AUF EINER LEITER MALT EIN BILD DER JUNGFRAU MIT DEM KINDE IN EINEN SCHREIN. VON RECHTS NÄHERT SICH DER GEHÖRNTE UND GEFLÜGELTE TEUFEL. DIE ENGLISCHE BUCHMALEREI VON 1300 STAMMT AUS DEM WERK „THE DECRETALS OF GREGORY IX".

tiger. Die Menschen kannten verschiedene Arten und Stufen von Sünde. Zunächst einmal war ein jeder Mensch von Geburt an der Erbsünde verfallen, da Eva im Paradies, „wo sie sich nicht schämten", den Apfel vom Teufel in Gestalt der Schlange angenommen habe, was die Vertreibung der Menschen aus dem „Garten der Freude" zur Folge hatte. Jetzt mussten sie und alle Nachkommen selber für ihr täglich Brot sorgen und hatten aufgrund dieser von Eva vererbten Schuld zunächst den Anspruch auf himmlische Erlösung verloren. Getilgt wurde die Erbsünde im Sakrament der Taufe, die den Menschen unter die Gläubigen aufnahm und ihm Hoffnung auf Erlösung gewährte – wenn er nicht wieder der Sünde verfiel. Der Sammelbegriff „Sünde" unterlag einer Art von Hierarchie, gemessen an der Schwere der jeweiligen Schuld. Man versuchte, menschliche Vergehen ihrer Ursache nach zu ergründen: Handelte der Sünder aus Unwissen, aus Schwäche oder gar aus Mutwillen? Sünden aus Unwissen oder Schwäche waren relativ leicht verzeihlich, für ihre Tilgung kleinere Buß- oder Gebetsleistungen erforderlich. Härteren Bußen waren Sünden vorangegangen, die aus Mutwillen begangen worden waren.

Erlösung ausgeschlossen – Die Todsünden

Als schwerste Vergehen galten im Mittelalter die Todsünden. Diese Art von Sünde lieferte den Menschen dem ewigen Gericht aus. Sie war auf keine Art mehr zu sühnen oder wieder gutzumachen, sondern schloss den Sünder endgültig vom Reich Gottes aus. Dies bedeutete – den mittelalterlichen Jenseitsvorstellungen nach – den ewigen Tod ohne Erlösung. Todsünden waren aus dreierlei Gründen so schwer zu strafen: Der Mensch verdarb sich selbst, verletzte seinen Nächsten und hatte Gott verachtet. Verschiedene Kataloge und Auflistungen, was denn

DAS MONATSBILD DEZEMBER, EINE FRANZÖSISCHE BUCHMALEREI VON JEAN POYET AUS EINEM STUNDENBUCH VON 1490 TRÄGT DEN TITEL „VOM RECHTEN UND UNRECHTEN STERBEN".

tudo), von der natürlichen Gerechtigkeit menschlichen Willens (iustitia) und vom Streben nach himmlischer Seligkeit beinhaltete. Sünder verfielen der Hybris, sie erhoben sich über den Willen Gottes und erachteten ihr eigenes Handeln und Wollen als mäch-

nun eigentlich eine Todsünde sei, sind überliefert und konkurrieren miteinander. Das frühe Mönchtum entwickelte z. B. die Acht-Laster-Lehre (principalia vitia), die die schwersten charakterlichen Mängel auflistete. Am berühmtesten ist jedoch die Siebenzahl der Todsünden, die bis heute vorherrschend ist: Hochmut und Dünkel (superbia), Geiz und Habsucht (avaritia), Ausschweifung (luxuria), Jähzorn (ira), Fressgier und Völlerei (gula), Neid und Missgunst (invidia) sowie ein mürrisches Wesen (acedia), wobei die Zugehörigkeit einzelner Vergehen schwankte und sie gelegentlich durch andere Todsünden „ersetzt" wurden.

Gerne wurden die sieben Todsünden, aber auch andere schwerere Sünden, bildlich dargestellt, wobei es häufig gerade die kirchlichen und weltlichen Herren waren, die sich ihrer schuldig machten. In Zusammenhang mit den bekannten Vorstellungen vom Jenseits wurde so ein eindrucksvoller Zusammenhang zwischen Tat und Konsequenzen derselben hergestellt; man konnte sich ausmalen, was im jenseitigen Leben nach sündigem Erdendasein drohen mochte.

Schuld und Sühne – Die Buße

Die Beispiele prominenter in Hölle oder Fegefeuer Büßender mahnte an die beim Jüngsten Gericht nicht länger existierenden Rangunterschiede und war zugleich ein hervorragendes Disziplinierungsinstrument, um Bußleistungen einzufordern. In aller Regel bestanden diese, abhängig von persönlicher und wirtschaftlicher Lage des reuigen Sünders, in Gebetsleistungen verschiedener Art und Anzahl, „guten Werken" oder Geld- sowie Naturalienspenden an Kirchen. Es konnte sich ein lebhafter Handel um Schuld und Sühne entspinnen, jedoch sind solche generellen Aburteilungen und Verdächtigungen gewinnsüchtiger Kleriker mit Vorsicht zu betrachten. Problematisch wurden solcherlei „Geschäfte" erst mit dem spätmittelalterlichen Ablasshandel, der teils Generalablass für alle Sünden bei entsprechender Leistung versprach. Die verschiedenen Möglichkeiten und Praktiken der Buße sind heute ein weites und interessantes Forschungsfeld geworden. In Berichten darüber kann man einiges über das Alltagsleben der mittelalterlichen Menschen und ihre Umgebung erfahren und die Perspektive auch auf die Disziplinierung mit Scham und Angst der so genannten kleinen Leute richten, die in den großen historiographischen Berichten nirgends erwähnt sind. Nur in solchen und ähnlichen Schriften ist annähernd zu erkennen, wie die Menschen dachten, was ihnen wichtig war, woran sie glaubten.

EIN WELTBEKANNTES PANOPTIKUM DÜSTERSTER JENSEITSVORSTELLUNGEN IST DAS ÖLGEMÄLDE „DER GARTEN DER LÜSTE" VON HIERONYMUS BOSCH (UM 1450 BIS 1516). ABGEBILDET IST DIE MITTELTAFEL DES TRIPTYCHONS, AUSGESTELLT IM MUSEO DEL PRADO IN MADRID.

Philosophie und Theologie im Mittelalter

Im Mittelalter waren alle Lebensbereiche geprägt von der Dominanz der Kirche. Der christliche Glaube hatte sämtliche Geistesrichtungen in Europa durchdrungen. Daher waren die ersten großen Bildungseinrichtungen und die frühen Wissenschaften eng mit der Theologie verknüpft.

DIE ANTIKEN VORBILDER DER MITTELALTERLICHEN PHILOSOPHIE SIND IM FRESKO „DIE SCHULE VON ATHEN" VON RAFFAEL (EIGENTLICH: RAFFAELLO SANTI, 1483 BIS 1520) DARGESTELLT. RAFFAEL SCHUF DIESES WERK 1508–1511 FÜR DIE VATIKANISCHEN MUSEEN IN ROM.

Grundlagen der mittelalterlichen Philosophie

Im Mittelalter entwickelte sich aus der traditionellen Theologie – der Vermittlung des Wortes Gottes und der Erforschung der Bibel – eine philosophische Schule, die sich bemühte, die christliche Lehre auf wissenschaftliche Grundlagen zu stellen.

Bei der Philosophie im Mittelalter stand trotz ihrer engen Verbindung zum christlichen Glauben eine Auseinandersetzung zwischen weltlichem und kirchlichem Gedankengut im Mittelpunkt. Sie wurde daher von unterschiedlichen kulturellen Einflüssen geprägt – neben der christlichen Theologie auch von der Wissenschaft der griechischen Philosophen aus der Antike. Die Denker studierten die alten Schriften von Platon (427 bis 347 v. Chr.) und vor allem – soweit sie bekannt waren – Aristoteles (384 bis 322 v. Chr.), um sich ihre vom Christentum dominierte Welt zu erklären. Sie erkannten, dass die christliche Religion in engem Zusammenhang mit dem Judentum stand, aus dem sie hervorgegangen war, und selbst von Einflüssen aus Ägypten, Persien und Babylonien bestimmt war. Die abendländische Kultur des Mittelalters war – und dies bedeutete das Neue an der mittelalterlichen Denkweise – eine Verschmelzung von christlicher Lehre und antiker Philosophie. Erst durch das Aufkommen naturwissenschaftlicher Erkenntnisse wurde das aus dieser Verbindung resultierende Weltbild dann immer wieder schwer erschüttert.

Die Scholastik beherrscht das mittelalterliche Denken

Zwischen den Jahren 800 und 1500 entwickelte sich die geistige Strömung der Scholastik – das Synonym schlechthin für die wissenschaftliche Theologie des Mittelalters und ein Vorläufer der modernen Philosophie. Zur scholastischen Methode gehörten verschiedene Lehrformen. In der „Lectio" (lat. Lesung) las man in einer Gruppe Texte vor, erklärte und kommentierte sie. Damit ist die Lectio die Urform der Universitätsvorlesung. Darüber hinaus gab es die an antiken Vorbildern orientierte „Disputatio" (lat. Streitgespräch). Hier wurden strittige Fragen behandelt, indem man nach bestimmten wissenschaftlichen Regeln aus allgemeinen Sachverhalten Rückschlüsse auf Besonderheiten zog.

Schließlich war die Scholastik geprägt durch die Ausbildung der „Sic et non"-Methode („Ja und Nein"-Methode), die besonders der Mönch und Universitätslehrer Petrus Abaelard (1079 bis 1142) förderte. Um die großen Widersprüche der Schriften, aber auch des Lebens zu lösen, wurden die Lehren der Kirchenväter, die christlichen, aber auch heidnische Schriften geprüft und miteinander verglichen. Nach gründlicher Abwägung aller Argumente kam man dann auf die von der Kirche gebilligte Meinung als Lösung des Problems zurück.

Die gesamte Scholastik war geprägt durch den schon zwischen Platon und Aristoteles ausgetragenen Streit um die Existenz der Allgemeinbegriffe („Universalien"). Die Frage im „Universalienstreit" der Scholastik war: Haben die Allgemeinbegriffe eine Existenz, die unabhängig ist von den konkreten Dingen, die sie bezeichnen, wie in Platons „Ideenlehre", oder existieren sie nur in Zusammenhang mit diesen, wie Aristoteles meinte, oder werden sie von uns nur erfunden, um Gruppen ähnlicher Dinge zusammenzufassen?

Denkrichtungen der Scholastik

In der Scholastik gab es mehrere Denkrichtungen. In der Frühphase der Scholastik neigten die Philosophen zur Richtung des „Realismus", die besagte, dass die Universa-

DARSTELLUNG DES DOMINIKANERS, PHILOSOPHEN, KIRCHENLEHRERS UND HEILIGEN THOMAS VON AQUIN (UM 1225 BIS 1274) IN DER INITIALE Q IN EINER AUSGABE SEINER „SUMMA THEOLOGICA".

DARSTELLUNG DES HEILIGEN ALBERTUS MAGNUS (EIGENTLICH: ALBERT GRAF VON BOLLSTÄDT, UM 1193 BIS 1280), EINES DER WICHTIGSTEN SCHOLASTIKER DES MITTELALTERS. DER DOMINIKANER ALBERTUS MAGNUS LEHRTE ZUNÄCHST AN VERSCHIEDENEN DEUTSCHEN ORDENSSCHULEN, DANN IN PARIS UND ZULETZT AM NEUEN „STUDIUM GENERALE" DES DOMINIKANERORDENS IN KÖLN. HIER WAR ER AUCH DER LEHRER DES THOMAS VON AQUIN. DIESES FRESKO VON TOMMASO DA MODENA (1325 BIS 1379) ZEIGT ALBERTUS MAGNUS AM LEHRPULT UND STAMMT AUS DEM JAHRE 1352.

lien an sich vorhanden oder gegeben seien und daher unabhängig von Raum, Zeit und Kultur universelle Bedeutung hätten. Die Anhänger dieser Richtung glaubten, alles existiere als Fortsetzung der Idee Gottes, der jedes Lebewesen und Ding in seinen Grundzügen geschaffen habe. Später setzten sich mehr die „Nominalisten" durch, die der Meinung waren, dass die Begriffe erst durch den Menschen geschaffen werden. Die Universalien seien ein Produkt menschlicher, intellektueller Leistung und somit Abstraktionen des Verstandes.

Dass das kritische Hinterfragen der Universalien keine Selbstverständlichkeit war, lag an der engen Verbindung der mittelalterlichen Philosophie mit der theologischen Lehre, die ihren Zweck in der Erforschung der christlichen Schriften und der Vertiefung und Begründung des Glaubens hatte. Philosophie war im Mittelalter keinesfalls eine neutrale Wissenschaft, sondern allein schon weil sie in Klosterschulen studiert und vermittelt wurde, eng an die Theologie gebunden. Im frühen Mittelalter galt die Philosophie als die „Hilfswissenschaft" der Theologie, obgleich dieser Anspruch mit zunehmender Kenntnis der antiken Philosophen immer schwerer aufrechtzuerhalten war.

Die Hochscholastik (13. Jahrhundert) war entscheidend durch die Entdeckung der bisher unbekannten Schriften des Aristoteles geprägt und wurde überwiegend von der Auseinandersetzung mit aristotelischem Gedankengut beherrscht. Vertreter dieser christlich-mittelalterlichen Philosophie waren die Dominikanermönche Albertus Magnus (um 1193 bis1280) und Thomas von Aquin (1225 bis 1274). Der Höhepunkt der Scholastik wurde unter Thomas von Aquin erreicht, der auf der Basis der Lehre des Aristoteles ein philosophisch-theologisches System entwickelte, das die Macht der Kirche stützte und eine klare christliche Dogmatik herausarbeitete.

ROGERIVS BACO, Monachus in Anglia Astrologiae Chemiae et Mathe, seos peritissimus. Nat. A.1206. Den. A1284. Ex collectione Friderici Roth-Scholtzii Norib

ROGER BACON (1214 BIS 1294), PHILOSOPH UND WISSENSCHAFTLER, WIRD VIELFACH ALS ERSTER „MODERNER" WISSENSCHAFTLER BEZEICHNET. SEIN NAME WIRD OFT MIT NEUERUNGEN UND ERFINDUNGEN WIE DEM VERGRÖSSERUNGSGLAS, DEM MIKROSKOP UND DEM TELESKOP IN VERBINDUNG GEBRACHT. SEIN BLICK AUF DEN ZUSAMMENHANG ZWISCHEN MATHEMATISCHEN GESETZEN UND DEN DAZUGEHÖRIGEN EMPIRISCHEN EXPERIMENTEN, DIE ER IN SEINEN ARBEITEN VERÖFFENTLICHT HAT, SIND OFT BEEINDRUCKEND MODERN. ROGER BACON STEHT DAMIT ALS „LICHTGESTALT" AM ÜBERGANG VON DER MITTELALTERLICHEN WELTSICHT ZUR MODERNEN NATURWISSENSCHAFT.

Der Humanismus kündigt sich an

Mit Roger Bacon (1214 bis 1294), der dem Franziskanerorden angehörte und der Scholastik gegenüber kritisch eingestellt war, begann langsam eine neue philosophische Einstellung Fuß zu fassen. Bacon nahm Abstand von der theoretischen Logik und glaubte in der unmittelbaren Erfahrung des Experimentes und der Beobachtung der Natur Erkenntnis zu erlangen. Mit ihm vollzog sich langsam der Übergang zur modernen Naturwissenschaft, und es begann die Trennung von Wissen und Glauben. In der Spätscholastik (14.–15. Jahrhundert) trennte der sich fortentwickelnde Nominalismus endgültig zwischen Glaubenswahrheiten, die letztlich nicht zu begründen seien, und „Erkenntnis" (Wissen), das durch Beobachtung und Berechnung erreicht werden könne. Dadurch rückte der Mensch selbst mehr in das Zentrum der Forschung, das Zeitalter des Humanismus kündigte sich an.

Die großen Mythen des Mittelalters

Der mittelalterliche Dichter des „Parzival", Wolfram von Eschenbach (um 1170 bis 1220), in voller Rüstung mit Knappen und gesatteltem Pferd. Buchmalerei aus der Grossen Heidelberger Liederhandschrift „Codex Manesse", entstanden in Zürich um 1310–1340. Wolfram von Eschenbach begründete den Mythos vom Heiligen Gral für den deutschsprachigen Raum.

Es war im Jahre des Herrn 1098: Das belagerte Antiochia scheint verloren. Die Verteidiger leiden Hunger und Durst; der Feind vor den Toren ist um ein Vielfaches überlegen und gut versorgt. In dieser Situation spricht Peter Bartholomäus, ein provencalischer Bauer, bei Bischof Ademar von Puy und Graf Raymond von Toulouse vor. In Träumen hätten ihm Christus und St. Andreas offenbart, dass ein ungeheuer mächtiges Relikt in Antiochia verborgen liegt: die heilige Lanze, mit der Longinus einst Jesus am Kreuz in die Seite stach!

Von der Reliquie zur Reichsinsignie

Ademar und Raimund sind zunächst skeptisch, und das aus gutem Grund. Diese Lanze befindet sich eigentlich im Schatz des byzantinischen Kaisers. Unter dem zunehmenden Druck der Belagerung entschließt sich der Graf jedoch nach vier Tagen, nach der Lanze suchen zu lassen. Tatsächlich wird sie gefunden und es ist allen klar: Unter diesem Zeichen werden wir siegen! Diesen Eindruck vermitteln die zeitgenössischen Chronisten. Es ist jedoch kein spontaner Rausch religiöser Zuversicht, der ausbricht – zwei Wochen verstreichen zwischen dem Auffinden der „Lanze" und dem entscheidenden Ausfall. Systematisch wurde wohl die heilige Lanze in dieser Zeitspanne als Siegessymbol stilisiert. Geschickt nutzte man uralte, schon vorchristliche Motive und bekannte Symbole. Lanzen waren von alters her magische Herrschaftszeichen. Eine andere heilige Lanze, in der ein Nagel vom Kreuz Christi eingearbeitet sein sollte, war schon zur Zeit des Kreuzzuges Reliquie und Reichsinsignie zugleich. Als sich die Heerführer schließlich am 28. Juni 1098 zum Ausfall entscheiden, ist dessen Erfolg gleichzeitig das Echtheitszertifikat für die neue Reliquie: Zu unwahrscheinlich war der Sieg gegen die Übermacht. Nachträglich wurde der Sieg dann ursächlich mit der Lanze verknüpft; diese Darstellung war so plausibel, dass sie auch teilweise in moderner Zeit von der historischen Forschung weitergetragen wurde.

Heiliger Gral: Joseph von Arimathea sammelt das Blut von Jesus Christus während der Kreuzigung, das der Gekreuzigte aus einer von einem Lanzenstich eines römischen Legionärs stammenden Wunde in der Seite verliert. Dazu benutzt er den Kelch, in dem sich während des Letzten Abendmahls mit den zwölf Aposteln der Wein befunden hatte. Die englische Buchmalerei stammt aus einem Artus-Roman aus der ersten Hälfte des 14. Jahrhunderts.

Der heilige Gral

Dieses Beispiel zeigt, dass Mythen im Mittelalter nicht einfach „da" waren. In bestimmten Situationen wurden sie geradezu neu produziert. Teilweise wirken sie bis heute nach und bestimmen unser Bild vom Mittelalter. Bekanntestes und auch heute noch oft in Film und Literatur verwendetes Beispiel ist der heilige Gral. Einem Traditionsstrang nach war dieser die Schale, mit der Josef von Arimathea das Blut Christi aufgefangen haben soll. Der Gral sei mit Josef nach Europa gelangt und befände sich nun verborgen unter Glastonbury Tor in Somerset in Südengland, so glaubte man. Oder auf Montsegur, der alten Albigenserburg. Oder vielleicht auf Tomar, der großen portugiesischen Templerfestung. Möglicherweise aber auch ganz woanders. Denn der Gralsmythos tauchte erst spät in der Geschichte des Mittelalters auf.

Chrétien de Troyes (um 1140 bis 1190) erwähnte ihn zuerst in seinem „Conte du Graal" aus dem 12. Jahrhundert. „Contes" waren erfundene Erzählungen, Fiktionen, in diesem Fall in der Volkssprache und nicht in gelehrtem Latein. Damit richtete sich die Geschichte an ein neues Zielpublikum. Es war die Zeit, in der die Ritter sich anschickten, zu einer Gruppe mit einheitlichen Wertvorstellungen zu verschmelzen. Ritter zu sein war auf einmal die Klammer, die die verschiedenen Adelsschichten verband. In der ständischen Gesellschaft war dies ein neues Phänomen: eine soziale Qualität, die über die Standesgrenzen hinaus sowohl einfachen Kämpfern mit geringem Besitz wie Königen eigen war. Der Gral wurde schnell das Banner, unter dem sich die neuen ethischen Vorstellungen des Rittertums sammelten. Dabei konnten sich die Autoren noch nicht

DIE BUCHMALEREI AUS DEM 13. JAHRHUNDERT ZEIGT DREI SZENEN AUS DEM „PARZIVAL" DES MITTELHOCHDEUTSCHEN DICHTERS WOLFRAM VON ESCHENBACH (UM 1170–1220). MAN SIEHT OBEN PARZIVAL AM HOFE VON KÖNIG ARTUS, IN DER MITTE PARZIVAL IM ZWEIKAMPF MIT FEIREFIZ; UNTEN ERKENNT PARZIVAL FEIREFIZ ALS SEINEN HALBBRUDER AN.

Wem dient der Gral?

Diese Verbindung von moralischem Anspruch und Rittertum macht diesen Mythos bis heute so interessant. Es war ein geschicktes Stilmittel, das Chrétien fragen ließ: „Wem dient der Gral?", um dann die Antwort darauf konsequent zu verweigern. Tatsächlich warf der Gral mehr Fragen auf, als er beantwortete. Folgerichtig wurde er auch nie von der Kirche in ihr offizielles Dogma aufgenommen, obwohl er ohne einen spirituell-christlichen Hintergrund undenkbar war. Mit dem Niedergang der Ritterschaft verlor der Gral als literarisches Motiv allerdings an Bedeutung. Die Mittelalterbegeisterung des 19. Jahrhunderts rückte ihn jedoch wieder in den Blick der Moderne. Es ist kein Zufall, dass Richard Wagner ausgerechnet dem Gralsmotiv zwei Opern widmete: „Parzival" und „Lohengrin". Parzival, der ritterliche Narr, wird Gralskönig. Sein Sohn Lohengrin stellt seine Verpflichtung dem Gral gegenüber schließlich höher als ein kleines eheliches Verzeihen.

Friedrich I. Barbarossa und der Kyffhäuser

Das 19. Jahrhundert bemächtigte sich jedoch auch volkstümlicheren mittelalterlichen Mythen. Ein sagenumwobener Ort, der speziell in der „deutschen Seele" einen Ton anschlug, war der Kyffhäuser. In diesem Berg im Unterharz/Thüringen bei Bad Frankenhausen sollte Kaiser Friedrich Barbarossa schlafend warten. Sein Bart war schon lange durch die Tischplatte gewachsen, doch sollte ihn sein Volk brauchen, würde er auferstehen und es führen. In den nationalen Untertönen erkennen wir heute leicht das Wunschdenken des vorletzten Jahrhunderts, denn ursprünglich war es Kaiser Friedrich II., Barbarossas Enkel, der in den wüsten Reichsburgen Nordthüringens umging. So schilderte der Dichter und Chronist Johannes Rothe (um 1360 bis

einmal darauf einigen, was der Gral überhaupt war. Für die einen war es ein wundertätiger Stein, für die anderen tatsächlich eine Schale – je nach Erzählabsicht des Künstlers. Allen künstlerischen Deutungen des Gralsmotivs war allerdings gemeinsam, dass sich im Gral der höchste Anspruch an eine adligritterliche, an christlichen Grundsätzen ausgerichtete Lebensweise konzentrierte.

1434), Ratsschreiber in Eisenach, Anfang des 15. Jahrhunderts in seiner „Düringischen Chronik" einen Volksaberglauben. Gerade dieser Landstrich hatte besonders unter den Wirren des Interregnums von 1250 bis 1273 gelitten, der „schrecklichen, kaiserlosen Zeit" (Schiller). Auch in der Zeit danach stritten mächtige Herren um dieses Gebiet. Es verwundert nicht, wenn besonders die einfachen Leute sich nach Herrschergestalten sehnten und sie herbeizufabulieren suchten. Das 19. Jahrhundert übertrug die Sage dann auf Friedrich Barbarossa – zu verstörend waren die freigeistig-kosmopolitischen Aspekte der Person Friedrichs II. für den unsicheren deutschen Patriotismus. Da war der bodenständigere, kriegsmächtige Großvater eine geeignetere Symbolfigur, die in kitschig-romantischem Nippes und ebensolchen Stichen bis heute überdauert hat.

GALAHAD, PARZIVAL UND BORS TRAGEN DEN HEILIGEN GRAL, ENGLISCHE BUCHMALEREI AUS DEM FRÜHEN 13. JAHRHUNDERT AUS DEM „QUEST OF THE HOLY GRAIL AND MORTE D' ARTHUR". DIE RITTER TRAGEN EINE SILBERNE KISTE, IN DER SICH DER HEILIGE GRAL BEFINDET, NACH SARRAS IN FRANKREICH.

VERBRENNUNG VON HÄRETIKERN,
AUSSCHNITT AUS EINER FRANZÖSISCHEN
BUCHMALEREI AUS DEM 15. JAHRHUN-
DERT. PHILIPP VON VALOIS LÄSST VOR
DEN MAUERN VON CHARTRES EINE
GRUPPE HÄRETIKER VERBRENNEN.

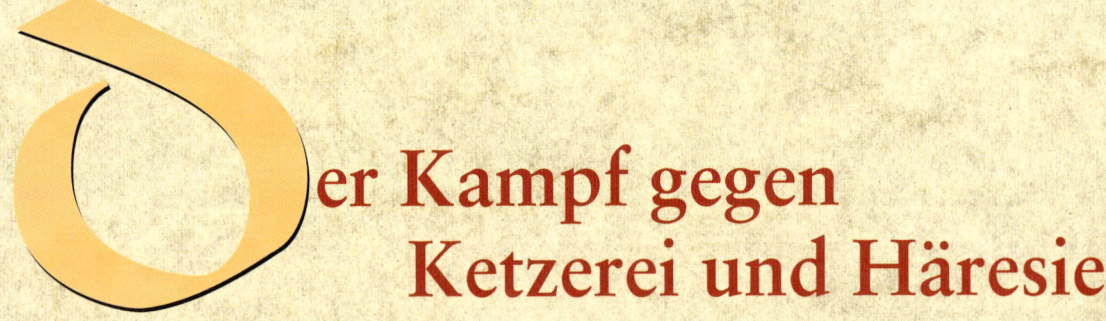

Der Kampf gegen Ketzerei und Häresie

Die christliche Religion, ihre Auslegung und die von ihr geforderte Lebensführung bestimmten alles menschliche Leben im Mittelalter. Umso dramatischer erschien es, wenn Einzelne oder ganze Gruppen durch abweichende Deutung der Schrift und andere Glaubenslehren auffielen. Sie bezeichnete man als Häretiker oder Ketzer. Die Bezeichnung existierte schon in der Bibel, damit beschrieb der Apostel Paulus den Abfall vom rechten Glauben. Weiter ausgeprägt wurde der Begriff durch die Kirchenväter und ihre Schriften gegen häretische Gruppierungen. Immer wieder angeführt wurden die Charakteristika, an denen man Ketzer erkennen sollte, dieselben Beschreibungsmuster wurden wieder und wieder verwendet.

Ketzerei und Häresie

Im Mittelalter fasste man unter dem Begriff „Ketzer" alle diejenigen zusammen, die die Heilige Schrift „eigenwillig" auslegten, also in anderem Sinne als dem vom Heiligen Geist inspirierten und von kirchlichen Institutionen bestätigten. Hinzu kam die Verweigerung einer Bekehrung im „rechten" Sinne. Der Umgang mit Ketzern hing von Intensität und Differenziertheit der innerkirchlichen Diskussion um die Schriftauslegung ab: Welche Themen waren aktuell, welche Missstände gab es, wie viel innerkirchliche Unruhe konnte man ausnutzen, um Anhänger zu gewinnen? Des weiteren schwankte – je nach aktueller Lage – die kirchliche Toleranzbereitschaft gegenüber abweichenden Gruppen: Wie viel Autorität konnte man einbüßen, wenn man sie gewähren ließ? Insgesamt aber wurden Häretiker kompromisslos ausgegrenzt, der Vorwurf der Häresie wurde gerne auch instrumentalisiert, also gegen politische oder innerkirchliche Gegner eingesetzt. Häretiker galten als Vertreter und Handlanger Satans, die die Menschen zum Bösen verleiten wollten, und waren dementsprechend zu bekämpfen und zu vernichten. Zu regelrechten Ketzerverfolgungen kam es aber erst seit der Jahrtausendwende. Handelte es sich im 11. Jahrhundert noch eher um ein „Vorspiel" mit einzelnen Personen oder kleineren Gruppe, so wuchsen im 12./13. Jahrhundert die abweichenden Gruppen zu regelrechten Massenbewegungen heran, vor allem mit den wohl berühmtesten Ketzergruppen des Mittelalters, den Katharern und Waldensern.

Die Religion der Katharer

Die Katharer (wohl abgeleitet vom griechischen Wort für „Reinheit") traten wohl erstmals 1143 in Köln auf. Von dort breitete sich die Bewegung nach Südfrankreich (dort nannte man sie Albigenser) und Oberitalien (dort hießen sie Patarener) aus. Ab den 1170er-Jahren bildeten sie eine regelrechte Kirche mit Diözesanorganisation, verschiedenen Ämtern und Hierarchien. Ihre Glaubenslehre war nicht systematisch, sondern heilsgeschichtlich ausgerichtet. Im Zentrum standen die Geschichte des Gottesvolkes auf dem Weg zu dauerhafter Seligkeit und die gefallenen Engelsseelen. Die Katharer waren in verschiedene Untergruppen gespalten, die sich untereinander nicht einig darüber waren, ob die Welt von einem Prinzip oder dem Dualismus zweier Prinzipien (Gut – Böse) bestimmt wird. Aufgrund der Annahme eines bösen Prinzips und der intensiven Beschäftigung mit den Seelen gefallener Engel verneinten sie zentrale Passagen der Bibel, so verweigerten sie beispielsweise Christus die Funktion als Erlöser aller Menschen, die zentral für den katholischen Glauben ist. Die römische Kirche bekämpfte sie im so genannten Ketzerkreuzug von 1209 bis 1229 mit unnachgiebiger Verfolgung und Vernichtung. Seit 1232 existierte dann die Inquisition als Glaubensgericht über Abweichler, deren Verdammungsurteile zum Tode durch Verbrennen immer häufiger wurden. Ergänzt wurden diese Maßnahmen durch weltliche, von der Kirche sanktionierte Gesetze, z. B. die Ketzergesetze Kaiser Friedrichs II. (1220–1250). Ab der Mitte des 13. Jahrhunderts verlöschten die Spuren der Katharer, zusätzlich geschwächt durch die „Gegengründungen" des Dominikaner- und des Franziskanerordens, die durch ihre in Predigten dargelegte scholastische Denkmethodik

das eher mythische Denken der Katharer im Voraus entkräfteten und ihnen mögliche Anhänger „abwarben".

Die Verfolgung der Waldenser

Die andere berühmte Ketzergruppe, die Waldenser, waren ursprünglich eine Gegenbewegung zu den Katharern, geriet dann aber selbst in Ketzereiverdacht und wurde verfolgt. Die Waldenser wurden 1173 von dem Lyoner

Darstellung einer Ketzerverbrennung in Frankreich im Rahmen der Albigenserkriege 1209–1229, des Kreuzzuges von Papst Innozenz III. gegen die südfranzösische Sekte der Katharer. Die Szene zeigt die Verbrennung der Katharer von Montsegur 1226. Der nachkolorierte Holzstich ist um 1880 nach einer Zeichnung von Emile Bayard entstanden.

Kaufmann Peter Waldes gegründet, der damit zum Namengeber wurde. Die Waldenserbewegung bestand vor allem aus Laien, die die Ideale der Armut und der Evangelisierung durch Predigten vertraten und so die Apostel und ihre Wirkungsweise nachahmen wollten. Ihre Vorgehensweise und ihre Ziele deckten sich teilweise mit denen der Franziskaner, allerdings waren die Waldenser eben keine Mönche, sondern zumeist Laien, die dem Volk predigten. Da dies für die Kirche ein ungeheuerlicher Zustand war, entzog man den Waldensern die Predigterlaubnis für missionierende Laien. Als die Bewegung sich dagegen zur Wehr setzte, geriet sie in den Ruf der Ketzerei und war künftig zum geheimen, abgeschiedenen Sektendasein verdammt. Auch hier kam es zu Verfolgungen, allerdings weniger intensiv und auch weniger erfolgreich als bei den Katharern, da die waldensische Lehre weniger von kirchlicher Lehrmeinung abwich und der Konflikt sich mehr an der Stellung der Laien entzündet hatte. Trotz der Verfolgung blieben die Waldenser existent, seit 1532/1533 sind sie eine eigenständige protestantische Glaubensgemeinschaft.

DIE FRANZÖSISCHE BUCHMALEREI AUS DEM 14. JAHRHUNDERT AUS DEN „CHRONIQUES DE FRANCE" ZEIGT DIE VERTREIBUNG DER KATHARER AUS DEM SÜDFRANZÖSISCHEN CARCASSONNE NACH DER BELAGERUNG DER STADT CARCASSONNE DURCH DIE KREUZRITTER UNTER SIMON IV. VON MONTFORT BIS ZUR KAPITULATION AM 15. AUGUST 1209. DIE ALBIGENSERKRIEGE DAUERTEN ZWEI JAHRZEHNTE VON 1209 BIS 1229 UND WAREN DER ERSTE GRÖSSERE EINSATZ VON KREUZRITTERN GEGEN INNERKIRCHLICHE GEGNER IN EUROPA.

Die Geburt der Inquisition

Ab dem späten 13. Jahrhundert endete mit
dem allmählichen Untergang der großen
Sekten auch der Höhepunkt der Ketzerverfolgung. Die in den häretischen Gruppen formulierte Kirchenkritik und die von ihnen
gelebten neuen Frömmigkeitsformen flossen
zunehmend in die katholische Kirche und
ihre internen Diskussionen ein. Die Kirche
geriet – z. B. über die Frage der Armutsbewe-
gung oder über die Stellung des Papsttums
bzw. der weltlichen Gewalt im innerkirchlichen Gefüge – zunehmend in kontroverse
Diskussionen herein und begann, aufgrund
innerer Spannungen langsam zu zerbröckeln.
Zu diesem Zeitpunkt bezeichnete der Begriff
„Häretiker" nicht länger außerhalb der
Kirche stehende Gruppen oder Strömungen,
sondern wurde zum innerkirchlichen Kampf-
begriff, mit dem man seinen jeweiligen Dis-
kussionsgegner belegte und von vornherein
zu diffamieren versuchte. Eine gewisse Ausnahme bildete Spanien, wo die Inquisition
weiter an Stärke gewann. Sie verfolgte hier
seit dem 14. Jahrhundert zunehmend
zwangskonvertierte Juden und Mauren,
denen man „Scheinchristentum" unter eigent-
licher Beibehaltung ihres alten „Irrglaubens"
vorwarf. Sie wurden gnadenlos verfolgt, hier
finden sich die abstoßendsten Beispiele für die
Vorgehensweise der Inquisitoren.

Die Starrheit der Kirche

Neben den genannten Massenbewegungen
gab es im Mittelalter aber auch zahlreiche
weitere Einzelpersonen, Sekten oder Glaubensgemeinschaften, die als häretisch galten
und vor dem Gericht der Inquisition verurteilt
und vernichtet wurden. Doch letztlich schnitt
sich die katholische Kirche mit ihrer Unnach-
giebigkeit ins eigene Fleisch, denn die so
genannten Häretiker legten in zahlreichen
Fällen den Finger auf die Schwachpunkte der
Kirche und nahmen zahlreiche innerkirchliche

Diskussionen vorweg. Wäre die Kirche
hier flexibler gewesen und hätte bestimmte
Ideen der Häretiker in ihr Glaubensgebäude
integriert, wäre es vielleicht fraglich, ob die
Thesen eines gewissen Martin Luther zu
ihrer Zeit auf einen derart fruchtbaren
Boden gefallen wären.

Die Verfolgung der Ketzer hatte aber
noch einen weiteren Aspekt. Vor allem viele
der ketzerischen Einzelpersonen hatten sich
in Lebensweise oder Überzeugung gar nicht
unbedingt gegen die Kirche und ihre Institutionen gewandt, sie waren eher aus politischen Gründen oder anderen Erwägungen
heraus unbequem. Auch sie wurden als
Ketzer diffamiert – eine hervorragende
Möglichkeit, sich ihrer unter dem Deck-
mantel kirchlicher Reinigung elegant zu
entledigen.

DARSTELLUNG DER HINRICHTUNG DES
TSCHECHISCHEN KIRCHENREFORMERS
JAN HUS (UM 1370–1415) AUF DEM
KONZIL ZU KONSTANZ AM 6. JULI 1415.
DIE BUCHMALEREI ZEIGT DEN ALS
KETZER VERURTEILTEN HUS AUF
DEM WEG ZUM SCHEITERHAUFEN.
DIE BUCHMALEREI AUS DEM 15. JAHR-
HUNDERT IST EINE ILLUSTRATION ZU
ULRICH VON RIECHENTALS „CHRONIK
DES KONSTANZER KONZILS".

IN GOTTES

NÄHE –

DIE WELT DER

ORDEN UND

KLÖSTER

In Gottes Nähe – Die Welt der Orden und Klöster

In seinen Grundzügen blieb das mittelalterliche Mönchtum bis heute unverändert. Seine Formen wurden von den frühmittelalterlichen Mönchsregeln geprägt. Die in ihrer Wirkung mächtigste Regel gestaltete im 6. Jahrhundert der hl. Benedikt. Mönchsgemeinschaften, die dieser Regel folgen, sind Benediktiner. Sie haben sich zu Keuschheit, Armut und Gehorsam verpflichtet und verbringen ihr Leben mit Gebet und Arbeit im Kloster.

Vom Wandermönch zum Klostermönch

Diese gemeinschaftliche Form religiösen Lebens war für die abendländische Christenheit keine Selbstverständlichkeit. Das Leben Gott zu widmen und sich aus den Verstrickungen der Welt zu lösen, war ursprünglich nur das Monopol der Eremiten. Die Möglichkeit gemeinschaftlichen religiösen Lebens eröffnete ganz neue Perspektiven. Neben dem nach Rom orientierten Mönchtum benediktinischer Prägung gab es das stark auf Mission ausgerichtete irisch-schottische Wandermönchtum. Lange in der Mission germanischer Gebiete erfolgreich, wurde es mit der Zeit von dem straffer geführten Benediktinertum verdrängt, was den Einfluss Roms über das christliche Europa sicherte. Die Bevölkerung profitierte nicht nur spirituell von den Klöstern. Sie waren auch wirtschaftliche Zentren, die durch rationalisierte Bewirtschaftungsmethoden den Charakter von Musterbetrieben hatten. Darüber hinaus waren sie die einzigen Orte der Kulturpflege und der Bildung.

Die Benediktiner bekommen Konkurrenz – Die Bettelorden

Lange Zeit der vorherrschende abendländische Mönchsorden, sahen sich die Benediktiner im 11. Jahrhundert mit neuen spirituellen Bedürfnissen konfrontiert. Aufgrund ihrer Nähe zur weltlichen Macht und durch

VORIGE DOPPELSEITE UND LINKS: DAS ÖLGEMÄLDE „DIE VERSUCHUNG DES HEILIGEN ANTONIUS" VON HIERONYMUS BOSCH (UM 1450 BIS 1516) ZEIGT DEN ÄGYPTISCHEN EREMITEN ANTONIUS, DER IM 4. JAHRHUNDERT IN DER WÜSTE DEN ANFECHTUNGEN BÖSER GEISTER AUSGELIEFERT IST. DAS WERK BEFINDET SICH HEUTE IM MUSEO DEL PRADO IN MADRID.

fromme Stiftungen wohlhabend geworden, wurden die Mönche zunehmend bequemer. Gegen diese Verwässerung der benediktinischen Regel bildete sich eine Opposition, die bald ihrerseits eigene Orden bildete. Dieser Bewegung entsprangen die Zisterzienser, Cluniazenser und Prämonstratenser. Sie hatten nicht den Charakter der revolutionären Neuerer, sondern wollten der benediktinischen Regel wieder Geltung verschaffen und das Mönchtum aus den weltlichen Verstrickungen lösen. Doch auch die Reformorden mussten über kurz oder lang mit den gleichen Problemen wie die Benediktiner kämpfen.

Den neuen seelsorgerischen Bedingungen und spirituellen Bedürfnissen in den Städten angepasst, entstanden zu Beginn des 13. Jahrhunderts die Bettelorden. So bildeten sich mit veränderten Bedürfnissen jeweils neue Orden, um Herausforderungen anzunehmen, denen die älteren Orden nicht gewachsen waren. Die Benediktiner waren der Orden des Landesausbaus und der Mission. Die Reformorden verhalfen im 11. und 12. Jahrhundert der römischen Kirche zu Anerkennung und Durchsetzungskraft. Die Bettelorden schließlich trugen eine neue Form der Spiritualität in die Städte. Allen gemeinsam war aber die Sorge um Glauben, Wissenschaft und Kultur, womit sie das geistige Erbe der Antike für die Moderne bewahren wollten.

DIE ARBEIT DER MÖNCHE AUF DEN FELDERN WAR ECHTE „KNOCHENARBEIT", ZUMAL AN VIELEN ORTEN KEINE ZUGTIERE ZUR VERFÜGUNG STANDEN. DAS GEMÄLDE VON OTTO HEICHERT (1868 BIS 1946) AUS DEM JAHRE 1902 EMPFINDET DIE MÜHEN MITTELALTERLICHER MÖNCHE BEIM ACKERBAU NACH.

Die Benediktiner

Am 15. Februar 1944 sank das Kloster auf dem Monte Cassino in Latium in Schutt und Asche. Einheiten der deutschen Wehrmacht hatten sich dort verschanzt und sollten durch alliierte Bombenangriffe zur Aufgabe gezwungen werden, die dann im Mai 1944 folgte. Damit wurden 1400 Jahre Klostergeschichte auf einen Schlag zunichte gemacht. Das Kloster war vom heiligen Benedikt um das Jahr 529 gegründet worden.

Die Regel des heiligen Benedikt

Im Gegensatz zum eremitischen Mönchtum, dessen Träger als Einzelne ihre Gottsuche gestalteten, war der Monte Cassino von Anfang an als eine Mönchsgemeinschaft gedacht. Dieses Konzept sollte die Geschichte des Abendlandes beeinflussen, sodass Papst Paul VI. (1963–1978) den hl. Benedikt 1964 zum Patron Europas erklärte.

Wichtiger als das Kloster selbst war aber die Ordnung, der Benedikt das Zusammenleben der Mönche unterwarf. Ordensgründer Benedikt von Nursia (um 480 bis 547) selbst nannte seine Regel „bescheiden", da sie nur dem Tagesablauf und dem Zusammenleben der Mönchsgemeinschaft ein festes Gerüst gab. Anweisungen zur spirituellen Suche enthielt sie nicht. Gerade die Organisation des Alltäglichen aber, besonders die Abfolge der Gottesdienste, sollte den Mönchen die Hinwendung zu Gott ermöglichen. Darüber hinaus forderte Benedikt für das Kloster wirtschaftliche Unabhängigkeit. Nur so konnte das alte Mönchsideal der Weltabgeschiedenheit mit einer größeren Bruderschaft erreicht werden.

Dazu war es jedoch notwendig, dass jeder der Mönche mit Hand anlegte. Benedikt sah im Müßiggang zwischen den einzelnen Gottesdiensten eine Gefahr für die Seelen der Brüder, weshalb er sie zum Arbeiten anhielt. Später wurde diese Auffassung in den prägnanten Satz „ora et labora" („bete und arbeite") gefasst.

Die Erfolgsgeschichte der Benediktiner

Bestimmt wurde die klösterliche Gemeinschaft von Gelübden. Die Mönche schworen Ortsbeständigkeit, tugendhaften Lebenswandel und Gehorsam. Die erstrebten Tugenden waren das Gebet, die Arbeit, persönliche Armut und das Maßhalten. Dank des lebenspraktischen Charakters der benediktinischen Regel breitete sie sich langsam im abendländischen Mönchtum aus und wurde schließlich die Grundlage vieler mönchischer Gemeinschaften des Frankenreiches. Sie trat damit neben das irisch-schottische Mönchtum, das die Regel des St. Columban (um 520 bis 597) befolgte. Die nach Rom orientierte Benediktsregel setzte sich jedoch schließlich durch. Auch Bonifatius (672 bis 754), der „Apostel der Deutschen", gründete seine Missionsklöster Mitte des 8. Jahrhunderts nach der Benediktinerregel. Seine geistliche Autorität bezog er aus seinen Ämtern als päpstlicher Legat und Erzbischof von Mainz. In Fulda, seiner bedeutendsten Gründung, liegt der Heilige begraben. Nicht zuletzt deshalb ist Fulda noch heute der Ort der deutschen Bischofskonferenz. In den Jahren 816 bis 819 legten Synoden unter Kaiser Ludwig „dem Frommen" (814–840) schließlich fest, dass für monastisch ausgerichtete Gemeinschaften allein die Benediktinerregel zu gelten habe. Damit wurde sie für die Klöster des Frankenreiches verbindlich.

BENEDIKT VON NURSIA (UM 480 BIS 547), GRÜNDER DES NACH IHM BENANNTEN BENEDIKTINERORDENS UND DES ERSTEN BENEDIKTINERKLOSTERS MONTE CASSINO IN ITALIEN (529), ÜBERGIBT IM JAHRE 540 DIE ORDENSREGEL DER BENEDIKTINER AN PAPST VIGILIUS (537–555). DAS ÖLGEMÄLDE VON TURINO DI VANNI (UM 1349 BIS 1438) BEFINDET SICH IN DER GALLERIA DELL'ACCADEMIA IN FLORENZ.

ℬenediktinisches Management

Bis zu diesem Zeitpunkt hatten die benediktinischen Klostergründungen schon Beachtliches zur Erschließung und Missionierung der germanischen Gebiete des Frankenreiches beigetragen. Zwar waren benediktinische Gemeinschaften nicht missionsorientiert, und auch die Seelsorge hatte in der Benediktinerregel kaum einen Platz, in die Rolle von Missionsklöstern wuchsen sie eher durch die praktischen Fähigkeiten der Mönche hinein. Das Arbeits- und Selbstständigkeitsethos verlangte von den Mönchen, alles Notwendige selbst herzustellen. Der Klosterplan von St. Gallen aus dem 9. Jahrhundert zeigt eine durchorganisierte Infrastruktur. Im Mittelpunkt stehen natürlich die sakralen Bauten. Um sie herum existiert jedoch eine kleine Stadt mit spezialisierten Versorgungswerkstätten. Mönchische Lebensgewohnheiten

erforderten neue Wege der landwirtschaftlichen Produktion. Die Benediktinerregel gestattete den Genuss von Fleisch nur in Ausnahmefällen. Dies erforderte die Anlage von Fischteichen und den Anbau einer Vielzahl neuer Nutzpflanzen. Gemüse- und Obstgärten wurden angelegt; in geeigneten Gegenden hielt der Weinbau Einzug. Ein Kloster war ein exzellent organisierter Wirtschaftsbetrieb, der Abt eine Art mittelalterlicher Manager. Natürlich erledigten die Mönche schwere Arbeiten nicht selbst. Ihre Hauptaufgabe war und blieb der Gottesdienst. Rodungs- und Feldarbeit erledigten dienstpflichtige Hilfskräfte, die auch die weiter vom Kloster entfernten Güter bewirtschafteten. So war das Kloster von einem Netz von Wirtschaftsbeziehungen umgeben, die in die vormalige Wildnis ausstrahlten. Die Menschen konnten in der Umgebung eines Klosters nicht nur seelsorgerisch und

ITALIENISCHE BUCHMALEREI AUS DEM 15. JAHRHUNDERT MIT DEM WAPPEN DES BENDIKTINERKLOSTERS VON MONTE CASSINO. DAS ÄLTESTE BENEDIKTINERKLOSTER WURDE IM JAHRE 529 VOM ORDENSGRÜNDER, DEM HEILIGEN BENEDIKT VON NURSIA (UM 480 BIS 547), PERSÖNLICH GEGRÜNDET. DIE BUCHMALEREI STAMMT AUS EINEM CHORBUCH UND BEFINDET SICH IM MUSEUM DER ABBAZIA DI MONTE CASSINO.

kulturell, sondern auch handfest ökonomisch von einer benediktinischen Klostergründung profitieren. Auf diese Weise trugen die Benediktiner wesentlich dazu bei, die in den Sachsenkriegen Karls des Großen eroberten Gebiete dem Christentum zu öffnen.

Bewahrung, Niedergang und Reform

Von der Wirtschaftskraft der Klöster profitierte die Umgebung unmittelbar. Daneben war die kulturelle Arbeit der Mönche aber wesentlich wichtiger. In den Schreibstuben der Benediktiner wurde das Wissen der damaligen Zeit aufbewahrt. Vorhandene Bücher wurden kopiert und erlangten so Verbreitung. In den Klöstern wurde die Erinnerung an Stifter, Wohltäter und denkwürdige Ereignisse gepflegt. So wurden sie zu Zentren einer frühen Geschichtsschreibung. Wären die Benediktiner

der Aufforderung zur Arbeit nicht auch in den Schreibstuben so fleißig nachgekommen – wir wüssten heute viel weniger über das Mittelalter. Mit dem Wohlstand kam aber auch die Bequemlichkeit. Askese und Bescheidenheit fanden immer weniger Beachtung, zumal sich Benediktinerklöster mitunter zu Versorgungsanstalten jüngerer Adelskinder entwickelten. Auch Hildegard von Bingen (1098 bis 1179) nahm Mitte des 12. Jahrhunderts in ihren Konvent auf dem Rupertsberg nur adlige Damen auf. Diese Praxis verteidigte sie gegen Tenxwind, die Priorin von Andernach, auf fast schon schnippische Weise. Die Klosterreformbewegungen des 11. Jahrhunderts, aus denen Cluniazenser, Prämonstratenser und Zisterzienser hervorgingen, richteten sich denn auch nicht gegen die benediktinische Regel. Im Gegenteil versuchten diese Reformorden, der benediktinischen Regel in den reformierten Klöstern wieder mehr Geltung zu verschaffen.

Die neue Frömmigkeit – Armut und Einsiedlertum

Eine der Grundlagen mönchischen Lebens war von Anfang an das Armutsideal. Damit stellten sich die Mönche in die Nachfolge Christi, der in der Tradition des Evangeliums ja einen bedürfnislosen Lebenswandel geführt hatte. Dieses Armutsideal sollte im Lauf der Zeit jedoch eine große Sprengkraft entwickeln und die Einheit der römischen Kirche bedrohen. Die weltlichen Herren nutzten die kirchlichen Organisationsstrukturen schnell für ihre Herrschaftsausübung. Bischöfe wurden von den Königen mit weltlicher Gewalt ausgestattet, und als Vögte hatten adlige Herren Zugriff auf geistliche Grundherrschaften.

DER HEILIGE DOMINIKUS (EIGENTLICH: DOMINGO DE GUZMAN, 1170 BIS 1221), GRÜNDER DES DOMINIKANERORDENS, AUF EINEM GEMÄLDE DES ITALIENERS GIOVANNI DI BARTOLOMMEO CRISTIANI AUS DEM JAHRE 1366.

Die karitativen Aufgaben der Klöster

Einträglich für die Mönche war auch ihre Funktion als „Gedächtnis". Für das Seelenheil der Verstorbenen war es wichtig, dass man sich ihrer erinnerte (memoria). Nur so konnte Fürbitte geleistet werden. Diese „Dienstleistung" verhalf den Klöstern und Stiften zu reichen Schenkungen, die den Wohlstand der Einrichtungen stark vermehrten. Und der Klosterwohlstand kam auch den „unfreiwillig Armen" zugute. Die Kirche sah sich als Schutzherrin der Armen, die ihre Interessen nicht selbst vertreten konnten. Seit dem 6. Jahrhundert hatten Bistümer ein Viertel, Pfarreien ein Drittel ihrer Einkünfte der Armenfürsorge zur Verfügung zu stellen. Es kam jedoch nicht zu einer grundsätzlichen Solidarisierung der Geistlichkeit mit den Armen. Unfreiwillige Armut wurde mitunter auch als verdiente Strafe Gottes für sündhaften Lebenswandel gesehen. Damit verwechselte man aber Ursache mit Wirkung.

Mit wachsendem Wohlstand schwand die Glaubwürdigkeit

Mit dem Reichtum wuchs aber auch die Bequemlichkeit der Mönche, sodass die Diskrepanz zwischen Ideal und Wirklichkeit nicht mehr zu übersehen war. Ein Aspekt der Kirchenreform des 11. Jahrhunderts war es

dann auch, dem Armutsideal wieder zu Ansehen und Beachtung zu verhelfen. Die neu
gegründeten Orden der Cluniazenser, Zisterzienser und Prämonstratenser beachteten
die Regel des hl. Benedikt in dieser Hinsicht
wieder genauer als die bestehenden Benediktinerklöster. Ebenfalls im 11. Jahrhundert
fand das Eremitentum zu neuen Formen.
Zwar ganz auf Weltflucht und Einsamkeit
bedacht, bildeten sich dennoch Eremiten-
gemeinschaften, die ebenso wie die Klöster
Regeln befolgten.

Volksfrömmigkeit und Häresie

Inzwischen reichte den Laien die Heilsver-
mittlung durch die Kleriker und Mönche
nicht mehr aus. Das Bedürfnis nach indivi-
dueller Spiritualität wuchs besonders in den
blühenden Städten. Es entstand eine Vielzahl
häretischer Strömungen, die in der Nachfolge
Christi oft gegen soziale Ungerechtigkeit vor-
gingen. „Feindbild" waren hierbei besonders
wohlhabende Prälaten, deren Reichtum im
offensichtlichen Gegensatz zu ihrem seel-

Der im Jahre 1080 gegründete Karthäuser-
orden ist eine dieser Verbindungen von Ere-
miten- und Mönchtum. Die erneuerte Spiritualität der neuen Orden blieb auch den
Laien nicht verborgen. Sie begannen, die
reformierten Orden bei Memorialstiftungen
zu bevorzugen. Dort konnten sie sicher sein,
dass sich der Seelen ihrer Verstorbenen mit
größerer Hingabe erinnert wurde als in den
etablierten Klöstern. Damit standen die
Reformorden aber schnell vor dem gleichen
Problem wie zuvor die Benediktiner.

sorgerischen und karitativen Einsatz stand.
Die Prediger, die diese Ungerechtigkeiten
anprangerten, waren umso glaubwürdiger,
je offensichtlicher sie selbst dem Armutsideal
verpflichtet waren. Einer von ihnen war Peter
Waldes, ein reicher Textilkaufmann aus Lyon,
der sich seit 1173 von Gott berufen fühlte,
seinen Besitz unter den Bedürftigen aufzuteilen und in Armut predigend durch die
Lande zu ziehen. Rom konnte mit Hinblick
auf seine Autorität dieses Laienpredigertum
nicht hinnehmen und exkommunizierte ihn.

DIE HEILIGEN DOMINIKUS UND
FRANZISKUS, VEREINT ZU SEHEN AUF
EINEM GEMÄLDE VON ANGELO LEONI
AUS DEM JAHRE 1615, AUSGESTELLT IN
VENEDIG IN DER SAKRISTEI GIOVANNI
E PAOLO.

Habit of a Mendicant Religious, in 1588.

Die Richtungen der Waldenser, denen der Ausgleich mit der Kurie nicht gelang, wurden als Häretiker verfolgt. Sie konnten sich jedoch als einzige nichtoffizielle religiöse Strömung des Mittelalters bis heute behaupten. Gegen andere Strömungen der Volksfrömmigkeit wurde mit größerer Härte vorgegangen. Besonders die Katharer wurden das Opfer religiösen und politischen Machtwillens. Auf Anordnung des Papstes wurde 1208 zum Kreuzzug gegen die katharischen Albigenser in Südfrankreich aufgerufen. Hier deckten sich die Interessen von Papsttum und französischem Königtum. Das brutale Vorgehen gegen die Häretiker sicherte der französischen Krone im Jahre 1229 die südfranzösischen Reichsteile.

Die neuen Bettelorden

Militärisch waren die am Armutsideal orientierten Frömmigkeitsbewegungen nicht zu bekämpfen. Die römische Kurie tat den logischen Schritt. Sie erkannte diejenigen Strömungen an, die bereit waren, die Autorität Roms anzuerkennen. So wurden die bedeutenden Orden der Dominikaner und der Franziskaner gegründet. Beide waren sie dem apostolischen Armutsideal verpflichtet. Schwerpunkte ihrer Tätigkeit waren die seelsorgerische Betreuung der Gläubigen und die karitative Fürsorge für die sozial Schwächsten. Nach ihren Gründern Dominikus (um 1170 bis 1221) und Franziskus (Franz von Assisi, eigentlich Giovanni Bernardone, 1181 bis 1226) benannt, erhielten sie ihre Ordensregel 1216 bzw. 1223. Im Gegensatz zu den bisherigen Orden waren die Dominikaner und Franziskaner nicht ortsfest. Da sie an kein Kloster gebunden waren, konnten sie in ganz Europa umherziehen. Schwerpunkt ihrer Präsenz waren und blieben die Städte, in denen sie schnell Konvente gründeten. Vom Papst mit entsprechenden Privilegien versehen, war ihnen die Predigt überall erlaubt. Das machte sie

Execution vber So ... tische Buben binn ... den der Statt Gendt

Funff ... munch all hie werden verbrendt
In Flandern binnen der Statt Gendt

Der ... nnenbruder weren vcher,
Vnd der funfft ein Augustiner
Anno Dñi M. D. LXXVII. XXVIII. Junij.

Auch drey mit ruten gestrichen seindt
Auff dem marckt (wie billich) geschwindt

Vm ire vnzucht vber groß,
Daß die obrigkeit seher verdroß

Drum ietz die vier Bettel orden,
Auß Gendt all sein verdrieben worden.

zu idealen Werkzeugen der Ketzerbekämp-fung. Sie konnten sich schnell in die Brenn-punkte des Ketzerwesens bewegen, waren durch ihre offensichtliche Besitzlosigkeit glaubwürdig und aufgrund hoher Bildung auch außerordentlich beredt. Ihr Erfolg brachte ihnen jedoch die gleichen Prob-leme wie den Reformorden vor ihnen. Besonders die Dominikaner wurden in

den Städten mit dem ansässigen Klerus in Streitigkeiten um die Einkünfte verwickelt. Teilweise stand der Orden auch im Ver-dacht der Erbschleicherei. Wenn sich nach der letzten Ölung durch einen Domi-nikaner herausstellte, dass das Testament zugunsten seines Ordens geändert worden war, wurden Erben und auch Stadträte häufig hellhörig.

NICHT ÜBERALL WAREN BETTELORDEN GERN GESEHEN: AUSTREIBUNG DER BET-TELORDEN AUS DER STADT GENT UND HINRICHTUNG VON MÖNCHEN WEGEN UNZUCHT AM 28. JUNI 1578. NACHKO-LORIERTER KUPFERSTICH VON FRANZ HOGENBERG (UM 1540 BIS 1590).

GEGENÜBERLIEGENDE SEITE: DIE TRACHT EINES BETTELMÖNCHS IM JAHRE 1588, NACHKOLORIERTER KUP-FERSTICH AUS DEM 18. JAHRHUNDERT.

Der heilige Franziskus

Das 12. und 13. Jahrhundert sahen einen im Mittelalter bislang ungekannten wirtschaftlichen Aufschwung. Das lag nicht zuletzt an der Einführung besserer Ackerbautechniken. Die neue Dreifelderwirtschaft ermöglichte einen höheren Feldertrag. Zudem konnten größere Ackerflächen bewirtschaftet werden, da man nach der Erfindung des Kummets mit Pferden statt mit Ochsen pflügen konnte. Das verbesserte Nahrungsangebot ließ die Bevölkerung anwachsen und machte die Erschließung bisher unbewohnter Landesteile möglich. Das Gebiet des heutigen Deutschland erhielt in dieser Phase des Landesausbaus in etwa die Gestalt, die es heute noch hat.

Armut und Häresie

Die verbesserte wirtschaftliche Situation begünstigte vor allem die Städte. Sie wurden zu Zentren des Handels und des Handwerks. In kultureller Hinsicht begannen sie, den Klöstern Konkurrenz zu machen. Dennoch waren die Zustände alles andere als paradiesisch. Mit dem Reichtum trat auch die Armut stärker hervor. Arme hatte es schon immer gegeben, doch mit dem Bevölkerungswachstum wurden sie zahlreicher. Missernten wurden durch finanzielle Spekulation verschlimmert, sodass einige wenige davon sogar profitierten. Viele sanken aber so in die Armut ab. Die Schere zwischen Arm und Reich klaffte immer offensichtlicher auseinander. Gleichzeitig bewirkten die sozialen Umbrüche auch eine neue Hinwendung zur Religion. Diesmal waren es jedoch nicht nur die Kleriker, die nach besseren Wegen suchten, Gott nahe zu sein. Immer stärker wandten sich auch Laien der spirituellen Suche zu. Da sie über keine theologische Ausbildung verfügten, entstand so eine Vielzahl häretischer Bewegungen, die oft mit Widerstand gegen die soziale Ungerechtigkeit verbunden waren. Nicht selten endete die Gottsuche in gewaltsamen Ausschreitungen gegen die vermögenden Oberschichten, reichen Prälaten oder wohlhabenden Klöster. Weltliche und geistliche Gewalt fanden sich deshalb zusammen, die häretischen Strömungen zu bekämpfen. Da aber das Elend nicht gemindert wurde, fanden Prediger des

Armutsideals und der Christusnachfolge weiterhin schnell Zulauf.

Franziskus erhält die Ordensregel

Da sich das Problem mit Gewalt nicht lösen ließ, entschloss sich die römische Kurie, die neuen Strömungen in die Kirche aufzunehmen. Zwei dem Armutsideal verpflichtete Bruderschaften wurden anerkannt: die Dominikaner im Jahr 1216 und die Franziskaner endgültig im Jahr 1223. In ihnen konnten sich die dem Evangelium verpflichteten Christusnachfolger sammeln. Der Gründer der Franziskaner war Franziskus, mit bürgerlichem Name Giovanni Bernardone, der Sohn eines reichen Kaufmannes aus Assisi. Im Jahre 1181 oder 1182 geboren, strebte er im Jahre 1204 den Ritterschlag an. Den weltlichen Vergnügungen aufgeschlossen, war er

Auch Wundertätigkeit wurde dem Heiligen Franziskus von Assisi (eigentlich: Giovanni Bernardone, um 1182 bis 1226) bereits im 13. Jahrhundert zugeschrieben. Auf diesem Fresko aus dem Jahre 1300 von Giotto di Bondone (um 1266 bis 1337) befreit der Heilige Franziskus die Stadt Arezzo von Dämonen („Legenda maior" VI, 9). Das Fresko befindet sich in der Kirche San Francesco in Assisi (Oberkirche, Langhaus, 1. Joch, Nordwand).

DER HEILIGE FRANZISKUS VON ASSISI EMPFÄNGT IM JAHRE 1223 VON PAPST HONORIUS III. (1216–1227) NACH DER MÜNDLICHEN BESTÄTIGUNG DURCH SEINEN VORGÄNGER, PAPST INNOZENZ III. (1198–1216), IM JAHRE 1210 NUN AUCH DIE LANG ERSEHNTE SCHRIFTLICHE BESTÄTIGUNG DER

ein typischer Angehöriger der städtischen Oberschicht. Den Schritt ins Rittertum tat er aber anscheinend nicht. Vielmehr begann er in seiner Vaterstadt ein Leben, das ganz an den Konventionen des neutestamentarischen Armutsideals orientiert war. 1206 verzichtete er im Beisein des Bischofs von Assisi auf sein Erbe und widmete sich seit 1208 vollständig einem aus der Gesellschaft zurückgezogenen

niedergelassenen Orden um Arme und Kranke. Die einzelnen Klöster waren durch Schenkungen sehr wohlhabend. Sie lagen aber in der Regel abseits der großen Städte, sodass sie auf die dortigen Probleme nicht reagieren konnten. Die franziskanische Bruderschaft konnte das Armutsideal viel glaubwürdiger vertreten und – da sie an kein Kloster gebunden waren – auch an den

ORDENSREGEL DES NEU GEGRÜNDETEN FRANZISKANERORDENS. AUSSCHNITT AUS DER ALTARTAFEL MIT SZENEN AUS DEM LEBEN DES HEILIGEN FRANZISKUS VON BONAVENTURA BERLINGHIERI (1228 BIS 1274).

Leben, das mit Bußübungen, Armenfürsorge und Krankenpflege angefüllt war. Es bildete sich um ihn schnell eine Bruderschaft Gleichgesinnter, die als Grundlage für ihre karitative Tätigkeit Almosen erbettelte. Diese Praxis war für die Zeitgenossen aufregend neu. Zwar kümmerten sich auch die etablierten,

„sozialen Brennpunkten" wirksam werden. Das brachte ihnen nicht nur die Achtung der Laien, sondern auch die Anerkennung der Amtskirche ein. Im Jahre 1219 billigte die Kurie die Lebensweise und Glaubensausübung der „minderen Brüder" (fratres minores). Im gleichen Jahr war Franziskus nach Ägypten aufgebrochen, um Sultan al Kamil zum Christentum zu bekehren. Ohne Erfolg gehabt zu haben, kehrte er schwer erkrankt zurück. Im Jahr 1223 wurde die erste Ordensregel bestätigt. Drei Jahre später starb Franziskus.

Die Städte und die Franziskaner

Besonderer Schwerpunkt der Ordenstätigkeit war die Seelsorge, was die Franziskaner besonders in den Städten häufig in Konflikte mit dem städtischen Klerus verwickelte. Die Gläubigen waren seelsorgerisch an ihren Pfarrbezirk gebunden, woraus der Gemeindeseelsorger ein gesichertes Einkommen bezog. Als Predigtorden durften die Franziskaner unabhängig von festen Gemeinden ihrer seelsorgerischen Tätigkeit nachgehen, wodurch den etablierten Klerikern Einkünfte verloren gingen. Tatsächlich verlief die Entwicklung des Franziskanerordens in den Städten stürmisch. Durch seine Struktur war er wie geschaffen für die städtische Seelsorge. Die Stadtbevölkerung versprach sich von den Bettelorden größere Unabhängigkeit gegenüber den meist geistlichen Stadtherren. Der Erfolg brachte jedoch schnell Probleme mit sich. Wie die Orden vor ihnen wurden auch die Franziskaner mit reichen Schenkungen bedacht. Dazu gerieten die Franziskaner schnell in die machtpolitischen Auseinandersetzungen zwischen Papst und Kaiser. Propaganda erstreckte sich nicht mehr nur auf den zahlenmäßig geringen Adel. Es galt auch, die wirtschaftlich schlagkräftige Bevölkerung in den Städten zu beeinflussen. Dies gelang am einfachsten durch Predigten. Auf diese Weise standen die Franziskaner dem Papsttum gegen Kaiser Friedrich II. (1220–1250) bei. Allerdings vertrug sich die Nähe zur Macht nicht mit dem Armutsideal und der Weltferne einer evangelistischen Lebensführung. Schon kurz nach der Mitte des 13. Jahrhunderts bildete sich innerhalb der Franziskaner Widerstand gegen die Einbindung des Ordens in Universitäten, die

Inquisition und Häretikerverfolgung sowie generell gegen die Abkehr von den Idealen des Franz von Assisi. Diese Spiritualenbewegung konnte sich jedoch nicht innerhalb des Ordens durchsetzen. Damit erhielt der Franziskanerorden endgültig sein hierarchisch-klerikales, auf Rom ausgerichtetes Gesicht.

„DER HEILIGE FRANZISKUS PREDIGT DEN VÖGELN", FRESKO, TEILZERSTÖRT, UM 1260, IN DER KIRCHE SAN FRANCESCO IN ASSISI (UNTERKIRCHE, LANGHAUS, 2. JOCH, SÜDWAND).

Die Entwicklung der Inquisition

Das Wort „Inquisition" ist heute noch mit einem gewissen Schauder verbunden. Dem konnte sich wohl auch die traditionsverbundene katholische Kirche nicht entziehen. Obwohl Scheiterhaufen und Folter schon lange nicht mehr zum inquisitorischen Repertoire gezählt hatten, ging die Institution im „Sanctum Officium" auf, was wesentlich weniger angsteinflößend klang.

Mit der Reichskirche kam die Gewalt

Wie wichtig die Überprüfung theologischer Lehrmeinungen auf Konformität immer noch ist, zeigt die Wahl von Josef Kardinal Ratzinger zum Papst Benedikt XVI. im Jahre 2005. Er hatte mit der Glaubenskongregation lange Jahre die Leitung der Nachfolgeorganisation des „Sanctum Officium" inne.

Mechanismen, um Häretiker abzuwehren, hatte die christliche Kirche schon im Altertum entwickelt. Dabei wurde jedoch die Anwendung von Gewalt ausgeschlossen. Das änderte sich, als unter Kaiser Konstantin dem Großen (306–337) das Christentum im 4. Jahrhundert Staatsreligion wurde. Fortan wurde die Kircheneinheit mit der politisch-staatlichen Einheit gleichgesetzt. Häresie wurde zu den Majestätsverbrechen gezählt und konnte mit dem Tode bestraft werden. Verantwortlich für die Verhängung geistlicher Strafen waren die Bischöfe. Allerdings war die Praxis der Todesstrafe unter Theologen umstritten. Als sich gegen Ende des 12. Jahrhunderts eine Vielzahl häretischer Strömungen zu bilden begann, war es mit dieser Zurückhaltung vorbei. Besonders die Katharer stellten eine Bedrohung der mittelalterlichen Ordnung dar, da sie deren religöse und soziale Grundlagen ablehnten. So waren sich weltliche und geistliche Gewalt in der scharfen Verfolgung der Ketzer einig.

Ursprünglich bezeichnete „Inquisition" allerdings nur ein besonderes Prozessverfahren. In ihm waren gewisse Sicherungsmechanismen ausgeschaltet, die im gängigen mittelalterlichen Akkusationsprozess dem Angeklagten zugute kamen. Wichtigstes Merkmal des Inquisitionsprozesses war, dass Richter und Ankläger in einer Person vereint waren. Für diesen Richter-Ankläger bestand eine Verfolgungspflicht, wenn ihm Verdachtsmomente gegen gewisse Personen zugetragen wurden. Als Zeugen waren auch Personen schlechten Leumunds zugelassen, die in herkömmlichen Akkusationsprozessen nicht zeugnisfähig gewesen wären. Die Möglichkeit, mit einem Reinigungseid seine Unschuld zu erweisen, bestand ebenfalls nicht.

Der Beginn der „professionellen" Inquisition

Die eigentliche „Inquisition" im Sinne einer Organisation bildete sich heraus, als Papst Gregor IX. (1227–1241) damit begann, Inquisitionsrichter selbst zu beauftragen und mit geistlichen Vollmachten auszustatten. Traurige Berühmtheit erlangte gleich einer der ersten von ihnen. Konrad von Marburg war der Beichtvater der heiligen Elisabeth von Thüringen (1207 bis 1231) gewesen, deren Kirche noch heute in Marburg steht. Sein gnadenloses Vorgehen war selbst den Erzbischöfen von Mainz und Trier zu viel, sodass sie sich bei Papst Gregor IX. über sein Vorgehen beschwerten. Erst seit 1231 Inquisitor, scheiterte er bereits 1233 bei einem spektakulären Prozess gegen den mächtigen und geachteten Grafen von Sayn. Diesem war es gelungen, seinen Fall in einem herkömmlichen Akkusationsprozess führen zu lassen – wohl unter Hinweis auf seinen hohen Stand. Die dort von der Gerichtsversammlung geforderte Beweisqualität konnte Konrad von Marburg nicht erbringen. So wurde der Graf zur Erleichterung aller freigesprochen. Ein pikantes Merkmal des Akkusationsprozesses war es, dass der erfolglose Kläger der Strafe anheim fiel, die der Beklagte hätte erleiden

müssen. Darauf wurde aufgrund der hohen geistlichen Würden Konrads selbstverständlich verzichtet. Allerdings waren einige Ritter damit nicht einverstanden. Sie gaben ihrem Rechtsempfinden nach und ermordeten Konrad und seinen Begleiter kurz darauf.

Die Kirche verurteilt, der Staat vollstreckt

Trotz dieser von Anfang an sichtbaren Unzulänglichkeiten baute die Kurie die Kompetenzen der Inquisitoren weiter aus. Papst Innozenz IV. (1243–1254) gestattete 1252 die Folter zur Geständniserzwingung. Allerdings wurden Todesurteile nicht wahllos gefällt. Bernardo Gui, der in der Verfilmung des Romanes „Der Name der Rose" so schlecht wegkam, verurteilte in weniger

DIE VERBRENNUNG DES SCHOTTISCHEN REFORMATORS GEORGE WISHART (1513 BIS 1546), HOLZSCHNITT VON 1577. DER RELIGIÖSE REFORMATOR WIRD AN EINEN PFAHL GEKETTET VERBRANNT, WEIL ER REFORMATORISCHE PREDIGTEN GEHALTEN HAT. EIN MANN GIBT BRENNSTOFF ZUM FEUER DAZU, ANDERE BEOBACHTEN DIE VERBRENNUNG UND BETEN. AUS DER CHRONIK „THE DESCRIPTION AND CHRONICLES OF SCOTLAND" VON RAPHAEL HOLINSHED.

IM RAHMEN DER INQUISITIONS-
PROZESSE UND DES HEXENWAHNS KAM
ES IM SPÄTMITTELALTER AUCH IMMER
ÖFTER ZU EXORZISTISCHEN PRAKTIKEN.
EINE TEUFELSAUSTREIBUNG IST AUF
DEM ÖLGEMÄLDE DAVID TENIERS D. J.
(1610 BIS 1690) DARGESTELLT.

als fünf Prozent seiner Fälle zum Tode. Fast
15 Prozent seiner Urteile lauteten auf Frei-
spruch. Dazwischen gab es ein fein abge-
stuftes Spektrum an Sanktionen. Die Todesurteile musste die weltliche Gewalt vollstre-
cken, da die Kirche selbst kein Blut vergießen
durfte. Eine Weigerung war nicht möglich,
da man sonst selbst der Häresie angeklagt
wurde. Deshalb war die Bitte der Kirche bei
jeder Überstellung an die richtende Gewalt,
das Leben des Verurteilten zu schonen,
nichts als eine höhnische Formalie. Man
darf aber nicht glauben, dass die weltlichen
Herren mit der Ketzerverfolgung grundsätzlich unglücklich gewesen seien. Die moderne

Trennung von Kirche und Staat gab es noch
nicht und so war jede Bedrohung der Kirche
auch eine Bedrohung der weltlichen Gewalt.
Gerade Kaiser Friedrich II. (1220–1250),
der genug Schwierigkeiten mit dem Papsttum
hatte, erließ außerordentlich strenge Ketzergesetze.

Inquisitionsprozesse als Mittel der Politik

Die Sicherheit, mit der man im Falle einer
Anklage einen Schuldspruch erzeugen konnte,
lud zum Missbrauch geradezu ein. In der
Hand des französischen Königs wurden

Inquisitionsprozesse ein Mittel, um politische Gegner auszuschalten. Der Kreuzzug gegen die Albigenser in Südfrankreich und die Ketzerverfolgung der Inquisition ermöglichten es ihm, die Kontrolle über diese Landesteile zu gewinnen. Diese waren lange im Besitz der englischen Krone gewesen und nur nominell an den französischen König gebunden. Philipp „der Schöne" bediente sich der Inquisition, um 1312 den Templerorden auszuschalten. Auf Veranlassung der englischen Krone wurde Jeanne d'Arc 1431 in einem Inquisitionsprozess zum Tode auf dem Scheiterhaufen verurteilt. In Spanien stand die Inquisition gegen Ende des 15. Jahrhunderts unter königlicher Kontrolle. Inquisitionsprozesse wurden bis in die Neuzeit geführt. Man bediente sich ihrer besonders während des Hexenwahns, aber auch im Zuge der katholischen Gegenreformation.

Die grossen Massenverbrennungen von Menschen, die von den Inquisitionsgerichten als Ketzer verurteilt worden waren, lockten zahlreiche Schaulustige an. Dieser Kupferstich stammt aus dem Werk „Von der Geschichte der Inquisition", erschienen in Köln im Jahre 1759.

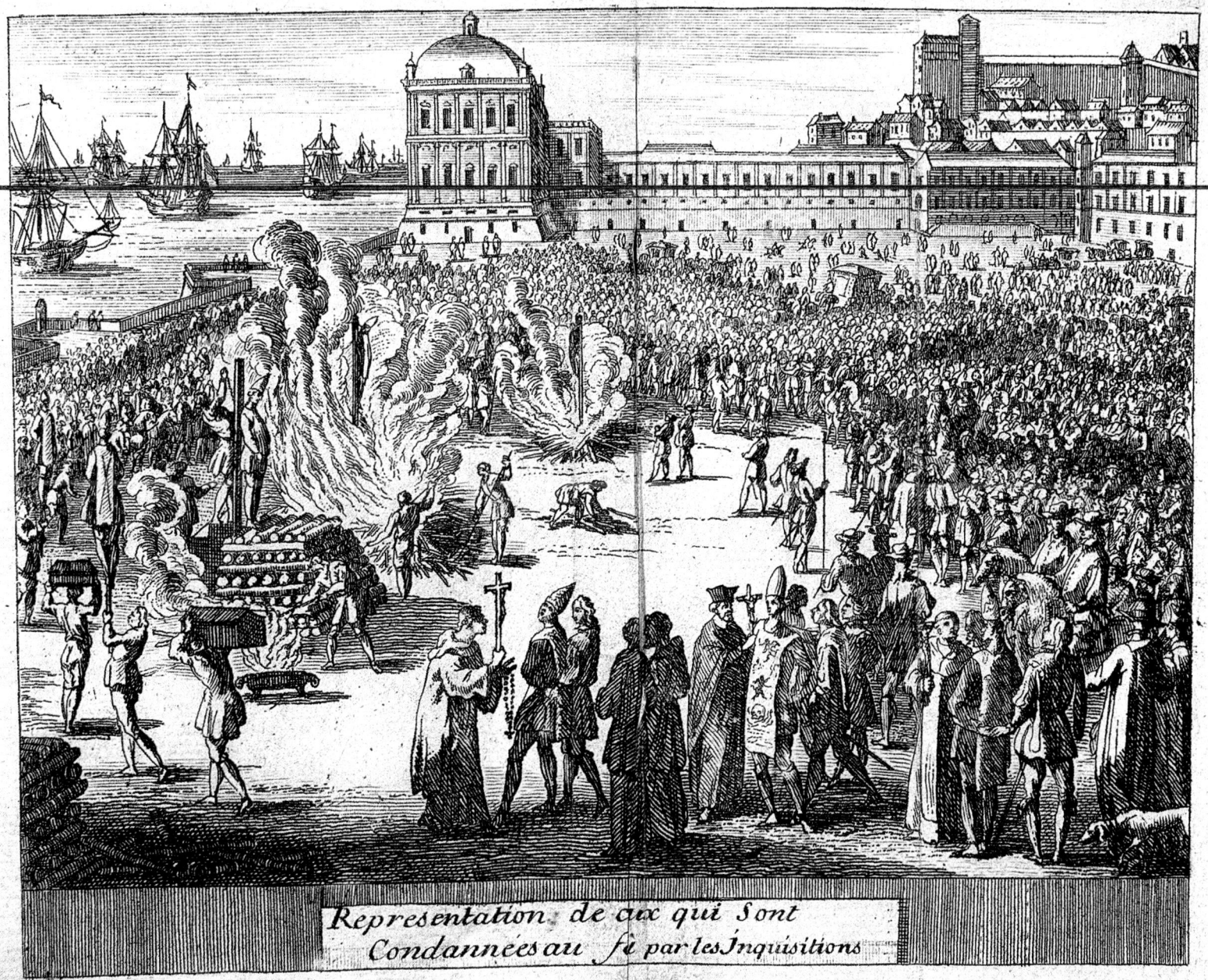

tom 2 pag 242

Representation de ux qui sont Condannées au fi par les Inquisitions

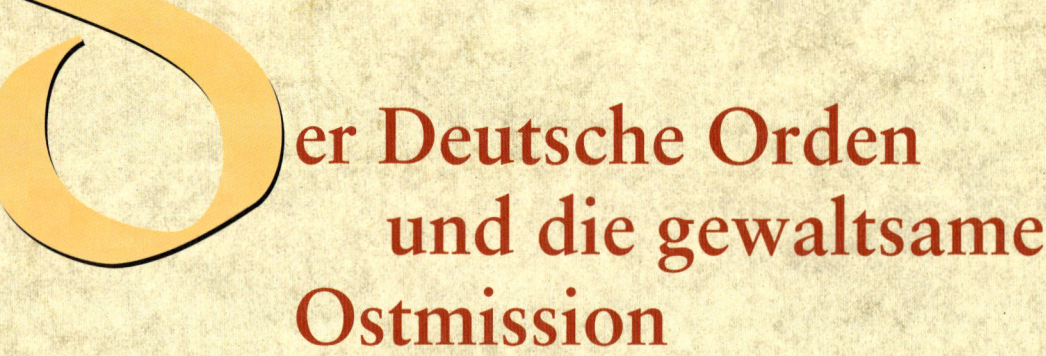er Deutsche Orden und die gewaltsame Ostmission

GEGENÜBERLIEGENDE SEITE; IM
12. JAHRHUNDERT GINGEN IM HEILIGEN
LAND AUS DER NEUARTIGEN VER-
BINDUNG VON RITTERTUM UND
MÖNCHTUM DREI GEISTLICHE RITTER-
ORDEN HERVOR: DER TEMPLERORDEN,
DER JOHANNITERORDEN UND DER
DEUTSCHE ORDEN. DIE TEMPLER ZOGEN
NACH DEM FALL DES HEILIGEN LANDES
NACH FRANKREICH, WO SIE ZU BEGINN
DES 14. JAHRHUNDERTS VON KÖNIG
PHILIPP IV. UNTER DEM VORWAND DER
KETZEREI ZERSCHLAGEN WURDEN,
DA SIE ZU MÄCHTIG GEWORDEN WAREN.
DIE FRANZÖSISCHE BUCHMALEREI AUS
DEM SPÄTEN 14. JAHRHUNDERT ZEIGT
DIE TEMPLERPROZESSE 1305–1313, DIE
VERNICHTUNG DES TEMPLERORDENS
UND DEN TOD KÖNIG PHILIPPS IV.

Von der Wende zum 12. Jahrhundert an erschütterten die Kreuzzüge den Mittelmeerraum. Die bewaffneten Pilgerheere brachen in die islamische Staatenwelt ein und gründeten in den eroberten Gebieten eigene Herrschaften, von denen die prestigeträchtigste das Königreich Jerusalem war. Die ungeheuren Veränderungsprozesse, die sich in der Kreuzzugsbewegung ausdrückten, brachten aber neben der kriegerischen Gewalt auch neue Ideen hervor. Aus einer bisher undenkbaren Verbindung von Mönch- und Rittertum gingen die geistlichen Ritterorden hervor.

NACH DEM FALL DES HEILIGEN
LANDES GING DER JOHANNITERORDEN
AUF DIE ÖSTLICHE MITTELMEERINSEL
RHODOS UND GRÜNDETE HIER EINEN
EIGENEN STAAT. DIE BUCHMALEREI AUS
GUILLAUME DE CAOURSINS „GESTORUM
RHODIAE OBSIDIONIS COMMENTARII"
AUS DEM JAHRE 1483 ZEIGT PIERRE
D'AUBUSSON (1423 BIS 1503), SEIT 1476
GROSSMEISTER DES JOHANNITERORDENS
AUF RHODOS, BEI DER BEAUFSICHTI-
GUNG DER VERSTÄRKUNGSARBEITEN AN
DEN FESTUNGSWERKEN VON RHODOS.

Templer, Johanniter und der Deutsche Orden

In Palästina entstanden im 12. Jahrhundert nacheinander drei dieser neuen Ritterorden: die Templer, die Johanniter und der Deutsche Orden. Obwohl Ordensritter keine Mönche waren, legten sie Gelübde ab und folgten einer Regel. Die Mitglieder dieser Orden widmeten sich zunächst im Heiligen Land dem Pilgerschutz und dem Kampf gegen die Moslems. Eine weitere Aufgabe waren karitative Tätigkeiten, etwa die Betreuung von Hospitälern. Die Aktivität der Orden griff aber bald über den Nahen Osten hinaus. Dort bildeten sie schon bald eine Art stehendes Heer für die christlichen Herrschaften. Eine ähnliche Funktion nahmen sie auf der Iberischen Halbinsel wahr. Dort führten besonders die Templer für die christlichen Herrscher Krieg gegen die islamischen Reiche Spaniens. Aufgrund wichtiger Privilegien und großzügiger Schenkungen wurden die Templer innerhalb kurzer Zeit der mächtigste und reichste der drei Ritterorden. So wurde er allerdings allmählich eine Bedrohung für das französische Königtum. Philipp IV., „der Schöne" (1285–1314), ließ den Templerorden 1312 mit Zustimmung des Papstes zerschlagen, wobei die Vorwürfe sich auf blasphemische Praktiken bezogen.

Die Ordensritter gründen Staaten

Die Johanniter verblieben im Mittelmeerraum, wo sie zunächst auf Rhodos im Jahre

1310, dann 1530 auf Malta einen eigenen
Staat gründeten. Auch der Deutsche Orden
versuchte, ein eigenes Territorium zu
erwerben. Allerdings war das Heilige Land
im Jahre seiner Gründung 1198 schon zu
sehr gefährdet. So nahmen die Deutsch-
ordensritter ein Angebot des ungarischen
Königs Andreas II. (1205–1235) an, gegen
die Kumanen zu kämpfen. Ihre Versuche,
ein eigenes Territorium einzurichten, beantwortete Andreas 1225 dann allerdings folgerichtig mit der Vertreibung der Deutschor-
densritter. Eine zweite Möglichkeit wurde
dann jedoch zielstrebig genutzt. Der Polen-
herzog Konrad stellte dem Deutschen Orden
das Gebiet der heidnischen Pruzzen (Preußen)
in Aussicht, sollten sie diese besiegen und
zum Christentum bekehren. Diesen Missions-
auftrag ließ sich Großmeister Hermann von
Salza (1209–1239) von Kaiser Friedrich II.
(1220–1250) und von Papst Gregor IX.
(1227–1241) bestätigen. Herzog Konrad
erwies sich in der Folge als zu schwach, um
sich wie König Andreas II. von Ungarn den
Ordensrittern zu widersetzen. Die Eroberung Preußens begann 1231 und bezog ab
1237 auch Livland mit ein. Dort war vorher
der Schwertbrüderorden mit einem gewaltsamen Missionsversuch gescheitert. Der
Deutsche Orden trat seine Nachfolge an,
unterwarf Livland und versuchte weiter
nach Osten in Richtung Litauen zu expan-
dieren.

Nowgorod hält stand

Damit geriet er in Konflikt mit dem Fürstentum Nowgorod, das seine Interessen in der
Region zu wahren suchte. Der Deutsche
Orden scheiterte im Jahre 1242 auf dem
zugefrorenen Peipussee gegen das Heer des
nowgorodischen Fürsten Alexander Newski
(1236–1257). Ähnlich wie gegen Konstantinopel im Jahre 1204 wurde auch hier wieder
ein als „Schwertmission" getarnter machtpolitischer Expansionsfeldzug gegen Christen

DER DEUTSCHE ORDEN WANDTE SICH NACH DEM FALL VON AKKON ZUNÄCHST NACH UNGARN UND SPÄTER NACH PREUSSEN UND INS BALTIKUM, UM HIER DIE „SCHWERTMISSION", DIE GEWALTSAME MISSIONIERUNG DER PRUZZEN, POLEN UND DES ÖSTLICHEN OSTSEERAUMES NACH KREUZZUGSART FORTZUFÜHREN. DAZU GRÜNDETE DER RITTERORDEN EINEN EIGENEN ORDENSSTAAT MIT DER FESTE MARIENBURG ALS SCHALTZENTRALE. NACH ANFÄNGLICHEN ERFOLGEN FANDEN DIE ORDENSRITTER VOR ALLEM IN DEN LITAUERN UND DEN POLEN GEGNER, DIE SIE AUF DAUER NICHT BEZWINGEN KONNTEN. ALS DANN POLEN AUS FREIEN STÜCKEN ZUM CHRISTLICHEN GLAUBEN ÜBERTRAT, FEHLTE DEM DEUTSCHEN ORDEN SCHLIESSLICH AUCH DIE IDEOLOGISCHE RECHTFERTIGUNG ZUM KRIEG. DAS ABGEBILDETE TRIPTYCHON VON 1456 ERINNERT AN DIE STIFTUNG DER KOMMENDE HORNECK 1250 UND ZEIGT IM MITTELTEIL MARIA MIT BURG HORNECK SOWIE AUF DEN FLÜGELN DEN DEUTSCHMEISTER ULRICH VON LENTERSHEIM UND KONRAD VON HORNECK.

orthodoxen Bekenntnisses toleriert. Im Jahre 1283 konnte der letzte Aufstand der Pruzzen niedergeschlagen werden. Trotz dieser Eroberungszüge konnte der Orden im Inneren durchaus Erfolge verbuchen. Der Landesausbau wurde mit Dorf- und Stadtgründungen vorangetrieben, die den Siedlern eine bessere Rechtsposition einräumten als das alte Pruzzenrecht. Davon konnten auch die Pruzzen profitieren, die in die neuen Herrschaftsstrukturen integriert wurden. Bistümer wurden eingerichtet, die das Land nach Rom orientierten. Mit der Einbindung der preußischen und livländischen Städte in die Hanse wurde das Ordensland für den Russlandhandel wichtig.

Kreuzzüge werden „Sport"

Allerdings lagen weiterhin heidnische Gebiete wie ein Sperrriegel zwischen den preußischen und den livländischen Besitzungen des Ordens. Diese wurden vom ebenfalls nichtchristlichen Litauen unterstützt. Ab 1315 wurden deshalb vom Deutschen Orden die berüchtigten „Litauerreisen" organisiert. Es waren jährlich wiederkehrende Kriegs- und Beutezüge, die als Kreuzzüge angesehen wurden. Von der abendländischen Ritterschaft wurden diese Kriegszüge fast als eine sportliche Betätigung angesehen, an der man immer wieder gerne teilnahm. Durch die gute Organisation des Ordens entstand so etwas wie ein mittelalterlicher „Pauschaltourismus" in Sachen Missionskrieg – mit allen schrecklichen Folgen für die Betroffenen. Diese Strategie führte nicht zum Erfolg, da die Litauer militärisch nicht besiegt werden konnten. Letztlich erwuchs dem Ordensstaat aus dem vereinigten Litauen und Polen ein Gegner, dem er schließlich unterliegen sollte. Gegen das von Polen aus christianisierte Litauen ließen sich keine Kreuzzüge mehr rechtfertigen, sodass der Orden auf diese Weise keine Unterstützung aus Rom mehr erhielt.

Der Weg in die Säkularisierung

Im Jahre 1410 unterlag ein Ordensheer den Polen und Litauern bei Tannenberg. Damit begann der Niedergang des Ordensstaates, der nur noch mit Schwierigkeiten seine Kriegskosten decken konnte. Städte und Adel

verlangten Mitspracherechte, die ein geistliches Staatswesen nicht gewähren konnte. Es kam zum offenen Konflikt, in dem sich Städte und Adel dem polnischen König unterstellten. Ein sich daran anschließender Krieg konnte erst nach 13-jähriger Dauer im Jahre 1466 beendet werden. Der Hochmeister musste für die preußischen Besitzungen des Ordens die polnische Oberhoheit anerkennen. Es setzte ein Prozess der Säkularisierung ein, an dessen Ende der letzte Königsberger Hochmeister dem polnischen König im Jahre 1524 den Lehnseid schwor. Damit wurde aus dem geistlichen Ordensstaat ein weltliches Fürstentum.

Kultur am Abgrund – Judenverfolgung, Pest und Hexenwahn

Ohne den christlichen Glauben ist das Mittelalter nicht vorstellbar. Die Kirche regulierte ganz selbstverständlich die Lebenswirklichkeit der Menschen. Alle Aspekte menschlichen Zusammenlebens wurden davon erfasst, sei es bei der Austeilung der Sakramente oder bei Gerichtsverhandlungen nach römisch-kanonischem Recht. Die Gläubigkeit der Menschen grenzte an Gottesgewissheit, was sich unter anderem in der Vielzahl frommer Stiftungen zeigte.

Juden und Christen – Die feindlichen Brüder

Damit war die römisch-katholische Kirche einer der prägenden Faktoren des zivilisatorischen Fortschrittes. Die mitunter hässliche Kehrseite religiöser Überzeugung war der Aberglaube. Manchmal waren abergläubische Praktiken untrennbar mit christlicher Glaubensausübung vermischt. Bei ihrer Missionierungsarbeit hatte die Kirche ältere Kulte teilweise in die eigenen Glaubensinhalte transformiert. So konnten sich einzelne ursprünglich heidnische Vorstellungen über die Zeit hinweg halten. Besonders in Phasen des Umbruchs oder in Krisenzeiten konnten die abergläubischen Vorstellungen zu schrecklichen Gewaltausbrüchen führen.

Als religiöse Minderheit waren vor allem die Juden solchen Exzessen ausgesetzt. Religiös motivierter Antisemitismus war in der Antike fast schon ein Kennzeichen des frühen Christentums. Die neue Glaubensrichtung musste sich von der älteren und weiter verbreiteten Religion des Judentums absetzen. Für den im 1. Jahrhundert lebenden römischen Schriftsteller Sueton (um 70 bis um 130) waren die Christen nur eine kleine Splittergruppe des Judentums. Als solche gingen die Urchristen aggressiv gegen die Glaubenskonkurrenten vor, wobei den Juden besonders den Christusmord vorgeworfen wurde. Mit der Durchsetzung des Christentums entspannte sich das Verhältnis allerdings. Als ein Volk der Bibel genossen die Juden seit dem

WÄHREND POGROME MEIST VON
RELIGIÖS AUFGESTACHELTEN MASSEN
ANGEZETTELT WURDEN, VERSUCHTEN
DIE HERRSCHER OFT SOGAR, DIE
JUDEN ZU SCHÜTZEN – ZUMINDEST SO
LANGE SIE IHNEN NÜTZLICH WAREN.
DIESER SCHUTZ HATTE JEDOCH NUR
UNTER EINEM STARKEN HERRSCHER
WIRKUNG. ZUDEM MUSSTEN DIE
JUDEN FÜR DEN SCHUTZ ENORME
ABGABEN ZAHLEN. WAREN SIE DANN
ALS OBJEKTE DER AUSBEUTUNG UN-
INTERESSANT GEWORDEN, VERWIES
MAN SIE DES LANDES. SO GESCHAH
ES IN ENGLAND IM JAHR 1290, IN
FRANKREICH ETWA 100 JAHRE
SPÄTER. ALS IN DER MITTE DES
14. JAHRHUNDERTS DIE PEST AUS-
BRACH, SAHEN SICH DIE JÜDISCHEN
GEMEINDEN NEUEN, VERHEERENDEN
ÜBERGRIFFEN AUSGESETZT. IHNEN
WURDE VORGEWORFEN, DIE KRANK-
HEIT DURCH BRUNNENVERGIFTUNG
AUSGELÖST ZU HABEN. GELEGENTLICH
BESTAND ABER AUCH DIE MÖGLICH-
KEIT, DEN POGROMEN DURCH DEN
ÜBERTRITT ZUM CHRISTENTUM UND
EMPFANG DER TAUFE ZU ENTGEHEN.
DIE FRANZÖSISCHE BUCHMALEREI AUS
DEM 15. JAHRHUNDERT, ENTNOMMEN
AUS DEM WERK „LIVRE DES FAIZ DE
MONSEIGNEUR ST. LOUIS", ZEIGT, WIE
IN GEGENWART KÖNIG LUDWIGS IX.,
„DES HEILIGEN" (1226–1270), EIN
JUDE GETAUFT WIRD.

AUF DER BUCHMALEREI AUS DEN „TRÈS RICHES HEURES DU DUC DE BERRY" IST EINE PROZESSION VON PAPST GREGOR I. (590–604) ZU SEHEN, DIE DER KIRCHENLEHRER UND HEILIGE ZUR FEIER DES ENDES EINER PESTEPIDEMIE DURCHFÜHRTE.

baren Kaufleuten im Ost-West-Handel. Ihren Glauben konnten sie frei ausüben und ihre Gemeinden selbstständig verwalten. Die meisten Rechtshandlungen beinhalteten religiöse Aspekte, die natürlich auf die Christen zugeschnitten waren. Jüdischen Mitbürgern war folgerichtig die Ausübung ihres eigenen Rechts gestattet, solange es den allgemein gültigen Bräuchen nicht widersprach. Auch im islamischen Spanien genossen die Juden Achtung. Sie stellten viele Kaufleute, Diplomaten, Gelehrte und Ratgeber.

Der Beginn der Pogrome

Erst im 11. Jahrhundert begann sich die Lage für die Juden zu verschlechtern. Bis dahin waren sie weitgehend gleichberechtigte Mitbürger gewesen, die sich in einer Vielzahl von Berufen betätigten. In Granada kam es 1066 zum ersten großen Judenmassaker des Mittelalters. Das christliche Europa folgte diesen Spuren ziemlich schnell. 1078 erließ Gregor VII. (1073–1085) eine Bulle, die Juden die Bekleidung von Ämtern verbot. Der erste Kreuzzug brachte den Schrecken der Pogrome ins Abendland. Viele blühende jüdische Gemeinden wurden ausgelöscht. Zwar versuchten die Bischöfe vielfach, „ihre" Juden zu schützen, doch konnten sie gegen die fanatisierte Menge oftmals nichts ausrichten. Die weltlichen und geistlichen Gewalten versuchten, jüdisches Leben weiterhin zu schützen, soweit es in ihrer Macht stand. Gegen spontan aufflackernde Mordlust konnten sie aber nicht einschreiten.

Das vierte Laterankonzil unter Innozenz III. (1198–1216) verbot den Juden schließlich im Jahre 1215 die Ausübung handwerklicher Berufe, womit sie ins Geldgeschäft abgedrängt wurden. So wurden die äußeren Zeichen, mit denen Juden sich kenntlich machen mussten, mehr und mehr zum Stigma, das seine Träger bedrohte. Zwar fehlte es von weltlicher Seite nicht an Versuchen zu Objektivität der jüdischen Religion gegenüber. Als es im Jahre

Frühmittelalter kaiserlichen Schutz. Von den Karolingern ging er über die Ottonen an die römisch-deutschen Kaiser über. Ihre weit über Europa hinausreichenden Kontakte machten die Juden zu erfolgreichen und unverzicht-

1236 in Fulda zu Ausschreitungen gegen die jüdischen Mitbürger kam, denen ritueller Kindsmord vorgeworfen wurde, nahm sich Kaiser Friedrich II. (1220–1250) des Falles an. Er ließ durch das Hofgericht feststellen, dass die Vorwürfe haltlos gewesen seien und verbot die Wiederholung solcher Verdächtigungen. Zudem stellte er alle Juden des Reiches nochmals ausdrücklich unter seinen Schutz. Dieser hatte jedoch nur unter einem starken Herrscher Wirkung. Schwindende Königsmacht schwächte immer auch die Position der Juden. Zudem mussten sie für den Schutz des jeweiligen Herrschers enorme Abgaben zahlen. Waren sie als Objekte der Ausbeutung uninteressant geworden, verwies man sie des Landes. So geschah es in England im Jahre 1290, in Frankreich etwa 100 Jahre später. Als in der Mitte des 14. Jahrhunderts die Pest ausbrach, sahen sich die jüdischen Gemeinden neuen, verheerenden Übergriffen ausgesetzt. Ihnen wurde vorgeworfen, die Krankheit durch Brunnenvergiftung ausgelöst zu haben – dass Juden ebenso wie Christen an der Seuche starben, konnte dem Gerücht keinen Einhalt gebieten.

WÄHREND DER GROSSEN PESTEPIDEMIE VON 1348/1349 GELANGTE DAS GEISSLERWESEN (FLAGELLANTENTUM) MIT DER BILDUNG GROSSER GEISSLERGESELLSCHAFTEN ZU EINEM HÖHEPUNKT. DIE BUCHMALEREI AUS DER ZWEITEN HÄLFTE DES 14. JAHRHUNDERTS STAMMT AUS DER CHRONIK DES AEGIDIUS (GILLES) LI MUISIS, ABT IN TOURNAI, UND ZEIGT DIE GEISSLER ZU DOORNIK IN DEN NIEDERLANDEN IM JAHRE 1349.

MALLEVS
MALEFICARVM,
MALEFICAS ET EARVM
hæresim frameâ conterens,
EX VARIIS AVCTORIBVS COMPILATVS,
& in quatuor Tomos iustè distributus,

QVORVM DVO PRIORES VANAS DÆMONVM
versutias, præstigiosas eorum delusiones, superstitiosas Strigimagarum
cæremonias, horrendos etiam cum illis congressus; exactam denique
tam pestiferæ sectæ disquisitionem, & punitionem complectuntur.
Tertius praxim Exorcistarum ad Dæmonum, & Strigimagarum male-
ficia de Christi fidelibus pellenda; Quartus verò Artem Doctrinalem,
Benedictionalem, & Exorcismalem continent.

TOMVS PRIMVS.
Indices Auctorum, capitum, rerúmque non desunt.

Editio nouissima, infinitis penè mendis expurgata; cuique accessit Fuga
Dæmonum & Complementum artis exorcisticæ.

Vir siue mulier, in quibus Pythonicus, vel diuinationis fuerit spiritus, morte moriatur
Leuitici cap. 10.

LVGDVNI,
Sumptibus CLAVDII BOVRGEAT, sub signo Mercurij Galli.

M. DC. LXIX.
CVM PRIVILEGIO REGIS.

Der „Schwarze Tod"

Die erste große Pestwelle des Mittelalters ging im Jahre 1347 von Caffa aus und verbreitete sich über ganz Europa. Durch Flöhe wurde die Krankheit von Ratten auf Menschen übertragen. Von nun an sollten sich verheerende Pestepidemien mit den Vermehrungszyklen der Ratten etwa alle 14 Jahre wiederholen. Die damit zusammenhängenden Judenmorde sollten nicht die einzigen Ausbrüche des Aberglaubens bleiben. Medizinische Behandlungsmethoden waren nicht von magischen Praktiken zu unterscheiden. So sollte Pulver aus zerstoßenen Smaragden helfen. Ebenso wurde empfohlen, sich lebende Hühner auf die schwärenden Pestbeulen zu binden. Vermutlich halfen diese Kuren nicht. So blühte um die Pest eine Vielzahl von irrationalen Vorstellungen, was ihre Verbreitung betraf. Brunnenvergiftung wurde nicht nur den Juden angelastet, sondern natürlich auch dem jeweiligen Kriegsgegner. In Spanien sollten es die Moslems gewesen sein und im Frankreich des Hundertjährigen Krieges die Engländer. Die Aussätzigen waren daran wahrscheinlich sowieso schuld. Hunde und Katzen wurden ebenfalls manchmal verantwortlich gemacht und erschlagen. Das half in den entsprechenden Städten nicht gerade, die Rattenplage in den Griff zu bekommen, wodurch sich die Seuche verschlimmerte.

An den Universitäten beschäftigte man sich aber auch wissenschaftlich mit der Epidemie. Teilweise wurden sogar Ansteckungsgefährdung und Inkubationszeit richtig eingeschätzt. Das führte zur Einrichtung der „Quarantäne", der 14-tägigen Isolation neu eingelaufener Schiffe. Viele Ansichten blieben jedoch widersprüchlich. Richtigen Maßnahmen wie Ausgangssperren standen Auffassungen gegenüber, die Ausgelassenheit und Feiern für eine wirksame Vorbeugung hielten. Wer vermögend genug war, floh jedoch in der Regel auf isolierte Besitzungen, um dort den Verlauf der Seuche abzuwarten. Der Floren-

GEGENÜBERLIEGENDE SEITE:
WÄHREND DES FRÜHMITTELALTERS
UND DES HOCHMITTELALTERS SPIELTE
DIE ANGST VOR HEXEN UND ZAUBEREI
KEINE BESONDERE ROLLE. ZUR WAHN-
HAFTEN MASSENPSYCHOSE ENTWICKELTE
SICH DER HEXENGLAUBE ERST IM
16. JAHRHUNDERT. EIN ENTSCHEIDEN-
DER FAKTOR DAFÜR WAR DIE SCHRIFT
„MALLEUS MALEFICARUM" („DER
HEXENHAMMER") DER DEUTSCHEN
INQUISITOREN HEINRICH KRÄMER
UND JAKOB SPRENGER VOM JAHRE
1487. IN IHR STELLTEN SIE DIE ABSUR-
DITÄTEN DES HEXENGLAUBENS ALS
VOR GERICHT BEWEISBARE FAKTEN
DAR. DIE VORGEHENSWEISE FÜR
BEFRAGUNG UND PROZESS DER VER-
DÄCHTIGEN LIEFERTEN SIE GLEICH
MIT. AN DER SCHWELLE ZUR NEUZEIT
HINTERLIESS DAS MITTELALTER DAMIT
EINES SEINER FOLGENSCHWERSTEN
ERBSTÜCKE. DIE ABBILDUNG ZEIGT
DAS TITELBLATT DER AUSGABE VON
LYON AUS DEM JAHRE 1669.

DARSTELLUNG VON HÖLLENSTRAFEN
IN EINER FRÜHEN KÖLNER AUSGABE
DES „HEXENHAMMERS" („MALLEUS
MALEFICARUM") DER DEUTSCHEN
INQUISITOREN HEINRICH KRÄMER
UND JAKOB SPRENGER VON 1511.

tiner Giovanni Boccaccio (1313 bis 1375)
hat einer solchen „Fluchtgesellschaft" mit
seinem „Decamerone" ein literarisches
Denkmal gesetzt. Der „Schwarze Tod"
forderte in Europa von 1346 bis 1352
etwa 25 Millionen Opfer.

Die Krise des Spätmittelalters

Die gesellschaftlichen Folgen waren beträchtlich. Arbeitskräfte wurden knapp, und so
stiegen die Löhne. Herrscher versuchten,
mit der Festlegung von Höchstlöhnen den
gewohnten Zustand zu konservieren. Dadurch stiegen die sozialen Spannungen, die
sich in einer Vielzahl von Revolten entluden.
Gleichzeitig befand sich die religiöse Autorität mit dem großen Abendländischen
Schisma in einer ihrer schwersten Krisen.
In der Rückschau hat es den Anschein,
als suchte sich die Gesellschaft in allen
Lebensbereichen eine neue Form, die den
veränderten Bedingungen angemessener sei.
Die zunehmende Unübersichtlichkeit der
Lebensverhältnisse, die bis dahin über-
schaubar geordnet waren, bot den Nähr-
boden für neue Ängste. Es fehlte an Kennt-
nissen, um den Veränderungen rational
begegnen zu können. So wurde nach übernat-
türlichen Erklärungen gesucht. Den Glauben
an Zauberei hatte es das ganze Mittelalter
hindurch gegeben. Er wurde zwar von der
Kirche als heidnisches Relikt verfolgt. In
Freising wurden noch im 11. Jahrhundert
als Hexen verbrannte Frauen von der Kirche
zu Märtyrern erklärt. Ausrotten ließ sich der
Glaube an Zauberei jedoch nicht. Gegen
Ende des 13. Jahrhunderts wurde in Südfrankreich ein Fall von „Teufelsbuhlschaft"
kolportiert. Hexerei geriet schließlich in die
Aufmerksamkeit der Inquisition. Zauberei
wurde nun als Pakt mit dem Teufel gesehen.
Damit wurde sie zum Majestätsverbrechen an
Gott, was nur mit dem Tod bestraft werden
konnte. Zur wahnhaften Massenpsychose des
16. Jahrhunderts entwickelte sich der Hexen-

glaube aber nur langsam. Verhängnisvoll
wirkte sich für diese Entwicklung die Schrift
„Der Hexenhammer" (malleus maleficarum)
der deutschen Inquisitoren Heinrich Krämer
und Jakob Sprenger vom Jahre 1487 aus. In
ihr stellten sie die Absurditäten des Hexenglaubens als rechtswirksame Fakten dar. Die
Vorgehensweise für Befragung und Prozess
der Verdächtigen lieferten sie gleich mit. An
der Schwelle zur Neuzeit hatte das Mittelalter
damit eines seiner folgenschwersten Erbstücke hinterlassen. Es ist kein Ruhmesblatt
der beginnenden Moderne, ausgerechnet
diesen Teil mittelalterlicher Gedankenwelt bis
zur letzten Hexenhinrichtung auf deutschem
Boden im Jahre 1782 bewahrt zu haben.

EINE DER ERSTEN HEXENVER-
BRENNUNGEN DES MITTELALTERS
WAR DIE HINRICHTUNG VON JEANNE
D'ARC (UM 1410 BIS 1431), DER
„JUNGFRAU VON ORLÉANS", IN DER
BUCHMALEREI AUS DEM 15.JAHRHUN-
DERT ALS SCHÄFERIN DARGESTELLT.

GEGENÜBERLIEGENDE SEITE: HEXEN-
GLAUBEN UND ANGST VOR DEM TEUFEL
WAREN OFT MIT EROTIK VERBUNDEN,
DEM „SÜNDIGEN FLEISCH", WIE DAS
ÖLGEMÄLDE „DER LIEBESZAUBER"
EINES NIEDERRHEINISCHEN MEISTERS
VON 1470 ZEIGT. DIE SCHÖNE WIRD
AUS DEM HINTERGRUND VOM TEUFEL
BEOBACHTET.

FERNANDO DE ARAGÓN

BA

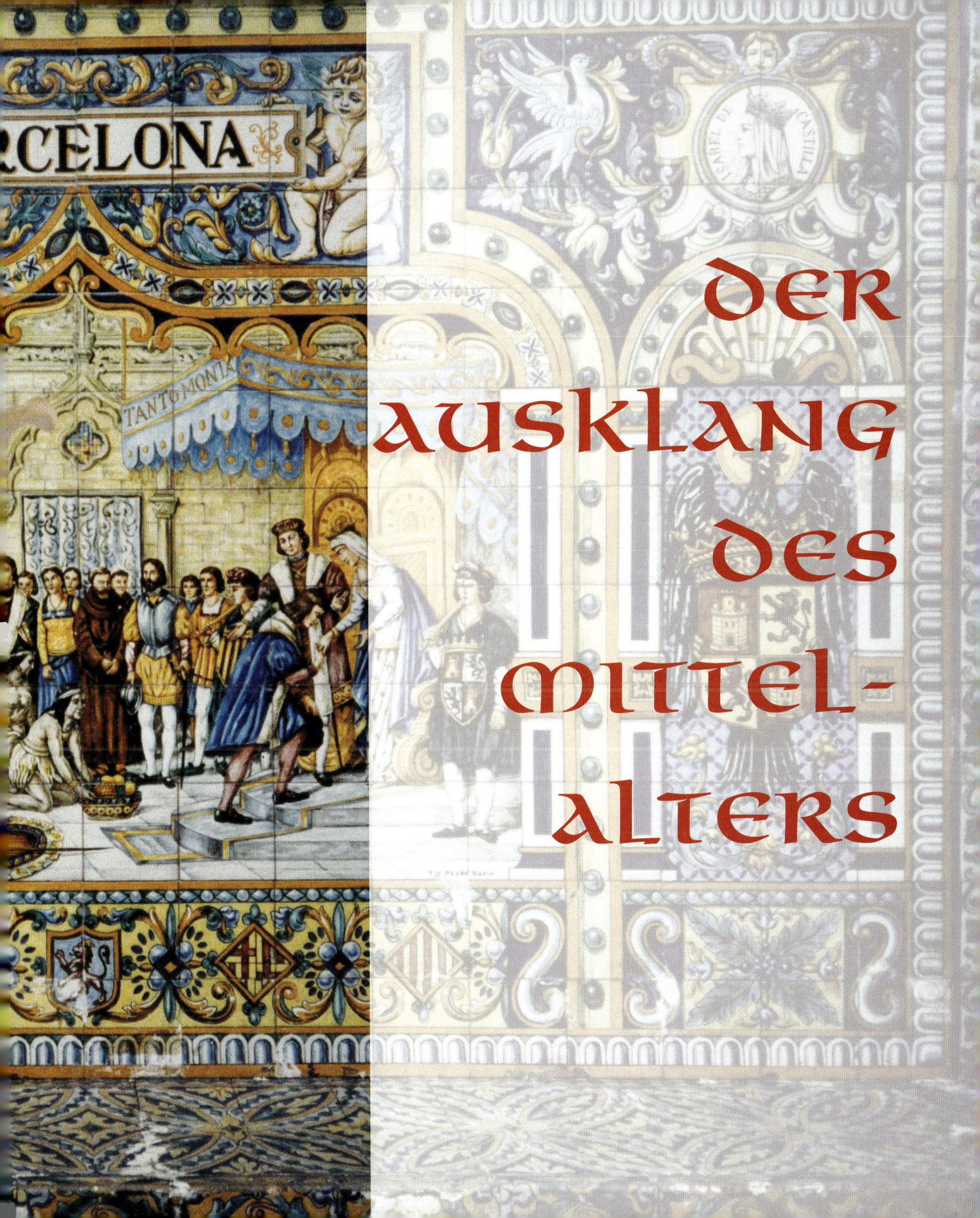

der ausklang des mittel-alters

Der Ausklang des Mittelalters

Das Ende einer Epoche kann selten auf ein bestimmtes Datum festgelegt werden, zumal jeder die Kriterien hierfür unterschiedlich bewertet. Umso spannender ist der Blick auf die Geschehnisse, deren Zusammenwirken zu diesem Ende geführt hat. Je nachdem, wann man das Mittelalter ansetzt, umfasst es über 1000 Jahre, die oft den Eindruck erwecken, es hätte keine nennenswerten Entwicklungen, keine Fortschritte im Leben der Menschen gegeben, bis sich urplötzlich die Ereignisse überschlugen und ein neues Zeitalter anbrach.

VORHERIGE DOPPELSEITE UND LINKS: ZEITENWENDE: DIE RÜCKKEHR DES CHRISTOPH KOLUMBUS NACH BARCELONA IM MÄRZ 1493. KOLUMBUS TRITT MIT ERZEUGNISSEN DER NEUEN WELT VOR KÖNIG FERDINAND UND KÖNIGIN ISABELLA, KERAMIKBILD AM SPANISCHEN PAVILLON DER WELTAUSSTELLUNG VON 1929 AN DER PLAZA DE ESPAÑA IN SEVILLA.

GEGENÜBERLIEGENDE SEITE: AUCH WENN FRÜHE KANONEN FÜR IHRE BEDIENMANNSCHAFTEN DURCH DIE EXPLOSIONSGEFAHR DES SCHIESSPULVERS SEHR GEFÄHRLICH WAREN, VERDRÄNGTEN SIE DOCH RASCH DIE TRADITIONELLEN MITTELALTERLICHEN WAFFEN WIE KATAPULTE.

Humanismus und Renaissance

Tatsächlich dauerte es wirklich sehr lange, bis sich Ideen oder Erfindungen durchsetzen konnten. In der Geisteswelt, die bestimmt war von strengen Traditionen und sich in einem eng gesteckten Rahmen abspielte, kam es bei den Gelehrten im Spätmittelalter zu einer Sinnkrise. Durch eine Rückbesinnung auf antike lateinische Literatur versuchte man, neue Anregungen zu gewinnen. Es kam zu einer Aufwertung der menschlichen Vernunft, größerer religiöser Toleranz, einem wachsenden Interesse an der Natur und einer Tendenz, den Menschen zunehmend als selbstständig handelndes, verantwortliches Individuum zu betrachten. Diese neue Bildungsbewegung war der Humanismus, der oft mit der Renaissance, dem kulturellen und sozialen Wandel in dieser Zeit, gleichgesetzt wird.

Das Streben nach geistiger Erneuerung verband sich mit einer deutlichen Abkehr von der mittelalterlichen Scholastik und einer Kritik an dem autoritären, die freie Entfaltung des Menschen einengenden Geist der Kirche. Die Humanisten suchten in der Regel ein von den Machtintrigen der Kirchen freies, reineres Christentum, das sie mit ihren neuen Erkenntnissen zu einem neuen Weltbild zu verbinden gedachten. Damit einher gingen auch ein neuer Forschergeist und ein neues Verhältnis zur Natur, die nun bewusst erlebt und erkundet und zum Gegenstand wissenschaftlicher Forschung wurde. Eine rasche

Ausbreitung verdankt der Humanismus einem technischen Fortschritt seiner Zeit, nämlich der Erfindung von Papier und Buchdruck, was in der Folgezeit zu einer wachsenden Zahl lesekundiger Menschen führte.

Fortschritt und Stillstand

Die Kirche im Mittelalter war ebenfalls erstarrt und gab den Menschen immer weniger religiösen Beistand. Das prunksüchtige Leben der Geistlichen, allen voran der Päpste, musste durch harte Arbeit der Menschen finanziert werden, die auf den kirchlichen Besitztümern lebten. Zum erstenmal konnte die massive Kritik an der Kirche auf fruchtbaren Boden fallen. Was als Reformation mit dem Zweck der Erhaltung der katholischen Kirche gedacht war, führte zu ihrer endgültigen Spaltung.

Wichtige Veränderungen, die das tägliche Leben der Menschen betrafen, erfolgten im Ackerbau u. a. mit der Verbesserung des Pfluges und mit der im Spätmittelalter sich durchsetzenden Drei-Felder-Wirtschaft, aber auch im Mühlenwesen. Das Leben wurde weniger körperlich anstrengend, gleichzeitig stand mehr Nahrung zur Verfügung. Die Arbeitsleistung erhöhte sich. Hungersnöte konnten besser bewältigt werden. Neue Nahrungsmittel wurden eingeführt, als der Handel mit Amerika zunahm.

Die Entdeckung dieser „neuen Welt" im Jahre 1492 ist eines der prägnantesten Ereignisse, die den Ausgang des Mittelalters einleiteten. Alles bisherige war entweder in irgendeiner Form bereits zuvor schon einmal da gewesen, Amerika jedoch war in jeder Hinsicht neu für die Menschen in Europa: ein neues Land, neue Tiere, Pflanzen und Menschen. Amerika wurde zum Symbol für ihre Sehnsucht nach einem neuen Leben. Gleichzeitig erlangte Europa nun – nicht zuletzt durch die Ressourcen der überseeischen Entdeckungen – erstmals einen geistigen, technologischen und wissenschaftlichen Vorsprung vor der islamischen Welt.

Der Untergang der abendländischen Einheit

BB

Die Menschen im Mittelalter lebten im Bewusstsein des nach dem katholischen Kirchenrecht so genannten „Ordo"-Gedankens, einer politisch-sozialen Ordnung, die gottgegeben und somit unumstößlich war. Verschiedenes fügte sich zu einem einheitlichen Ganzen zusammen. Diese Einheitlichkeit bezog sich aber nicht nur darauf, dass Verschiedenes vereint war, wie die Herzogtümer sich zu einem Reich vereinten, in dem ihr gewählter König regierte. Einheit bedeutete auch, dass es nur eine Ordnung gab. Dieses Verständnis von Einheit erfuhr seine höchste Interpretation im Glauben. Nicht viele Götter, wie bei den germanischen Völkern oder in den antiken Kulturen, sondern ein einziger Gott bestimmte das Leben innerhalb einer christlichen Religion.

Der Gedanke der Einheit

Das Mittelalter hatte immer wieder mit Strömungen zu kämpfen, die diesen „Ordo"-Gedanken störten, seien es Ketzer, plündernde heidnische Horden oder der langwierige Kampf mit dem germanischen Recht, dass ein Vater sein Land aufteilte und nicht als Einheit nur einem seiner Söhne übertrug. Als im 14. Jahrhundert mehrere dieser Strömungen zeitgleich mit anderen Ereignissen auftraten, waren die Mächtigen zu schwach geworden und nicht mehr in der Lage, dem entgegenzutreten.

Es war zunächst nur ein nebensächliches Ereignis, von dem die Menschen im christlichen Europa nicht bewusst Notiz nahmen, und der, der es auslöste, hatte damit erfolgreich eine kriegerische Auseinandersetzung verhindert, doch im Grunde geschah 1494 etwas Revolutionäres: Der Borgia-Papst Alexander VI. (1492–1503) teilte die Welt im Vertrag von Tordesillas in zwei Teile. Portugal wurde alles Land zugeschlagen, das östlich lag, also das altbekannte Afrika, das ferne Indien sowie China und Japan. An Spanien fielen alle Gebiete westlich dieser Linie, also auch die „neue" Welt in Amerika. Plötzlich gab es zwei Welten, und eine davon war im wahrsten Sinn des Wortes unvorstellbar. In einer Zeit, in der Neuerungen sich äußerst langsam entwickelten und mehrere Jahrhunderte brauchten, um sich überall durchzusetzen – man denke an die Brille, die aus einem durchsichtigen Stück Stein entwickelt wurde oder an den Pflug –, wurde innerhalb kürzester Zeit jeder mit dieser neuen Situation konfrontiert. Dies konnte nur deshalb geschehen, weil aus Südeuropa kommend das Papier eingeführt worden war, die Mühlen zur Herstellung des Papiers eine Weiterentwicklung erfahren hatten und der Buchdruck ausgerechnet jetzt so verbessert wurde, dass Papier massenhaft bedruckbar war. Neue Verkehrswege mit Brücken aus Stein erleichterten die Verbreitung der neuen Nachricht. Sie halfen auch bei der Verbreitung der Lehren Martin Luthers (1483 bis 1546), in deren Folge die Einheit der christlichen Kirche für immer beendet wurde.

Die Krise der katholischen Kirche

Bereits in der Vergangenheit hatte es immer wieder massive Kritik an der Kirche gegeben, die sich vereinzelt sogar zu regelrechten Ketzerbewegungen auswuchs, doch die Einheit der Kirche konnte bewahrt werden. Unglücklicherweise war 1513 ein junger Mann Papst geworden, der nicht einmal Geistlicher war: Leo X. (1513–1521), geboren als Giovanni de Medici, Spross der reichsten und mächtigsten Kaufmannsfamilie Italiens. Er führte ein solch ausschweifendes Leben, dass er die Kirche nicht nur hoch verschuldete, sondern seine geistlichen Aufgaben so sehr vernachlässigte, dass er vollkommen verkannte, welche Gefahr Luther für seine Kirche bedeutete. Kirchenspaltungen – Schismen – hatte es immer wieder gegeben, Ende des 14. Jh. regierten zeitweilig drei Päpste, doch die meisten Menschen hatten keine Ahnung, welche theologischen oder politischen Differenzen die Ursache waren. Niemand konnte lesen außer den Klerikern, und wenn, wäre es wenig hilfreich gewesen, denn geschrieben wurde in Latein. Doch im Laufe des Mittelalters hatten die Städte durch den angewachsenen Fernhandel an Bedeutung gewonnen, sodass Kaufleute und Handwerker nicht mehr eines ihrer Kinder aus Prestigegründen in eine

DAS ÖLGEMÄLDE VON LUCAS CRANACH D. J. VON 1569 ZEIGT DEN REFORMATOR MARTIN LUTHER (1483 BIS 1546) ALS WINZER IM WEINBERG. DIE PROTESTANTISCHE ALLEGORIE STELLT DEN REFORMATOREN ALS DEN GUTEN UND DIE KATHOLISCHE KIRCHE ALS DEN SCHLECHTEN WEINBAUERN DAR.

Klosterschule schickten, sondern sie ließen möglichst viele in privaten Schulen unterrichten. Sie lernten Lesen, Schreiben, kaufmännisches Rechnen und sogar Fremdsprachen, auch Mädchen wurden unterrichtet. Der Unterricht fand in den jeweiligen Landessprachen bzw. den Dialekten statt, eine Idee, die dann auch Luther aufgriff, als er die Bibel ins Deutsche übersetzte. Die Einheit der (Schrift-)Sprache war damit ebenfalls zerstört. Die Fähigkeit zu lesen, förderte das Interesse an Literatur, das glücklicherweise umgehend

befriedigt werden konnte. Die Kirche hatte nicht nur das Bildungsmonopol verloren, sondern auch das Informationsmonopol. Die Menschen konnten sich jetzt auch darüber informieren, wie das Angebot der „Konkurrenz" aussah, das neue Glaubensverständnis Martin Luthers. In dieser Atmosphäre des Lernens und Aufgeschlossenseins für Neues fiel auch der aufkeimende Humanismus auf fruchtbaren Boden, geistige Zentren entstanden, die gotische Baukunst entwickelte sich, und das Interesse für die Natur und ihre Erscheinungen wuchs.

Das Reich Kaiser Karls V.

Zur selben Zeit, als die Menschen in Deutschland ihre Muttersprache zur Literatursprache machten, wurden sie von einem Mann regiert, der zwar Flämisch, Französisch, Spanisch, Latein und sogar Englisch sprach, jedoch kein Wort Deutsch konnte: Kaiser Karl V. (1530–1556). Der Enkel Kaiser Maximilians I. (1508–1519) hatte über seine Mutter Spanien geerbt, ihm gehörten Neapel, Sizilien, Sardinien und Burgund ebenso wie die Niederlande sowie die österreichischen Gebiete samt Böhmen und Ungarn. 1518 setzte Maximilian alles daran, Karl zum deutschen König zu machen. Weder die Kurfürsten, die immense Bestechungsgelder annahmen, noch die Kaufmannsfamilie Fugger, die diese finanzierten, hatten bei dieser Wahl das Wohl des deutschen Reiches im Auge, ihr Blick reichte weit darüber hinaus. Denn zu Karls Imperium gehörte mit Spanien ja auch die komplette „Neue Welt" mit ihren Gold- und Silberminen, und so wurde Karl deutscher König und 1519 als Nachfolger Maximilians mit Anspruch auf die Kaisergewalt von einem Papst gekrönt. Kurze Zeit darauf verließ der junge Mann, der fest an die Einheit von Papstkirche und Reich glaubte, für gut ein Jahrzehnt Deutschland, um 1530 bei seiner Rückkehr als Kaiser nur noch den Verfall seines Reiches mitzuerleben, in dem sich ein

neues Christentum ausbreitete, Herzöge mächtige Kleinreiche regierten und einfache Bürger lesen konnten, reich waren und die Politik in den Städten bestimmten. Auch wenn in Karls V. Reich „die Sonne nie unterging", war seine Welt schon längst nicht mehr „in Ordnung".

Leo X. (eigentlich: Giovanni de Medici, 1475 bis 1521), Papst ab 1513, überwacht persönlich die Verbrennung von Martin Luthers Schriften nach dem Reichstag zu Worms im Jahre 1521. Zeitgenössischer Holzstich.

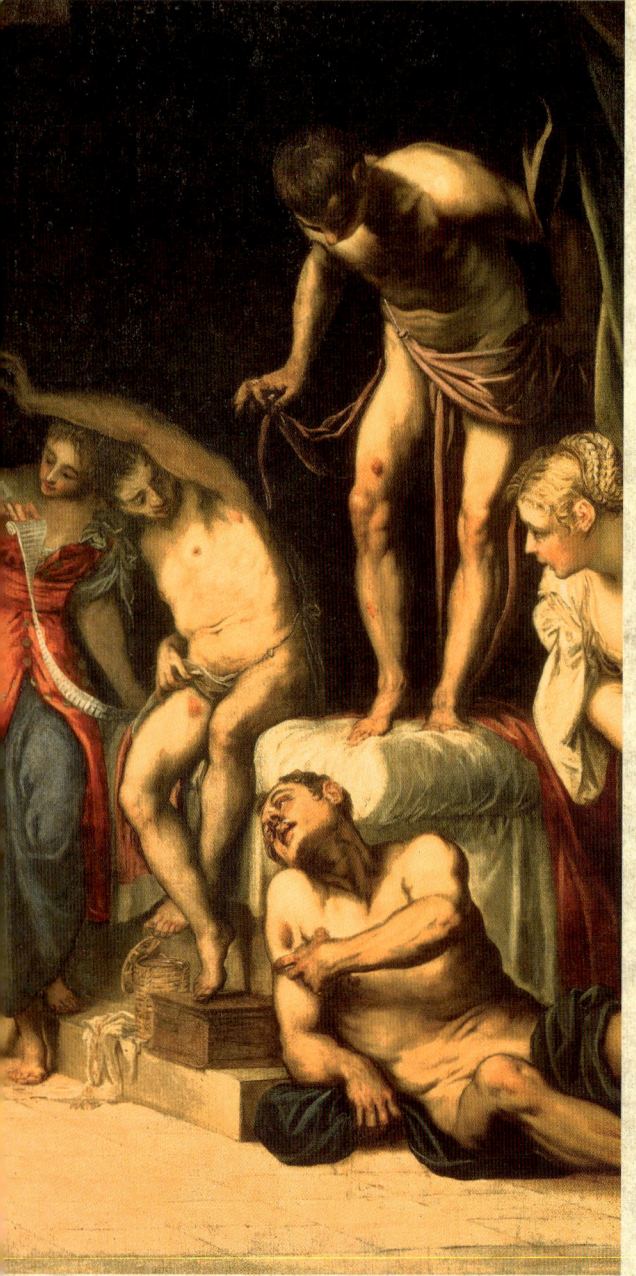

Wirtschaft, Technik und Kultur im Spätmittelalter

Die europäischen Länder des Spätmittelalters waren überwiegend Agrarländer. Etwa drei Viertel der zwölf Millionen Einwohner lebten auf dem Land. Die verheerenden Pestepidemien des 14. und 15. Jahrhunderts verursachten einen immensen Bevölkerungsrückgang, insgesamt nahm die landwirtschaftliche Produktion in dem Maße wieder zu, wie sich die Bevölkerung wieder erholte. Viele verlassene und noch nicht kultivierte Gebiete wurden erneut besiedelt, oft mit der Förderung durch den Landesherren.

Gegenüberliegende Seite: Im Spätmittelalter kam es zu einem regelrechten „Boom" bei den Universitätsgründungen. Die Buchmalerei von 1514 ist eine Schmuckseite aus der Matrikel der Universität Leipzig, Rektorat Nikolaus Apel von Königshofen, Sommersemester 1514. Sie zeigt eine Szene mit dem Heiligen Nikolaus, die Initiale A und das Wappen des Rektors.

Der Fortschritt der Technik

Die Textilproduktion stieg an und erforderte regional einen Ausbau der Schafzucht, da Wolle als Grundstoff für die Produktion von Kleidung benötigt wurde. Weinproduktion und Weinhandel erlebten ebenfalls einen Aufschwung. Im Verlauf des Mittelalters nahm von Deutschland aus der Fernhandel immer weiter zu. Die Hanse erschloss den Nord- und Ostseeraum und kontrollierte fast die gesamte Ausfuhr von Polen, den baltischen Ländern und Russland. Über die Alpen hinweg bestanden zu den großen Handelsstädten Norditaliens von Deutschland aus Handelsbeziehungen. Es bildeten sich Handelsgesellschaften zur Organisation der Transporte.

Die im Mittelalter verfügbare Energie bestand vor allem aus Muskelkraft. Dazu kam die Wasserkraft, mit der Mühlen betrieben wurden. Die Kraftübertragung wurde durch Riemenantrieb und Schwungrad verbessert, was auch im Bergbau umgesetzt wurde. Durch den sich ausbreitenden Bergbau wurde vor allem Holz benötigt. Das führte zunächst zur völligen Ausplünderung der Wälder, bis von den Landesherren die zuvor übliche ungeregelte Entnahme von Holz verhindert wurde. Nun wurden die Forste planmäßig bewirtschaftet und Wilderer und Holzdiebe schwer bestraft. Im Erzgebirge wurde Silber gefunden. Aber auch Blei und Zinn und sogar Wismut und Kobalt wurden gefördert. Wismut war ein

Bestandteil der Legierung des Schriftgusses im Buchdruck, Kobalt war in der Farbenerzeugung von Bedeutung. Im Hüttenwesen wurde die Metallqualität deutlich gesteigert, was zu verbesserten Schusswaffen führte. Die Kanonen und Gewehre wurden zuverlässiger. Mit dieser Entwicklung verloren die Krieger und Soldaten des Mittelalters – die Ritter – immer mehr an Bedeutung. Schlachten fanden jetzt zwischen Heeren von zu Fuß marschierenden Soldaten mit Feuerwaffen statt. Die komplizierte Handhabung dieser Waffen machte aus Landsknechten nun Spezialisten, die teuer bezahlt werden mussten. Krieg war nicht mehr eine unentgeltliche Pflicht des Lehnmannes gegenüber dem Lehnsherrn, sondern eine bezahlte Leistung.

Die Entwicklung der Literatur

In der Literatur setzten sich die Volkssprachen immer stärker durch, obwohl Latein weiterhin die Sprache der Wissenschaft blieb. Damit änderten sich auch die Themen der Literatur, sie wurden bürgerlicher, kirchenkritischer und unterhaltungsorientierter. Der schwäbische Humanist und Arzt Heinrich Steinhöwel (1412 bis 1482) gab 1471 ein „Pestbüchlein" heraus, in dem er die Menschen darüber informierte, wie sie sich durch gesunde Lebensführung vor der Pest schützen können. Das war eine kleine Revolution für eine Gesellschaft, die die Pest als Strafe Gottes und somit nicht bekämpfbar ansah. Eine weitere Entwicklung ist die Tendenz zur Prosa, die sich auch in den epischen Werken zunehmend durchsetzt. So schrieb der Rechtskundige Eike von Repgow (um 1180 bis nach 1233) seinen „Sachsenspiegel" (1220/1227) in Prosa und begründete damit die Tradition der Rechtsprosa. Die Theaterkultur der Antike kam wieder auf. Auf den spätmittelalterlichen Marktplätzen fanden laienhafte theatralische Darbietungen ihr Publikum.

EINE BELAGERUNG MIT MOBILEN KANONEN UND MUSIKANTEN IM SPÄTEN 15. JAHRHUNDERT, ENGLISCHE BUCHMALEREI. DURCH DIE RAPIDE FORTSCHREITENDE TECHNIK SPEZIELL IM SCHUSSWAFFENBAU WURDEN DIE KLASSISCHEN RITTERHEERE DES MITTELALTERS ZUNEHMEND ÜBERFLÜSSIG.

Die christliche Baukunst

Die Kunst des Spätmittelalters wurde von der Gotik bestimmt, einem von der Antike unabhängigen Kunststil zwischen dem 12. und dem Anfang des 16. Jahrhunderts, dessen Schwerpunkt in der Architektur lag. Die gotische Kunst war eine zutiefst christliche Kunst. In der Größe und dem imposanten Bau einer Kathedrale wurde ein Sinnbild für die Allmacht Gottes erblickt. Die Bautätigkeit fand vor allem in den Bischofsstädten statt, weil hier Geld, technische Hilfsmittel und Fahrzeuge sowie die Bauhütten zur Verfügung standen. Die Bauhütten waren Werkstattgemeinschaften von Steinmetzen, die sich im 13. Jahrhundert bildeten. Durch sie wurden Arbeitsmethoden, technische Erfahrungen und Kenntnisse ausgetauscht.

Kennzeichnend für den neuen Baustil waren unter anderem die Spitzbögen, die schon aus statischen Gründen von großer Bedeutung waren: Im Gegensatz zu den Rundbögen der Romanik ermöglichten sie eine feinere Ausbildung der Konstruktionsglieder. Die gotische Baukunst strebte buchstäblich in den Himmel und kämpfte gegen die Schwere des Gesteins an. Die Steigerung der Mittelschiffhöhen wurde teilweise derart übertrieben, dass sie zum Einsturz der Bauten führte wie im Fall der Kathedrale von Beauvais. Typisch für die Gotik war auch die reiche Glasmalerei auf den Fenstern. Obwohl die Gotik zunächst in den Sakralbauten Gestalt gewann, prägte sie in wachsendem Maße das mittelalterliche Stadtbild. In Städten wie Goslar, Celle oder Rothenburg ist die gotische Bauweise bis heute gut erhalten.

Bildhauerei und Malerei

In der Gotik fand eine gewisse Verselbstständigung der Plastik gegenüber dem Bau statt. Aber sie war nicht mehr auf eine rein dekorative Funktion beschränkt. Ab dem 13. Jahrhundert verliehen die Bildhauer den Plastiken zunehmend einen persönlichen Ausdruck von Gemütszuständen und seelischer Bewegtheit. Viel Wert wurde auch auf die Gestaltung einer Körperhaltung in Bewegung und des Faltenwurfes der Gewänder gelegt. Die Gewandfigur war eine für die Gotik charakteristische Erscheinung.

Auch in der Malerei lässt sich bereits im Spätmittelalter eine Tendenz zu naturgetreuerer Darstellung sowohl von Menschen als auch von Räumen beobachten. Die Nachahmung, das Abbilden der Natur und der individuellen Persönlichkeit, wurde zunehmend wichtiger als die reine Symbolhaftigkeit der Kunst. Die Buchmalerei spielte im Spätmittelalter eine wichtige Rolle. Die deutsche Buchmalerei war weniger reich an bedeutenden Werken als die englische oder die französische. Ein herausragendes Werk ist die Manessische

Handschrift von 1310/1320, eine Sammlung mittelhochdeutscher Minnelieder, geschmückt mit 137 ganzseitigen, farbigen Miniaturen.

Werner von Teufen mit seiner Dame auf der Falkenbeize. Buchmalerei aus dem „Codex Manesse".

Der Traum vom selbst gemachten Gold – Die Alchimie

Europa kam mit der Kunst der Alchimie (von arab. „al-Kimiya" = Chemie) im 12. Jahrhundert in Berührung, als die Araber Spanien und Sizilien beherrschten. Bis dahin kannte man bereits Rezepte zur Verarbeitung von Metallen und zur Herstellung von Farben, Glocken oder Glas, die jedoch rein arbeitstechnischer Natur waren. Die Alchimie fügte theoretisches Gedankengut hinzu. Von den Griechen über das alexandrinische Ägypten nach Arabien gekommen, leitet sich der Begriff wahrscheinlich entweder von dem griechischen Wort für „gießen" ab oder von dem ägyptischen Begriff Schwarzes Land.

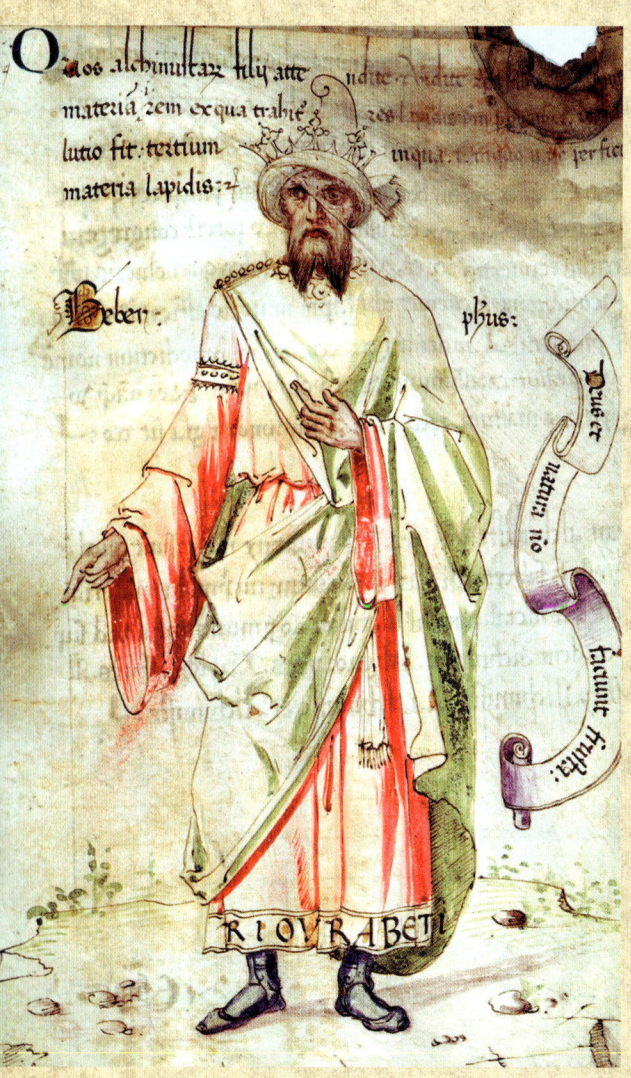

Die Grundlagen: Beobachtung und Nachahmung

Als „Vater" der Alchimie kann man den griechischen Philosophen Aristoteles (384 bis 322 v.Chr.) bezeichnen, der die Vier-Elemente-Lehre aufgestellt hatte, die für alle späteren Alchimisten maßgeblich war. Die vier Elemente Erde, Feuer, Wasser und Luft mit ihren Eigenschaften kalt, feucht, heiß und trocken ergeben je nach Mischung im Erdinneren Quecksilber und Schwefel, diese wiederum erzeugen bestimmte Mineralien.

Ausgehend von einer Idee oder einem beobachteten Phänomen stellte der Alchimist zunächst eine Theorie auf und versuchte anhand dieser, aus Naturstoffen edle Metalle oder Steine herzustellen. Das vollkommenste Metall war dabei reines Gold. Für diese Transmutation genannte Verwandlung mussten aufwändige Vorbereitungen getroffen werden, um die Stoffe empfänglich zu machen. Eine dieser Aktionen war die Hinzufügung des Steines der Weisen, der die Verwandlung auslösen und beschleunigen sollte. Die alchimistische Arbeit bestand hauptsächlich darin, herumzuprobieren und herauszufinden, wie die vorhandenen Stoffe reagieren, wenn man sie mischt, einkocht, verbrennt oder sonst etwas mit ihnen anstellt. In China kam dabei zufällig das Schwarzpulver heraus, das dann in Europa mit Hilfe der europäischen Alchimie erneut erfunden wurde.

Alchimie als Streben nach Vollkommenheit

Um in der Praxis erfolgreich zu sein, war man dankbar für jeden theoretischen Aspekt, egal aus welcher Richtung er kam. Priesterwissen aus dem Alten Ägypten war genauso willkommen wie die Naturphilosophie der Vorsokratiker oder das islamische Medizinwissen und selbstverständlich auch alle Informationen, die man aus der Bibel ziehen konnte. Die Erkenntnisse um die Geheimnisse der Natur konnten nur diejenigen erlangen, die religiös vollkommen waren, ihnen würde durch göttliche Eingebung das Wissen offenbart, so glaubte man. Daher waren auch viele Kleriker Alchimisten, die sich zum Beispiel mit der Frage beschäftigten, ob künstlich hergestelltes Gold dem natürlichen Gold gleichzusetzen oder ob es weniger wert sei. Papst Johannes XXII. (1316–1334) gab sogar einen Erlass heraus gegen unehrliche Alchimisten.

Der Stein der Weisen

Wer in der Alchimie höchste Würde erlangt hatte, wurde „Adept" („Eingeweihter") genannt. Nur sehr religiöse und hoch gebildete Männer gelangten zu dieser Ehre. Dabei war die Alchimie in hohem Maße esoterisch. Geheimhaltung des von einem Meister gelehrten Wissens war oberste Pflicht. Für den Adepten hatte die Herstellung des Steines der Weisen höchste Priorität, denn mit ihm war einerseits die Transmutation am einfachsten, schnellsten und erfolgreichsten, andererseits sollte der Stein helfen, ihn zu läutern, also geistig zu reinigen. Von der Herstellung dieses Steines handeln die meisten alchimistischen Schriften, die – wie es im Mittelalter üblich war – lateinisch abgefasst wurden. Um das Wissen geheim zu halten, wurde es verschlüsselt und mehr und mehr mit heilsgeschichtlichen Lehren vermischt. Das hatte zur Folge, dass bis heute viele Mythen und Falschinformationen über

die Alchimie kursieren, beispielsweise die, dass der Stein der Weisen tatsächlich existiert. Er soll von roter Farbe sein, steinartig oder

DARSTELLUNG EINER DESTILLE VON 1500, AUS DEM „LIBER DE ARTE DISTILLANDI" VON HIERONYMUS VON BRAUNSCHWEIG.

GEGENÜBERLIEGENDE SEITE: VORBEREITUNG EINES ALCHIMISTISCHEN EXPERIMENTS, DARSTELLUNG AUS DEM 15. JAHRHUNDERT. DIE ASSISTENTEN DES ALCHIMISTEN BEREITEN IM VORDERGRUND DIE ÖFEN VOR. TEXTBANNER FLATTERN DABEI ÜBER IHNEN IN DER LUFT, DIE RÄNDER DER ABBILDUNG SIND MIT FLORALEN MUSTERN AUSGESCHMÜCKT. ENGLISCHE BUCHMALEREI AUS DEM WERK „THE ORDINALL OF ALCHYMY", IN VERSFORM VERFASST VON THOMAS NORTON.

EINE VERSCHLÜSSELTE DARSTELLUNG DER SUCHE NACH DEM STEIN DER WEISEN. FÜR JEDEN ALCHIMISTEN HATTE DIE HERSTELLUNG DES STEINES DER WEISEN HÖCHSTEN REIZ, DENN MIT IHM WAR DIE VERWANDLUNG VON UNEDLEN STOFFEN IN GOLD AM EINFACHSTEN, SCHNELLSTEN UND ERFOLGREICHSTEN ZU BEWERKSTELLIGEN. WIRFT MAN EINE KLEINE MENGE DAVON AUF GESCHMOLZENES UNEDLES METALL ODER QUECKSILBER, WIRD DIES INNERHALB KÜRZESTER ZEIT IN GOLD UMGEWANDELT. ZUDEM SOLLTE DER STEIN HELFEN, DEN ALCHIMISTEN ZU LÄUTERN. VON DER HERSTELLUNG DIESES STEINES HANDELN DIE MEISTEN ALCHIMISTISCHEN SCHRIFTEN DES MITTELALTERS. UM DAS WISSEN GEHEIM ZU HALTEN, WURDE ES VERSCHLÜSSELT UND MEHR UND MEHR MIT HEILSGESCHICHTLICHEN LEHREN VERMISCHT. DAS HATTE ZUR FOLGE, DASS BIS HEUTE VIELE MYTHEN UND FALSCHINFORMATIONEN ÜBER DIE ALCHIMIE KURSIEREN, BEISPIELSWEISE DIE, DASS DER STEIN DER WEISEN TATSÄCHLICH EXISTIERT.

ein Pulver, er verbrennt nicht im Feuer, er verdampft nicht, man kann ihn jedoch schmelzen. Man wirft eine kleine Menge dieses „Steines" auf eine größere Menge geschmolzenes unedles Metall oder Quecksilber und schließt den Schmelztiegel. Innerhalb kürzester Zeit wird die Masse in Gold umgewandelt.

Von der Alchimie zur modernen Chemie

Im 13. Jahrhundert drang die Alchimie in den medizinischen Bereich vor, ausgehend von der Theorie, dass die unedlen Stoffe, aus denen man Gold gewinnen wollte, krank seien und sie daher der Heilung bedurften. Heilung wollten die Mediziner für ihre Patienten ebenfalls. Dies war im Mittelalter sehr schwierig, da man die Ursachen von Krankheit und ihre Verbindung mit Hygiene und Ansteckung noch nicht kannte.

Von den vielen Umwälzungen am Ende des Mittelalters auf dem Weg zur Neuzeit war auch die Alchimie betroffen. Immer mehr Schriften wurden in den Volkssprachen verfasst, sodass Laien nicht nur Zugang zu Wissen erhielten, sondern auch eigenes Gedankengut einbrachten. Gepaart mit den Strömungen des Humanismus, ergab sich bald eine Trennung der alchimistischen Theorie von ihrer Praxis, ebenso wie sich die Astronomie von der Astrologie löste. Aus dieser Praxis entwickelte sich die moderne Chemie, in der nicht die Theorie, sondern die wissenschaftliche Analyse der Naturstoffe, ihrer Verbindungen und Zusammensetzungen verwertbare Ergebnisse liefern sollte. Der Arzt, Naturforscher und Philosoph Paracelsus (1493 bis 1541) benutzte die Alchimie nicht, um Gold herzustellen, sondern er versuchte, Heilmittel für seine Patienten zu finden und ebnete so den Weg für die modernen chemischen Arzneien und die neuzeitliche Medizin.

Amerika – Die Entdeckung einer „Neuen Welt"

Eines der wichtigsten Ereignisse, das die europäische Realität für immer verändern und den Europäern den entscheidenden „Kick" geben sollte, der ihnen einen Vorsprung vor der bis dahin wissenschaftlich und technisch überlegenen islamischen Welt verschaffen würde, war die Entdeckung Amerikas im Jahre 1492.

Der Seeweg nach Indien

Für viele ist dies neben der Erfindung des Buchdruckes und dem Beginn der Reformation das wichtigste Ereignis, das die Zeitenwende vom Mittelalter zur Neuzeit markiert. Am Ende der einsetzenden Entwicklung entstanden mit Spanien und Portugal die ersten „Großmächte" Europas.

Bereits über Jahrhunderte zuvor waren über arabische Zwischenhändler Waren aus Indien eingeführt worden. Das Gold und Silber, mit dem diese Waren bezahlt wurden, wurde allmählich in Europa immer knapper, was für die Spanier und Portugiesen nur bedeuten konnte, dass sich in Indien mittlerweile riesige Schätze an Gold und Silber aufgetürmt hätten. Diese wollte man nun, als im 15. Jahrhundert die Araber von der Iberischen Halbinsel vertrieben worden waren und man sich nach neuen Aufgaben umsah, nach Möglichkeit wieder zurückholen. Gleichzeitig sollte der christliche Glaube in die entlegensten heidnischen Gebiete getragen werden. Aus dem Wissen, dass die Erde eine Kugel war, entwickelten sich zwei verschiedene Ansätze, einen Seeweg nach Indien zu finden: geradeaus nach Westen oder um Afrika herum nach Osten.

Kolumbus landet in Amerika

Die Fortschritte in der Seefahrt waren bereits in den Jahrzehnten zuvor beträchtlich gewesen. Es gab Seefahrtsschulen, neu entwickelte Schiffe, die „Caravellen", neue Geräte wie den Kompass, und mit Hilfe der Astronomie verbesserte man die Navigation. Jede Erkundungsfahrt führte weiter in unbekannte Gegenden. 1492 machte sich der Seefahrer Christoph Kolumbus (1451 bis 1506) aus Genua im Auftrage der Könige von Kastilien und Aragon auf die Suche nach dem westlichen Seeweg nach Indien. Auf der karibischen Insel Guanahaní gelandet, glaubte er, in Indien angekommen zu sein, und nannte die Einheimischen „Indianer". Doch plagten ihn schon bald erste Zweifel: Menschen, Tier- und Pflanzenwelt stimmten nicht mit den bekannten Berichten aus Indien überein, er

vermutete, sich in Japan oder China befinden zu müssen. Dass er einen vollkommen neuen Kontinent erreicht hatte, stellte erst der italienische Seefahrer Amerigo Vespucci (1451 bis 1512) fest, nach dem dieser Kontinent schließlich dann benannt wurde.

Das „Goldene Zeitalter" Spaniens

Neben dem wirtschaftlichen Aspekt gab es auch noch den missionarischen. Selbstverständlich sollten die Einwohner der neu entdeckten Gebiete möglichst schnell gute Christen werden. Daher war es auch nicht geplant, sie zu versklaven. Doch die amerika-

ZEITGENÖSSISCHES PORTRÄT VON PAPST ALEXANDER VI. (1492 BIS 1503). PAPST ALEXANDER VI. (EIGENTLICH RODRIGO DE BORJA, ITALIENISCH BORGIA) FÖRDERTE DIE KUNST UND DIE WISSENSCHAFT. ER GILT ALS DAS URBILD EINES BERECHNENDEN, MACHTBEWUSSTEN RENAISSANCEFÜRSTEN. 1494 BESTÄTIGTE ER IM VERTRAG VON TORDESILLAS DURCH SCHIEDSSPRUCH DIE AUFTEILUNG DER NEUEN WELT ZWISCHEN SPANIEN UND PORTUGAL. PAPST ALEXANDER VI. WURDE 1430 IN JATIVA IN DER PROVINZ VALENCIA GEBOREN UND STARB AM 18. AUGUST 1503 IN ROM.

Darstellung des Flaggschiffs Santa Maria, mit dem Christoph Kolumbus den Atlantik überquerte.

beauftragten „Konquistadoren", die die neuen „Vizekönigreiche" verwalten sollten, stießen in vielen Gegenden auf den erbitterten Widerstand der Einheimischen. Am Ende des 15. Jahrhunderts hatten einige der großen altamerikanischen Hochkulturen die Blüte ihrer Entwicklung allerdings bereits hinter sich. Macht, militärische Kraft und Herrschaftsgebiete der Azteken, Maya und Inka waren durch Kriege und Epidemien zerfallen. So konnten sie den spanischen Eroberern nicht den Widerstand entgegensetzen, der nötig gewesen wäre, die Spanier zu stoppen. Und so gelang es den Eroberern in zahlreichen Schlachten, die Ureinwohner zu besiegen und zu unterwerfen. Viele mussten in den Gold- und Silberminen der Spanier schwere Arbeit leisten, was zahlreiche Opfer forderte. Zudem wurden die Amerikaner von den durch die Europäer eingeschleppten, bisher in Amerika unbekannten Krankheiten zusätzlich dezimiert. Dies alles forderte den Unwillen der Kirche heraus. Als die Ausrottung ganzer Völker drohte, beriefen sich viele zeitgenössische Chronisten auf den christlichen Auftrag der Konquista und beklagten sich in Europa über die zerstörerischen Praktiken von Eroberern, Priestern, Missionaren und Abenteurern in der „Neuen Welt". Die spanische Krone reagierte schließlich mit strengen Arbeitsschutzbestimmungen. Um die Ureinwohner zusätzlich zu schützen, wurden ab 1510 Hunderttausende von Sklaven aus Afrika nach Amerika gebracht.

Die Spanier brachten nicht nur ungeheure Reichtümer nach Europa, sondern auch neue Produkte: Kartoffeln, Tomaten, Mais und Tabak. Das Machtgefüge veränderte sich, Seestädte erlebten einen rasanten wirtschaftlichen Aufschwung. Die Spanier nennen diese Zeit heute noch das „Siglo de oro", das „Goldene Jahrhundert". Da aber jetzt viel mehr Gold und Silber als früher vorhanden war, kam es bald schon zur Inflation mit starken Preisanstiegen. Diese Entwicklung

nischen Ureinwohner dachten gar nicht daran, die Ankunft der Europäer als Segen zu betrachten. Die von der spanischen Krone

führte zur Verarmung weiter Bevölkerungs-
schichten, auch des niederen Adels.

Der päpstliche Teilungsplan und das Entstehen der Seemächte

Streng nach dem „Teilungsplan" von Papst
Alexander VI. aus dem Jahre 1494 stieg Portugal zur zweiten „Großmacht" auf. Portugiesen eroberten die afrikanische Westküste,
entdeckten den Seeweg rund um das Kap
der Guten Hoffnung und fand damit den
Seeweg nach Indien. Ab 1510 gewann der
Handel mit schwarzen Arbeitssklaven für
Portugal an wirtschaftlicher Bedeutung. Bis
1600 wurden etwa eine Viertel Million Afri-
kaner in die „Neue Welt" verschifft – im
Laufe der nächsten 100 Jahre sollten weitere
1,4 Millionen schwarze Sklaven folgen. Die
außereuropäische Welt war am Ende des 16.
Jahrhunderts weitgehend in spanische und
portugiesische Besitzungen aufgeteilt.

Schon bald nach den Eroberungen in Amerika, in Indien, auf den Philippinen und in
Afrika durch die Spanier und Portugiesen
meldeten auch England, Frankreich und die
Niederlande territoriale Ansprüche an den
neuen Entdeckungen an und forderten beim
Papst „freie Meere" und das „Recht der tatsächlichen Besetzung". De Facto war damit
nichts anderes als die Revision des päpstlichen Teilungsplanes der Welt von 1494
gemeint. Da die neuen Seemächte längst nicht
so fortschrittliche Flotten hatten, holten sie
sich ihren Anteil mit Hilfe von Piraterie. Dazu
mussten sie sich nur auf die Lauer legen und
abwarten, bis ihnen die mit Gold und Silber
vollbeladenen Schiffe der Spanier und Portugiesen vor die Kanonenrohre segelten. In
ihren Heimatländern wurden die Piraten
als Helden verehrt, begeistert bei Hofe empfangen, von den Regierenden vorfinanziert
und für ihre Raubzüge oftmals sogar ge-
adelt, wie der berühmte englische Seeheld Sir
Francis Drake (um 1540 bis 1596). Letztlich
führte der in die fernen Meere verlagerte

Konkurrenzkampf der jungen europäischen
Nationalstaaten aber auch in Europa zu
Konfrontation und kriegerischen Auseinandersetzungen, die ein prägendes Element
der gesamten Neuzeit werden sollten.

Dɪᴇ Iɴꜱᴇʟ Hɪꜱᴘᴀɴɪᴏʟᴀ, Iʟʟᴜꜱᴛʀᴀᴛɪᴏɴ
ᴅᴇʀ ʟᴀᴛᴇɪɴɪꜱᴄʜᴇɴ Eʀꜱᴛᴀᴜꜱɢᴀʙᴇ ᴅᴇʀ
„Eᴘɪꜱᴛᴏʟᴀ Cʜʀɪꜱᴛᴏꜰᴏʀɪ Cᴏʟᴏᴍ ᴅᴇ
Iɴꜱᴜʟɪꜱ Iɴᴅɪᴇ" ᴀᴜꜱ ᴅᴇᴍ Jᴀʜʀᴇ 1493.

Das Zeitalter der Glaubensspaltung und der Religionskriege

Die Reformation gehört zu den entscheidenden Entwicklungstendenzen der Frühen Neuzeit. Sie entwickelte eine umfassende Sprengkraft in fast allen Bereichen des menschlichen Zusammenlebens. Ursprünglich das Werk eines einzelnen Mönches, begann sie sich insbesondere auf die politischen Machtkämpfe auszuwirken. Im wirtschaftlich-sozialen Bereich gewann sie eine Tiefenwirkung, die für die Entstehung der modernen Welt geradezu richtungweisend war.

Martin Luther und die Reformation

Die Lehren der Reformatoren etablierten auf indirekte Weise Vernunft und Gewinnstreben als eigenständige moralische Werte im Bewusstsein und der geistigen Kultur des Wirtschaftslebens. Die protestantische Ethik und der Geist des Kapitalismus wirkten derart ineinander, dass ohne sie die moderne Wirtschaftswelt, wie wir sie heute kennen, gar nicht denkbar wäre.

Dass sich die Reformation im 16. Jahrhundert so schnell ausbreiten konnte, zeigte, dass Staat, Gesellschaft und Kirche tatsächlich einen Bedarf an Erneuerung hatten, der nach praktischen Schritten verlangte. Tatsächlich hatte es ja auch in den vorhergehenden Jahrhunderten schon große Reformbewegungen gegeben, die aber alle ohne durchschlagenden Erfolg geblieben waren. Die Tätigkeit der reformatorischen Zentralfigur, Martin Luther (1483 bis 1546), erfolgte also nicht spontan und als Werk eines einzelnen, über den Dingen stehenden Genies, sondern stand in einer Tradition. Dasselbe gilt auch für die katholische Gegenbewegung, die ab Mitte des 16. Jahrhunderts einsetzte und die etwas irreführende Bezeichnung „Gegenreformation" trägt. Sie wollte nicht einfach die alten Zustände vor der Reformation wiederherstellen, sondern Neuerungen einführen, wenn diese auch teilweise radikal gegen die inzwischen etablierten Lehren der protestantischen Erneuerer und ihre Anhänger zielte.

Reformbedarf in der katholischen Kirche

Die Auswirkungen der Reformation im politischen Bereich waren umfassend und zählen bis heute zu den besten Beispielen der gegenseitigen Beeinflussung von geistiger Lehre und Macht. Luthers Ansichten, die aus intensiver Beschäftigung mit der Bibel herrührten, zielten in erster Linie auf den Glauben an sich, daneben aber auch auf die weltlichen Aspekte des religiösen Lebens. Er beklagte den immer schneller werdenden Niedergang der Kirche durch fehlgeleitete Einmischung in weltliche Dinge und den daraus entstehenden erheblichen geistlichen Schaden. Die von Rom aus geleitete Amtskirche glitt immer mehr und mehr in einen Strudel von Machtpolitik, Herrschsucht, Pomp und Unzucht und wurde durch die Zwänge ihres inzwischen mächtig angewachsenen Geldbedarfs belastet, die auch starke wirtschaftliche Abhängigkeiten geschaffen hatten. Insbesondere der Ablasshandel, der nicht zuletzt auch die leeren Kassen der Kirche füllen sollte, erregte den Unwillen Luthers. Die Reformation erlangte durch den Kampf gegen diesen Handel erst ihre öffentliche Schärfe, kam aber relativ spät im geistigen Prozess Luthers und stellt bei weitem nicht das gesamte Gedankengebäude des Reformators dar.

Der Glaube ist alles

Die Reformation ist vielmehr Teil eines umfassenden Neuerungskomplexes. Hierzu gehören vor allem die Gleichstellung aller Christen, die Abschaffung der religiösen Sonderstellung der Priester und vor allem die Änderung der Glaubensbeziehung zu Gott. Anders als im Katholizismus, der die Gläubigen einem strafenden Gott unterwarf, dessen Gnade sie durch gute Taten oder den Ablass „erkaufen" mussten, verkündete Luther den Anspruch aller Menschen auf die Gnade Gottes, wenn sie nur an ihn glaubten. Der Glaube als entscheidendes Kriterium in der Beziehung zu Gott und die radikale Ausrichtung des religiösen Lebens auf die Bibel als alleinige Quelle des Christentums stellten einen theologischen Frontalangriff auf die bestehende Kirche dar, den diese in ihren Grundfesten erzittern ließ. Die römisch-katholische Kirche hatte im Laufe der Jahrhunderte zahlreiche genau festgelegte Methoden der

PORTRÄT DES REFORMATORS MARTIN LUTHER, ÖLGEMÄLDE AUF HOLZ VON LUCAS CRANACH D. Ä. VON 1528. DAS BILD HÄNGT IN DER LUTHERHALLE IN WITTENBERG. DIE VON LUCAS CRANACH UND SEINER WERKSTATT AB 1520 GESCHAFFENEN BILDER SIND ALS GRUNDTYPEN BIS HEUTE PRÄGEND FÜR DIE VORSTELLUNG VON MARTIN LUTHER (1483 BIS 1546), DER SCHLÜSSELGESTALT DER REFORMATION.

In vielen Ländern bildeten sich aus Kritik an der Kirche sektiererische Glaubensgemeinschaften. Die französische Buchmalerei zeigt die Verbrennung von Büchern und Kleidungsstücken der 1372 exkommunizierten „Turlupins".

Glaubensausübung entwickelt, die zur Erstarrung geführt hatten und nach Luther mit der reinen Lehre unvereinbar waren.

Luther kritisierte dabei auch psychologische Fehlentwicklungen, wie etwa die seelischen Belastungen und Schäden durch übermäßigen

Wunderglauben, zu viele Feiertage (Genusssucht) und vor allem die übertriebene Androhung von Strafen. Die katholische Kirche habe – so Luther – ein ganzes Instrumentarium von „Strafen und Penen, Suspension, Irregularität, Aggravation, Reaggravation, Deposition,

Blixen, Donner, Vermaledeien, Verdammen" entwickelt, das unnütz sei und die Seelen der Gläubigen unnötig bedrücke. Hierzu zählte auch das Zölibat, die Ehelosigkeit der Priester, die er unter anderem mit dem Hinweis auf die unmenschlichen Anforderungen an den Einzelnen ablehnte.

Das habsburgische Imperium Kaiser Karls V.

Die Thesen Luthers erreichten bald eine große Öffentlichkeit – nicht zuletzt durch die technischen Möglichkeiten des Buchdruckes. Sie drangen auch recht rasch in die instabile politische Landschaft des beginnenden 16. Jahrhunderts ein und sollten die Zersplitterung der Macht in Deutschland verschärfen. Der zentrale „Leidtragende" hierbei war das habsburgische Kaisertum, der Garant der alten Ordnung. Mit Karl V. (1519–1556) kam ein Regent auf den Thron, der sich in jeder Hinsicht der kaiserlichen Tradition (translatio imperii) verpflichtet fühlte und die Rolle des Papstes als geistliches Oberhaupt anerkannte. Leider war die Macht des habsburgischen Reiches schon begrenzt, und Karl V. geriet zunehmend unter Druck.

Insbesondere Frankreich unter König Franz I. (1515–1547) versuchte den Einfluss Karls einzuengen und konnte dabei von der Bedrohung der östlichen Grenzen des Habsburgerreiches durch die Türken profitieren. Diese waren 1529 bis nach Wien vorgedrungen und hatten die Stadt belagert. Karl V. musste zu deren Abwehr erhebliche militärische Gegenmaßnahmen ergreifen. Er hatte als Sohn Johannas „der Wahnsinnigen", der Königin Kastiliens und Aragons, 1516 Spanien erworben und konnte durch dessen Eroberungen in Südamerika auch eine globale Machtposition erreichen. Karl V. gebot schließlich über ein Reich, „in dem die Sonne nie untergeht". Allerdings war das Imperium infolge seiner Größe und Weitläufigkeit fast unregierbar. Die Möglichkeiten der rückwär-

tigen Bedrohung Frankreichs von der iberischen Halbinsel aus wurden durch die Türkengefahr und die Probleme im Reich wieder zunichte gemacht.

Die große Niederlage Karls V. – Der Augsburger Religionsfrieden

Diese machtpolitische Lage sollte für das Bestehen der Reformation entscheidend

KARL V. (1500 BIS 1558), RÖMISCH-DEUTSCHER KAISER (1519–1556) UND SEIT 1516 ALS KARL I. KÖNIG VON SPANIEN, AUF EINEM ÖLGEMÄLDE VON TIZIAN (EIGENTLICH: TIZIANO VECELLIO, UM 1488 BIS 1576) AUS DEM JAHRE 1548. DAS GEMÄLDE ZEIGT KARL V. IN HERRSCHERPOSE ZU PFERDE NACH DER SCHLACHT BEI MÜHLBERG AM 24. APRIL 1547 UND IST IN MADRID IM MUSEO DEL PRADO ZU SEHEN. IN WAHRHEIT WAR KARLS HABSBURGISCHES WELTREICH, DAS „REICH, IN DEM DIE SONNE NIE UNTERGEHT", LÄNGST INS WANKEN GERATEN. DIE ÜBERSEEISCHEN PROVINZEN WURDEN VON DEN FLOTTEN AUFSTREBENDER KOLONIALMÄCHTE WIE VOR ALLEM ENGLAND BEDROHT, DAS RÖMISCH-DEUTSCHE REICH DROHTE IM STRUDEL DER VON VIELEN LANDESFÜRSTEN POLITISCH INSTRUMENTALISIERTEN REFORMATION ZERRISSEN ZU WERDEN. „SICHER" WAR EIGENTLICH NUR SPANIEN, WOHIN DER KAISER NACH SEINER ABDANKUNG IM JAHRE 1556 DANN AUCH GING.

werden. Zehn Jahre lang hatte Karl V. Deutschland nicht betreten, als Martin Luther 1517 seine Thesen an eine Kirchentür in Wittenberg nagelte. Die Fürsten im Reich besaßen bereits eine relativ große Eigenständigkeit und versuchten, diese auf Kosten des Kaisers auszudehnen. Die Lehre Luthers wirkte hier wie ein Katalysator. Die Reformation breitete sich insbesondere in den norddeutschen und nordeuropäischen Ländern rasch aus, und viele Fürsten begriffen schnell die sich daraus ergebenden machtpolitischen Möglichkeiten. Sie schlossen sich zu politischen Bündnissen zusammen, beispielsweise den „Schmalkaldischen Bund", und erreichten nach wechselvollen Kämpfen im

Augsburger Religionsfrieden von 1555 die Anerkennung des Protestantismus und weitere politische Unabhängigkeit von der Zentralmacht. Karl V., der zwischenzeitlich große Erfolge erzielen konnte, musste letztlich scheitern. Die protestantischen Fürsten hatten sich unter der Leitung von Kurfürst Moritz von Sachsen (1547–1553) mit dem katholischen Frankreich zusammengeschlossen und Karl im Jahre 1552 angegriffen. Seine katholischen Verbündeten, vor allem Bayern, hatten ihn im Stich gelassen, und so musste er den Protestanten nachgeben. Die Belastungen durch Frankreich, die Türken und die deutsche protestantische Fürstenopposition waren zu groß, als dass Habsburg die alte Einheit von Glauben und Macht in einem Zentralreich wieder hätte herstellen können. Karl V. trat 1556 verbittert ab und starb 1558 in einem spanischen Kloster.

Nach dem Augsburger Religionsfrieden kehrte in Deutschland ein brüchiger und unsicherer Frieden ein. Der Machtkampf ging weiter. Die protestantischen Fürsten versuchten, ihre innere Macht auf Kosten der kirchlichen Pfründe auszuweiten. Es begann ein ausgedehnter Streit um die Bistümer mit ihren teilweise recht großen Ländereien. Die protestantischen Fürsten konnten dabei eine ganze Reihe von Kirchensprengeln in ihre Territorien eingliedern.

Das Übergreifen der Reformation auf Europa

Inzwischen gewann die Reformation eine gesamteuropäische Dimension. In Nord- und Nordwesteuropa setzte sich der protestantische Glauben fast überall durch. Entscheidend für den weiteren Verlauf sollte sich der Übertritt Englands zum Protestantismus erweisen. Heinrich VIII. (1509–1547) gründete 1534 nach einem Konflikt mit Rom wegen seiner Scheidung von Katharina von Aragon die Anglikanische Kirche. Die Glaubensspaltung vermischte sich auch hier rasch mit der politischen Entwicklung. Das durch seinen Kolonialbesitz erstarkende Spanien versuchte, im Verein mit Frankreich die englische Macht zu brechen. Unterstützung erhielt man unter anderem durch das schottische Herrscherhaus, das katholisch war und unter Königin Maria Stuart (1542–1587) versuchte, den englischen Thron zu erobern. Sie scheiterten allerdings an der energischen Haltung der englischen Königin, Elisabeth I. (1558–1603), und der Kampfkraft der englischen Flotte, die in einem langen, glücklichen Seegefecht im Jahre 1588 die übermächtige spanische „Armada" vernichtete. Dies sollte einen der Grundsteine legen für den Niedergang Spaniens und den Aufstieg Englands als entscheidende Seemacht auf dem Atlantik und

MIT DIESER URKUNDE WURDE VOR ÜBER 450 JAHREN, AM 25. SEPTEMBER 1555, IN AUGSBURG DER RELIGIONSFRIEDE ZWISCHEN LUTHERANERN UND KATHOLIKEN BESIEGELT. ER REGELT BIS HEUTE DEN RECHTSSTATUS DER BEIDEN STAATSRELIGIONEN. FÜR KAISER KARL V. WAR DER AUGSBURGER RELIGIONSFRIEDE EINE SCHWERE PERSÖNLICHE NIEDERLAGE, DIE MASSGEBLICH AN SEINEM ENTSCHLUSS ZUR NIEDERLEGUNG DER KAISERWÜRDE MITGEWIRKT HAT.

im Mittelmeer, schließlich auch für den Aufbau des englischen, ab 1703 britischen Weltreiches.

Der Dreißigjährige Krieg

In Deutschland hingegen bahnte sich eine der größten geschichtlichen Katastrophen überhaupt an. Zu Beginn des 17. Jahrhunderts führte die politische und religiöse Krise zu einem umfassenden Konflikt, der schließlich in einem großen europäischen Krieg gipfelte. Der Anlass hierzu ergab sich aus der Schwächung der Habsburger-Dynastie. Die Nachfolger Karls V. konnten sich nicht auf die

Machtgestaltung einigen. Der schwermütige Kaiser Rudolf II. (1576–1612) weigerte sich, zugunsten seines Bruders Matthias abzutreten, und verbündete sich mit den böhmischen Landständen. Diese waren inzwischen teilweise protestantisch geworden und versuchten nun, aus der Krise des Herrscherhauses Kapital zu schlagen. Sie vereinbarten mit Rudolf II. sehr weitgehende politische und religiöse Freiheitsrechte. Rudolf II. starb aber bald darauf. Der kinderlose Kaiser Matthias (1612–1619) als sein Nachfolger konnte weder die habsburgische Nachfolgefrage lösen noch in Böhmen zwischen Protestanten und Katholiken vermitteln.

DARSTELLUNG DES PRAGER FENSTERSTURZES VOM 23. MAI 1618 VON MATTHÄUS MERIAN D. Ä. (1593 BIS 1650). AUS WIDERSTAND GEGEN GEGENREFORMATORISCHE MASSNAHMEN WERFEN BÖHMISCHE PROSTESTANTEN ZWEI KAISERLICHE STATTHALTER AUS DEN FENSTERN DES HRADSCHIN UND LÖSEN DAMIT DEN DREISSIGJÄHRIGEN KRIEG AUS, DER DEUTSCHLAND IN DEN KOMMENDEN DREI JAHRZEHNTEN GRÜNDLICH VERWÜSTEN SOLLTE. DER NACHKOLORIERTE HOLZSTICH STAMMT AUS DEM JAHRE 1618.

Die protestantischen Böhmen kündigten ihm den Gehorsam auf und warfen 1618 seine Abgesandten aus dem Fenster („Prager Fenstersturz"). Matthias' Nachfolger Ferdinand II. (1619–1637) vertrat einen vehementen und absoluten Katholizismus und verlangte wieder die Unterordnung unter die Krone und den alten Glauben. Es kam zum Dreißigjährigen Krieg, an dem mit Ausnahme Englands und Russlands alle wichtigen europäischen Großmächte teilnahmen. Deutschland, der Schauplatz dieses Krieges, erlitt durch die wechselvollen und teilweise überaus brutalen Kämpfe furchtbare Zerstörungen sowie große Menschenverluste durch Seuchen, Hunger und die mordende Soldateska. Der Westfälische Frieden, der 1648 abgeschlossen werden musste, nachdem keine Seite die Oberhand gewinnen konnte, zementierte die Glaubensspaltung und deren politische Folgen. Das Kaiserhaus verlor entscheidend an Macht über Deutschland, und die Territorialfürsten gewannen eine noch größere Unabhängigkeit, als sie ohnehin schon besaßen. Mit dem Ende des Dreißigjährigen Krieges wurde eine Art Schlusspunkt unter die Reformation und die auf sie folgenden Kriege gesetzt. Die Abscheu vor den furchtbaren Zerstörungen und der teilweise zügellosen Barbarei führte schließlich zusammen mit der allgemeinen Staats-, Wirtschafts-, Sozial- und Geistesentwicklung zu einer Änderung der Perspektiven. Das Zeitalter des Absolutismus und der Vernunft sollte sich bald ankündigen. Die religiöse Frage begann, ihre Bedeutung für Europa zu verlieren. Die mittelalterliche Welt in Europa war zu Ende.

„DIE FOLGEN DES KRIEGES" ZEIGT DAS ÖLGEMÄLDE VON PETER PAUL RUBENS (1577 BIS 1640) AUS DEM JAHRE 1638. IN ALLEGORISCHER FORM STELLT RUBENS IN SEINEM GEMÄLDE DIE UNVORSTELLBAREN GRÄUEL DES DREISSIGJÄHRIGEN KRIEGES DAR, DES BIS DAHIN GRÖSSTEN UND BRUTALSTEN KRIEGES DER EUROPÄISCHEN GESCHICHTE, DER WEITE LANDSTRICHE DEUTSCHLANDS MENSCHENLEER ZURÜCKGELASSEN HAT. RUBENS WAR ZEITZEUGE DES GRAUENS, DOCH DEN FRIEDENSSCHLUSS ERLEBTE ER NICHT MEHR. DAS GEMÄLDE IST ZU SEHEN IM PALAZZO PITTI IN FLORENZ.

ANHANG

Chronik des Mittelalters

Ende 4. Jh.

Die Hunnen dringen in das Gebiet des Römischen Reiches ein und lösen die Völkerwanderung aus. Auf der Suche nach Land und Frieden irren die germanischen Völker über den europäischen Kontinent und liefern sich blutige Schlachten mit den Römern. Eines dieser Völker beginnt seine Wanderung in Schlesien und zieht über Gallien nach Südspanien, baut eine Flotte, setzt nach Nordafrika über, siedelt sich in Karthago an und verbreitet von dort aus durch Piraterie Schrecken im Mittelmeergebiet: die Wandalen.

476

Der römische Kaiser Romulus Augustulus wird gestürzt, das Weströmische Reich zerfällt, das Oströmische Reich bleibt als Byzantinisches Reich bestehen. Der Heruler Odoaker sendet die Herrschaftszeichen des Weströmischen Reiches nach Konstantinopel.

um 500

Der Merowinger Chlodwig I. unterwirft das Frankenreich und lässt sich katholisch taufen. Die Vorbereitungen hatten mehrere Jahre gedauert, denn obwohl seit längerem Kontakt zu Rom bestand, war der Übertritt von enormer politischer Tragweite.

um 529

Benedikt von Nursia gründet das Kloster Monte Cassino. Um die Bruderschaft zusammenzuhalten, entwirft er eine Hausordnung, genannt „Regula Benedicti". Der Benediktinerorden entsteht, die Mönche führen ein strenges Leben, bestimmt von Beten (ora) und Arbeiten (labora).

um 560–636

Isidor von Sevilla verfasst die erste Enzyklopädie des christlichen Mittelalters.

568–572

Die Langobarden erobern Norditalien, sie gründen ein Königreich mit Pavia als Hauptstadt.

590–604

Pontifikat Papst Gregors des Großen. Im Glauben an das nahe Weltende ist sein Ziel die Rettung aller Seelen, auch der Juden, deren Rechte er besonders schützt; mit Landschenkungen ordnet er das Erbe Petri.

um 590–615

Der irische Mönch Columban gründet Klöster in St. Gallen, Konstanz und Bobbio.

622

Flucht Mohammeds (570–632) von Mekka nach Medina (Hidschra); die islamische Zeitrechnung beginnt.

632

Der islamische Religionsgründer Mohammed stirbt.

634

Der Islam dringt in Gebiete außerhalb der Arabischen Halbinsel vor, Beginn der Ausdehnung des Islam von Nordafrika bis Taschkent.

638

Jerusalem wird von Arabern erobert.

Anfang 8. Jh.

Das Erbrecht aller Söhne löste bei den Herrschern der Merowingern häufig Konkurrentenmord aus, sodass nur wenige Thronanwärter ins zeugungsfähige Alter kommen. Die Regentschaft für die jungen Könige übernehmen immer mehr unfreie Verwalter, die Hausmeier („maior domus"), die somit faktisch das Reich regieren.

711–719

Muslimische Berber erobern Spanien bis zum Ebro.

726

Beginn des Bilderstreits im Byzantinischen Reich: Der zunehmende Bilderkult – die Verehrung der Darstellung von Jesus Christus – findet immer mehr Gegner. Ausgelöst durch ein Erdbeben, das als Gottesgericht gedeutet wird, verbietet man zunächst die Verehrung der Bilder, später dann die Bilder generell. Ikonen werden zerstört, was zu politischen Unruhen führt.

732

Der karolingische fränkische Hausmeier Karl Martell stoppt den Vormarsch der Araber durch seinen Sieg in der Schlacht von Poitiers.

744

Das Kapitulare von Soissons: Pippin III. der Jüngere ordnet an, dass jede Stadt einen Wochenmarkt haben soll.

751

Pippin III. der Jüngere will klare Verhältnisse für seine Familie, die seit Jahren als Hausmeier das Frankenreich regieren. Er lässt beim Papst anfragen, ob sich derjenige König nennen darf, der doch nicht die königliche Gewalt ausübt. Papst Zacharias entscheidet, derjenige soll König sein, der auch tatsächlich regiert. Pippin wird daraufhin von den Franken zum König gewählt, der Merowinger Childerich wird in ein Kloster verbannt.

754

Pippin III. der Jüngere wird von Papst Stephan II. in Saint-Denis offiziell zum König gesalbt, als Gegenleistung unterstützt er Stephan II. in Italien und macht die Pippinsche Schenkung, durch die unter dem Namen „Patrimonium Sancti Petri" der Kirchenstaat entsteht.

754

Pippin III. der Jüngere fixiert das Gewicht des Silberdenars auf 1,30 Gramm.

759

Die Araber verlieren Narbonne, ihre letzte Besitzung in Gallien.

768

Karl der Große wird König der Franken.

772

Die Eroberung und Missionierung der Sachsen durch Karl den Großen beginnt. Herzog Widukind von Sachsen erhebt sich gegen Karl, der jedoch mit brutaler Grausamkeit, aber auch geschickter Heiratspolitik bzw. Umsiedelung von Franken nach Sachsen vorgeht, um sein Reich auszudehnen.

774

Karl der Große wird nach dem Sieg über die Langobarden deren König.

778

Niederlage Karls des Großen bei Roncevalles gegen die Araber. Herzog Widukind von Sachsen erhebt sich gegen die Herrschaft der Franken.

782

Alkuin, Leiter der Domschule von York, kommt an den Hof Karls des Großen.

787

Die Normannen beginnen, mit Beutezügen das Frankenreich in Schrecken zu versetzen. Bald reisen sie nicht mehr in ihre Heimat Skandinavien zurück, sondern lassen sich u. a. in Friesland nieder. Aus einer ihrer Kolonien entsteht das Herzogtum Normandie.

787

2. Konzil von Nikäa, Karl der Große gestattet die Bilderverehrung.

787

Erster Beutezug von Normannen in Westeuropa.

788

Karl der Große annektiert Bayern.

793–810

Die Normannen greifen immer wieder Britannien und Gallien an.

795

Normannen erscheinen an der Küste von Dublin.

um 800

Karl der Große, der an fast allen Reichsgrenzen Krieg führt, sucht einen Stützpunkt im Zentrum und entscheidet sich für Aachen. Dort lässt er die Kaiserpfalz (palatium) und die Pfalzkapelle errichten. Er versammelt viele Gelehrte aus verschiedenen Ländern an seinen Hof, lässt die Schrift reformieren, die als karolingische Minuskel der Vorläufer unserer heute gebräuchlichen Schrift ist.

800

Am Weihnachtstag wird Karl der Große von Papst Leo III. in Rom zum Kaiser gekrönt. Um Karls Bescheidenheit zu veranschaulichen, behauptet sein Biograph Einhard später, Karl sei von der Krönung vollkommen überrascht gewesen, was kaum vorstellbar ist angesichts der umfangreichen Vorbereitungen.

803

Nach über 30 Jahren unterwerfen sich die Sachsen unter Karl den Großen.

814

Tod Karls des Großen, sein Sohn Ludwig der Fromme wird Nachfolger.

816

Reform der Domkapitel, der Frauenklöster, der Männerklöster, des Episkopats und der Weltgeistlichkeit.

827

Mit der Eroberung Kretas durch die Araber wird die Seeherrschaft des Byzantinischen Reiches beendet, die Moslems des Emirats Kairuan beginnen mit der Eroberung Siziliens.

ab 829

Auf Drängen seiner zweiten Frau Judith weist Ludwig der Fromme dem gemeinsamen Sohn Karl einen eigenen Reichsteil zu, was bei den Söhnen aus erster Ehe auf Widerstand stößt. Die nun folgenden Machtkämpfe gipfeln 833 in der demütigenden Gefangennahme Ludwigs durch seine Söhne.

836

Neapel und die Städte Kampaniens verbinden sich mit den Arabern.

838

Die Araber greifen Südfrankreich an, die Normannenplünderungen weiten sich aus, was die inneren Probleme des Reiches noch verstärkt.

840

Mit dem Tod Ludwigs des Frommen nehmen die Erbstreitigkeiten um das Reich zu. Der älteste Sohn Lothar wird von seinen Brüdern Ludwig und Karl geschlagen.

840

Die Einfälle der Normannen verwandeln sich in strategische Großangriffe auf den Kontinent und auf England.

842

Ludwig und Karl schließen Frieden und versammeln ihre Heere in Straßburg. Dort schwört jeder der beiden in der Volkssprache des gegnerischen Heeres einen Eid nicht nur zur Bekräftigung des Bündnisses, sondern auch um Vertrauen zu erwecken. Die Straßburger Eide in Altfranzösisch und Althochdeutsch sind ein einzigartiges sprachliches Denkmal und gehören zu den ältesten Aufzeichnungen in Landessprache.

843

Mit den Verträgen von Verdun werden die Weichen für die Geburt Deutschlands und Frankreichs gestellt. Ludwig der Deutsche erhält den östlichen Teil, Karl der Kahle den Westen, Lothar den schmalen Streifen Lotharingien in der Mitte, der von Italien bis Friesland reicht. Lothar ist Namensgeber für das spätere Herzogtum Lothringen.

855

Nach dem Tod Lothars I. wird sein Reich unter den Söhnen aufgeteilt.

860

Die Waräger erobern unter Askold und Dir das Fürstentum Kiew. Ihr Angriff auf Konstantinopel wird allerdings abgeschlagen.

864

Karl der Kahle schreibt den Grafen des Frankenreichs vor, eine Liste der Märkte in den einzelnen Grafschaften aufzustellen.

870

Als letztes Land in Europa wird Island von den Normannen besiedelt.

875

Nach dem Tod Kaiser Ludwigs II. wird Karl der Kahle Kaiser.

877

Karl der Kahle stirbt. Auf der darauf folgenden Versammlung zu Quierzy wird das Erblichkeitsprinzip für Lehen im Frankenreich beschlossen.

878

Alfred der Große von England schließt mit dem Normannenherzog Gutrum den Vertrag von Ethandun. Ein Teil Englands wird den Normannen zugeteilt, der Rest bleibt bei Alfred.

882

Der Waräger Oleg gelangt in Kiew an die Macht.

884

Karl der Dicke wird aufgrund des erbenlosen Tods seiner Brüder Kaiser im gesamten Karolingerreich. Wenige Jahre später wird er jedoch abgesetzt, die Erneuerung des fränkischen Großreichs ist gescheitert.

885–886

Die Normannen belagern Paris.

887

Die Normannen verwandeln die Pfalzkapelle Karls des Großen, das Aachener Münster, in einen Stall für ihre Pferde. Wegen seiner Unfähigkeit, die Normannen zu bekämpfen, wird Karl der Dicke abgesetzt.

888

Arnulf von Kärnten, der außereheliche Sohn eines in Bayern herrschenden Karolingers und Enkel Ludwigs des Deutschen, wird zum ostfränkischen König gewählt. Die westfränkischen Großen wählen Graf Odo von Paris zum König. Odo besiegt die Normannen bei Montfaucon. Berengar von Friaul wird König von Italien. Rudolf aus dem Geschlecht der Welfen gründet das Königreich Burgund.

894

Die Ungarn erobern das Karpatenbecken und lassen sich in der Donauebene nieder. In der Folgezeit unternehmen sie Raubzüge nach Westen und werden zum Schrecken der Bevölkerung.

um 900

Das Hufeisen kommt auf und erleichtert zusammen mit Steigbügel und Kummet die Nutzung des Pferdes als Reit-, Kampf- und Arbeitstier.

um 900

Die Besiedelung Grönlands durch Skandinavier beginnt.

910

Gründung der Abtei Cluny.

911

Vertrag Karls des Einfältigen mit dem wahrscheinlich dänischen Normannenführer Rollo in Saint-Clair an der Epte. Rollo wird Lehensmann der französischen Krone, seine Leute werden dort angesiedelt. Dies ist der Ausgangspunkt für das Herzogtum der Normandie. Mit dem Tode Ludwigs des Kindes stirbt die deutsche Linie der Karolinger aus. Zum deutschen König wird Herzog Konrad von Franken gewählt (Konrad I).

918

Die Sachsen sind erst ein gutes Jahrhundert im fränkischen Reichsverband eingegliedert, als mit der Wahl Heinrichs des Voglers zum deutschen König ein Sachse die höchste Macht im Reich gewinnt. Um vom westfränkischen König anerkannt zu werden, wird ein Bündnis geschlossen. Das Treffen der beiden Könige findet auf einem Boot exakt in der Mitte des Rheins statt, damit keiner von beiden seine Unterlegenheit zeigen muss, indem er als Besucher das Reich des anderen betritt. Die Großen des Reichs wählen Heinrichs Sohn Otto zum Mitkönig, der bereits zu Lebzeiten Otto I. der Große genannt wird.

924

Gründung eines selbstständigen kroatischen Königreiches unter Tomislav.

929

Das Córdoba-Reich wird Kalifat.

936

Nach dem Tod Heinrichs I. wird sein Sohn Otto alleiniger König. Bereits zu Lebzeiten hatte Heinrich entgegen der üblichen Praxis versucht, seine anderen Söhne von der Nachfolge auszuschließen.

936

In Frankreich gelangt mit Ludwig IV. wieder ein Karolinger auf den Thron.

937

König Aethelstan schlägt die Schotten bei Brunanburh, einem nicht mehr zu ermittelnden Ort. Aethelstan macht sich durch siegreiche Feldzüge zum Herrn Englands.

948

Gründung des Erzbistums Hamburg-Bremen, das zum Missionszentrum für die Bekehrung der skandinavischen Länder wird.

um 950

Einführung des Pflugs nördlich der Loire, Beginn der Urbarmachung weiter Teile Nordfrankreichs.

951

Otto I. heiratet in zweiter Ehe die fast 20 Jahre jüngere Adelheid, die Witwe des Königs Lothar von Italien. Aufgrund der besonderen Erbrechte und mit Hilfe der Großen Italiens wird Otto König der Langobarden.

955

Otto I. besiegt in der Schlacht auf dem Lechfeld (Bayern) die Ungarn, vermeintlich mit Gottes Hilfe, der kurz vor Beginn der Schlacht einen Regenschauer schickte, der die verleimten Bögen der Ungarn auflöste und somit unbrauchbar machte. Otto hatte dem Tagesheiligen der Schlacht, Laurentius, ein Bistum versprochen, das er später in Merseburg gründete. Die Ungarn werden nach der Schlacht sesshaft und innerhalb von 50 Jahren christianisiert.

955

Otto I. erringt einen großen Sieg über die Wenden an der Recknitz in Mecklenburg.

955

Die ältesten Stadtprivilegien werden den spanischen Orten Zadornin und Berbeja verliehen.

958

Genua erhält sein Stadtprivileg durch die Könige von Italien Berengar II. und Adelbert.

962

Ottos I. Lebenstraum erfüllt sich und er wird in Rom zum Kaiser gekrönt, Adelheid zur Kaiserin.

966

Herzog Mieszko I. von Polen empfängt die Taufe und heiratet die katholische böhmische Prinzessin Dubrawa. Nicht immer ist religiöse Überzeugung der Anlass, oft erkennt ein aufstrebender Herrscher die Vorteile eines starken (christlichen) Partners im Hintergrund, der Missionare entsendet, deren Erfahrung dem neuen Machthaber beim Aufbau einer Verwaltungsstruktur hilft.

972

Die 12-jährige Prinzessin Theophano verlässt ihre Heimat Byzanz, um den Sohn Ottos des Großen zu heiraten, den späteren Otto II. Diese Ehe ist als Friedensbündnis zwischen den beiden Kaiserreichen entstanden. Theophano sollte ihre Heimat nie wiedersehen.

972

Gerbert von Aurillac, der spätere Papst Silvester II., unterrichtet an der Kathedralschule von Reims. Sein Wirken wird zum Ausgangspunkt einer neuen Methodik wissenschaftlichen Denkens.

972

Der byzantinische Kaiser Nikephoros Phokas befiehlt eine Untersuchung der Holzlieferungen Venedigs an die Moslems.

973

Tod Ottos I. Nachfolger wird sein Sohn Otto II.

um 973

Gründung des Erzbistums Prag.

975

Hrotsvit (Roswitha) von Gandersheim stirbt. Sie gilt als erste deutsche Dichterin und verfasste Heiligenlegenden, Dramen sowie eine Geschichte des Hauses der Ottonen und die Vorgeschichte des Stiftes Gandersheim. Geschrieben hat sie zwar auf lateinisch, doch ihre Geschichtswerke behandeln deutsche Themen.

982

Niederlage der deutschen Truppen unter Otto II. im Kampf gegen die Sarazenen bei Capo Colonne in Kalabrien.

983

An Heiligabend wird in Aachen der dreieinhalbjährige Otto III. zum deutschen König gekrönt. Niemand weiß, dass sein in Italien weilender Vater Otto II. zu diesem Zeitpunkt bereits tot ist. Ein Teil der Herzöge, die dem Kind die Treue geschworen hatten, fühlen sich ihrem Eid verpflichtet und helfen der aus Italien herbeigerufenen Witwe Theophano und ihrer Schwiegermutter Adelheid, die Regentschaft bis zur Volljährigkeit Ottos III. auszuüben.

983

Erste Erwähnung der Walkmühlen am Serchiofluss in der Toskana. In ihnen wird die Wasserkraft erstmals für gewerbliche Zwecke genutzt. In der Landwirtschaft hat sich der aus dem Osten kommende Pflug weiterentwickelt, was den Anbau auf größeren Flächen ermöglicht.

987

Tod Ludwigs V. von Frankreich. Die Karolinger scheiden endgültig aus der Geschichte aus. König von Frankreich wird Hugo Capet. Damit beginnt in Frankreich die Herrschaft des Kapetingerhauses.

988

Taufe des Fürsten Wladimir von Kiew durch orthodoxe Byzantiner.

989

Konzil von Charroux mit Protesten gegen Friedensstörer (Tendenz zum Gottesfrieden). Wladimir von Kiew empfängt die Taufe.

992

Handelsvertrag zwischen Byzanz und Venedig.

995

Der ungarische Stammesfürst Vajk bekehrt sich zum Christentum, ändert seinen Namen in Stephan I., heiratet die sächsische Herzogstochter Gisela und wird 1001 König von Ungarn. Ungarn wird katholisch. 1083 wird Stephan heilig gesprochen.

996

Der 16-jährige Otto III. wird in Rom zum Kaiser gekrönt.

1000

Otto III. macht eine Pilgerfahrt nach Gnesen (Polen), wo ein Erzbistum eingerichtet wird. Danach begibt er sich nach Aachen und lässt das Grab Karls des Großen öffnen.

1001

Stephan I. wird zum König von Ungarn gekrönt.

1002

Nach dem Tod Ottos III. wird sein Vetter Heinrich II. deutscher König.

1005–1006

Große Hungersnot in Westeuropa.

1009

Bau der Kirche Saint-Martin am Abhang des Felsmassivs des Canigou. Sehr frühe Form der romanischen Kunst (Kuppelgewölbe über dem Kirchenschiff).

1010

Älteste Erwähnung der Eisenmühle; die Wasserkraft wird nun auch zur Metallerzeugung genutzt.

1015

Communitas prima in Benevent. Benevent ist der erste städtische Schwurverband.

1015–1028

König Olaf Haraldsson der Heilige versucht, Norwegen mit Gewalt zum Christentum zu bekehren.

1019–1035

Knut der Große, König von Dänemark und Britannien, errichtet ein großes Nordseereich.

um 1020

Guido von Arezzo erfindet eine neuartige Notenschrift für die Musikaufzeichnung. Bisher konnte nur die Melodie aufgezeichnet werden, Guido benutzte u. a. Linien, um Rhythmus und Tonhöhe anzugeben. Das mühselige Auswendiglernen von Gesängen wurde nun durch die Möglichkeit des Notenlesens abgelöst.

um 1022

Das Konzil von Verdun-sur-le-Doubs bedeutete einen Wendepunkt zugunsten des Gottesfriedens. Verpflichtungsformel in einem Schwur, den Gottesfrieden einzuhalten.

1023

Robert der Fromme lässt auf Verlangen der Kirche manichäische Ketzer in Orléans verbrennen.

1024

In China wird erstmals Papiergeld gedruckt.

1024

Der letzte Sachse auf dem Königsthron des deutschen Reiches stirbt kinderlos. Mit Konrad II. folgt das Geschlecht der Salier.

1025

Herzog Boleslaw Chrobry „der Tapfere" wird König von Polen.

1028

Knut der Große, König von Dänemark, erobert Norwegen und vollendet die Eroberung Britanniens.

1030

Gründung des ersten normannischen Fürstentums in Süditalien.

um 1030

Anfang der kommunalen Bewegung in Italien. Neapel ist bereits „Societas" und verhandelt mit Herzog Sergius II. schon als Gemeinschaft sozial gegliederter, aber rechtsgleicher Einwohner.

1031

Ende des Omaijaden-Kalifats von Córdoba.

1032–1033

Hungersnot in Europa.

1033–1034

In der Kirche Santa Maria in Ripoll (Katalonien) wird eine Kuppel über der Fläche gebaut, an der Längsschiff und Querschiff aufeinandertreffen.

1035

In der Lombardei erheben sich die kleinen Vasallen, die Inhaber von „Afterlehen", gegen ihre Lehnsherren. Nach Intervention der Kaiser werden die Hauptwünsche der Aufständischen im Wesentlichen befriedigt (z. B. Erblichkeit der Lehen).

um 1035

Bau einer Steinbrücke in Albi. Mit der Verbesserung von Brückenbautechniken wurde nicht nur der Fernhandel und Pilgerfahrten erleichtert, Brücken dienten auch militärischen Zwecken.

1037

Kaiser Konrad II. erkennt die Erblichkeit der Lehen in Norditalien an.

1038

Im Konzil von Bourges wird allen Machtträgern der Region die Verteidigung des Friedens zur Pflicht gemacht.

1039

Tod Konrads II. Nachfolger wird sein Sohn Heinrich III., der mit Gunhild, der Tochter König Knuts des Großen, verheiratet ist. Knut herrscht über England, Dänemark und einen Teil Norwegens und Schwedens.

um 1040

In Ungarn kommt es zu einer antichristlichen Bewegung, sie kann sich jedoch nicht durchsetzen, da der deutsche König Heinrich III. interveniert.

1042

Das riesige, von König Knut dem Großen geschaffene Nordsee-Imperium bricht ausei-

nander. In England gelangt mit Eduard dem
Bekenner wieder die frühere angelsächsische
Dynastie auf den Thron.

1043

Heinrich III. greift die aus Frankreich kommende Idee des Gottesfriedens auf. Räuberi-
sche Banden, Selbstjustiz und sich befehdende
Adlige lähmten die Gesellschaft. Zunächst
wurden Orte und bestimmte Personen
geschützt, später waren Kämpfe nur an
bestimmten Wochentagen erlaubt. Die Betroffenen mussten Eide schwören – verstießen sie
dagegen, wurden sie gerichtlich verfolgt.

1046

Synode in Sutri. Heinrich III. setzt drei
einander bekämpfende Päpste ab und betreibt
mit Erfolg die Wahl des Deutschen Suitger
(Klemens II).

1048

Im chinesischen Buchdruck sind erstmals
bewegliche Lettern belegt.

1054

Die griechisch-orthodoxe und die römisch-
katholische Kirche hatten sich in zwei verschiedenen Kulturkreisen entwickelt und sich so
weit voneinander entfernt, dass alle Versuche
einer Einigung endgültig gescheitert waren und
es zur endgültigen Trennung kam, dem
Schisma.

1054

Das 1. Laterankonzil im Abendland wird abge-
halten, eine Zusammenkunft von Papst und
katholischen Bischöfen mit dem Ziel, allge-
meingültige Beschlüsse zu fassen.

1056

Tod Heinrichs III. Drei Jahre zuvor hatte er die
Fürsten zur Wahl seines dreijährigen Sohnes
Heinrich IV. zum König bewegen können.

1056

In Mailand tritt die „Pataria" (eigentlich spöt-
tischer Name im Sinne einer Bezeichnung für
zerlumpt Gekleidete) auf. In ihren Zielen verbinden die Patarener den wirtschaftlich-
sozialen Kampf gegen den großen Adel und die
bischöflichen Stadtherren mit dem Gedanken
der Kirchenreform.

1056

Die Liutizen vernichten bei Pritzlava unweit
der Havelmündung ein sächsisches Heer. Nach
dem Tod Heinrichs III. nimmt die Macht der
Kaiser nunmehr stark ab.

1056–1106

Heinrich IV. versucht den autokratischen
Regierungsstil seines Vaters fortzuführen.
Doch die Stammesfürsten sehen ihre Interessen
verletzt und stellen sich gegen ihn. Auch die
Reichskirche, deren Oberhaupt der König ist,
fordert mehr und mehr eigene Rechte. Ein
Streitpunkt ist die Einsetzung (Investitur) der
Bischöfe, die bisher vom König vorgenommen
wurde. Hier war die Gefahr groß, das angese-
hene und lukrative Amt zu verkaufen
(Simonie).

1058

Veröffentlichung der von dem Kardinal Humert
von Moyenmoutier verfassten Schrift „Adversus
Simoniacos" („Wider die Simonisten"); sie stellt
ein Programm der Kirchenreform dar.

1059

Wahl des Papstes Nikolaus II., dieser schaltet
den Einfluss der deutschen Könige auf die
Papstwahl durch das Papstwahldekret aus.
Die Kirche versuchte bereits seit einiger Zeit,
Reformen umzusetzen, die u. a. die Macht der
deutschen Könige schwächten.

1060–1091

Die Normannen erobern Sizilien.

1063

Ein Moslem ermordet König Ramiro I. von
Aragonien. Dadurch wird eine scharfe militärische Reaktion bei den spanischen Christen ausgelöst. Sie dringen schließlich zum Ebro vor.
Saragossa wird Hauptstadt von Aragonien.

1065

Heinrich IV. wird volljährig.

1065–1100

Dichtung des Rolandsliedes.

1066

Wilhelm, Herzog der Normandie, erhebt Anspruch auf den Thron Englands, der nach dem Tode König Eduards von Harold Godwinson besetzt wird. Wilhelm segelt nach England und schlägt nach einem Gewaltmarsch Richtung London das englische Heer bei Hastings vernichtend. Diese denkwürdige Schlacht, die über das Schicksal Englands entschied, und ihre Vorgeschichte ist in dem 70 Meter langen und 50 Zentimeter hohen Teppich von Bayeux verewigt, der heute noch in Bayeux zu besichtigen ist. Aus Wilhelm „dem Bastard" (unehelicher Sohn) wird Wilhelm I., der Eroberer.

1066

Handfeste von Huy, das älteste Stadtprivileg für einen nördlich der Alpen gelegenen Ort.

1070

Die Kommune (Schwurgemeinschaft der Bürger) setzt sich in Le Mans durch.

1071

Die Eroberung Baris durch die Normannen bedeutet das Ende der byzantinischen Herrschaft im westlichen Mittelmeer. In der Schlacht von Mantzikert siegen die Seldschuken über Byzanz.

1072

Die erste Handelsgesellschaften vom Typ der „Colleganza" wird in Venedig gegründet.

1073

Wahl Gregors VII. zum Papst. Er leitet die nach ihm benannte Gregorianische Kirchenreform ein.

1073–1074

Revolten der Bürgerschaft in Worms und Köln.

1075

„Dictatus Papae" Gregors VII.

1076

Heinrich IV. gerät wegen der Besetzung des Erzbistums Mailand in Streit mit dem Papst und setzt ihn auf einer Synode in Worms ab. Der Investiturstreit beginnt, in dem es um die grundsätzliche Frage geht, in welchem Verhältnis Königtum und Papsttum stehen. Gregor VII. bannt und exkommuniziert Heinrich IV. auf der Wormser Synode. Die Menschen sind erschüttert, denn ihrem weltlichen Oberhaupt fehlt nun der Beistand Gottes. Heinrich ist regierungsunfähig, die Fürsten entziehen ihm das Vertrauen und verbünden sich mit dem Papst, den sie nach Deutschland einladen.

1077

Um sein Königtum zu retten, reist Heinrich IV. mit seiner Frau und dem zweijährigen Konrad dem Papst entgegen und unterwirft sich ihm in Canossa. Doch die Würde des Königtums erholte sich von diesem Schaden nicht mehr.

1077

Die Kommune gelangt in Cambrai zum Sieg.

1078

Eroberung Jerusalems durch die Osmanen.

um 1080

Gründung der Gilde von Saint-Omer.

1081

Einsetzung bürgerlicher „Konsuln" in Pisa.

1085

Einnahme Toledos durch Alfons VI. von Kastilien-Leon.

1086

Erste Walkmühlen in der Normandie mechanisieren das arbeitsintensive Walken (Entfernen von Fett und Schmutz aus Wollstoffen), größere Mengen Stoff konnten nun schnell produziert werden.

1086

William I. von England lässt das „Domesday Book" anlegen, ein Güterverzeichnis von 31 Grafschaften, das zur Steuererhebung diente.

1088–1130

Bau der großen romanischen Kirche in Cluny.

nach 1088

Irnerius lehrt in Bologna das römische Recht.

1093

Baubeginn der Kathedrale von Durham: erster Spitzbogen.

1095

Eine Predigt Papst Urbans II. in Clermont mit dem Ziel, militärische Hilfe für Byzanz gegen die muslimischen Seldschuken zu gewinnen, ergreift die Massen und löst bewaffnete Pilgerfahrten in den Orient aus, die zweihundert Jahre später als die Kreuzzüge in die Geschichte eingehen. Mehrere Gründe waren für den massenhaften Zulauf an Kreuzfahrern verantwortlich: Das veränderte Erbrecht setzte eine Menge Nachgeborener frei, die Land zur Besiedelung suchten, die Gottesfriedenbewegung verhinderte, dass die jungen Männer ihre überschüssige Kraft in Kämpfen austobten, die Zunahme von Wallfahrten nach Jerusalem, für die vollkommener Sündenerlass galt, rief den Wunsch hervor, die heiligen christlichen Stätten selbst zu besitzen, statt die Gastfreundschaft der Heiden in Anspruch nehmen zu müssen. Die religiösen Motive überwogen bei den meisten Teilnehmern.

1096–1099

Der 1. Kreuzzug war der einzige Kreuzzug, bei dem Jerusalem erreicht wurde. Der entbehrungsreiche, von Hunger und Tod geprägte dreijährige Zug endete mit der überraschenden Einnahme Jerusalems, bei der die Stadt geplündert und verwüstet wurde. Tausende starben, doch der Sieg wurde als gottgewollt angesehen.

1098

Eine Welle des Antisemitismus ergreift Europa. Folge sind Pogrome durch volkstümliche Kreuzfahrerheere auf dem Weg nach Palästina.

1098

Gründung des Zisterzienserordens durch Robert von Molesme.

1099

Gründung von Handelsgesellschaften „Compagnia" durch Genueser Kaufleute.

um 1100

Technische Neuerungen erleichtern das Anschirren der Zugtiere. Bei den Ochsen ersetzt das Stirnjoch die um die Hörner geschlungenen Seile; bei den Pferden verdrängt das schon seit dem Jahr 800 bekannte Kummet den Halsriemen, der die Atmung erschwerte, endgültig. Ausgehend von Nordfrankreich löst das Pferd den Ochsen als Zugtier allmählich immer mehr ab.

um 1100

Beginn der Entwässerung der Marschgebiete in Flandern und erste Anlage von Poldern.

1108

Gründung der Pariser Abtei Saint-Victor, Zentrum der Frühscholastik.

1110

Die achtjährige Mathilde, Tochter des englischen Königs Heinrich I., verlässt ihre Heimat, um vier Jahre später den deutschen König und späteren Kaiser Heinrich V. zu heiraten.

1112

Kommunale Revolte in Laon, in deren Verlauf der Fürstbischof getötet wird.

1120–1150

Erste Satzungen für Zünfte im Abendland werden erlassen.

1122

Im Wormser Konkordat wird der Investiturstreit beendet. Der Kaiser darf zwar die Bischöfe in Zukunft nicht mehr mit den Symbolen Ring und Stab einsetzen, behält aber seinen Einfluss bei der Besetzung von Bischofsämtern in Deutschland bei.

1125

Heinrich V. stirbt kinderlos. Seine Witwe Mathilde wird nach England zurückgeschickt, wo sie plötzlich als einzig überlebendes legitimes Kind Heinrichs I. als seine Nachfolgerin bestimmt wird. Obwohl nie zur Kaiserin gekrönt, war sie es aus Deutschland gewohnt, wie eine solche behandelt zu werden und nannte sich fortan „Imperatrix" (Kaiserin). Aus politischen Gründen muss sie den 15-jährigen Gottfried von Anjou heiraten, mit dem sie drei Söhne hat.

1127

Gründung des Königreiches Beider Sizilien durch Roger II.

1135

Heinrich I. von England stirbt. Mathilde wird als Nachfolgerin von Stephen von Blois verdrängt, später wird jedoch ihr Sohn Heinrich II. König von England.

1135–1204

Konzil von Sens; Verurteilung des Theologen Abaelard.

1140

Entstehung des Königreichs Portugal.

um 1140

Mit der Umgestaltung der Abtei Saint-Denis beginnt die Gotik. Die bauliche Form vermittelt den Eindruck des Schwebens, der Blick strebt nach oben, zu Gott, wodurch religiöse Ideen in die Baukunst Eingang finden. Das Licht findet Berücksichtigung, indem z. B. bunte Glasfenster statt bemalter Wände eingesetzt werden. Eine Wertschätzung findet die Gotik erst im 17. Jahrhundert Im Mittelalter selbst sprechen beispielsweise die italienischen Bauleute von der bauernhaften und schlechten Bauweise der Gotik.

um 1140

Das „Decretum Gratiani" entsteht, die Grundlage des kanonischen Rechts.

1141

Petrus Venerabilis, Abt von Cluny, lässt den Koran ins Lateinische übersetzen.

1142

Abaelard stirbt zurückgezogen. Der Theologe erlangte in zweierlei Weise Berühmtheit: Zum einen zog er sich mit seinen Schriften trotz zahlreicher Anhänger immer wieder den Zorn der Kirche zu, die seine Lehren als Irrlehren verurteilte. Zum anderen verliebte er sich in seine 15-jährige Schülerin Héloise, deren Vormund erst davon erfuhr, als sie bereits schwanger war. Abaelard wollte Héloise zwar heiraten, dies jedoch geheim halten. Der enttäuschte Onkel ließ Abaelard entmannen. Die

Liebenden trennten sich daraufhin und gingen beide ins Kloster, schrieben sich jedoch zeitlebens Briefe.

1143

Gründung der Stadt Lübeck.

1148

Der 2. Kreuzzug (Wendenkreuzzug) scheitert.

ab 1150

Beginn des Zunftwesens. In den immer größer werdenden Städten spiegeln die Machtverhältnisse nicht die Realität wider. Die Handwerker wollen ebenfalls am politischen Geschehen teilhaben und organisieren sich. Gleichzeitig bedeutet das Zunftwesen auch Qualitätssicherung und gegenseitige Unterstützung. Der Begriff Zunft (von ziemen = zusammenpassen, Übereinkunft) wird auf Handwerker, der Begriff Gilde eher auf Kaufleute angewendet.

1151

Friedrich I., genannt „Barbarossa", wird König von Deutschland. Ehrgeizig will er das Reich wieder zu seiner alten Größe bringen. Er reist so oft wie kein anderer deutscher König vor ihm nach Italien, auf das er Anspruch erhebt. Er versucht, Sizilien dauerhaft ins Reich einzugliedern und in Burgund Fuß zu fassen, indem er in 2. Ehe Beatrix von Burgund heiratet, mit der er 10 Kinder hat.

1154

Friedrich I. Barbarossa gewährt den Lehrern und Studenten der Universität von Bologna Privilegien.

1154–1224

Das englisch-französisches Reich der Plantagenêts entsteht.

1156

Das Herzogtum Österreich wird gegründet.

1165

Heiligsprechung Karls des Großen.

1170

Ermordung Thomas Beckets, des englischen Kanzlers und Erzbischofs von Canterbury.

1170

Errichtung des Minaretts „Giralda" in Sevilla.

nach 1175

Mit den ersten Kommanditverträge („commenda") beginnt in Genua das moderne Bankenwesen. Geldwechsler üben ihre Geschäfte an Tischen oder Bänken („bancum") aus und werden „Banchieri" genannt. Die Vielfalt an Münzen, der gestiegene Fernhandel und der Aufschwung der Schifffahrt erfordert Maßnahmen, das Finanzgeschäft zu erleichtern. Der münzlose Giroverkehr (it. girare = kreisen) wird erfunden.

1176

In der Schlacht von Legnano siegt der Lombardische Städtebund über Friedrich I. Barbarossa.

1180

Der aufständische Sachsenherzog Heinrich der Löwe wird geächtet und seiner Länder für verlustig erklärt.

1180

Tod des Johannes von Salisbury, des Bischofs von Chartres und Schirmherr der Schule von Chartres.

um 1180

Bau erster Windmühlen in der Normandie und in England.

1181

Philipp II. August nimmt den Titel „König von Frankreich" anstatt des bisherigen Titels „König der Franzosen" an.

1183

Im Friede von Konstanz erkennt Friedrich Barbarossa die Freiheiten der lombardischen Städte an.

1189

Beginn des 3. Kreuzzuges.

1190

Friedrich I. Barbarossa ertrinkt beim Baden in einem kleinasiatischen Fluss während des 3. Kreuzzugs.

1192

Der 3. Kreuzzug scheitert endgültig.

1198–1205

Papst Innozenz III. macht die Teilnahme an einem Kreuzzug zur Pflicht eines jeden zukünftigen Herrschers, hat aber mit seinem ersten Kreuzzugsaufruf 1198 nur mäßigen Erfolg. Drei französische Grafen ziehen dann endlich los, müssen aber, da sie sich bei den Venezianern verschulden, erst die christliche Stadt Zara (heute: Zadar) erobern und plündern. Danach lassen sich die Kreuzfahrer darauf ein, bei Thronstreitigkeiten in Byzanz militärisch einzugreifen. Im Juli 1203 plündern sie Byzanz und führen den Thronwechsel herbei.

um 1200

Wolfram von Eschenbach verfasst den Artus-Roman „Parzival" mit über 24 000 Versen. Die Künstler des Mittelalters verschriftlichen ihre Werke nicht, sondern tragen sie auswendig vor.

1200

Gründung der Stadt Riga.

1204

Nach Streitigkeiten mit dem byzantinischen Kaiser erobern die Kreuzfahrerheere Konstantinopel im April erneut und plündern es endgültig. Sie errichten das „Lateinische Kaiserreich", zu dessen Oberhaupt der Graf von Flandern gewählt wird. Von dieser Schwächung wird sich das Byzantinische Reich nie wieder erholen.

1206

Der heilige Dominikus beginnt mit seinen Missionszügen gegen die Häretiker. In der Vergangenheit hatten sich immer mehr Gläubige zu Gemeinden zusammengeschlossen, die christliche Lehren vertraten, die mit den traditionellen Vorstellungen der Kirche nicht vereinbar waren. Besonders aktiv waren die Albigenser, andernorts „Katharer" genannt, woraus sich das deutsche Wort Ketzer entwickelte.

1209

Die erste franziskanische Gemeinschaft wird gegründet.

1209–1229

Der Albigenserkreuzzug beginnt, es ist der erste Kreuzzug, der nicht gegen Heiden, sondern in einem christlichen Land gegen „abtrünnige" Christen geführt wird. Bereits nach kurzer Zeit herrschen bürgerkriegsähnliche Zustände in Frankreich, die sich zwei Jahrzehnte hinzogen.

1212

Sieg der christlichen Heere über die Muslime in Spanien in der Schlacht von Las Navas de Tolosa.

1214

Der Universität von Oxford werden erste Privilegien verliehen.

1215

Robert de Courson verfasst die Statuten der Pariser Universität.

1215

Der heilige Dominikus gründet den Orden der Dominikaner mit dem Ziel, die Häretiker durch Überzeugung zurückzugewinnen. Voraussetzung ist ein fundiertes Studium der Theologie, was dazu führt, dass jeder neu gegründete Konvent eine theologische Schule einrichtet und damit das Universitätentum entscheidend vorantreibt.

1215

Das 4. Laterankonzil bestätigt Friedrich II. als deutschen König. Die Beschlüsse gegen Juden beinhalten u. a. die Kennzeichnung der Kleider, ein Vorschub der Diskriminierung. Das Verbot, dass Verwandte bis zum 7. Grad heiraten dürfen, hatte Ehen unter Adligen fast unmöglich gemacht und wird auf den 4. Grad reduziert. Die allgemeine Beichtpflicht an Ostern wird eingeführt.

1215

Friedrich II. wird deutscher König.

1215–1286

Wilhelm von Moerbeke übersetzt die Schriften des Aristoteles ins Lateinische.

1223

Die seit etwa 15 Jahren um Franziskus von Assisi gescharte Glaubensgemeinschaft bekommt eine gültige Regel und wird offiziell vom Papst anerkannt. Der Franziskanerorden ist entstanden.

1225

Eike von Repgow verfasst seinen „Sachsenspiegel", den ältesten Rechtskanon des Mittelalters.

1230

Gründung der Stadt Berlin.

1231

Papst Gregor IX. organisiert die Inquisition.

nach 1232

Die Muslime in Granada errichten die Alhambra.

1241

Einfall der Mongolen in Schlesien, Polen und Ungarn.

1242

Erste Darstellung eines Heckruders (Steuerruder) an einem Schiff auf dem Stadtsiegel von Elbing.

1245–1254

Reisen der venezianischen Kaufleute Niccoló und Matteo Polo sowie ihres Sohns und Neffen Marco Polo nach China und Südostasien.

1248

Truppen des spanischen Königreichs Kastilien erobern Sevilla.

1250–1254

Aufenthalt Ludwigs des Heiligen im Heiligen Land. Die Kreuzzüge des französischen Königs nach Ägypten (1250) und Tunis (1270) scheitern.

1252

Prägung von Goldmünzen in Genua und in Florenz (Florin).

1252–1259

Thomas von Aquin lehrt an der Pariser Universität.

1257

Der Kanoniker Robert von Sorbon gründet ein Kollegium für arme Theologiestudenten (die künftige Sorbonne) an der Pariser Universität.

1262

Zusammenbruch des Lateinischen Kaiserreichs von Konstantinopel.

1264

Papst Urban IV. führt das Fronleichnamfest ein.

1266

Nach der siegreichen Schlacht von Benevent wird Karl von Anjou König von Sizilien.

1268

Erste Papiermühlen entstehen in Fabriano (Italien).

1270

Die älteste bis heute erhaltene Seekarte für das Mittelmeer wird gezeichnet.

1276

Raymundus Lullus gründet ein Kollegium, an dem christliche Missionare in der arabischen Sprache unterrichtet werden.

1278

In der Schlacht auf dem Marchfeld siegt Rudolf von Habsburg über Ottokar II. von Böhmen.

1280

Eine Welle von Streiks und Aufständen erfasst zahlreiche französische Städte (Brügge, Douai, Tournai, Provins, Rouen, Caen, Orléans, Beziers).

1281

Zusammenschluss der Hansen von Köln, Hamburg und Lübeck.

1282

In der so genannten Sizilianischen Vesper werden die Franzosen aus dem Königreich Sizilien vertrieben, das in der Folge an das spanische Königreich Aragón fällt.

1283

Der Deutsche Orden vollendet die Eroberung Preußens.

1284

Venedig nimmt die Prägung des Golddukaten auf.

1284

Die 48 m hohen Gewölbe der Kathedrale von Beauvais stürzen ein.

1290

Vertreibung der Juden aus England.

1291

Schwyz, Uri und Unterwalden gründen die Schweizer Eidgenossenschaft.

1298

Beginn eines regelmäßigen Handelsverkehrs über den Seeweg zwischen Genua, England und Flandern.

1300

Allmählich setzen sich Brillen als Sehhilfen durch.

um 1306

Petrus di Crescentiis verfasst das „Ruralium commodorum opus", eine Summe der mittelalterlichen Landwirtschaft.

1306

Vertreibung der Juden aus Frankreich.

1309

Der Papstsitz wird nach Avignon verlegt.

1310

Erste Darstellung der Passion auf dem Vorplatz der Kathedrale von Rouen.

um 1313

Der Schriftsteller Dante vollendet die „Göttliche Komödie".

1315

In der Schlacht bei Morgarten siegt das leicht bewaffnete eidgenössische Fußvolk über die Reiterei der Habsburger.

1315

Meister Ekkehart lehrt an der Dominikanerschule in Köln.

1315–1317

Mit einer großen Hungersnot in Europa beginnt die „Krise" des 14. Jahrhunderts.

1321

Massaker an Aussätzigen und Juden, denen der Vorwurf der Brunnenvergiftung gemacht wird.

1337

Beginn des Hundertjährigen Krieges zwischen England und Frankreich.

1341

Petrarca, ein herausragender Vertreter des Humanismus, wird in Rom mit dem Lorbeer gekrönt.

1347

Cola die Rienzo scheitert mit seinem Versuch, die Regierung in Rom nach antikem Vorbild zu restaurieren.

1347–1348

Ausbruch der Schwarzen Pest, Beginn der großen Epidemien mit Seuchenzügen bis 1720. Durch die Pest werden europaweit zahlreiche Pogrome ausgelöst.

1348

Gründung der Universität von Prag.

1353

Gründung der ersten europäischen Besitzung der Osmanen in Gallipoli.

1356

Kaiser Karl IV. erlässt in Metz die „Goldene Bulle".

1357

Wiedereroberung des Patrimonium Petri durch das Papsttum.

1358

Die Pariser Revolte gegen den königlichen Regenten führt zur Ermordung von Etienne Marcel.

1364

Gründung der Universitäten Krakau und Wien.

1368

Jagiello, Fürst von Litauen, heiratet Hedwig von Polen, die Erbtocher Kasimirs des Großen.

1370

Tod Kasimirs des Großen, König von Polen.

1375

Der Schriftsteller Giovanni Boccaccio („Das Decamerone") stirbt.

1377

Mit der Rückkehr Papst Gregors XI. nach Rom endet die „Babylonische Gefangenschaft" der Kirche in Avignon.

1378

Beginn des Abendländischen Schismas. In der Folgezeit gibt es zeitgleich fast immer zwei oder drei Päpste und Gegenpäpste.

1379

Philipp van Artevelde führt den flämischen Aufstand in Gent an.

1381

In England kommt es zum Bauernaufstand unter dem Bauernführer Wat Tyler.

1384

Tod des englischen Theologen und Reformators John Wyclif, dessen Lehren als ketzerisch gelten.

1385

Gründung der Universität Heidelberg.

1386

Dynastische Vereinigung von Polen und Litauen.

1386

Die Schweizer Eidgenossen schlagen Leopold III. von Habsburg bei Sempach.

1389

Die Türken besiegen die Serben in der Schlacht auf dem Amselfeld (Kosovo).

1397

Die drei skandinavischen Länder Dänemark, Norwegen und Schweden schließen sich in der Kalmarer Union zusammen.

1409

Die Deutschen verlassen die Prager Universität nach dem Erlass des Kuttenberger Dekrets, das auf Betreiben von Johannes (Jan) Hus die Tschechen begünstigt.

1410

In der Schlacht von Tannenberg fügen die Polen dem Deutschen Orden eine vernichtende Niederlage zu.

1414–1418

Auf dem Konzil von Konstanz wird das Abendländische Schisma überwunden. In der Folgezeit gibt es jeweils nur noch einen einzigen Papst. Zudem wird der tschechische Reformator Johannes (Jan) Hus wegen Ketzerei verurteilt und auf dem Scheiterhaufen verbrannt. Damit wird eine große Chance zur Kirchenreform vertan.

ab 1415

Portugiesen und Spanier segeln entlang der afrikanischen Küste und besiedeln sie teilweise.

1420–1436

Der Baumeister Brunelleschi baut die Domkuppel in Florenz.

1431

Die französische Freiheitskämpferin Jeanne d'Arc stirbt in Rouen auf dem Scheiterhaufen.

1437–1443

Die Konzilien von Ferrara-Florenz und Rom beenden das Abendländische Schisma nun auch offiziell.

1439

Mit der Kaiserkrönung Albrechts II. beginnt die fast 400 Jahre währende Dynastie des habsburgischen Kaisertums.

1443

Verkündigung der Union zwischen der griechischen und der lateinischen Kirche.

1450

Johnnes Gutenberg vollendet in Mainz die Techniken des Buchdrucks.

1453

Die Einnahme Konstantinopels durch die Osmanen unter Mohammed II. beendet nach über 1000 Jahren Dauer die Existenz des Oströmischen bzw. Byzantinischen Reichs.

1453

Mit dem Ende des Hundertjährigen Kriegs zwischen England und Frankreich ist die Vormachtstellung der französischen Krone in Frankreich gesichert.

1455–1485

In England toben die blutigen „Rosenkriege" zwischen den Häusern Lancaster und York um die englische Krone.

1458

Beginn des Pontifikats von Papst Pius II., der eine frühe Vorstellung eines geeinten Europas entwickelt.

1458–1471

Georg von Podiebrad, Hussitenkönig von Böhmen, entwirft den Plan einer europäischen Vereinigung.

1458–1505

Matthias Corvinus ist König von Ungarn.

1462–1505

Herrschaft Iwans III., des Großfürsten von Moskau.

1464

Tod des „modernen" Theologen Nikolaus von Kues, eines frühen Verfechters der religiösen Toleranz.

1469

Durch die Heirat der katholischen Könige Isabella von Kastilien und Ferdinand von Aragón entsteht ein vereinigtes Spanien.

1475

Mit dem Vertrag von Picquigny wird der Hundertjährige Krieg offiziell beendet.

1476

Eheschließung zwischen Maximilian von Österreich und Maria von Burgund.

1483

Der Dominikaner Torquemada wird zum Großinquisitor von Spanien ernannt.

1484

Papst Innozenz VIII. erlässt eine Bulle gegen die Hexerei.

1485

Heinrich VII. aus dem Hause Tudor besteigt den englischen Thron.

1488

Der portugiesische Seefahrer Bartolomeu Diaz umsegelt das Kap der Guten Hoffnung.

1492

Die Katholischen Könige von Kastilien und Aragón erobern Granada. Damit endet das Zeitalter der muslimischen Präsenz auf der Iberischen Halbinsel.

1492

Christoph Kolumbus landet auf den Westindischen Inseln und „entdeckt" somit Amerika.

1494

Papst Alexander VI. teilt im Vertrag von Tordesillas die Neue Welt unter Spanien und Portugal auf.

1494–1495

Der französische König Karl VIII. erobert für kurze Zeit das Königreich Neapel. Beginn der Italienkriege.

1497–1498

Vasco da Gama umschifft das Kap der Guten Hoffnung und erreicht Indien.

1509

Heinrich VIII. besteigt den englischen Thron.

1511

Veröffentlichung des „Lobes der Torheit" von Erasmus von Rotterdam.

1517

Thesenanschlag Martin Luthers in Wittenberg.

1519

Tod Leonardo da Vincis.

1519–1522

Erste Erdumsegelung durch die Flotte von Fernando Magellan.

1521

Auf dem Reichstag zu Worms wird Martin Luther geächtet, seine Schriften werden verboten. Doch Luther hat unter den Reichsfürsten auch viele Anhänger und kann auf die Wartburg fliehen.

1524–1525

In Deutschland tobt der Bauernkrieg.

1534

Die vollständige deutsche Bibelübersetzung Martin Luthers erscheint.

1535

Die amerikanischen Inka erheben sich gegen die spanischen Kolonialherren. Bis 1572 hält sich in den Bergen eine unabhängige Inka-Dynastie.

1540

Im Rom wird von Papst Paul III. als Instrument der Gegenreformation der Jesuitenorden bestätigt.

1545–1563

Auf dem Konzil von Trient kommt es zu keinem Kompromiss zwischen der katholischen Kirche und der Reformation.

1546–1547

Im Schmalkaldischen Krieg siegen die kaiserlichen Truppen Karls V., der die Reformation nun mit Gewalt niederschlagen will.

1555

Der Augsburger Religionsfrieden bringt Konfessionsfreiheit für weltliche Fürsten. Die Untertanen erhalten automatisch die Konfession ihres Landesherrn („Cuius regio, eius religio").

1556

Kaiser Karl V., als Karl I. auch spanischer König, dankt ab, legt alle Herrscherwürden nieder und zieht sich in ein spanisches Kloster zurück.

De larmee du doulphin q̃ se roy de
France voulsoit faire en bretaingnes

Roy informez de son p̃s̃ et estroit
conseil cest entendre et cessui

Roy de france et trente
rlons fils du Roy child
feime apres la mort

Zeittafel der Päpste und Gegenpäpste

Petrus	(heilig)	bis 67		*Eulalius*	*(Gegenpapst)*	*418–419*		Sergius I.	(heilig)	687–701
Linus	(heilig)	67–76		Zölestin I.	(heilig)	422–432		Johannes VI.		701–705
Anaklet	(heilig)	76–88		Sixtus III.	(heilig)	432–440		Johannes VII.		705–707
Klemens	(heilig)	88–97		Leo I.	(heilig)	440–461		Sisinnius		708
Evaristus	(heilig)	97–105		Hilarus	(heilig)	461–468		Konstantin I.		708–715
Alexander I.	(heilig)	105–115		Simplicius	(heilig)	468–483		Gregor II.	(heilig)	715–731
Sixtus I.	(heilig)	115–125		Felix III.	(heilig)	483–492		Gregor III.	(heilig)	731–741
Telesphorus	(heilig)	125–138		Gelasius I.	(heilig)	492–496		Zacharius	(heilig)	741–752
Hyginus	(heilig)	138–142		Anastasius II.		496–498		Stephan II.		752–757
Pius I.	(heilig)	142–155		Symmachus	(heilig)	498–514		Paul I.	(heilig)	757–767
Aniketos	(heilig)	155–166		*Laurentius*	*(Gegenpapst)*	*498–506*		*Konstantin II.*	*(Gegenpapst)*	*767–768*
Soter	(heilig)	166–174		Homisdas	(heilig)	514–523		*Philippus*	*(Gegenpapst)*	*768*
Eleutherus	(heilig)	175–189		Johannes I.	(heilig)	523–526		Stephan III.		768–772
Viktor I.	(heilig)	189–198		Felix IV.	(heilig)	526–530		Hadrian I.		772–795
Zephyrinus	(heilig)	199–217		Bonifaz II.		530–532		Leo III.	(heilig)	765–816
Kalixtus I.	(heilig)	217–222		*Dioscuros*	*(Gegenpapst)*	*530*		Stephan IV.		816–817
Hippolytos	*(Gegenpapst)*	*217–235*		Johannes II.		533–535		Paschalis I.	(heilig)	817–824
Urban I.	(heilig)	222–230		Agapetus I.	(heilig)	535–536		Eugen II.		824–827
Pontianus	(heilig)	230–235		Silverius	(heilig)	536–537		Valentin		827
Anteros	(heilig)	235–236		Vigilius		537–555		Gregor IV.		827–844
Fabianus	(heilig)	236–250		Pelagius I.		556–561		*Johannes*	*(Gegenpapst)*	*844*
Cornelius	(heilig)	251–253		Johannes III.		561–574		Sergius II.		844–847
Novatian	*(Gegenpapst)*	*251*		Benedikt I.		575–579		Leo IV.	(heilig)	847–855
Lucius I.	(heilig)	253–254		Pelagius II.		579–590		*Anastasius II.*	*(Gegenpapst)*	*855*
Stephan I.	(heilig)	254–257		Gregor I.	(heilig)	590–604		Benedikt III.		855–858
Sixtus II.	(heilig)	257–258		Sabinianus		604–606		Nikolaus I.	(heilig)	858–867
Dionysius	(heilig)	259–268		Bonifaz III.		607		Hadrian II.		867–872
Felix I.	(heilig)	269–274		Bonifaz IV.	(heilig)	608–615		Johannes VIII.		872–882
Eutychianus	(heilig)	275–283		Deusdedit	(heilig)	615–618		Marinus I.		882–884
Cajus	(heilig)	283–296		Bonifaz V.		619–625		Hadrian III.	(heilig)	884–885
Marcellinus	(heilig)	296–304		Honorius I.		625–638		Stephan V.		885–891
Marcellus I.	(heilig)	305–309		Severinus		639–640		Formosus		891–896
Eusebius	(heilig)	309–311		Johannes IV.		640–642		Bonifaz VI.		896
Miltiades	(heilig)	311–314		Theodor I.		642–649		Stephan VI.		896–897
Silvester I.	(heilig)	314–335		Martin I.	(heilig)	649–653		Romanus		897
Markus	(heilig)	336		Eugen I.	(heilig)	654–657		Theodor II.		897
Julius I.	(heilig)	337–352		Vitalian	(heilig)	657–672		Johannes IX.		898–900
Liberius		352–366		Adeodatus II.		672–676		Benedikt IV.		900–903
Felix II.	*(Gegenpapst)*	*355–358*		Donus		676–678		*Christophorus*	*(Gegenpapst)*	*903–904*
Damasus I.	(heilig)	366–384		Agatho	(heilig)	678–681		Leo V.		903
Ursinus	*(Gegenpapst)*	*366–367*		Leo II.	(heilig)	682–683		Sergius III.		904–911
Siricus	(heilig)	384–399		Benedikt II.	(heilig)	684–685		Anastasius III.		911–913
Anastasius I.	(heilig)	399–402		Johannes V.		685–686		Lando		913–914
Innozenz I.	(heilig)	402–417		Konon		686–687		Johannes X.		914–928
Zosimus		417–418		*Theodor*	*(Gegenpapst)*	*687*		Leo VI.		928
Bonifaz I.	(heilig)	418–422		*Paschalis*	*(Gegenpapst)*	*687*		Stephan VII		928–931.

Johannes XI.		931–935
Leo VII.		936–939
Stephan VIII.		939–942
Marinus II.		942–946
Agapetus II.		946–955
Johannes XII.		955–963
Benedikt V.		964
Leo VIII.		964–965
Johannes XIII.		965–972
Benedikt VI.		973–974
Bonifaz VII.	*(Gegenpapst)*	*974–985*
Benedikt VII.		974–983
Johannes XIV.		983–984
Johannes XV.		985–996
Gregor V.		996–999
Johannes XVI.	*(Gegenpapst)*	*997–998*
Silvester II.		999–1003
Johannes XVII.		1003
Sergius IV.		1004–1009
Benedikt VIII.		1009–1012
Gregor	*(Gegenpapst)*	*1012*
Benedikt VIII.		1012–1024
Johannes XIX.		1024–1032
Benedikt IX.		1032–1044
Silvester III.		1045
Benedikt IX.		1045
Gregor VI.		1045–1046
Klemens II.		1046–1047
Benedikt IX.		1047–1048
Damasus II.		1048
Leo IX.	(heilig)	1049–1054
Viktor II.		1055–1057
Stephan IX.		1057–1058
Benedikt X.	*(Gegenpapst)*	*1058–1059*
Nikolaus II.		1058–1061
Alexander II.		1061–1073
Honorius II.	*(Gegenpapst)*	*1061–1064*
Gregor VII.	(heilig)	1073–1085
Klemens III.	*(Gegenpapst)*	*1080–1098*
Viktor III.	(selig)	1086–1087
Urban II.	(selig)	1088–1099
Paschalis II.		1099–1118
Theoderich	*(Gegenpapst)*	*1100*
Albert	*(Gegenpapst)*	*1102*
Silvester IV.	*(Gegenpapst)*	*1105–1111*
Gelasius II.		1118–1119
Gregor VIII.	*(Gegenpapst)*	*1118–1121*
Kalixtus II.		1119–1124
Honorius II.		1124–1130
Zölestin	*(Gegenpapst)*	*1124*
Innozenz II.		1130–1143
Anaklet II.	*(Gegenpapst)*	*1130–1138*
Viktor IV.	*(Gegenpapst)*	*1138*
Zölestin II.		1143–1144
Lucius II.		1144–1145
Eugen III.	(selig)	1145–1153

Anastasius IV.		1153–1154
Hadrian IV.		1154–1159
Alexander III.		1159–1181
Viktor IV.	*(Gegenpapst)*	*1159–1164*
Paschalis III.	*(Gegenpapst)*	*1164–1168*
Kalixtus III.	*(Gegenpapst)*	*1168–1178*
Innozenz III.	*(Gegenpapst)*	*1179–1180*
Lucius III.		1181–1185
Urban III.		1185–1187
Gregor VIII.		1187
Klemens III.		1187–1191
Zölestin III.		1191–1198
Innozenz III.		1198–1216
Honorius III.		1216–1227
Gregor IX.		1227–1241
Zölestin IV.		1241–1242
Innozenz IV.		1243–1254
Alexander IV.		1254–1261
Urban IV.		1261–1264
Klemens IV.		1265–1268
Gregor X.	(selig)	1269–1276
Innozenz V.	(selig)	1276
Hadrian V.		1276
Johannes XXI.		1276–1277
Nikolaus III.		1277–1280
Martin IV.		1281–1285
Honorius IV.		1285–1287
Nikolaus IV.		1288–1292
Zölestin V.	(heilig)	1293–1294
Bonifaz VIII.		1294–1303
Benedikt XI.	(selig)	1303–1304
Klemens V.		1305–1314
Johannes XXII.		1315–1334
Nikolaus V.	*(Gegenpapst)*	*1328–1330*
Benedikt XII.		1334–1342
Klemens VI.		1342–1352
Innozenz VI.		1352–1362
Urban V.	(selig)	1362–1370
Gregor XI.		1370–1378
Urban VI.		1378–1389
Klemens VII.	*(Gegenpapst)*	*1378–1394*
Bonifaz IX.		1389–1404
Benedikt XIII.	*(Gegenpapst)*	*1394–1417*
Innozenz VII.		1404–1406
Gregor XII.		1406–1415
Alexander V.	*(Gegenpapst)*	*1409–1410*
Johannes XXIII.	*(Gegenpapst)*	*1410–1415*
Martin V.		1417–1431
Eugen IV.		1431–1447
Felix V.	*(Gegenpapst)*	*1440–1449*
Nikolaus V.		1447–1455
Kalixtus III.		1455–1458
Pius II.		1458–1464
Paul II.		1464–1471
Sixtus IV.		1471–1484
Innozenz VIII.		1484–1492

Alexander VI.		1492–1503
Pius III.		1503
Julius II.		1503–1513
Leo X.		1513–1521
Hadrian VI.		1522–1523
Klemens VII.		1523–1534
Paul III.		1534–1549
Julius III.		1550–1555
Marcellus II.		1555
Paul IV.		1555–1559
Pius IV.		1559–1565
Pius V.	(heilig)	1566–1572
Gregor XIII.		1572–1585
Sixtus V.		1585–1590
Urban VII.		1590
Gregor XIV.		1590–1591
Innozenz IX.		1591
Klemens VIII.		1592–1605
Leo XI.		1605
Paul V.		1605–1621
Gregor XV.		1621–1623
Urban VIII.		1623–1644
Innozenz X.		1644–1655
Alexander VII.		1655–1667
Klemens IX.		1667–1669
Klemens X.		1670–1676
Innozenz XI.	(selig)	1676–1689
Alexander VIII.		1689–1691
Innozenz XII.		1691–1700
Klemens XI.		1700–1721
Innozenz XIII.		1721–1724
Benedikt XIII.		1724–1730
Klemens XII.		1730–1740
Benedikt XIV.		1740–1758
Klemens XIII.		1758–1769
Klemens XIV.		1769–1774
Pius VI.		1775–1799
Pius VII.		1800–1823
Leo XII.		1823–1829
Pius VIII.		1829–1830
Gregor XIV.		1831–1846
Pius IX.		1846–1878
Leo XIII.		1878–1903
Pius X.	(heilig)	1903–1914
Benedikt XV.		1914–1922
Pius XI.		1922–1939
Pius XII.		1939–1958
Johannes XXIII.		1958–1963
Paul VI.		1963–1978
Johannes Paul I.		1978
Johannes Paul II.	(selig)	1978–2005
Benedikt XVI.		seit 2005

ränkische und deutsche Könige und Kaiser ab Chlodwig I.

König der Franken

Merowinger
Chlodwig I. 481–511
(Reichsteilung 511–558)
Chlotar I. 558–561
(Reichsteilung 561–613)
Chlotar II. 613–629
Dagobert I. 629–638
(Reichsteilung 638–679)
Theuderich III. 679–691
Chlodwig III. 691–694
Childebert III. 694–711
Dagobert III. 711–716
Chilperich II. 716–721
Theuderich IV. 721–751
(Interregnum 737–743)
Childerich III. 743–751

Karolinger
Pippin III. 751–768
(Reichsteilung 768–771)
Karl I., der Große 768–814,
    Kaiser seit 800
Ludwig I., der Fromme 814–840,
    Kaiser
Lothar I. 840–843, Kaiser
(Reichsteilung 843)

Ostfränkisches Reich
Ludwig der Deutsche 843–876
(Reichsteilung 876–882)
Karl III., der Dicke 882–887, Kaiser
Arnulf von Kärnten 887–899,
    Kaiser
Ludwig das Kind 900–911

Westfränkisches Reich
Karl II., der Kahle 843–877, Kaiser
Ludwig II., der Stammler 877–879
Reichsteilung 879–884)
Karl III., der Dicke 884–887, Kaiser
Odo von Paris (Kapetinger)
    888–898
Karl der Einfältige 898–923
Rudolf von Burgund 923–936
Ludwig IV. 936–954
Lothar II. 954–986
Ludwig V., der Faule 986–987
Konrad I. 911–918

Deutsche Könige

Ottonen
Heinrich I. 919–936
Otto I., der Große 936–973
Otto II. 973–983
Otto III. 983–1002
Heinrich II. 1002–1024

Salier
Konrad II. 1024–1039
Heinrich III. 1039–1056
Heinrich IV. 1056–1106
Rudolf von Rheinfelden 1077–1080
    (Gegenkönig)
Hermann von Salm 1081–1088
    (Gegenkönig)
Heinrich V. 1106–1125
Lothar III. von Supplinburg (Sachse)
    1125–1137

Staufer
Konrad III. 1138–1152
Friedrich I. Barbarossa 1152–1190
Heinrich VI. 1190–1197
Philipp von Schwaben 1198–1208
    (Doppelwahl)
Otto IV. (Welfe) 1198–1218
    (Doppelwahl)
Friedrich II. 1212–1250
Heinrich Raspe von Thüringen
    1246–1247 (Gegenkönig)
Wilhelm von Holland 1247–1256
    (Gegenkönig)
Konrad IV. 1250–1254

Interregnum
Alfons X. von Kastilien 1257–1275
    (Doppelwahl)
Richard von Cornwall 1257–1272
    (Doppelwahl)

Habsburger, Luxemburger u. a.
Rudolf I. von Habsburg
    1273–1291
Adolf von Nassau 1292–1298
Albrecht I. von Österreich
    (Habsburger) 1298–1308
Heinrich VII. von Luxemburg
    (1308–1313

Ludwig IV., der Bayer (Wittels-
    bacher) 1313–1347 (Doppel-
    wahl)
Friedrich der Schöne von Österreich
    (Habsburger) 1314–1330
    (Doppelwahl)
Karl IV. (Luxemburger) 1346–1378
Günther von Schwarzburg 1349
    (Gegenkönig)
Wenzel von Böhmen (Luxemburger)
    1378–1400
Ruprecht von der Pfalz (Wittels-
    bacher) 1400–1410
Sigismund (Luxemburger)
    1410–1437
Jobst von Mähren 1410–1411
    (Gegenkönig)

Habsburger
Albrecht II. 1438–1439
Friedrich III. 1440–1493
Maximilian I. 1493–1519
Karl V. 1519–1556
Ferdinand I. 1556–1564
Maximilian II. 1564–1576
Rudolf II. 1576–1612
Matthias 1612–1619
Ferdinand II. 1619–1637
Ferdinand III. 1637–1657
Leopold I. 1658–1705
Joseph I. 1705–1711
Karl VI. 1711–1740
Karl VII. von Bayern (Wittels-
    bacher) 1742–1745

Habsburg-Lothringen
Franz I. 1745–1765
Joseph II. 1765–1790
Leopold II. 1790–1792
Franz II. 1792–1806

S. 290/291: DIE NIEDERLÄNDISCHE BUCHMALEREI AUS DEM 15. JAHRHUNDERT ZEIGT DIE GRÜNDUNG UND ERBAUUNG DER STADT MARSALIA (HEUTE: MARSEILLE) DURCH GRIECHEN UM 600 V. CHR. SIE STAMMT AUS „LE TRÉSOR DES HISTOIRES", EINER WELTGESCHICHTE VON DEN ANFÄNGEN BIS ZU PAPST KLEMENS VI.

S. 309: KARL VI., „DER WAHNSINNIGE" (1368 BIS 1422), KÖNIG VON FRANKREICH AB 1380, ERLEIDET AM 5. AUGUST 1392 IM WALD VON LE MANS EINEN ANFALL VON GEISTESKRANKHEIT. DIE FRANZÖSISCHE BUCHMALEREI STAMMT AUS DEM 15. JAHRHUNDERT UND FINDET SICH IN DER „CHRONIQUE" VON JEAN FROISSART.

MARKGRAF OTTO IV. VON BRANDENBURG (1266 BIS 1309) MIT SEINER DAME HEILWIG VON HOLSTEIN BEIM SCHACHSPIEL. BUCHMALEREI AUS DEM „CODEX MANESSE", ZÜRICH UM 1310-1340.

Abbildungsnachweis